1 MONTH OF
FREE
READING

at
www.ForgottenBooks.com

By purchasing this book you are eligible for one month membership to ForgottenBooks.com, giving you unlimited access to our entire collection of over 1,000,000 titles via our web site and mobile apps.

To claim your free month visit:
www.forgottenbooks.com/free645478

ISBN 978-0-266-85468-5
PIBN 10645478

VOYAGE

HISTORIQUE ET LITTÉRAIRE

A GENÈVE

ET DANS LE CANTON DE VAUD.

1.

PROPRIÉTÉ.

« J'aurai atteint le but que je me propose, si l'on sent d'un bout à
« l'autre de cet ouvrage une parfaite sincérité. Un voyageur est une
« espèce d'historien : son devoir est de raconter fidèlement ce qu'il a vu
« ou ce qu'il a entendu dire ; il ne doit rien inventer, mais aussi il ne
« doit rien omettre ; et, quelles que soient ses opinions particulières,
« elles ne doivent jamais l'aveugler au point de taire ou de dénaturer
« la vérité. » (M. DE CHATEAUBRIAND, *Itinéraire de Paris a Jérusalem*, Préface de la première édition.)

LE LÉMAN,

ou

VOYAGE

Pittoresque,

HISTORIQUE ET LITTÉRAIRE

A GENÈVE

ET DANS

LE CANTON DE VAUD

(SUISSE).

PAR M. BAILLY DE LALONDE.

TOME PREMIER.

A PARIS,

CHEZ G.-A DENTU, IMPRIMEUR-LIBRAIRE,
rue de Bussy, n° 17;
et Palais-Royal, galerie vitrée, n° 13.

1842.

Préface.

L'OUVRAGE que je présente au public est le fruit de cinq années de travail et de recherches.

Son plan, sa forme, son esprit de rédaction, son étendue; l'abondance variée des articles littéraires qu'il renferme, jointe à celle des faits historiques, dont la plupart sont ignorés ou très-peu connus; de même encore les détails inédits que l'on y trouve sur les manuscrits originaux de quelques écrivains célèbres, notamment sur ceux de l'éloquent philosophe de Genève (1), si curieux par leurs variantes et leurs innombrables correc-

(1) J.-J. Rousseau.

tions, toutes ces choses, s'il m'est permis de le croire, en feront un livre absolument neuf sur les deux cantons suisses que j'ai essayé de décrire. Enfin je ne l'ai entrepris qu'après avoir fait deux voyages à Genève et à Lausanne, où je séjournai assez long-temps pour y recueillir beaucoup de matériaux précieux, et y prendre, *de visu,* les notes les plus intéressantes et les plus complètes.

Lorsque je me mis à l'œuvre pour la première fois, j'étais loin de calculer toute l'importance et toute l'étendue de ma tâche, laquelle, en effet, eût été peu difficile si je me fusse borné à une simple relation de voyage comme il y en a tant. Mais la partie littéraire et scientifique étant aussi mon principal but, et mon désir me portant à lui donner tout le développement convenable, il en est résulté que mon travail a été immense, et que j'ai dû y consacrer de longues veilles pour le rendre plus consciencieux et moins imparfait. Cette tâche, je l'avoue, était pour moi bien hardie et bien périlleuse; je résolus néanmoins de l'entreprendre, et voici comment je fus entraîné dans ma résolution.

De retour en France après mon premier voyage, je compulsai avec soin toutes mes notes, je les relus très-attentivement, et ayant voulu les comparer avec différens ouvrages publiés sur la Suisse, je fus frappé de la négligence des uns, de l'inexactitude des autres, et, par-dessus tout, des omissions graves qui existent dans le plus grand nombre, où l'on avait rendu compte d'une manière bien superficielle du pays que je venais de visiter avec tant d'intérêt! Et, s'il faut donner une preuve de ce que j'avance, je dirai qu'à peine quelques pages s'y trouvent consacrées à la ville la plus remarquable, la plus étonnante de la Suisse sous le rapport de l'instruction et des lumières : Genève, déplorable refuge sans doute des novateurs religieux du seizième siècle, mais ville à jamais célèbre par cette foule d'hommes illustres qu'elle a produits dans les sciences, dans les lettres et dans les arts, Genève, qui a fourni à l'Europe des littérateurs et des savans du premier ordre, occupe à peine un modeste coin dans plusieurs des ouvrages que je signale. Certains voyageurs la désignent même en quelque sorte pour mémoire, tandis que d'autres lui font l'injure de la mettre à peu près en oubli (1).

Ayant donc le désir de combler une lacune aussi grande, je voulus, malgré mes faibles moyens, tenter ce que mes prédécesseurs n'avaient point exécuté avant moi. Je me mis courageusement à l'œuvre, j'y pris goût ; et ayant cru nécessaire de revoir la Suisse pour y compléter mes observations, je retournai une autre année sur les bords du Léman, où je cherchai à établir des relations avec tous les

(1) Dieu me garde néanmoins de faire une telle application aux ouvrages si intéressans de MM. Raoul-Rochette, Valéry, le comte Walsh et autres que le public a honorés avec plaisir de ses suffrages ! Puis, comme il faut être juste en tout, et que la critique la mieux fondée suppose en même temps la plus sévère impartialité, je ferai observer, pour la justification des voyageurs qui ont écrit sur la Suisse, qu'ayant à parler des vingt-deux cantons, ils ne pouvaient donner à leur travail l'étendue proportionnelle du mien sans reculer de beaucoup trop, peut-être, les bornes qu'ils avaient dû se prescrire. D'un autre côté, leurs ouvrages étant plutôt descriptifs que littéraires, la plupart n'offrant même que des impressions de voyages, leur sujet ne comportait guère de nouveaux détails, une fois la matière ordinaire épuisée.

hommes dont la position et les lumières pouvaient m'être utiles dans mon entreprise. L'un d'eux surtout m'a témoigné un empressement et une complaisance dont je ne saurais trop le remercier après tous les services qu'il m'a rendus. Qu'il daigne recevoir ici l'expression publique de ma reconnaissance! M. Charles Bourrit, pasteur et bibliothécaire de Genève, l'un des fils du célèbre historien des Alpes, a bien voulu entretenir avec moi une longue et pénible correspondance, soit pour me fournir les renseignemens dont j'avais encore besoin, soit pour rectifier ceux que j'avais pris moi-même sur les lieux, et que les événemens, qui se succèdent de nos jours avec tant de rapidité, avaient pu modifier depuis mon dernier voyage. Au moyen de ses nombreux amis, et par sa position comme bibliothécaire, il m'a été d'un grand secours pour mes recherches sur sa ville natale (1).

(1) Au moment du tirage de cette feuille, on m'annonce, sans toutefois m'en garantir la certitude, que M. Ch. Bourrit doit être mort depuis quelque temps. Puisse cette triste nouvelle ne pas se confirmer!

M. le docteur Coindet, membre du Conseil représentatif de Genève, et M. le docteur Levade,
de Lausanne, ces deux savans que la mort a enlevés
à leur patrie, dont ils faisaient l'honneur et la gloire,
avaient eu aussi mille attentions pour moi durant
mon séjour en Suisse, et me témoignèrent beaucoup
de sympathie pour mon entreprise, à laquelle ils
applaudissaient vivement. Avec quel plaisir je
m'entretenais avec eux! Combien leur conversation était variée, brillante, instructive, lorsqu'ils
me parlaient de leur pays et des hommes qui l'a-
vaient illustré dans tous les genres! Mon regret
est trop pénible, je le sens, de n'avoir pu de leur
vivant leur payer ce tribut d'hommages et de reconnaissance que je leur devais, et dont je m'ac-
quitte aujourd'hui bien tristement..... aujourd'hui
qu'ils ne sont plus!

Diverses circonstances qui me sont particulières,
et dont l'explication serait inutile, ayant retardé
jusqu'à ce jour la publication de mon ouvrage, on
s'apercevra peut-être trop facilement, en certains
endroits, que sa composition date déjà de quel-

ques années, puisque j'y ai mis la dernière main en 1837, et qu'il ne paraît qu'en 1842 (1). C'est un inconvénient, si l'on veut, parce que des personnages, vivant à l'époque où je parlais d'eux après les avoir connus en Suisse, ont pu mourir dans l'intervalle, comme cela est malheureusement arrivé pour quelques-uns. Mais, si ces pertes sont déplorables, les conséquences en sont-elles bien importantes pour mon livre? Je ne le pense point, assurément. Ensuite, pour ce qui touche les questions politiques, je ne présume pas non plus qu'il y ait à faire de notables changemens, vu que les événemens ne peuvent guère modifier un ouvrage où la politique ne joue aucun rôle, si ce n'est pour les constitutions du pays, dont il m'a bien fallu rendre compte au lecteur.

(1) L'impression, commencée en 1833 pour les premières feuilles, et continuée plus tard pour les autres, a duré aussi fort long-temps, ayant été suspendue et reprise tour-à-tour à différentes époques, mais pour des causes venant de mon côté, et non par le fait de mon imprimeur, dont l'obligeance ne s'est point démentie malgré toutes ces longueurs.

A la fin du quatrième chapitre (1), j'ai introduit un épisode qui remonte à 1829, époque où je me trouvais à Genève, pendant la campagne des Russes contre les Turcs. La date en est donc bien antérieure à celle des deux voyages que j'ai faits plus tard dans la même ville, en qualité d'observateur et de curieux. Mais c'est le seul épisode hors de temps que je me sois permis dans ma relation particulière.

Dévoué de cœur et d'âme à la religion catholique, apostolique et romaine, que j'ai le bonheur de professer, et pleinement convaincu de toutes les vérités qu'elle enseigne, j'ai dû, chaque fois qu'il s'est agi de controverses religieuses, tenir un langage franchement catholique. Eh! pourquoi aurais-je eu la coupable faiblesse de déguiser des principes dont je dois me glorifier, loin d'en rougir? Parce que l'on appartient à la bonne cause, faut-il dissimuler sa croyance et ses opinions? Raison de plus, il me semble, pour s'exprimer ou-

(1) Pag. 45 et suiv.

vertement. Et d'ailleurs, avec la sincérité qui a constamment guidé ma plume, la crainte de blesser des sentimens qui ne seraient pas les miens ne pouvait même pas se présenter à mon imagination. Mais, si en parlant des anciens chefs de la réforme, qui ont entraîné Genève et le Pays-de-Vaud dans l'erreur, j'ai fait connaître la vérité dans tout son jour, et par-là sous un aspect peu favorable au protestantisme ; si, lorsque j'en suis venu à l'époque où nous vivons, j'ai signalé des faits et des doctrines qui déshonorent les sectes séparées de l'Église romaine, en racontant ce que j'avais vu ou ce que je savais d'une manière authentique ; ailleurs je n'ai point oublié cette justice que l'on doit naturellement à des frères égarés, à des hommes de mérite et de talent, à des citoyens recommandables par leurs vertus privées ou publiques, observant à leur égard la même justice et la même impartialité que s'ils eussent été dans la religion de leurs pères. C'était une chose due, j'en conviens, mais si j'eusse agi différemment, ce dont je suis incapable, on aurait pu à bon droit me reprocher de la passion et de l'esprit de parti ; or ce sont des reproches que je n'aurais point voulu mériter.

On trouvera peut-être que je me suis livré à des digressions trop nombreuses dans un ouvrage où il semble que j'aurais dû ne parler toujours que de la Suisse, de ses villes et de ses villages, de ses curiosités, de ses sites, de ses admirables points de vue, etc. Mais, outre que, suivant mon plan, je ne pouvais me borner à une simple description de lieux et de monumens, on voudra bien considérer encore que l'histoire religieuse et littéraire de la Suisse occidentale, et en particulier de Genève, embrasse une telle multitude de faits intéressans, qu'il me devenait impossible de passer sous silence les plus curieux sans manquer essentiellement à mon but, et sans priver le lecteur des tableaux les plus capables souvent de fixer son attention. Et pour ce qui regarde les digressions proprement dites que je me suis permises, celles, en un mot, qui, au premier coup-d'œil, sembleraient moins appropriées à mon sujet, je pourrais me justifier à cet égard par l'exemple de nos grands écrivains, dont les ouvrages du même genre en renferment quelquefois de très-étranges, mais aussi pleines d'à-propos et de charme. J'ai donc saisi l'occasion de faire comme eux, à part le génie qui les distingue de mon médiocre talent.

Ennemi des détails fastidieux et inutiles, comme aussi de ces prologues sans fin où un auteur s'égare en mille détours au lieu d'aborder promptement son sujet, j'ai fait en sorte d'être clair et concis dans mes narrations, évitant avec précaution tout mot, toute phrase obscure; et, afin de captiver plus agréablement le lecteur, je n'ai rien négligé pour lui rendre la science légère et intéressante dans les morceaux qui touchent plus particulièrement à l'érudition. Loin de moi cependant la prétention d'avoir atteint ce but si honorable! Je désire seulement de ne m'en être pas trop éloigné.

Au reste, si je ne puis me flatter d'obtenir l'indulgence du public pour toutes les imperfections de mon ouvrage (et cette indulgence m'est surtout bien nécessaire pour les premiers chapitres, que j'ai rédigés avec moins d'expérience que les autres), j'ose néanmoins conserver l'espoir qu'on me tiendra compte de l'entière fidélité de mes descriptions, de la vérité scrupuleuse des faits, de la mise au jour d'un grand nombre de choses peu connues ou entièrement inédites, comme aussi de l'exactitude rigoureuse que j'ai apportée dans toutes mes citations d'auteurs, dont je n'ai tiré aucun passage sans avoir leurs ouvrages manuscrits ou imprimés sous les yeux. Car, indépendamment des livres que j'ai consultés pour perfectionner mon travail, il m'a fallu recourir encore à bien des ouvrages et à bien des manuscrits pour pouvoir en donner une juste analyse et en faire la critique dans mes revues littéraires.

J'eusse voulu parfois être moins prodigue de citations (les plus longues, d'ailleurs, sont renvoyées à la fin de chaque volume); mais ces *richesses étrangères*, comme les appelle M. de Châteaubriand, dans son admirable *Itinéraire,* ne déplairont peut-être pas à toutes les classes de lecteurs; beaucoup même d'entre eux les verront, je pense, avec plaisir, soit parce qu'elles offrent généralement de l'intérêt, soit parce que, étant le fruit de longues et pénibles recherches, il faudrait, pour la plupart, les aller chercher dans des livres peu communs, ou dans de grandes collections qui ne sont pas entre les mains de tout le monde. Mais un motif plus grave fera apprécier le mérite de ces extraits détachés (et tous les gens honnêtes seront de mon avis), c'est que plusieurs sont tirés d'ouvrages auxquels il eût été dangereux de renvoyer certains lecteurs, à cause des idées philosophiques ou irréligieuses, et, quelquefois même, des licencieux détails qu'ils renferment.

Malgré la longue étendue de cet ouvrage, où il n'est pourtant question que de deux cantons de la Suisse (ceux de Genève et de Vaud), les notes que j'ai recueillies sur la rive gauche du Léman n'en font pas partie. Dans mon dernier voyage j'explorai encore le côté de la Savoie, pays non moins curieux, sous certains rapports, que le côté de la Suisse. Là je vis avec un extrême plaisir Thonon, Ripaille, Evian, Bonneville, puis la superbe vallée de Chamouny, et, de retour à Genève, j'allai m'installer pendant deux journées consécutives à Ferney, pour y voir en détail le château et les appartemens de Voltaire. Or, avec mes notes sur ces lieux célèbres, et en donnant à cette suite la forme historique et littéraire que j'ai adoptée pour mon ouvrage actuel, j'aurais de quoi publier facilement un troisième volume. Mais je n'ai point la pensée de le faire, mon expérience m'ayant appris combien il fallait de temps, de soins et de persévérance à un écrivain consciencieux, et encore doué d'assez de talent, pour rendre ses manuscrits vraiment dignes de voir le jour! Moi donc, avec l'incertitude où je me trouve sur le sort réservé à mon début, je ne me sens ni assez de capacité ni assez de courage pour tenter un nouvel essai.

Je déclare même, sans une fausse humilité, que j'aurais abandonné mon premier travail, dont l'exécution me paraissait au-dessus de mes forces, et bien qu'il fût déjà très-avancé, si l'on ne m'eût pas vivement engagé à le poursuivre, en me disant des choses bien capables de m'exciter, malgré ma juste défiance de moi-même. En effet, après avoir communiqué mes manuscrits à des hommes pleins de savoir et de lumières, à des hommes dont les études spéciales devaient me faire respecter leur opinion, quelle qu'elle fût, j'ai reçu d'eux des encouragemens si flatteurs (je n'ose dire des éloges), que tout autre à ma place n'aurait pu y résister. Que l'on s'en prenne donc à leur indulgence excessive si je m'en suis trop rapporté à leur favorable jugement! Inconnu dans la littérature, me sentant plus capable de vivre dans l'obscurité que de faire quelque peu de bruit dans le monde, j'eusse pour jamais renoncé à la noble mais dangereuse profession d'auteur si ces juges, beaucoup plus éclairés que moi, et dont j'avais réclamé d'ailleurs une entière franchise, ne m'avaient sérieusement pressé de donner au public le fruit de mon travail. Pour me prouver même jusqu'à quel point ils s'intéressaient au succès de l'ouvrage, ils se sont condamnés, par obligeance, à en revoir les épreuves avec moi, au fur et à mesure de la composition des feuilles. Aussi, dans l'occasion, ma docile obéissance ne leur a pas fait défaut : ils savent avec quel scrupule j'ai suivi leurs

conseils, dictés par l'expérience et le bon goût.
Puissent leurs efforts et les miens ne pas être en
pure perte! Le public en décidera.

A GENÈVE

ET DANS LE CANTON DE VAUD.

~~~~~~

CHAPITRE PREMIER

Ville de Saint-Claude et son ancienne abbaye, où vint mourir saint
Claude, évêque de Besançon.—Reliques du même saint. - Incendie
affreux arrivé en 1799 — L'avocat Christin (note).—État actuel de
la ville reconstruite

———————

Je partis de Lyon, où j'avais fixé mon séjour
avant de venir habiter Paris. Après avoir parcouru quelques départemens limitrophes de la
Suisse, je me dirigeai du côté de Genève, que je
me proposais de visiter dans le plus grand détail,

I

et où je ne voulais rien laisser échapper à ma curiosité. Je pris la route la plus affreuse pour me
rendre dans cette cité célèbre : une circonstance
inattendue m'ayant fait venir à Saint-Claude, ce fut
de cette ville que je passai, en traversant le Jura,
dans le canton de Genève. Je m'arrêtai peu de jours
à Saint-Claude ; mais j'eus assez de temps pour recueillir des notes sur l'histoire de cette ville intéressante de la Franche-Comté.

Saint-Claude doit son origine à la célèbre abbaye
du même nom, possédée autrefois par des Bénédictins nobles, et dont les premiers fondemens furent
jetés par saint Romain et saint Lupicin, vers le commencement du cinquième siècle. Les religieux de ce
monastère virent souvent arriver dans leur solitude
un grand nombre de fervens chrétiens, qui venaient
pour y embrasser la pénitence et se livrer à la vie
contemplative. Saint Claude en devint abbé au septième siècle, et y mourut dans un âge très-avancé (il
avait plus de quatre-vingt-dix ans). Ce grand saint,
qui était auparavant évêque de Besançon, gouver-
nait cette église avec le zèle et la vigilance d'un
véritable pasteur ; mais les dignités de l'épiscopat,
qu'on l'avait forcé d'accepter, lui étant devenues
trop à charge, à cause de son amour pour la retraite,

il voulut, au bout de sept ans, renoncer à des honneurs pour lesquels sa répugnance était invincible. Ce fut alors qu'il se retira au monastère de *Condat,* (on appelait ainsi l'abbaye dont je parle); sa vie était l'image de toutes les vertus, et servit d'exemple à ses successeurs. L'abbaye, qui portait également le nom de *Saint-Oyend,* prit dans le treizième siècle celui de *Saint-Claude;* elle fut, en 1742, érigée en évêché par une bulle du pape Benoît XIV. Les chanoines du chapitre, qui étaient au nombre de vingt, devaient faire preuve de seize quartiers de noblesse, huit du côté paternel et autant du côté maternel; ils portaient sur la poitrine une médaille d'or, offrant l'effigie gravée de saint Claude, avec un cordon couleur de feu. On les qualifiait du titre de *comte,* et ils faisaient usage de la mître. Depuis le milieu du seizième siècle, avant même que l'abbaye fût érigée en chapitre, on ne recevait également parmi les religieux que ceux qui étaient nobles de plusieurs races. La principale église du monastère, et plus tard la cathédrale, attirait une foule immense de pélerins, qui accouraient pour honorer les reliques de saint Claude, dont le corps et les entrailles étaient renfermés dans une châsse de grand prix; mais ces reliques précieuses furent brûlées en 1794, au milieu des orages de notre révolution. Le corps du saint se trouvait entier, et s'était conservé incorruptible pendant plus de mille ans (1).

Le 19 juin 1799, la ville de Saint-Claude fut presque entièrement détruite par le feu. L'incendie commença vers le milieu de la journée, et sous un ciel très-serein ; mais un vent du nord, qui soufflait avec assez de violence, donna une activité effrayante à cet élément terrible. Ses ravages furent si prompts que quatre ou cinq heures suffirent pour anéantir la malheureuse ville de Saint-Claude. La cathédrale néanmoins resta debout, malgré le danger qui la menaçait de toutes parts ; sa toiture et la flèche du clocher furent les seules parties de l'édifice que les flammes consumèrent : les portes en bois n'eurent même pas la plus légère atteinte. Une maison, quoique contiguë aux autres et couverte en

(1) Le **Père Ménestrier**, qui vit et examina cette précieuse relique vers la fin du dix-septième siècle, racontait que « le corps de saint Claude lui avait paru être celui d'un « vénérable vieillard d'assez petite taille ; que les chairs en « étaient maniables et vermeilles, excepté les pieds, que les « pélerins avaient noircis en les baisant par dévotion ; que « le saint avait un œil ouvert et l'autre couvert d'un em- « plâtre noir, et que le corps n'offrait aucune trace prou- « vant qu'on l'eût embaumé. »

bois, fut aussi épargnée par le feu ; elle était habitée par un nommé *Jacquet,* qui, ayant eu le bonheur de sauver, en 1794, un bras de saint Claude, tenait ce dépôt précieux caché dans un coin de son logement. Les deux petites pièces qu'il occupait, et qui se trouvaient en mauvais état, furent préservées de tout accident, au milieu de la destruction générale (1). Les procès-verbaux citent les noms de près de quatre-vingts individus qui périrent dans les flammes ; la plupart de ces infortunés, ayant cru échapper au péril en se réfugiant dans leurs caves, y avaient trouvé la mort la plus horrible, sous l'affaissement des voûtes calcinées par le feu (2).

· La France, Genève et la Suisse s'empressèrent

(1) Cet homme existe encore, et peut attester le fait. Il était de garde la nuit où les reliques de saint Claude furent jetées au feu. Un gendarme qui les portait dans une balle, ayant laissé tomber par mégarde le bras gauche du saint, Jacquet s'en aperçut, et le ramassa promptement sans rien dire.

(2) L'avocat Christin, membre de l'Assemblée constituante, et l'ami de Voltaire, fut du nombre de ceux qui périrent dans l'incendie. Compilateur laborieux, il avait rassemblé un grand nombre de notes sur l'histoire de sa province, et sur d'autres sujets non moins importans ; mais cette précieuse collection, fruit d'un travail long et opiniâtre, fut consumée par les flammes avec son auteur.

de venir au secours des incendiés de Saint-Claude ;
partout on rivalisait de bienfaisance pour arracher
à la mort, ou au désespoir, un nombre considérable de familles sans ressources, qui, privées
de pain, d'asile et de vêtemens, erraient sur les
montagnes voisines en se livrant aux lamentations
les plus déchirantes. Le gouvernement envoya une
somme de six cent mille francs. La ville de Saint-
Claude ne présentait plus qu'un amas confus de
ruines ; mais elle ne tarda point à renaître de ses
cendres : en peu de temps on vit s'élever de nombreuses et solides constructions sur les lieux mêmes
où existaient auparavant ces maisons fragiles qui
devinrent si facilement la proie des flammes (1).
Saint-Claude est maintenant l'une des plus jolies
villes du Jura, et ses anciens malheurs paraissent

(1) Saint-Claude avait déjà, à d'autres époques, essuyé
les ravages du feu. Le 22 mars 1520, un ouvrier eut l'imprudence, en soudant des lames de plomb qui couvraient
le clocher d'une église, de laisser tomber un charbon ardent sur la toiture de l'édifice ; l'embrasement eut lieu presque aussitôt, et le feu se communiqua avec une telle rapidité aux maisons voisines que, malgré de prompts secours,
la plus grande partie de la ville devint la proie des flammes.
Plus tard, en 1639, elle fut à la fois pillée, ravagée et in-
cendiée par le dévastateur Albert de Saxe.

n'y avoir laissé aucune trace. On y fait un commerce considérable de tabletterie et de quincaillerie; ces deux branches d'industrie occupent dans le pays un grand nombre d'ouvriers. La cathédrale, qui fut commencée dans le quinzième siècle et achevée dans le dix-huitième, est grande et d'une construction fort régulière; si ses embellissemens projetés étaient mis à exécution, ce serait une des belles églises de France. Les boiseries du chœur offrent des sculptures précieuses. On y voit quelques tableaux remarquables : celui de *saint Laurent* a coûté, dit-on, la somme de dix mille francs.

Située au milieu de trois hautes montagnes, qui la pressent de leurs flancs, la ville de Saint-Claude semble être menacée en partie d'un engloutissement terrible. Sa population néanmoins augmente tous les ans; elle s'élève aujourd'hui à plus de sept mille âmes, y compris la banlieue qui en compte quinze cents ou environ. C'est le siége d'un évêché, et celui d'une sous-préfecture du département du Jura. Il y a aussi un tribunal de première instance.

~~~~~~

CHAPITRE II.

Trajet de Saint-Claude à Genève par le Mont-Jura. — Difficulté de ce
passage; ouragan. — Sept-Moncel; écho singulier. — Mijoux. — Force
étonnante d'un guide. — La Faucille; belle vue. — Gex; cette ville
changea plusieurs fois de maîtres; saint François de Sales y fut envoyé en mission, et faillit de mourir empoisonné par les calvinistes;
ancien couvent de capucins, dont Voltaire se disait le *père temporel*.
— Route charmante. — Arrivée à Genève.

———————◦◦◦———————

JE me mis en route pour Genève à cinq heures
du matin, accompagné d'un guide qui s'était chargé
de porter mon bagage. Nous entrâmes, au sortir
même de Saint-Claude, dans une longue chaîne de
montagnes escarpées, à peine accessibles aux meilleurs piétons. J'avais préféré ce triste chemin au
lieu de la grande route, qui est loin d'être aussi
mauvaise, et que l'on m'avait conseillé de prendre.
Mais comme elle est une fois plus longue, et que je
désirais m'aguerrir d'avance aux excursions pénibles qui m'attendaient sur les glaciers des Alpes, je
voulus commencer par le trajet *direct* de Saint-Claude

à Genève. On ne saurait se faire une idée de la difficulté de ce passage, qui ne mérite même pas le
nom de *sentier :* je marchais partout sur des monts
escarpés, sur des côtes très-rapides et presque
taillées à pic. Je faillis plusieurs fois d'éprouver des
vertiges, lorsqu'en détournant les yeux j'osais par
hasard les fixer vers la plaine, que nous dominions
souvent à une très-grande hauteur. Malgré une saison
propice pour les voyages, nous souffrîmes beaucoup
du froid : le vent, la neige, des ouragans épouvan-
tables, tout contribuait à ralentir notre marche et
à la rendre excessivement pénible. Une température
aussi singulière dans la belle saison ne doit pas
surprendre : plusieurs des montagnes que je traversai font partie de la plus haute chaîne du Jura, et
conservent à leurs sommets de la neige et de la glace
une grande partie de l'année.

Après avoir marché pendant plus de deux heures,
nous arrivâmes à Sept-Moncel, où l'on fabrique
d'excellens fromages, dont le goût est le même que
ceux de Roquefort. Dans une forêt de sapins, sur
une des montagnes voisines de ce village, on entend un écho remarquable par sa singularité ; il
remplit l'air, m'a-t-on dit, d'une multitude de sons
qui vont toujours se répétant, et forment, quand on

donne du cor, une sorte de concert dont l'harmonie, quoique bruyante, ne frappe pas l'oreille sans agrément. Ce n'est pas un simple écho qui répète de suite une certaine quantité de syllabes, c'est une succession rapide et croisée de plusieurs échos, produite par les parties boisées des montagnes qui cernent le lieu d'où partent les sons du cor. Je regrettai beaucoup que le temps ne me permît pas d'aller connaître moi-même l'effet de cette curiosité ; mais je rapporte fidèlement ce qui m'en a été dit par des personnes incapables, je le pense, de tromper. Le département du Jura renferme beaucoup d'autres curiosités naturelles, qui méritent des excursions de la part des voyageurs.

Nous rencontrâmes, à deux lieues de Sept-Moncel, le village de Mijoux, qui donne son nom à une belle vallée, où l'on trouve plusieurs granges éparses à travers de vastes prairies. Nous y fîmes halte pour déjeûner et reprendre les forces dont nous avions besoin ; nous mangeâmes d'un appétit dévorant, malgré la frugalité de notre repas, car dans ces lieux déserts on trouve à peine les choses les plus nécessaires à la vie. J'avais été surpris, pendant toute la route, de la force extraordinaire de mon guide : croirait-on que cet homme, malgré le mauvais temps et les obstacles presque insurmontables du chemin, malgré surtout l'extrême rapidité des côtes, portait sur son dos tous mes effets de voyage, dont le poids allait à plus de cent vingt livres? Il les avait mis dans une hotte qui était assez grande pour contenir ma malle et mon sac de nuit. Il voulut aller ainsi chargé depuis Saint-Claude jusqu'à Genève, c'est-à-dire en marchant l'espace de dix ou douze lieues de pays. J'ai conservé le nom de ce guide courageux; il s'appelle *Chevassu.* Cet homme me racontait qu'il avait souvent porté plus de deux quintaux sur ses épaules en faisant le même voyage, que son frère et sa sœur n'étaient pas moins robustes que lui, et qu'ils se rendaient toutes les semaines à Genève avec des charges à peu près semblables, (ils sont commissionnaires pour le transport à pied des marchandises). Ces gens industrieux et honnêtes possèdent toute la confiance des personnes qui savent quelle est leur probité : aussi on leur donne sans crainte de fortes sommes à porter en France ou en Suisse.

Nous arrivons à la Faucille, où l'on cesse enfin de monter. Jusqu'alors, et depuis notre départ de Saint-Claude, nous n'avions fait que gravir des montagnes ou des rochers; souvent aussi nous avions erré parmi ces forêts de sapins qui tapissent les déserts du Jura et leur donnent un aspect si sauvage, quelquefois même si romantique. Mais la scène fut toute différente lorsque nous atteignîmes le haut de la Faucille : parvenus au sommet de cette montagne, nous eûmes tout-à-coup sous les yeux un spectacle d'une grandeur imposante ; le pays de Gex, Carouge, Genève, une partie de la Suisse et du lac Léman, la Savoie, les Alpes, couronnées de leurs immenses glaciers, tous ces objets nous apparurent à la fois, et me frappèrent surtout à cause de leur singulier contraste avec les lieux que je venais de parcourir. Nous trouvions encore un ample dédommagement à nos maux de la journée : le soleil brillait alors dans tout son éclat, et venait de chasser les nuages épais qui nous avaient enveloppés de leur ombre humide une assez grande partie de la route.

Depuis la Faucille on va toujours en descendant : le chemin est même si rapide qu'il force, pour ainsi dire, la marche du voyageur le plus accablé de lassitude ; nous étions cependant sur la grande route de Paris à Genève. Je me reposai une heure à Gex, petite ville renommée pour son commerce d'excellens fromages ; on y compte près de trois mille âmes. C'est le chef-lieu d'une sous-préfecture du département de l'Ain. Les rues de Gex sont mal percées et de difficile accès ; mais ce désagrément est bien compensé par le superbe point de vue dont on jouit de la promenade : c'est une terrasse qui offre un coup-d'œil magnifique sur Genève et sur le bassin qui borde une partie du lac.

Le pays de Gex, qui appartenait au duc de Savoie, fut enlevé à ce prince par les Bernois en 1536, peu de temps après qu'ils eurent embrassé la réforme ; mais ils le lui restituèrent au bout d'environ trente ans. Gex tomba dans la suite au pouvoir des Genevois, qui s'en emparèrent dans leurs démêlés avec les Savoyards. Enfin, ces derniers l'ayant repris, il fut cédé à Henri IV, qui le réunit à la couronne de France. La liberté de religion y fut aussitôt proclamée, et le culte catholique rétabli avec ses autels. On nomma François de Sales pour y aller convertir les calvinistes ; le saint, toujours enflammé de zèle, se rendit à Gex avec le plus vif empressement. Mais sa vie y courut de grands dangers. Les protestans, qui avaient usurpé les biens de l'Eglise, ne pouvaient se résoudre à les restituer ; dociles aux prédications de l'évêque, ils auraient facilement abjuré leurs erreurs, si on eût voulu les laisser maîtres des biens qui ne leur appartenaient pas. Mais ils cabalèrent pour résister aux ordres du roi; et les plus irrités, ayant conçu le noir dessein d'empoisonner François de Sales, mirent leur complot à exécution. Le bon évêque, se défiant peu de ses ennemis, avala le poison qu'ils lui avaient préparé, et se trouva attaqué aussitôt de violentes coliques. Mais les médecins lui administrèrent à temps les remèdes nécessaires; l'antidote fit son effet, et François fut guéri. Néanmoins son tempérament s'en ressentit tout le reste de ses jours. Ce vertueux prélat ne voulut jamais que l'on punît les auteurs du crime, et se consola de son malheur en opérant la conversion d'un grand nombre de calvinistes.

Il y avait autrefois à Gex un couvent de capucins, dont Voltaire se disait le *père temporel,* et où il se fit recevoir capucin au commencement de l'année 1770 : le prétendu converti prit alors le nom de *frère François.* Ce fait paraîtrait controuvé s'il n'était garanti par les lettres mêmes de Voltaire, dans lesquelles la chose est annoncée fort sérieusement. Il écrivait au maréchal duc de Richelieu, le 9 février 1770 : « ..... J'ai l'honneur d'être capucin. « Notre général, qui est à Rome, m'a envoyé mes « patentes signées de sa vénérable main. Je suis du

« tiers-ordre; mes titres sont *fils spirituel de saint*
« *François, et père temporel.* » On trouve également
ment ce passage dans sa lettre du 3 mars 1770 à
Tabarau de Lyon : « Non seulement je suis père
« temporel des capucins de Gex, mais j'ai l'hon-
« neur d'être capucin moi-même. J'ai droit de por-
« ter le cordon et l'habit; j'ai reçu ma patente de
« notre révérend père général, etc. » Le 9 du même
mois, en annonçant cette étrange nouvelle à Audi-
bert de Marseille, et après s'être servi des mêmes
expressions, Voltaire ajouta, pour que l'on ne se mé-
prît point sur le vrai sens de ses paroles : ...... *N'en
riez point, rien n'est plus vrai.* Il écrivit dans le
même sens et d'une manière aussi positive à divers personnages de son temps, comme on le voit
dans sa *Correspondance générale* (1). Il ajouta même,

(1) Dans une lettre, du 19 février 1770, au comte d'Ar-
gental, Voltaire ajoute ce paragraphe, après avoir signé
Frère V., capucin indigne :

« Si vous êtes surpris de ma signature, sachez que je suis
« non seulement Père temporel des capucins de Gex, mais
« encore aggrégé au corps par le général *Amatus Dalam-*
« *balla,* résidant à Rome. »

On lit ce passage dans une autre lettre, qu'il écrivait à
La Harpe le 2 mars de la même année : « Vraiment vous
« ne connaissez pas toutes mes dignités; non seulement je
« suis Père temporel des capucins (de Gex), mais je suis

pendant plusieurs mois, à sa signature le titre de *capucin*, dont il avait le diplôme encadré, qu'il se plaisait à exposer dans la pièce la plus fréquentée de son château.

La réception de Voltaire dans l'ordre de saint François est donc un fait qu'on ne saurait révoquer en doute ; mais faut-il en conclure que la démarche

---

« capucin moi-même. Je suis reçu dans l'ordre, et je rece-
« vrai incessamment le cordon de saint François, qui ne me
« rendra pas la vigueur de la jeunesse. »

Sa lettre du 17 mars 1770, à Mme la duchesse de Choiseul, se termine ainsi : *En attendant, daignez agréer le respect paternel, les prières et les bénédictions du frère François, capucin indigne.*

Voltaire se glorifie encore de son titre de *capucin*, et annonce sa nouvelle *dignité* en écrivant à Elie de Beaumont (le 16 février), au duc de Choiseul (le 18 février et le 17 mars), à Mme la marquise du Deffant (le 21 février), ainsi que dans plusieurs lettres adressées à d'autres personnages avec lesquels il était en correspondance.

Le fait que j'annonce, en parlant de Gex, est d'autant plus curieux qu'il semble ignoré aujourd'hui de beaucoup de monde ; car les biographes ou, pour mieux dire, les panégyristes de Voltaire ont eu grand soin de le passer sous silence, en écrivant la vie de leur héros. J'ai donc cru indispensable de citer, à l'appui de ce fait extraordinaire, plusieurs preuves tirées de la correspondance même du *philosophe capucin ;* elles suffiront, je l'espère, pour dissiper tous les doutes.

du philosophe était un acte sincère de religion pour se livrer à la pénitence ? Gardons-nous de le croire, puisqu'il ne cessa point pour cela de tourner en dérision les choses les plus saintes : c'était plutôt de sa part une mauvaise plaisanterie ou une nouvelle ruse pour tromper l'Europe, qui déjà se ressentait des coups portés par ses écrits contre le christianisme. Personne, du reste, ne connaissait mieux que lui l'art de se jouer des hommes en leur fascinant les yeux.

Je me trouvai, en sortant de Gex, au milieu de rians vergers et de belles prairies, qu'arrosent les sources abondantes du voisinage. Partout s'offrait à mes regards l'image brillante d'une campagne fertile et variée dans ses productions. Un temps superbe nous favorisait depuis la Faucille, et nous dédommageait de l'espèce de tempête que nous avions essuyée jusqu'à cette montagne ; la chaleur même était parfois accablante, mais les noyers qui bordent le chemin nous rafraîchissaient de leur ombre salutaire. J'aimais à respirer sur ce sol enchanteur où commence la Suisse ; j'oubliais toutes mes fatigues de la journée, et, l'âme pleine de jouissances à la vue d'un pays si agréable par ses beautés champêtres, j'arrivai à Ferney sans m'apercevoir que mes forces étaient languissantes. Je ne fis que traverser ce superbe village, où je me proposais de venir avant mon départ pour la vallée de Chamouny. Enfin nous arrivâmes à Genève entre six et sept heures du soir ; j'étais exténué de fatigue. Mon compagnon de voyage avait beau vanter ma hardiesse à le suivre dans les montagnes, je ne pus dissimuler ma joie lorsque je me vis tout-à-fait délivré du péril dont nous avions été si souvent menacés en côtoyant le bord des précipices du Jura.

Je logeai à l'hôtel des *Trois-Maures,* rue de Derrière-le-Rhône ; celui de l'*Écu-de-Genève,* l'un des plus fréquentés de la ville, se trouvait plein de voyageurs. Mais j'eus lieu d'être satisfait de l'auberge où je descendis : propreté dans le service, table délicieuse et variée, soins empressés de l'hôte et de ses sommeillers, compagnie agréable, tout concourut enfin à me faire oublier que l'hôtel de l'*Écu-de-Genève* se trouvait désigné sur mes tablettes comme le meilleur de la ville (1).

(1) L'*Hôtel des Balances,* situé sur la place de *Bel-Air,* est néanmoins regardé comme la première auberge de Genève : c'est là que descendent ordinairement les voyageurs de haute distinction, ou ceux qui ont équipage et une suite nombreuse.

La belle auberge de *Sécheron,* connue sous le nom d'*Hôtel d'Angleterre,* jouit également d'une bonne réputation ; elle offre aux étrangers toutes sortes d'agrémens par sa situation sur le bord du lac.

L'*Hôtel de la Couronne* est aussi très-fréquenté par les voyageurs.

Les trois auberges que je viens de citer sont assurément fort bonnes, surtout les deux premières; mais on ne peut y être mieux sous le rapport des soins, de la propreté, et je dirai même de la table, qu'à l'hôtel de l'*Ecu-de-Genève,* ou à celui des *Trois-Maures.* J'ai voulu en faire l'expérience, et mon opinion est celle de beaucoup de voyageurs. Toute-

Trois-Maures manquent d'élégance et de goût; mais c'est le seul inconvénient que j'aie trouvé dans cet hôtel, où, du reste, il y avait très-peu de chambres disponibles, à cause de l'affluence des voyageurs.

CHAPITRE III.

Situation de Genève; sa température; ses environs. — Les *Délices*, ancien séjour de Voltaire. — Maison *Constant*. — Intérieur de Genève; aspect de ses rues. — Coup-d'œil sur cette ville par J.-J. Rousseau. — Ses fortifications; ses remparts. — Bastion de *Hesse*. — Portes d'entrée.

UNE bonne nuit soulagea mes membres fatigués, et le lendemain de mon arrivée à Genève, j'étais de force à recommencer le pénible voyage de la veille. Je profitai de cette bonne disposition pour me mettre en campagne et parcourir dès les premiers jours la ville et son voisinage le plus rapproché. C'est ainsi que je reconnais d'abord les lieux en arrivant dans une ville sur laquelle je me propose de prendre des notes.

Genève, dont la situation au bord du lac offre de loin un coup-d'œil enchanteur, est environnée de collines, de coteaux pittoresques que la nature semble avoir jetés au gré de son caprice. Elle est dans une plaine comprise entre le Jura et les monts de Salève et de Sion. La plus grande partie de la ville se trouve au lieu même où le Rhône, s'échappant du lac, roule avec véhémence, dans un double canal, ses eaux limpides et bleuâtres. La campagne, arrosée par ce fleuve et la rivière de l'Arve, présente des champs bien cultivés, où l'industrie a triomphé de l'ingratitude du sol. Le voisinage des montagnes, dont la plupart sont couvertes de neige, rend la température de Genève très-rigoureuse en hiver ; dans cette saison l'air y est plus froid qu'à Paris. Notre capitale est cependant située à deux degrés et demi de plus au nord que Genève. Cette différence de température provient aussi d'une plus grande élévation du sol; car Genève est à 1126 pieds au-dessus du niveau de la mer. Le thermomètre de Réaumur y descend, par les plus grands froids, de quinze à dix-huit degrés au dessous de zéro; en été, dans les grandes chaleurs, il y monte à vingt-six ou vingt-sept degrés. Malgré des variations fréquentes dans l'atmosphère, le climat est sain, et n'exige qu'un peu de précautions de la part des étrangers.

Les environs de la ville sont délicieux; ils offrent une grande variété de sites et de points de vue, surtout le long de la rive droite du Léman. J'y admirai, dans mes petites excursions, un nombre infini de maisons de plaisance, dont la plupart an

presque toutes ont la vue du lac et des montagnes du Jura ou des Alpes. L'ami de la nature a de quoi se distraire des occupations de la vie : placé dans l'un des plus beaux pays de l'Europe, il éprouve des jouissances inexprimables en contemplant ce ravissant spectacle. Parmi le grand nombre de sites charmans qui environnent la ville de Genève, on distingue le coteau de *Saint-Jean*, dont les pieds sont baignés par le confluent du Rhône et de l'Arve, et qui est devenu célèbre par le séjour que Voltaire y fit dans une maison de campagne à laquelle il donna le nom de *Délices;* elle est située à quinze minutes de Genève.

Ce fut en prenant possession de ce beau domaine (en mars 1755), que Voltaire fit son *Epitre au lac de Genève,* dont les premiers vers expriment son enthousiasme à la vue des objets qui frappèrent ses regards :

O maison d'Aristippe ! ô jardins d'Epicure !
Vous qui me présentez, dans vos enclos divers,

Ce qui souvent manque à mes vers,
Le mérite de l'art soumis à la nature ;
Empire de Pomone et de Flore sa sœur,
    Recevez votre possesseur ;
Qu'il soit, ainsi que vous, solitaire et tranquille.
Je ne me vante point d'avoir en cet asile
    Rencontré le parfait bonheur ;
Il n'est point retiré dans le fond d'un bocage ;
    Il est encor moins chez les rois ;
    Il n'est pas même chez le sage :
De cette courte vie il n'est point le partage ;
Il y faut renoncer, mais on peut quelquefois
    Embrasser au moins son image.

Que tout plaît en ces lieux à mes sens étonnés !
D'un tranquille océan (1) l'eau pure et transparente
Baigne les bords fleuris de ces champs fortunés ;
D'innombrables coteaux ces champs sont couronnés ;
Bacchus les embellit : leur insensible pente
Vous conduit par degrés à ces monts sourcilleux (2)
Qui pressent les enfers et qui fendent les cieux.
Le voilà ce théâtre et de neige et de gloire,
Eternel boulevart qui n'a point garanti
    Des Lombards le beau territoire.
Voilà ces monts affreux, célébrés dans l'histoire,
Ces monts qu'ont traversés, par un vol si hardi,
Les Charles, les Othon, Catinat et Conti
    Sur les ailes de la Victoire.

(1) Le lac de Genève
(2) Les Alpes.

Les *Délices* devinrent, sous le prince de la littérature, le rendez-vous de tous ceux à qui la naissance et les talens semblaient donner le droit d'y être accueillis. Voltaire y vivait magnifiquement ; il paraît que ce fut alors qu'il commença à jouir des biens de la fortune. Long-temps prodigue d'esprit et très-économe d'argent, il affecta depuis ce moment le ton de l'opulence et de l'hospitalité. Sa table était servie comme celle d'un grand seigneur, et ses équipages étaient fort élégans. Il y fit construire un théâtre ; mais les Genevois se récrièrent contre ce scandale (1), ce qui obligea Voltaire d'en adopter un autre qu'il pouvait démonter facilement et cacher aussitôt après la représentation de ses pièces (2). Les *Délices* appartiennent aujourd'hui à

(1) Les spectacles étaient alors défendus à Genève, ainsi qu'on le verra dans le cours de cet ouvrage.

(2) Ce fut le libraire Cramer, homme d'esprit, qui décida Voltaire à fixer son séjour près de Genève. Cet imprimeur avait une physionomie extrêmement heureuse. Ayant su que Voltaire, chassé de Berlin, s'était retiré à Colmar, où il vivait paisiblement, n'ayant pour toute société que son secrétaire et son médecin, il s'empressa d'aller le trouver pour lui proposer d'imprimer ses OEuvres, et l'engagea fortement à venir s'établir près de Genève. La bonne mine et les manières de Cramer frappèrent si fort Voltaire, qu'il lui dit avec son enjouement accoutumé : *Quoi ! vous êtes li-*

Mme veuve Tronchin, dont le fils aîné a non loin de là une belle propriété. Celui-ci possède plusieurs tableaux de grands maîtres.

A peü de distance des *Délices* se trouve l'ancienne maison de M. Constant, parent du célèbre publiciste de ce nom; elle a été vendue à M. Rilliet. La terrasse de cette maison plonge sur le Rhône et sur le riche bassin qui existe entre ce fleuve et le mont de Salève; la ville de Genève se montre en profil du haut de ce charmant belvéder; elle n'y perd rien de sa beauté.

L'intérieur de Genève offre un pénible contraste avec la magnificence de ses environs; la ville est bâtie sans régularité; les maisons y sont très-hautes; il n'est pas rare d'en trouver de cinq à six étages. Celles du quartier marchand avaient encore, il y a peu d'années, des arcades en bois qui s'élevaient d'une manière gothique jusqu'aux toits des maisons, et au-dessous desquelles existaient des milliers de boutiques. Ces arcades, soutenues par de nombreux piliers, aussi de bois, produisaient l'effet le plus triste et le plus désagréable à l'œil; on a eu enfin l'heureuse idée de les faire disparaître (à l'exception

---

braire? je vous avais pris pour un maréchal-de-camp. Ils furent dès-lors amis devoues.

néanmoins d'une très-petite partie que l'on n'a pas encore détruite, mais qui le sera probablement bientôt). C'est là que se trouvent les rues basses: elles ressemblent exactement à la *Cité* et au quartier *Saint-Jacques* de Paris. Mais ce qui console un peu du triste aspect de ces noires allées, de ces rues sombres et étroites, pavées de cailloux pointus, c'est l'activité, le travail qu'on remarque partout, et dans les lieux mêmes les moins apparens. A voir ce mouvement extraordinaire qui règne dans la ville de Genève, on se croirait volontiers au milieu d'une population de cent mille âmes....

« Il me semble, dit J.-J. Rousseau (1), que ce « qui doit d'abord frapper tout étranger entrant « dans Genève, c'est l'air de vie et d'activité qu'on « y voit régner. Tout s'occupe, tout est en mouve- « ment, tout s'empresse à son travail et à ses affai- « res. Je ne crois pas que nulle autre aussi petite « ville au monde offre un pareil spectacle. Visitez le « quartier Saint-Gervais, toute l'horlogerie de l'Eu- « rope y paraît rassemblée. Parcourez le Molard (2)

(1) Lettre à d'Alembert, sur les spectacles.

(2) Le Molard est une place qui communique à la rue de Derrière-le-Rhône, par une vieille porte de l'ancienne ville. C'est là que J.-J. Rousseau, encore jeune, venait vendre

« et les rues basses, un appareil de commerce en
« grand, des monceaux de ballots, de tonneaux con-
« fusément jetés, une odeur d'inde et de droguerie
« vous font imaginer un port de mer. Aux Pâquis,
« aux Eaux-Vives, le bruit et l'aspect des fabriques
« d'indiennes et de toiles peintes semblent vous trans-
« porter à Zurich. La ville se multiplie en quelque
« sorte par les travaux qui s'y font; et j'ai vu des
« gens, sur ce premier coup-d'œil, en estimer le
« peuple à cent mille âmes. Les bras, l'emploi du

au marché les légumes qu'il avait volés dans un jardin du
voisinage de son maître ; il l'avoue lui-même dans ses *Confessions* : « J'allais tous les matins, dit-il, moissonner les
« plus belles asperges ; je les portais au *Molard*, où quelque
« bonne femme, qui voyait que je venais de les voler, me
« le disait pour les avoir à meilleur compte. Dans ma
« frayeur, je prenais ce qu'elle voulait bien me donner ; je
« le portais à M. Verrat. Cela se changeait promptement
« en un déjeuner dont j'étais le pourvoyeur, et qu'il parta-
« geait avec un autre camarade ; car pour moi, très-con-
« tent d'en avoir quelque bribe, je ne touchais pas même à
« leur vin. » Ce *Verrat* était le complice ou plutôt l'instigateur des vols de Rousseau, qui se trouvait alors en
apprentissage chez un graveur pour l'horlogerie. On sait
combien les vices auxquels Jean-Jacques s'abandonna sans
réserve dans sa jeunesse lui devinrent funestes par la suite :
ils furent même en partie la source de ses premiers malheurs.

« temps, la vigilance, l'austère parcimonie, voilà les
« trésors du Genevois. »

Les fortifications de Genève ont coûté de très-grandes sommes à l'Etat. Ce n'est point toutefois une ville imprenable; mais ses murs la défendent assez pour la mettre à l'abri d'un coup de main. Elle fut garantie d'une occupation en 1792 (1), en 1814 et en 1815. L'aspect des remparts n'a rien de bien imposant; ils sont incommodes parce que la ville a très-peu de portes, et qu'il faut souvent faire un long circuit pour y entrer : mais, depuis une longue paix, tous ces bastions sont devenus des promenades publiques. L'un de ces bastions, qui est situé vers la porte de Rive, est connu sous le nom de *Hesse,* parce qu'on employa à sa construction une somme de dix mille écus, dont un landgrave de Hesse avait fait présent à la ville de Genève.

L'entrée de France, où l'on remarque maintenant de belles maisons, est défendue par le bastion

(1) En 1792, le *conseil exécutif* avait ordonné au général Montesquiou d'assiéger Genève. Mais ce général, aussi humain que brave, voulant préserver la ville d'une invasion, entreprit de négocier avec les Genevois, et traita avec eux. On sait que sa conduite irrita la Convention, et qu'il fut obligé de fuir pour éviter un mandat d'arrêt lancé contre lui.

de *Cornavin*, panorama charmant qui embrasse les trois grandes routes de Lausanne, de Gex et de Lyon ; au bout du rempart, en tournant du côté du lac, on voit un joli pont de fil-de-fer, qui sert de passage pour aller aux Pâquis. L'entrée du Valais présente Genève sous un point de vue moins favorable que celle de France ; mais le côté de la

grande capitale. Rien de plus imposant que cette dernière entrée : les beaux édifices qui la décorent, élevés sur des terrasses de soixante pieds de haut, présentent de magnifiques façades, et semblent habités plutôt par des princes que par de simples particuliers. On fermait autrefois les portes au déclin du jour, ce qui devenait fort incommode pour les personnes habitant la campagne, et qui allaient coucher à Genève ; mais aujourd'hui les portes ne se ferment qu'à minuit, et l'on obtient facilement des permissions d'ouverture aux heures indues. On paie alors un léger droit d'entrée.

J'AVAIS fait plusieurs courses aux environs de Genève, et je m'étais plu à m'égarer quelquefois dans la ville, afin de mieux juger de son ensemble. Mon premier soin fut ensuite de visiter la cathédrale, qui porte encore le nom d'*église Saint-Pierre*.

L'époque de la fondation de ce beau monument n'est pas bien connue. Suivant la tradition la plus exacte, il aurait été construit à la fin du quatrième siècle, et achevé au commencement du sixième. Devenu la proie d'un incendie, il fut rebâti par

Gondebaud, et consacré en 517, sous le règne de Sigismond, par Avitus, archevêque de Vienne et métropolitain de Genève. L'opinion d'un auteur ancien, qui attribue la fondation de ce temple à Gontran de Bourgogne, ne repose sur aucune preuve; mais tous les historiens s'accordent à dire que vers la fin du dixième siècle il a été réparé dans sa forme actuelle, qui est celle d'une croix latine. Conrad-le-Salique, empereur d'Allemagne, en acheva la construction dans le onzième siècle, avec le secours des meilleurs architectes de l'époque; mais le pavé ne se fit que long-temps après. Plusieurs parties de ce bel édifice furent incendiées en 1334. Le 21 avril 1430, il fut consumé avec une grande partie de la ville; la tour septentrionale fut presque seule épargnée par le feu : mais on le rebâtit entre 1505 et 1530, tel qu'on le voit aujourd'hui. Le portail gothique fut détruit en 1749, et remplacé par un beau péristyle dans le genre de celui de la Rotonde de Rome. Ce portique est soutenu par des colonnes de marbre d'ordre corinthien, et offre un modèle assez exact du Panthéon : il fut élevé sur les dessins du comte Alfieri (1), l'un des plus ha-

(1) Le comte Alfieri était parent du célèbre poète de ce nom.

biles architectes de Turin, qui a su allier dans son ouvrage la majesté, la grandeur et la simplicité. Une ligne méridienne, tracée à côté de la porte, marque le midi moyen pendant toute l'année.

Les grands vitraux du chœur offrent d'anciennes peintures d'un assez bel effet. Mais ce temple, comme tous ceux des prétendus réformés, est absolument nu dans son intérieur : je n'y trouvai ni statues de saints, ni tableaux, ni autels. Le culte protestant, comme on le sait, repousse toute espèce de décorations religieuses. « Où serait l'incon- « vénient (dit à ce sujet d'Alembert, en parlant de « la cathédrale de Genève), où serait l'inconvénient « d'avoir des tableaux et des statues, en avertissant « le peuple, si l'on voulait, de ne leur rendre aucun « culte, et de ne les regarder que comme des mo- « numens destinés à retracer d'une manière frap- « pante et agréable les principaux évènemens de la « religion? » La nef est remplie de bancs, où chaque place est désignée par le nom de son proprié- taire; celles des magistrats s'élèvent en gradins dans l'ancien chœur des chanoines. Avant la réforma- tion on comptait dans cette église vingt-trois autels, outre le maître-autel et plusieurs chapelles; elle étai desservie par des chanoines. Depuis lors sa distribution intérieure a été bouleversée par les protestans.

Je remarquai, en visitant l'église, le superbe tombeau de Henri, duc de Rohan (1), ainsi que l'épitaphe singulière de Théodore-Agrippa d'Au--

(1) Voici l'épitaphe du duc de Rohan, qui est gravée en lettres d'or sur du marbre noir :

D. O. M. S.

Henricus
Rohannii dux inclytus,
priscorum Armoricæ regum genuina et mascula soboles,
Navarræ et Scotiæ princeps,
summis Europæ dynastis affinitate innexus,
hic jacet.
O viator, noli in gesta altum inquirere,
non sunt illa mausolei,
manent in animis hominum;
fama rerum, æternitate temporum
abi contentus quod strictim tibi edissero
anno ætatis XVI fatis ostensus,
sub Ambiani mœnibus obsessis,
ante Henrici Magni ora equo prostrato cæsoque,
audax juventa opima reportavit.
Apud Belgas Grollacensi,
apud Sicambros Juliacensi obsidione illustris;
in Taurinis ad Felissanum feliciter pugnavit,
Germanos et Iberos in Rhœtia et Insubria quadruplici prœlio debellavit.
Ad Rhenum in campis Rhinfeldiacis, in devexo Hirciniæ,
Kalendis Mart. anno M. DC. XXXVIII.
Cæsaris exercitu fuso,
confossus vulneribus,
partæ victoriæ superstes,
mactus gloria,

bigné. Ces fameux personnages ont joué dans le temps un trop grand rôle pour que je puisse me dispenser d'en dire un mot. Le duc de Rohan, colonel-général des Suisses, naquit au château de Blein en Bretagne, le 21 août 1579. Il se signala dès l'âge de seize ans au siége d'Amiens, sous les yeux de Henri IV; et après la mort de ce grand prince, dont il était tendrement aimé, il devint l'un des principaux chefs du parti calviniste en France. Ce guerrier célèbre se retira à Genève en 1637, pour éviter le ressentiment du cardinal de Richelieu; mais il quitta cette ville au commencement de l'année suivante, pour aller joindre l'armée du duc de Saxe-Weimar, son ami, qui était près de combattre

obiit Kunigsfeldæ idib. April.
anno ætatis LIX.
felix claritate lethi,
felicior claritate vitæ,
mortalitatis exuvias totum per orbem dividendas,
suprema voluntate in urbe dilecta perpetuum servari voluit.
Ex decreto senatus populique Genevensis,
Margareta Bethunia
Maximiliani Bethunii Sulliaci ducis filia,
conjux tanti mariti fata intrepide secuta,
mentem ingenio assecuta
mandata invicto animo exsecuta.
Domi militiæque influctus et bella comes,
posuit infelix æternum æterni luctus monumentum,
quod manes cineresq. diù testetur amatos.

les Impériaux à Rheinfeld. Ayant reçu une blessure au combat livré sous les murs de cette ville, il se fit transporter à Zurich, et de là à Kœnigfeld, où il mourut le 13 avril de la même année (1638), à l'âge de cinquante-neuf ans. Son corps fut embaumé et renfermé dans un cercueil de plomb. On le transporta ensuite à Genève, où Marguérite de Béthune, veuve du duc de Rohan, et fille du grand Sully, fit élever à son époux un superbe monument, dans lequel fut déposé plus tard le corps de son fils Tancrède, dont la naissance et l'existence, rendues problématiques, fixèrent long-temps la curiosité de toute l'Europe. Ce mausolée, qui est de marbre, avait été enlevé en 1794 par ordre du gouvernement ; mais, depuis lors, on l'a rétabli avec un soin religieux ; la statue du prince est assise entre des colonnes, et sous un chapiteau d'ordre corinthien. On voit sur la tombe la couronne ducale. Deux lions sont au pied du monument. Les Genevois devaient à Rohan de la reconnaissance : il embellit leur ville, qu'il aimait beaucoup, et ce fut lui-même qui fit planter les arbres de la promenade de *Plain-Palais*.

Le duc de Rohan fut non seulement grand capitaine, mais encore très-habile politique, ainsi que le prouvent les ouvrages qui sont sortis de sa plume (1). Il joignait à ses qualités militaires des manières affables et gracieuses, et surtout une générosité qui offre peu d'exemples. Enfin ce général était digne, par sa douceur et par ses talens, de défendre une meilleure cause que celle du protestantisme, dont les troubles furent si funestes à la France dans le dix-septième siècle.

C'est pour lui que Voltaire fit ces quatre vers:

Avec tous les talens le Ciel l'avait fait naître.
Il agit en héros; en sage il écrivit;
Il fut même un grand homme en combattant son maître,
    Et plus grand lorsqu'il le servit.

Théodore-Agrippa d'Aubigné, qui fut également le favori de Henri IV, se distingua aussi par sa valeur. Proscrit pour son *Histoire universelle* (2),

---

(1) Les *Intérêts des princes*, le *Parfait capitaine*, le *Traité du gouvernement des treize cantons*, les *Mémoires et Lettres sur la guerre de la Valteline* sont les meilleurs ouvrages du duc de Rohan ; ils furent très-recherchés dans le temps. Mais, en écrivant l'histoire de la guerre de la Valteline, l'auteur s'est trop laissé guider par son attachement au parti calviniste.

(2) *Histoire universelle*, depuis 1550 jusqu'en 1601; avec une *Histoire abrégée de la mort de Henri IV*. Trois vol. in-folio. Cette histoire renferme un grand nombre de particularités

dont les volumes furent brûlés par arrêt du Parlement, il vint se retirer à Genève, où il mourut en 1630, à l'âge de quatre-vingts ans. On trouve dans les Mémoires de sa vie, écrits par lui-même, le détail de ce qui lui arriva dans cette ville, où il fut chargé de diriger les travaux des fortifications ; il s'y remaria avec une veuve nommée *Rénée Burlamaqui*, et fit à l'occasion de son mariage ce quatrain original :

> Quand d'Aubigné se vit un corps sans tête,
> Il maria son tronc pâle et hideux,
> Ne doutant pas qu'une femme bien faite
> N'aurait assez de tête pour tous deux.

Sa *Vie* est pleine d'aventures bizarres ; mais l'égoïsme et la licence de l'auteur en rendent la lecture insoutenable. On dit qu'il emporta de France, en prenant la fuite, une somme d'environ trente mille écus d'or, qu'il avait cachée soigneusement curieuses ; mais elle est écrite avec beaucoup de négligence, et il y règne un ton de plaisanterie bien déplacé dans un ouvrage de ce genre. L'auteur s'y est permis quantité de jeux de mots d'une trivialité repoussante, ainsi qu'une liberté extrême en racontant la vie de plusieurs princes et princesses de son temps. En un mot l'*Histoire universelle* de d'Aubigné est une satire presque continuelle, et offre souvent des faits hasardés ou peu croyables.

dans les selles de ses chevaux. Constant, son fils aîné, fut père de Mme de Maintenon.

D'Aubigné composa lui-même l'épitaphe que l'on voyait sur son tombeau ; c'est une espèce de testament pour ses enfans, ou plutôt une leçon qu'il veut leur donner. Elle est conçue en termes latins assez barbares, et le style en est très-singulier (1). En voici à peu près le sens : « Au nom du Dieu très-« grand et très-bon, voici, mes chers enfans, ma

(1) L'épitaphe de d'Aubigné se fait remarquer par son style dur et original. La voici telle que je l'ai prise sur les lieux (elle est contre le mur intérieur du temple, à droite en entrant par la grande porte, sous la nef basse) :

D. O. M.

Testor, liberi, quam vobis aptus sum,
solo favente numine,
adversis ventis, bonis artibus
irrequietus quietem
eam colere si Deum colitis
si patrissatis contingat
si secus secus accidat
hæc pater iterum pater,
per quem non a quo vobis
vivere et bene datum,
studiorum hæredib. monumento
degeneribus opprobramento
scripsit
Theodorus Agrippa Albinæus
octuagenarius. Obiit anno
CIↃ IↃC XXX (*) *April. die XXIX.*

(*) 1630

« dernière volonté et mon dernier souhait pour
« vous : goûtez la douceur du repos que je vous ai
« acquis avec beaucoup d'inquiétude, malgré les
« orages contraires, par des moyens légitimes et
« honnêtes. Vous jouirez de ce repos si vous servez
« Dieu, et si vous marchez sur les traces de votre père.
« Mais vous ne serez pas heureux si vous agissez
« autrement. C'est votre père, qui vous a été deux
« fois père, qui vous le recommande, par lequel
« et non pas duquel vous avez reçu l'être et le bien-
« être : Théodore-Agrippa d'Aubigné, octogénaire,
« a voulu écrire ces choses pour témoigner en votre
« faveur si vous héritez de son zèle pour l'étude, ou
« pour vous servir de témoignage contraire si vous
« dégénérez en ne suivant point son exemple. »

Je reviens à la description de la cathédrale. Quelques inscriptions anciennes ont fait croire que cette
église a été bâtie sur les ruines d'un temple consacré au culte d'Apollon. Mais cette assertion repose sur des preuves bien légères : une tête du Soleil,
qu'on trouva insérée dans la muraille, et qui fut
long-temps conservée dans le sanctuaire, donna
seule lieu à cette croyance de quelques antiquaires.
Du reste ni Spon, ni Patin n'ont jugé que cette
preuve fût suffisante.

J'allai jouir, sur les tours de l'église, du plus agréable coup-d'œil que l'on puisse avoir du lac et des environs de Genève. Quel beau panorama! du haut de cette plate-forme l'œil embrasse toute la ville et la nappe immense du Léman. On voit le Rhône, au sortir du lac, rouler la masse brillante de ses eaux limpides, et diviser la ville de Genève en deux parties inégales, dont la moins considérable porte le nom de *Saint-Gervais*. Ce fleuve, partagé en deux branches, embrasse encore de ses eaux une petite île qui forme un quartier de peu d'importance; il va ensuite recevoir l'Arve, un quart de lieue plus bas. Le quartier où je me trouvais est situé sur la rive droite du Rhône, et renferme toute l'ancienne ville de Genève; on le divise en deux parties : la ville haute ou la *Cité,* et la ville basse ou les *rues basses.* La *Cité* est le faubourg Saint-Germain de Genève : c'est là que résident d'anciennes familles françaises et italiennes, proscrites par le malheur ou pour cause de religion. En parcourant le tableau que j'avais sous les yeux, je découvrais au nord les montagnes du Jura ; au sud l'immense étendue des Alpes, avec le superbe Mont-Blanc qui domine toute la chaîne ; je voyais, pour ainsi dire, à la fois tout le canton de Genève, qui se compose de l'ancien territoire

de cette république et de diverses communes détachées de la Savoie et du pays de Gex. C'est, après
celui de Zug, le canton le moins étendu de la Suisse :
sa surface n'a guère plus de douze lieues carrées.
Quand je secoue ma perruque, disait Voltaire en
parlant de Genève, *je poudre toute la république*.
On serait tenté de croire qu'il avait raison lorsque,
placé sur les tours de *Saint-Pierre*, on aperçoit d'un
seul coup-d'œil les limites de son territoire.

Les clochers de la cathédrale ont en partie leur
ancienne sonnerie. La cloche, connue de tout Genève
sous le nom de *Clémence*, est le don de l'un de ses
anciens évêques (1) ; elle a vingt pieds de circonférence, et son poids est de plus de dix milliers. On
ne la sonne à toute volée que pour les solennités
religieuses. La cloche, dite d'*argent*, sonne dans les
incendies (on croit qu'elle est composée de zinc et
d'étain). Du haut de ces mêmes tours, une horloge
à musique annonce aux Genevois la fuite du temps ;
mais ce n'est qu'un mauvais carillon.

En sortant de l'église *Saint-Pierre*, je voulus visiter l'ancienne *chapelle des Machabées*, qui se trouve
à côté de ce temple. On l'a divisée par étages, et

_____

(1) Guillaume de Mornay.

c'est maintenant le lieu où se tiennent les cours de belles-lettres. La *chapelle des Machabées* était dédiée à la Sainte Vierge. Sa fondation, dont la bulle est conservée dans les archives, est due à Jean de Brogny (1), qui, de la plus basse extraction, était parvenu aux plus hautes dignités de l'Eglise. Dans sa jeunesse il avait gardé les pourceaux, et il était si pauvre en arrivant à Genève qu'il ne pouvait acheter une paire de souliers. Il s'adressa d'un air timide à un cordonnier qui demeurait rue de la *Taconnerie* (2); mais ne pouvant acquitter la somme, il devint confus et embarrassé. Le cordonnier le regarda, et lui dit en riant : *Allez, mon ami! vous me paierez quand vous serez cardinal.* Brogny eut le bonheur de plaire à des religieux qui le firent étudier. Ses talens et la fortune l'élevèrent au cardinalat, et le placèrent dans la suite sur le siége de Genève. Son premier soin fut de récompenser son cordonnier; il le fit intendant de sa maison, et lui donna une chapelle pour ses confrères, qui a porté

(1) Brogny ou Brognier. Il tenait son nom d'un petit village où il était né, près d'Annecy.

(2) *Tacon*, en vieux langage savoyard, veut dire du *cuir*. La *Taconnerie* était, en effet, la rue où l'on vendait du cuir et des souliers.

long-temps le nom de *Chapelle des cordonniers*.
Brogny avait destiné cinq mille florins d'or pour le
service de sa petite église des *Machabées*, ainsi
que pour l'entretien de treize prêtres chargés de la
desservir.

Ce fut en 1385 qu'il reçut la décoration de la
pourpre, et en 1422 qu'il fut nommé évêque de Genève. Avant de recevoir ce dernier titre, il avait
déjà occupé d'une manière honorable les siéges
de Viviers, d'Ostie, et d'Arles en Provence; devenu
chancelier de l'Eglise romaine, il parut avec distinction au concile de Pise, et présida même celui
de Constance. Ce qui prouve son mérite et sa haute
capacité, c'est qu'il avait acquis toutes ces dignités
sous cinq papes différens (1), et dans les temps les
plus orageux de l'Eglise. Brogny mourut à Rome
en 1426, âgé d'environ quatre-vingt-quatre ans,
après avoir fait beaucoup de bien, surtout dans
sa patrie, qu'il n'oublia jamais dans le sein des
grandeurs. Il fonda l'hôpital d'Annecy et plusieurs
établissemens de ce genre; il bâtissait des maisons
aux pauvres, mariait souvent de jeunes garçons et

(1) Clément VII, Benoît XIII, Alexandre V, Jean XXIII
et Martin V.

de jeunes filles, qu'il dotait. On le vit même établir des manufactures pour habiller les indigens. En passant à Brogny, lieu de sa naissance, il voulut dîner avec tous les anciens du village, et se plut à répandre de nombreux bienfaits sur ceux qui en avaient besoin; il laissa, par son testament, des legs à toutes les filles ou veuves des environs d'Annecy qui pouvaient lui être unies par les liens du sang. Comme il avait voulu qu'on l'enterrât dans sa chapelle des Machabées, son corps fut transporté à Genève en 1428, où son successeur lui fit faire des obsèques magnifiques. Ce vertueux prélat rougissait si peu de sa naissance qu'il prit un cochon pour ses armes; il voulut même laisser à la postérité des monumens authentiques de son humble origine, en faisant sculpter sur les murs des *Machabées* un enfant qui garde des pourceaux sous un arbre. Cette sculpture y existe encore. On conserve aussi à la bibliothèque de la ville une gravure qui représente le même sujet.

Je m'y étais pris dès le matin pour visiter la cathédrale et l'ancienne Chapelle des Machabées : ainsi j'avais eu tout le temps de connaître en détail ces deux monumens, et même de recueillir plusieurs faits qui se rattachent à leur histoire. Il était plus de quatre heures. Content de ma journée et de mes recherches, je rentrai à mon hôtel pour dîner. J'y trouvai une belle et nombreuse société à table; mais je n'en fus guère surpris : j'avais su, en déjeunant, que plusieurs étrangers de distinction étaient arrivés la veille par le bateau à vapeur de Lausanne. La conversation, devenue d'abord indifférente, roula bientôt sur les curiosités de la Suisse. Chacun racontait ses petites aventures ; les uns avaient été ravis de la beauté des sites d'un pays qu'ils voyaient pour la première fois, les autres avaient failli de tomber dans des précipices ou de se fouler quelque membre, en gravissant une montagne ou en traversant un glacier. Toutes ces conversations de voyageurs formaient un tableau riant et extrêmement animé. J'aimais surtout à voir deux jeunes Anglaises, mes voisines, raconter combien elles avaient joui en faisant des promenades pittoresques dans le canton de Berne et dans celui de Soleure, d'où elles arrivaient avec leur famille ; leur visage exprimait la joie la plus douce, la satisfaction la plus grande.

La politique vint bientôt se mêler à nos discours. Les armées russes s'avançaient alors victorieuses en dirigeant leur marche sur Constantinople. Le va-

leureux Diébitsch, qui avait remporté une victoire éclatante aux environs de Schumla, venait de
traverser le Balkan; il s'avançait rapidement du côté
d'Andrinople, et se disposait à rabaisser l'orgueil
du despote de l'Asie. Cette nouvelle importante du
passage des Balkans par les troupes russes était
parvenue à Genève par voie extraordinaire; je l'a-
vais apprise en me rendant à l'hôtel pour dîner.
Voyant que personne ne paraissait en avoir connaissance, je m'empresse de l'annoncer aux voyageurs qui se trouvent le plus près de moi. Aussitôt mon convive de face, homme spirituel et fort
gai, se lève transporté de joie, et s'écrie avec force :
Bravo! bravo! vivent les Russes!!!.. Je ne conce-
vais guère une exclamation aussi vive de la part d'un
homme que je croyais Français. Sans vouloir dé-
sapprouver des paroles que la haine seule du nom
turc pouvait inspirer, je pris la liberté de lui demander quelle était sa patrie; il me répondit qu'il
était Russe et attaché au service de l'empereur Ni-
colas. (J'appris plus tard qu'il avait le grade de colonel). Comme il parlait très-bien français, et sans
le moindre accent, nous étions loin de penser
qu'il était du nord de l'Europe, mais l'on sait
qu'en général les Russes bien élevés apprennent,

pour ainsi dire, en naissant la langue française avec leur propre langue. Tout le monde prit part à la joie de ce brave militaire, et chacun discuta à sa manière l'évènement qui en était la cause. On ne saurait peindre les regrets de cet officier en voyant que sa santé ne lui avait pas permis, nous dit-il, d'aller combattre les ennemis de son souverain pour partager ensuite la gloire de ses heureux frères d'armes. Il me proposa une partie sur le lac pour le lendemain ; mais je ne pus l'accepter à cause de mes projets d'excursions dans la ville de Genève.

La belle société que formait cette réunion de voyageurs peut donner une idée des tables d'hôte de la Suisse. Si les auberges de ce charmant pays sont agréables par les compagnies qu'on y trouve, elles ne le sont pas moins par l'extrême propreté, par le genre délicat avec lequel on y est servi généralement ; il n'est même pas rare d'être traité dans certains villages comme on le serait dans nos premières villes de France. Les maîtres d'hôtel et leurs sommeillers ne négligent rien pour prévenir les goûts des étrangers, et n'épargnent aucun soin pour leur faire plaisir. Mais souvent il en coûte un peu cher ! Disons néanmoins qu'ils ne justifient pas toujours ce reproche des voyageurs, que l'on n'a jamais à se plaindre des hommes qu'on rencontre dans leurs tables d'hôte, et qu'il y règne un ton de réserve et de décence qui permet à la mère la plus sévère d'y mener sa fille.

CHAPITRE V.

Bibliothèque publique de Genève; son origine. — Manuscrits précieux.
— Collection de sermons prêchés par Calvin. — Lettres de ce réformateur, de Bèze et de Bullinger. — *Homélies de saint Augustin*,
écrites sur du *papyrus.* — Tablettes de cire contenant le journal de
dépenses de Philippe-le-Bel en 1308; détails sur ce monument curieux, qui donne une idée de la vie de ce prince. — Recueil de
pièces originales relatives au concile de Bâle.

***

. La bibliothèque publique de Genève doit son
origine à François de Bonnivard, ancien prieur de
Saint-Victor, qui lui légua, en 1551, tous ses livres
et les manuscrits précieux qu'il possédait (1). On y
comptait peu de volumes au commencement du siècle
dernier; mais elle s'accrut bientôt par les dons des

(1) Cet ecclésiastique, qui avait employé la plus grande
partie de sa fortune à la fondation de plusieurs établissemens utiles, eut le malheur d'adopter les opinions de Calvin; et, par un zèle qu'on ne saurait trop déplorer, il contribua lui-même de tous ses efforts à faire introduire la
réforme à Genève.

4

citoyens et des étrangers : dans l'espace de quarante ans elle s'enrichit des meilleurs ouvrages,
ainsi que de plusieurs manuscrits d'une extrême rareté. Je consacrai quelques jours à visiter ce monument précieux, et à prendre des notes sur les
livres les plus intéressans. Le caractère obligeant
du conservateur facilita mes recherches, et ma qualité d'étranger me fit ouvrir tous les trésors dont il
est le gardien.

Cette bibliothèque se compose aujourd'hui de
quarante mille volumes imprimés, et d'environ trois
cents manuscrits. On y trouve neuf volumes in-folio
de *Calvin*, contenant deux mille vingt-trois sermons
de lui; ils ne sont pas autographes (1). Tous ces sermons de Calvin, malgré leur nombre prodigieux,
sont autant de pièces différentes. Une telle fécon-
dité paraît sans doute bien extraordinaire; mais ce
qui étonne non moins, c'est qu'une aussi volumi-
neuse collection ne soit pas complète : elle ne contient, en effet, que les sermons prêchés par Calvin
depuis le 29 septembre 1549 jusqu'au 15 fé-

(1) On conservait autrefois dans la bibliothèque trente-
cinq autres volumes de manuscrits de Calvin, qui se trouvaient joints à cette collection de neuf volumes ; ils ont
été vendus à divers particuliers.

vrier 1560; et l'on sait que l'infatigable prédicant
en débita beaucoup d'autres depuis cette dernière
époque : il prêcha pour ainsi dire jusqu'au moment
de sa mort, arrivée en mai 1564. On voit que l'erreur, malheureusement, ne manque ni de verve ni
de courage. Au reste il ne faut pas croire que Calvin écrivît ses sermons; il prêchait d'abondance
après avoir médité ce qu'il voulait dire, et l'on écrivait ses discours à mesure qu'il les prononçait.

Vingt-deux autres volumes renferment des collections de lettres, de ce réformateur, de Bèze, de
Bullinger et de divers personnages célèbres; il
y'en a trois cent quatre-vingt quatorze de Calvin ;
ce sont des lettres autographes ou des brouillons de
lettres, écrites depuis 1528 jusqu'en 1564. On trouve
dans ce recueil quelques lettres relatives au procès
de Michel Servet et à celui de Jérôme Bolsec. Ce
dernier avait attaqué publiquement, dans l'église de
Saint-Pierre, le sermon d'un prédicateur sur la
doctrine de la grâce et sur l'origine du mal; il fut
mis en prison, puis condamné à sortir du territoire.
Je raconterai plus tard le triste sort de Servet.

Il serait trop long de parler de tous les manuscrits précieux qui enrichissent la bibliothèque de
Genève. Comme ce n'est point mon projet, je me

bornerai à faire connaître les plus rares et les plus
curieux qu'il me fut permis d'examiner dans ce
vaste dépôt littéraire. On me montra d'abord un
volume contenant *les Homélies de saint Augustin,*
écrites au sixième siècle, sur du *papyrus* ou papier
d'Egypte (1). Ce fragment des sermons de l'évêque
d'Hippone appartenait aux Bénédictins de Fleury-
sur-Loire, dont le monastère fut pillé par les protestans en 1562, pendant l'horreur des guerres civiles. Il y avait dans le même couvent un grand
nombre de manuscrits précieux, parmi lesquels se
trouvait celui de saint Augustin. Un particulier
d'Orléans eut le bonheur de les recueillir, et ils devinrent plus tard la propriété de Paul Pétau, conseiller au parlement de Paris. La fameuse collection
de ce bibliomane fut divisée, après sa mort, entre
divers acquéreurs ; la reine Christine de Suède en
acheta une partie, qu'elle fit transporter à Rome, où

(1) Ce précieux manuscrit contient les sermons suivans
de saint Augustin : 1º *De conversione Pauli.* 2º *De eo quod*
scriptum est in Ecclesiastico : fidem posside cum proximo tuo
in paupertate, et bonis ejus perfruaris. 3º *De tempore.* 4º *De*
continentiâ, etc. 5º *De pace et caritate.* 6º *De mundi curis.*
7º *De Nativitate Domini.* 8º *De Epiphaniâ.* 9º *De Epiphaniâ,*
alter. 10º *De Evangelio : diligite inimicos vestros.* 11º *De Evan-*
gelio : erunt duo in lecto uno, unus assumetur, etc. 12º *De fide.*

elle les donna à la bibliothèque du Vatican. Ami Lullin, professeur d'histoire ecclésiastique à Genève, se trouvant à Paris lorsqu'on explorait encore la bibliothèque du conseiller Pétau, se hâta de profiter des derniers débris, et fut assez heureux pour y trouver beaucoup de livres rares et de manuscrits précieux. Il s'empressa d'en faire l'acquisition, et d'apporter ce riche trésor dans sa patrie. Il le légua ensuite à la bibliothèque de Genève, qui reçut alors de Lullin le manuscrit des *Homélies de saint Augustin*, sur *papyrus*, ainsi que les tablettes de cire de Philippe-le-Bel, dont je vais parler (1).

Ces fameuses tablettes contiennent le journal de la dépense de Philippe-le-Bel durant les six derniers mois de l'année 1308, temps où la cour fut presque toujours ambulante. Les dates y sont marquées non par le quantième du mois, mais par le nombre de jours qui suivent ou précèdent une fête (2). Ce sin-

(1) Il est assez singulier que la bibliothèque de Paul Pétau se trouve, pour ainsi dire, partagée entre Rome et Genève.

(2) Voici quelques exemples de la manière dont les dates sont désignées :

Dominica Vigilia beati Dionysii apud sctum (sanctum) Christophorum..... — Sabbato ante Nativitatem Dni (Domini)..... — Martis post sctum (sanctum) Vincentium..... — Sabbato die Can-

gulier journal est composé de six tablettes de bois,
recouvertes d'une sorte de cire très-dure, dans
laquelle les lettres sont gravées avec un style; il est
de format in-folio (1), et renferme onze pages,
écrites d'un caractère courant et très-petit, mais la
sixième est presque entièrement effacée. La foule d'a-
bréviations employées dans ce manuscrit le rendent
très-difficile à lire, et la difficulté s'accroît encore par
la couleur noire du fond sur lequel les lettres sont
gravées. Néanmoins il fut très-bien déchiffré par
Gabriel Cramer, célèbre professeur de Genève; mais
il fallait avoir toute sa finesse d'esprit et toute son
intelligence pour venir à bout de cette entreprise
fatigante et ennuyeuse, qui aurait effrayé les hommes les plus exercés dans ce travail. Il fut obligé,
en commençant, de chercher à deviner ce qu'il ne
pouvait d'abord y lire. J'essayai de déchiffrer les
pages que le bibliothécaire me désignait comme les

delosæ..... — _Martis die Carniprivii....._ — _Jovis post sctum (sanc-_
tum) Benedictum..... — _Mercurii ante sctum (sanctum) Nicolaum_
estivalem..... — _Dominica post festum Apostolorum Petri et_
Pauli..... (**P**age 10 des _Tablettes._)

(1) Ce volume a treize pouces quatre lignes de longueur,
et cinq pouces neuf lignes de largeur. Les feuilles qui le
composent sont de bois de hêtre, et se trouvent renfermées dans un petit cadre.

plus intéressantes; mais je pus me convaincre combien il est difficile, même avec du temps et de la persévérance, de pouvoir découvrir quelques mots dans ce manuscrit. Le conservateur ne voulut pas que ma patience fût mise trop long-temps à l'épreuve; il eut la bonté de me fournir les moyens de prendre des notes en me présentant la copie de Cramer, dont je me servis pour la comparer à l'original que j'avais sous les yeux.

On trouve dans le journal de Philippe-le-Bel l'état de son écurie et ce qu'elle coûtait, ses dépenses pour la chasse avec tous les autres frais de sa maison, l'argent qu'il recevait pour lui et pour les princes de sa famille en échange des dons qu'ils faisaient à l'Eglise; on y voit figurer encore les sommes que le roi sacrifiait au jeu, car ce délassement était pour lui une occasion de faire du bien aux gens de sa maison. Enfin on y apprend plusieurs usages de la cour de France qu'il serait bien difficile de trouver ailleurs. Il y est fait mention du roi des Ribauds (*rex Ribaldorum*), qui donne une quittance générale; dans un autre endroit du journal, il est désigné recevant une somme de 21 sous.

On sait que Philippe-le-Bel souilla son règne en

altérant les monnaies (1), et qu'il détruisit l'ordre des Templiers par ce procès terrible dont l'histoire fait frémir. Mais ce prince était d'ailleurs très-charitable : il s'intéressait vivement au sort des pauvres, qu'il s'empressait de soulager dans leur misère ; il donnait beaucoup aux malades, surtout à ceux qui avaient le mal-du-roi, *morbus regius* (c'est ainsi qu'on appelait alors la maladie des écrouelles). Il faisait des dons considérables pour le temps aux hôpitaux, afin de subvenir à leur entretien ou à leurs frais d'embellissemens. Le zèle de Philippe ne lui permettait pas non plus d'oublier les religieuses,

(1) Le règne de Philippe-le-Bel fut grandement à charge aux peuples, par l'altération faite dans le prix des monnaies. Ce prince, qui offrit un singulier mélange de grands défauts et de grandes qualités, avait eu recours à ce moyen odieux et injuste, pour subvenir aux dépenses de l'Etat. Vainement, dans l'assemblée de 1303, les évêques, les abbés et les seigneurs lui avaient offert le dixième de leurs revenus, pourvu qu'il s'engageât à ne plus altérer les monnaies ; il fut sourd à leurs instances et à leurs prières. Le président Hénault, en parlant de ces temps déplorables, dit que le sou et le denier n'eurent plus de valeur intrinsèque que les deux tiers de ce qu'ils avaient valu sous saint Louis, et qu'on les donnait cependant pour la même valeur. D'après d'autres historiens, l'altération du numéraire fut bien plus considérable.

les ecclésiastiques et les veuves qui se trouvaient dans le besoin, en un mot tous ceux dont la situation, réclamait le secours de son assistance. Il payait la dîme de la dépense de sa table à certaines églises ; cette dîme, pour les cinquante-cinq jours qu'il demeura à Poitiers, s'étant élevée à 95 livres 15 sous 8 deniers (1), on peut calculer que la dépense de sa table monta seulement à 957 livres 16 sous 6 deniers, (environ dix-huit francs par jour de la valeur numéraire de ce temps). On voit de même qu'un dîner lui coûta 15 livres 10 sous.

Ces tablettes offrent, à la septième page, des renseignemens curieux sur les noms des chevaux et sur leur valeur. On y trouve, par exemple, que le grand cheval de bataille (*magnus equus*) était payé 32 livres ; le cheval de trait (*equus,* sans autre qualification), 12, 16 et 20 livres ; le cheval de somme (*summarium*) et le roussin (*roncinus*), 8 livres ; le palefroi

(1) *Decime de eodem termino : fratres de Valolia et de Trousseya ordinis Grandis montis Pictaviensis dyocesis pro decimâ panis apud Pictavis, dominica antè Panthecostem usque sabbatum antè Magdalenam per LV dies LXXXXV L. XV S. VIII D.* (**Page** 9 des *Tablettes.*)

Le pape **Clément V** se trouvait alors à **Poitiers**, où Philippe-le-Bel s'était rendu pour conférer avec ce pontife sur l'abolition de l'ordre des Templiers.

(*palafredus*), 10 livres ; que le sieur Matthieu de Trie (page onzième), pour avoir employé vingt-quatre jours à son voyage d'Angleterre, demanda 150 livres, et voulut avoir 120 livres pour son palefroi et deux roussins qui lui étaient morts (1) ; ce qui parut une somme exorbitante ; que chaque valet du roi avait par jour 2 sous 6 deniers de gages, et chaque cuisinier le double, etc.

C'est à la huitième page qu'il est parlé du jeu du roi. Philippe se faisait compter de l'argent pour cette espèce de dépense, et jouait à certains jours en roi, c'est-à-dire avec la résolution de perdre. Il n'est point dit à quel jeu il se livrait ; on apprend seulement que trente florins lui furent comptés pour cet objet deux jours de suite, et que le lendemain il reçut encore cent florins. On lit ces mots : *Pro oblationibus et pro ludo* (pour les offrandes et pour le jeu) ; d'où l'on a lieu de présumer que le jeu était regardé par le roi comme un acte de bien-

(1) *Petit Dns* (*Dominus*) *Mathœus de Tria junior pro expensis suis per XXIV dies, eundo de Parisiis in Angliam, morando illuc, et redeundo Parisios CL L. Item pro uno palafredo et duobus roncinis mortuis in dicto viagio CXX L. De hoc recepit LXXX L. restant ei CXC L.* (**P**age 11 des *Tablettes.*)

Je suis obligé, pour être exact, de donner mes extraits des *Tablettes* avec leurs fautes et leurs barbarismes.

faisance, qu'il se plaisait à exercer de la sorte envers ceux qu'il affectionnait le plus. Un roi, sans doute, ne devrait jamais jouer autrement.

Enfin on trouve dans ces tablettes les noms des différentes charges de la maison de Philippe-le-Bel. On y voit figurer le boulanger, la boulangère, l'échanson et l'échansonne, le jardinier, le cuisinier, le souffleur de cuisine (*sufflator coquinæ*); le page des chiens (*pagius canum*), appelé aussi *valetus*, valet, terme qui dans ces temps-là désignait un emploi assez honorable; le fournisseur du cresson pour la table (*cressonarius*), ce qui a fait supposer qu'on faisait un grand usage de cet aliment pour prévenir les maladies scorbutiques, alors très-communes, et pour purifier le sang. On y parle aussi des ménétriers du roi, ainsi que des femmes qui lavaient ses meubles et son linge. Le titre de *hostiarius* est donné à celui qui fournit le pain de l'Eucharistie. Le *quadrigarius mapparum, pecuniæ,* paraît désigner l'homme qui transportait sur des voitures le linge de table ou l'argent. On ne saurait adopter l'opinion d'un savant de Genève qui, au lieu de traduire *mappæ* par linge de table, entend par ce mot des cartes topographiques : il est peu vraisemblable que Philippe-le-Bel, ni aucun roi même d'un siècle plus éclairé, fît traîner à sa suite des chars chargés de cartes géographiques.

J'ai cru devoir m'étendre un peu sur ces tablettes de Philippe-le-Bel, soit pour faire plaisir aux curieux, soit à cause des renseignemens qu'on y trouve sur les usages de la cour de ce prince. La ville de Genève les conserve comme un trésor unique, et elle n'a jamais voulu s'en dessaisir, malgré les offres séduisantes de hauts et puissans personnages(1). On m'apprit que M. de Valéry, bibliothécaire de Charles X, avait fait, en 1826, de la part de son souverain, de riches propositions d'échanges à la ville de Genève pour l'engager à se dessaisir de ses tablettes, qui deviendraient si précieuses pour la famille de nos rois. Mais les administrations de Genève ne voulurent point y consentir.

On me présenta un recueil, sur vélin, de pièces *originales* relatives au concile de Bâle, qui fut terminé, après bien des orages, le 16 mai 1443 (2). Il

(1) J'ai vu dans la Bibliothèque du Roi, à Paris, d'autres *Tablettes* du même genre qui ont aussi appartenu à Philippe IV, dit *le Bel* (ou à Philippe-le-Hardi) ; mais il est presque impossible de les déchiffrer. Du reste celles de Genève sont plus curieuses et beaucoup mieux conservées.

(2) Ce concile, qui dura douze ans, avait été ouvert en

contient des bulles du pape Eugène IV, qui se vit contraint de dissoudre deux fois cette assemblée, où il n'y avait plus guère de prélats distingués, et qui était devenue une espèce de conciliabule; mais elle n'en continua pas moins à siéger : Eugène fut déposé, et Amédée VIII, duc de Savoie, proclamé pape sous le nom de Félix V. J'examinai les pièces du recueil : elles sont au nombre de soixante et dix-sept, dont une faible partie seulement a été imprimée. Quelques-unes de celles qui sont restées inédites ont rapport à la négociation du concile avec l'empereur de Constantinople, Jean Paléologue, à qui l'on avait envoyé une ambassade pour l'inviter à se rendre à Bâle, avec plusieurs évêques de l'Eglise grecque, dans l'espérance de travailler à sa réunion avec l'Eglise romaine. Cette négociation importante, entreprise au concile de Bâle, et qui fut terminée dans celui de Florence, promettait les plus heureux résultats; mais elle échoua devant l'opiniâtreté des Grecs, qui s'élevèrent contre l'union des deux Egli-

1431, et convoqué par le pape Martin V. Son authenticité n'est reconnue en France que jusqu'à la vingt-cinquième session. Les Italiens le retranchent du nombre des conciles généraux, parce qu'on y confirma l'ancienne règle de la supériorité du concile sur le pape.

ses, dès que l'empereur d'Orient leur eut montré la décision du dernier concile. Le patriarche de Constantinople, et ceux de leurs évêques qui avaient assisté au concile, s'étaient cependant montrés fort satisfaits d'une réunion aussi intéressante pour la chrétienté; par malheur, le schisme recommença; et depuis lors il n'a pu être éteint, malgré les efforts d'un grand nombrede papes.

Toutes les pièces du recueil conservé à Genève sont très-authentiques, et signées de manière à ne faire naître aucun doute sur leur caractère original; la plupart sont encore accompagnées de leurs sceaux. On remarque l'état parfait dans lequel elles se trouvent. Suivant la croyance de plusieurs bibliothécaires, elles auraient appartenu au duc de Savoie Amédée VIII, qui fut proclamé pape dans le concile de Bâle. On regrette vivement d'avoir perdu la bulle de l'élévation de ce prince au pontificat. Les pièces sont numérotées. Je vais en désigner six faisant partie de celles qu'on croit n'avoir jamais été publiées; elles ne figurent pas, du moins, dans de grandes collections des conciles (1).

(1) Ces pièces du concile de Bâle ne sont ni dans Sévérin Binius, ni dans la Collection des Pères Labbe et Cossart, qui forme dix-huit volumes in-folio. Je n'ai pu m'assurer

(N° 4.) Sauf-conduit donné par l'empereur Sigismond à ceux qui doivent se rendre au concile de Bâle, pour y rester sans inquiétude et en revenir de même quatre mois après son expiration. Ce prince les déclare libres de toute manière; il les recommande aux gouverneurs des villes qu'ils ont à traverser, assurant qu'ils ne peuvent relever que de la juridiction du pape ou de son représentant, ou bien du concile lui-même. Enfin l'empereur prie les Bâlois de les recevoir avec toute l'honnêteté possible. Cette pièce est datée du 7 juillet 1431.

(N° 11.) Lettre du pape Eugène IV au concile de Bâle. Il y fait le récit de toutes les négociations entamées, par lui et par son prédécesseur, pour la réunion de l'Eglise grecque avec l'Eglise romaine; il exhorte le concile à ne rien négliger pour achever cet important ouvrage. La lettre d'Eugène, signée *Jean de Steccates,* est datée de Florence (décembre 1434).

si elles se trouvent dans la Collection des conciles, publiée à Venise, en vingt-trois volumes in-folio : ce grand recueil n'existe point dans les bibliothèques que j'ai voulu consulter. D'après les bibliothécaires de Genève, on chercherait peut-être vainement, dans les autres collections, ces pièces qu'ils regardent comme inédites.

(N° 17.) Lettre de Joseph, patriarche de Constantinople, au concile (en grec et en latin), du mois de novembre 1435; elle renferme des désirs généraux de réunion. Cette lettre, dit M. Sennebier, n'est point la même que celle qu'on voit dans la bibliothèque des conciles.

(N° 27.) Sauf-conduit donné par le duc de Savoie, Amédée VIII, à l'empereur et au patriarche des Grecs, ainsi qu'aux personnes de leur suite, qui devaient traverser ses Etats pour aller à Bâle. Il est daté de Ripaille, le 15 février 1437. On y voit des signatures d'évêques, d'abbés, de chevaliers et de docteurs.

(N° 76.) Lettre du roi de France (Charles VII) au concile, pour le prier d'approuver l'élection de l'évêque d'Angers. Elle est datée de Riom, 2 avril, et signée de la propre main du roi (1).

(N° 77.) Lettre de Henri VI, roi d'Angleterre, au concile de Bâle, pour l'exhorter à reconnaître le pape Eugène, afin d'éviter un schisme dans l'Eglise. Cette lettre est datée de Windsor, 20 août.

_____

(1) C'est la signature même de Charles VII, que la *Pucelle d'Orléans* avait si vaillamment défendu contre les Anglais. On lit ces mots : *Devotus Ecclesiæ filius, Carolus, Rex Francorum.*

Toutes ces pièces se trouvent désignées, ainsi que les suivantes, dans le catalogue de M. Sennebier (1). Ce savant bibliothécaire en cite encore d'autres qu'il suppose n'avoir jamais vu le jour; mais, d'après le détail qu'il en donne, elles ne paraissent pas offrir un grand intérêt pour les questions agitées dans le concile de Bâle; et si elles ne sont point rapportées textuellement, soit par les Pères Labbe et Cossart, soit par les éditeurs de l'immense collection du Louvre, on voit du moins que ni les uns ni les autres n'ont omis de consigner aucun fait essentiel dans leurs Actes imprimés.

Voici quatre autres pièces importantes du même recueil. Elles sont connues, il est vrai, par les Collections des conciles; mais je n'ai pu voir sans intérêt leurs originaux authentiques.

(N° 5.) Lettre ou bulle de la première dissolution du concile de Bâle, transféré à Bologne par Eugène IV. Elle est datée du second des ides de novembre 1431.

(N° 21.) Sauf-conduit du concile pour l'empereur des Grecs et les patriarches de Constantinople,

(1) Ce catalogue, dont les notes annoncent une vaste érudition, m'a été fort utile pour mes recherches dans la bibliothèque de Genève. Je l'ai de même consulté avec fruit en commençant mon travail relatif aux manuscrits.

d'Alexandrie et de Jérusalem, ainsi que pour sept cents personnes composant leur suite. Il porte la date du 18 des calendes de mai 1436.

(N° 63.) Bulle du concile, établissant la supériorité des conciles sur le pape. Elle est datée de Bâle, 17 juin 1439, et signée *Jo. Fabri.*

(N° 64.) Bulle du concile, portant la déposition du pape Eugène IV. Ce pontife y est déclaré *désobéissant aux préceptes de l'Eglise, opiniâtre, rebelle, violateur des canons, perturbateur de la paix et de l'unité ecclésiastiques, scandaleux, simoniaque, parjure, incorrigible, schismatique, traître à la foi catholique, hérétique endurci, dissipateur des biens de l'Eglise,* etc. (1). Cette bulle étrange, qui fut la source de grands troubles dans l'Eglise, est datée de Bâle, 7 juillet 1439.

(1) Le pape, justement irrité, cassa ce décret absurde, et répondit par une bulle foudroyante qui annulait tous les actes du concile de Bâle. Il n'y avait alors que sept ou huit évêques dans cette assemblée, où l'on comptait à peine trente-neuf prélats ; et, suivant la remarque des théologiens, cette sentence de déposition contre Eugène est d'autant moins valide, que les canons de l'Eglise demandent douze évêques pour la déposition d'un simple prélat titulaire.

~~~~~~

CHAPITRE VI.

Suite de la bibliothèque publique de Genève; autres manuscrits précieux : *Bible vulgate,* renfermant le célèbre passage d'une épître de saint Jean. — *Paraphrase de Job,* par Pierre de Blois. — *Les quatre Evangiles,* en grec. — Les *Actes des apôtres et leurs épîtres,* même langue. — *Confession de foi de Cyrille-Lucar,* patriarche de Constantinople. — *Statuts de l'église de Genève,* dressés en 1483. — *L'Amyris de Marius Philelphe.* — *Version de la Bible,* par Guyars des Moulins. — *Trésor de Brunet.* — *Relation du siège d'Orléans par les Anglais,* en 1428. — *Guerres de Catilina et de Jugurtha,* par Salluste. — *Traité des Anges,* par d'Eximenès. — *Horloge de Sapience.* — *Annales de la Chine,* sur papier de soie. — Livres rares de la bibliothèque (éditions du quinzième siècle). — Galerie de portraits des chefs de la Réforme et de divers personnages célèbres.

EN continuant mes recherches dans la bibliothèque de Genève, j'y trouvai beaucoup d'autres manuscrits précieux. Je me bornerai toujours à faire la description des plus intéressans qu'on voulut bien exposer sous mes yeux.

Une *Bible vulgate,* in-folio vélin, très-belle; on la croit du huitième siècle ou du neuvième au plus tard. Ce qui la rend infiniment précieuse, c'est qu'on y trouve le fameux passage de la première épître de saint Jean, connu sous le nom des *trois témoins* (1). On sait que ce passage, qui établit d'une manière frappante et incontestable la preuve de la Trinité, a été rejeté par les Sociniens et, après eux, par plusieurs sectes, qui l'ont regardé comme apocryphe; mais ce manuscrit de la Bible, dont l'authenticité est bien reconnue, doit foudroyer, par son antiquité de mille ans, tous les prétendus raisonnemens de ceux qui osent nier ou mettre en doute un mystère sur lequel reposent tous les dogmes du

---

(1) *Quia tres sunt qui testimonium dant : Spiritus et aqua, et sanguis, et hi tres unum sunt. — Et tres sunt qui testimonium perhibent in cœlo : Pater, Verbum, et Spiritus, et tres unum sunt.* (Car il y en a trois qui rendent témoignage (sur la terre): l'esprit, l'eau et le sang; et ces trois sont une même chose. — Et il y en a trois qui rendent témoignage dans le ciel: le Père, le Verbe et le Saint-Esprit; et ces trois sont une même chose. *Epist.* 1, *cap.* V, v. 7, 8.) Les mots *in terrâ*, sans doute oubliés, ne s'y trouvent point comme dans nos éditions de la Bible; ensuite l'ordre des versets a été interverti par l'écrivain : le huitième verset est placé avant le septième. Mais tout cela n'ôte rien, absolument rien au vrai sens des paroles de l'apôtre. On ne peut voir néanmoins sans indifférence ces omissions ou transpositions de texte, arrivées par la faute des copistes; car, on le sait, elles ne furent que trop souvent la cause d'hérésies très-affligeantes.

christianisme. En lisant les célèbres versets de l'é-
pître de saint Jean, je n'ai pu m'empêcher de plaindre certains pasteurs de Genève qui, ayant la vérité
sous les yeux, ne veulent pas en profiter. Il paraît
que cette Bible était à l'usage des chanoines de l'é-
glise de Saint-Pierre; car on montre encore, dans
la bibliothèque, le grand lutrin de fer doré sur lequel
elle reposait.

*Commentaires sur les livres de Moïse, de Josué, de
Judith et de Ruth,* in-folio vélin. Ce manuscrit n'est
curieux que parce qu'il se trouve accompagné d'une
paraphrase historique du livre de Job, par Pierre
de Blois, archidiacre de Bath et de Salisbury. L'é-
pître dédicatoire est adressée à Henri II, roi d'Angleterre. Rien n'est plus modeste que la manière
dont Pierre de Blois s'y prend pour gagner la confiance de ce prince : il le supplie de l'écouter avec
bonté, comme autrefois Balaam écouta son ânesse.

Voici trois manuscrits grecs que l'on me fit voir;
ce sont les plus précieux que la ville de Genève possède en cette langue.

Les *Quatre Evangiles,* grand in-8° sur vélin, ayant
une peinture à la tête de chaque évangile. Les titres
des chapitres sont écrits en rouge, et ceux des livres
en lettres d'or. Les lignes de ce manuscrit, qu'on

suppose appartenir au neuvième siècle, sont tracées avec un style et mesurées au compas; il y a peu de mots qui soient séparés. Il est terminé par un calendrier qui commence en mars. On vante comme unique dans son espèce la table *astronomique* qui se trouve placée sur les derniers feuillets; l'auteur du *Monde primitif* (Court-de-Gébelin) assurait, du reste, n'en avoir jamais vu de semblable.

Les *Actes des apôtres et leurs épîtres*, in-8° sur vélin. Ce manuscrit est du même âge et de la même forme que le précédent.

La *Confession de foi* de Cyrille Lucar, patriarche de Constantinople; elle est écrite de sa propre main. Les passages de l'Écriture y sont désignés sans être rapportés dans toute leur étendue.

On me montra aussi les *Statuts de l'Eglise et du chapitre de Genève*, in-folio vélin, dressés en 1483 dans une assemblée de chanoines de cette Eglise; ils sont intéressans pour la liturgie et pour la discipline ecclésiastique. Dans un de ces statuts, il est ordonné de sévir contre les plaideurs et les plaideuses. Comme on lit dans le texte: *Adversùs lapidarios et lapidarias,* quelques personnes entendent par ces deux épithètes ceux qui rendaient un culte superstitieux à des pierres consacrées; mais des savans regardent cette opinion comme une erreur : le mot *lapidarius* signifiait, dans le moyen âge, *cité devant les juges*, parce qu'on faisait asseoir les accusés sur des bancs de pierre. Il est donc probable que ce statut de l'Eglise de Genève ordonnait d'être sévère contre ceux qui intentent des procès injustes, et non point contre des idolâtres dont le culte était aboli depuis longtemps dans l'Helvétie.

L'*Amyris de Marius Philelphe* (in - 8° vélin), poème épique à la gloire de Mahomet II, est un manuscrit remarquable par sa singularité. L'auteur attribue la prise de Constantinople aux divisions qui régnaient alors parmi les Grecs, ainsi qu'à leur mauvaise défense et à leur fausse sécurité ; mais ce qu'il y a de plaisant, c'est qu'après avoir célébré les actions de son héros, il finit par s'adresser au duc de Milan, et l'invite, conjointement avec tous les princes de l'Europe, à imiter le courage des Vénitiens, qui soutenaient seuls l'effort des Turcs, et à sauver le christianisme et les chrétiens. Le poème de Marius Philelphe est en vers latins, et se trouve divisé en quatre chants; il commence par la naissance et l'éducation de Mahomet II. Ce manuscrit *unique* est extrêmement curieux; il est écrit de la main même de l'auteur, qui était né à Constantinople en 1426.

D'après ce qu'on lit au commencement du second chant, il paraît que Marius Philelphe était issu par sa mère de la famille des Chrysolores, Grecs célèbres, qui contribuèrent beaucoup au rétablissement de leur langue en Italie.

Parmi les manuscrits français de la bibliothèque de Genève, on distingue les suivans, que j'examinai avec la plus grande attention :

La *Bible,* traduite par Guyars des Moulins, deux volumes in-folio sur vélin ; elle est enrichie d'une foule de miniatures analogues au contenu des chapitres où elles se trouvent placées. Les premières pages de chaque livre ont de riches bordures ornées, de fraises, ce qui annonce le quinzième siècle. Charles VIII fit imprimer cette Bible à Paris, vers 1490.

Le *Trésor de Brunet,* in-folio vélin, avec de belles vignettes au commencement de chaque livre. Cet ouvrage, qui est divisé en quatre parties, peut-être regardé comme l'encyclopédie des sciences du siècle de Brunet ; l'auteur y traite de tout en général. Il parle de Dieu et des anges, des hommes et de la nature, des vertus et des vices ; il parcourt l'histoire sacrée et profane, et donne un abrégé de géographie et d'astronomie ; enfin il fait mention de tous les animaux connus de son temps : leurs figures sont peintes à côté de la description qu'il en donne. Le style de l'ouvrage est celui de notre langue sous le règne de saint Louis; Brunet, qui était Florentin, vivait dans le treizième siècle. Un passage de ce livre, cité par M. Sennebier, et avant lui par Falconnet, semble prouver qu'on se servait dès-lors de l'aiguille aimantée pour la navigation (1). On voit sur la couverture les armoiries de la famille Pétau.

La *Relation du siége d'Orléans par les Anglais,* en 1428, in-folio sur papier. L'auteur, en annonçant le contenu de ce volume, s'exprime de la sorte : *Ce traicté par manière de voir contenant en brief le siege mis par les Anglois devant la ville d'Orléans, et les saillies, assaults et escarmouches qui durant le siege ils furent faictes de jour en jour aussi et par le moyen de la vaillante pucelle nommée Jehanne, comment elle en fist partir les Anglois et lever le siege par grace divine et force d'armes.* Ce manuscrit, qui est un présent de J.-J. Rousseau, renferme de plus toutes les pièces du procès de la Pucelle; on y trouve les propres réponses de cette valeureuse fille aux juges insensés qui la firent périr, malgré son innocence.

(1) Ce passage sur l'aimant existe au CXIII^e chapitre du premier livre.

Les *Guerres de Catilina et de Jugurtha,* par Salluste, in-folio sur vélin. On voit dans ce manuscrit une foule de vignettes relatives aux sujets décrits par l'historien romain; mais les costumes n'ont aucun rapport avec ceux de l'époque. On a joint à ces peintures un planisphère où l'on a peint les trois parties du monde; elles ressemblent à une île qui nage dans l'Océan : l'artiste y manque totalement de critique.

Le *Traité des Anges,* manuscrit sur papier in-folio; il est dédié à la très-sainte Trinité et à la sainte Vierge. L'auteur est un religieux de Saint-François, nommé d'Eximenès, docteur en théologie; il composa son ouvrage à la prière de messire Pierre d'Artis, chambellan du roi d'Arragon, qui existait en 1387. D'Eximenès parle, au cinquième et dernier livre, de la *haultesse de monseigneur sainct Michel,* et explique *pourquoi il est plus hault dans les ordres des autres.* Le *Traité des Anges* fut imprimé à Genève en 1478, et ensuite à Lyon en 1486.

L'*Horloge de Sapience,* in-folio sur vélin, ouvrage purement théologique et divisé en deux parties. L'auteur enseigne, dans un chapitre du second livre, comment les bons chrétiens *doivent épouser dame Sapience* et renouveler leur amour pour les bonnes œuvres; il fait connaître les fruits qu'on retire de la *divine Sapience,* etc. Ce manuscrit, dont le style est vraiment original, fut achevé en 1417, et imprimé à Genève en 1478. Je vis sur la couverture une note qui renferme la description du terrible incendie arrivé dans cette ville le 21 avril 1430 : on y apprend que la cathédrale de Saint-Pierre fut entièrement détruite par le feu, à l'exception de la tour située du côté du lac ; les ravages de l'incendie étaient si violens que deux cloches énormes furent fondues, et qu'il en arriva autant à la sonnerie de l'horloge. L'église de la Madelaine fut également consumée, ainsi que plusieurs maisons du voisinage, et même d'autres situées au Bourg-de-Four. On ajoute que le feu s'était déclaré dans une grange sur le bord du lac, et qu'il se propagea par une bise très-forte qui le favorisait. Quoique cette note soit écrite en fort mauvais latin, elle est néanmoins regardée comme très-authentique, parce qu'on la croit faite par un témoin oculaire.

On conserve dans la bibliothèque quelques manuscrits hébreux, syriaques et arabes, mais ils sont en très-petit nombre.

Les *Annales de la Chine,* écrites en langue chinoise sur papier de soie, fixent également l'attention des curieux ; elles finissent en 1369, et forment vingt-deux volumes in-folio ; c'est un abrégé des *Grandes Annales* du même empire.

Le bibliothécaire me fit voir ensuite deux éditions très-précieuses des *Offices de Cicéron* (petit in-folio de quatre-vingt-huit feuillets), imprimées sur vélin par Jean Faust ou Fust, de Mayence, l'une de 1465, l'autre de 1466. Les bibliographes en ont beaucoup parlé ; quelques-uns même ont prétendu que c'est le premier livre qui ait été imprimé avec la date de l'année ; mais cette opinion est combattue par l'existence de plusieurs livres avec des dates antérieures. On lit, à la fin du volume, ces mots imprimés en caractères rouges : *Petri manu pueri mei feliciter effeci ;* le nom de *Gernshem* se trouve ajouté à celui de *Petri* dans la seconde édition. Un exemplaire de 1465, sur vélin, a été vendu 1450 fr. chez le duc de la Vallière : c'est la première édition des *Offices de Cicéron ;* elle est de la plus grande rareté.

Celle de 1466, non moins précieuse, lui ressemble beaucoup ; elle fut adjugée à 45 livr. sterl. (environ 1080 fr.), dans une vente publique de Londres, en avril 1804. Un exemplaire sur vélin fut payé plus tard, encore en Angleterre, près de 1800 fr. ; un autre, également sur vélin, a été vendu 1190 fr., après la mort de M. Mac-Carthy. Celui de Genève, même édition (1466), porte cette note à la fin du volume : *Donné par Jean Fust, à Paris, au mois de juillet* 1466. Cette note est écrite de la main du premier possesseur de ce livre. Jean Fust publia ses premières Bibles sans date, et les vendit à Paris *soixante écus d'or l'exemplaire,* avant qu'on se doutât par quel art elles étaient faites ; mais il n'est point vrai qu'il passa pour sorcier dans l'esprit de beaucoup de gens ; cette assertion a été réfutée par nos meilleurs critiques. On sait que Fust est l'un des trois artistes à qui l'on attribue généralement l'invention de l'imprimerie ; les deux autres, Guttemberg et Schœffer, s'associèrent à ses travaux et partagèrent sa gloire en perfectionnant un art qui devait pour ainsi dire renouveler la face du monde.

Genève se glorifie, à juste titre, de posséder un grand nombre de livres rares imprimés dans le quinzième siècle. En effet on remarque encore les ouvrages suivans dans la bibliothèque de cette ville :

Speculum humanæ salvationis (Miroir du salut de l'homme), petit in-folio, sans date. Ce livre, excessivement rare, est regardé comme l'un des plus anciens monumens de la typographie ; suivant quelques bibliographes, ce serait l'un des premiers essais faits dans cet art, en 1440, par Laurent Coster de Harlem. Les cinquante-deux feuillets dont se compose le volume, ne sont imprimés que d'un seul côté; ils offrent tous des figures gravées sur bois, où l'on voit représentés, sous une forme grossière, les différens mystères de la religion chrétienne. Chaque estampe est divisée en deux sujets, et offre au bas une inscription en lettres gothiques. L'ouvrage est imparfait : il y manque la préface, la table, le premier et le dernier feuillet ainsi que quatre ou cinq autres du texte, en tout dix ou onze feuillets (1). Un exemplaire complet de ce livre (édition latine) fut poussé aux enchères, il y a quelques années, dans la ville de Londres, jusqu'à 315 liv. sterl. (environ 7,800 fr.); un autre exemplaire, conforme à celui de Genève pour l'édition, qui est la seconde du texte hollandais, fut acheté dans la même vente 252 liv. sterl. (environ 6,048 fr.) Mais des prix si élevés ne peuvent ni ne doivent point servir de règle.

Deux *Catholicon,* grand in-folio, gothique, l'un et l'autre sans date. On les croit d'une édition postérieure à celle de 1460.

Apulei (Lucii) Metamorphoseos liber (les Méta-

(1) L'ouvrage complet doit avoir 62 ou 63 feuillets.

morphoses, ou l'Ane d'or d'Apulée), etc. Rome,
1469, in-folio de cent soixante-et-dix-sept feuillets.
Cette édition *princeps,* qui est très-rare, s'est vendue jusqu'à 1520 fr. chez le duc de la Vallière.

Biblia sacra; Rome, 1471, deux volumes in-folio. C'est la première édition de la Bible qui ait été
publiée à Rome; elle renferme une épître dédicatoire adressée au pape Paul II, neveu d'Eugène IV,
par le savant Andréa, que le souverain pontife avait
chargé de diriger l'impression de plusieurs livres
remarquables.

Speculum vitæ humanæ (Miroir de la vie humaine), 1473, in-folio. L'auteur de cet ouvrage,
Rodrigue Sancio, était un prélat distingué par ses
connaissances et par son goût pour la piété.

Augustini de Civitate Dei libri XXII (la Cité
de Dieu, par saint Augustin); Rome, 1468, in-fol.

Une autre édition du même ouvrage, publiée à
Rome en 1474, in-folio; elle est également très-rare.

Ciceronis Orationes (Oraisons de Cicéron), grand
in-folio, sans indication de lieu ni de date.

Les *Œuvres d'Homère,* en grec; Florence, 1488,
deux volumes in-folio. Les exemplaires complets
de cette première et superbe édition d'Homère sont
très-rares; il y en avait un dans la bibliothèque de

essais faits dans cet art, 1440, par Laurent
Coster de Harlem. Les cinquante-deux feuillets dont
se compose le volume, ne ont imprimés que d'un
seul côté; ils offrent tous es figures gravées sur •
bois, où l'on voit représent , sous une forme grossière, les différens mystèr de la religion chrétienne. Chaque estampe es livisée en deux sujets,
et offre au bas une inscript n en lettres gothiques.
L'ouvrage est imparfait : il manque la préface, la
table, le premier et le derni feuillet ainsi que quatre ou cinq autres du text en tout dix ou onze
feuillets (1). Un exemplaire omplet de ce livre (édition latine) fut poussé aux chères, il y a quelques
années, dans la ville de Lon es, jusqu'à 315 liv. sterl.
(environ 7,800 fr.); un au exemplaire, conforme
à celui de Genève pour l'é ion, qui est la seconde
du texte hollandais, fut acl té dans la même vente
252 liv. sterl. (environ 6, 8 fr.) Mais des prix si
élevés ne peuvent ni ne doi nt point servir de règle.

Deux *Catholicon,* grand -folio, gothique, l'un et
l'autre sans date. On les c it d'une édition postérieure à celle de 1460.

Apulei (Lucii) Metamorhoseos liber (les Méta-

____

(1) L'ouvrage complet doit voir 62 ou 63 feuillets

morphoses, ou l'Ane d o d'Apulée), etc. Rome, 1469, in-folio de cent s i ate-et-dix-sept feuillets. **Cette édition** *princeps*, qu est très-rare, s'est vendue jusqu'à 1520 fr. che z e duc de la Vallière.

Biblia sacra; Rome, 1 1, deux volumes in-folio. C'est la première **éditi** i de la Bible qui ait été publiée à Rome; elle **ren** rme une épître dédicatoire adressée au **pape Pau** II, neveu d'Eugène IV, par le savant Andréa, **que** souverain pontife avait chargé de diriger l'**impre** on de plusieurs livres remarquables.

Speculum vitæ human (Miroir de la vie humaine), 1473, in-folio. l uteur de cet ouvrage, Rodrigue Sancio, était u rélat distingué par ses connaissances et par son û ût pour la piété.

Augustini de Civitate ei libri XXII (la Cité de Dieu, par saint **August**); Rome, 1468, in-fol.

Une autre édition du me ouvrage, publ Rome en 1474, in-folio; est également tr

Ciceronis Orationes (sons de Cicéron in-folio, sans indicatio lieu ni de da

Les *Œuvres d'Homère,* grec; Flore deux volumes in-folio. L mplaire de cette première et sup nt très-rares; il y en de

M. de Cotte, dont la conservation se trouvait parfaite, et qui fut adjugé, après sa mort, à une somme
exorbitante : il se vendit 3601 fr.; mais, chose unique, il n'était point rogné.

Ammianus Marcellinus (liv. XIV à XXVI de
son Histoire); Rome, 1474, in-folio de cent trente-
cinq feuillets. C'est la première édition de cet auteur; bien qu'il y manque les cinq derniers livres,
publiés plus tard dans l'édition d'Augsbourg (1533),
elle est néanmoins très-recherchée des curieux, et
se vend jusqu'à 500 et même 600 francs. L'histoire
d'Ammien-Marcellin n'est point venue complète
jusqu'à nous : il ne nous en reste que dix-huit
livres, au lieu de trente-et-un ou de trente-deux. On
regrette d'autant plus la perte des autres livres, que
cet historien, malgré la dureté choquante de son
style, intéresse généralement par sa franchise et son
impartialité : quoique payen, il rapporte avec sincérité les évènemens les plus favorables au christianisme; il fait le récit exact de l'aveugle tentative
de Julien-l'Apostat qui voulut, mais en vain, démentir la prédiction de Jésus-Christ à l'égard du
temple de Jérusalem (1). Ammien Marcellin ne

(1) *Et egressus Jesus de templo, ibat. Et accesserunt discipuli
ejus, ut ostenderent ei œdificationes templi. — Ipse autem res-*

dissimule point l'évènement terrible qui fut la suite de cette folle entreprise ; lui-même nous apprend qu'une multitude innombrable d'ouvriers, travaillant, par l'ordre de l'impie Julien, à la reconstruction du temple de Jérusalem, périrent d'une manière affreuse au milieu des tourbillons de flammes qui s'élevèrent, comme par miracle, des anciens fondemens (1).

pondens dixit illis : Videtis hæc omnia ? Amen dico vobis, non relinquetur hic lapis super lapidem, qui non destruatur. (« Lors-« que Jésus sortit du temple pour s'en aller, ses disciples « s'approchèrent de lui pour lui faire remarquer les bâti-« mens du temple. — Mais il leur dit pour réponse : Vous « voyez toutes ces choses ? Je vous le dis en vérité, elles « seront tellement détruites qu'il n'y restera pas pierre sur « pierre. » *Evang. Matt. cap. XXIV, vers. 1, 2.*)

Le texte des autres évangélistes n'est pas moins précis, et s'accorde parfaitement avec celui de saint Mathieu. *Voyez* saint Marc, chap. XIII (versets 1 et 2) ; saint Luc, chap. XXI (versets 5 et 6.)

(1) *Cùm itaque rei idem fortiter instaret Alypius, juvaretque provinciæ rector, metuendi globi flammarum propè fundamenta crebris assultibus erumpentes, fecere locum exustis aliquoties operantibus inaccessum : hocque modo elemento destinatiùs repellente, cessavit inceptum.* « Lorsque Alypius, aidé du gouver-« neur de la province, pressait l'ouvrage avec ardeur, de « redoutables globes de feu, qui s'élevaient des fondemens « avec des attaques redoublées, ayant brûlé à diverses re-« prises (*aliquoties*) les ouvriers, rendirent le lieu inacces-

En parcourant les salles de la bibliothèque, je ne pus m'empêcher d'arrêter long-temps mes regards sur les portraits d'hommes célèbres qu'on y trouve exposés, sur les corniches, en forme dé galerie. Ce sont les chefs de la Réforme qui figurent principalement dans cette collection. Le talent des peintres, assurément, n'y brille pas toujours, et les ouvrages d'une partie d'entre eux sont même assez médiocres ; mais comme la plupart de ces portraits

« sible ; ainsi, l'élément repoussant tout avec opiniâtreté, « l'entreprise fut abandonnée. » *Ammianus-Marcellinus*, *liber XXIII, cap.* 1.

Telle est la fin du récit d'Ammien-Marcellin sur cet évènement mémorable, l'une des preuves les plus frappantes de la vérité de notre religion, puisqu'il constate, d'une manière visible, l'infaillibilité des paroles de son divin auteur ; il est consolant pour le christianisme d'avoir pour garant de ce fait miraculeux un auteur payen qui, malgré les préjugés de sa secte, conserva toujours dans ses écrits la qualité d'un historien fidèle.

Ammien-Marcellin n'est pas le seul auteur contemporain qui ait parlé de l'entreprise de Julien et de ses suites : on en trouve le récit détaillé dans saint Grégoire de Nazianze (*in Julian. orat.* 2); dans saint Jean Chrysostôme (*de laudibus Babylæ martyr. et contrà Judæos*); dans Ruffin (*Hist. eccles.*), ainsi que dans plusieurs écrivains du même siècle. Cassiodore, qui vécut plus tard, fait à son tour le rapport circonstancié de l'évènement, et s'appuie, à cet égard, sur des témoignages authentiques. (*Lib. VI, cap.* 43.)

ont été faits d'après nature et sont la peinture fidèle des originaux, il en résulte qu'avec l'art d'un Lavater on pourrait facilement juger du caractère des personnages d'après leur physionomie, que l'on dit être généralement pleine de vérité.

Je remarquai surtout la tête de Calvin, au nez pointu, au profil fin; celle d'Ézéchiel Spanheim, qui est noble, mais sans grand caractère; Hugo Grotius, à figure douce, pâle et riante; le maigre Mélanchthon; Érasme, dont la tête a quelques rapports avec celle de Voltaire; Jean Hus, dont les yeux sont pleins de vivacité; Zwingle, qui a un air maussade; Luther, qui rivalisa de zèle avec Calvin dans la lutte des combats théologiques. Enfin, pour compléter cette galerie curieuse des auteurs de la Réforme, ou, pour mieux dire, de nos troubles religieux, on voit figurer encore les portraits de Jérôme de Prague, de Guillaume Farel, de Jean Daillé, des Wicleff, des Turretin, des Diodati, des Scaliger, de Théodore de Bèze, du ministre Claude, de P. Viret, et même ceux de l'amiral Coligny et de ses frères. Charlemagne, Charles IX, Henri IV et sa mère Jeanne d'Albret; le duc de Guise, Rabelais, Anne d'Autriche, Louis XIV, Louis XV, le duc de Richelieu, Charles XII, roi de Suède, l'impératrice Marie - Thérèse, Joseph II, Frédéric-Guillaume, roi de Prusse; le ministre Necker, tous ces personnages et beaucoup d'autres ont été joints à cette grande et singulière collection.

Je vis dans la salle *Lullin* les portraits de Calandrini, de Tronchin, de Burlamaqui, des peintres Arlaud et Liotard, de Lullin, d'Abauzit, de P. Mouchon, de Cramer et de Bonnet.

On vous montre avec orgueil le portrait en émail du général Montesquiou, qui sauva Genève en 1792. Une autre peinture en émail, et dont l'exécution est magnifique, représente Alexandre dans la tente de Darius; celle-ci est l'ouvrage du fameux Petitot.

Il y a dans la bibliothèque une horloge exactement conforme à celle que l'on voit dans la cathédrale de *Saint-Jean* à Lyon; elle est plus petite, mais très-bien faite.

~~~~~~

CHAPITRE VII.

Musée d'histoire naturelle. — Momie de Thèbes. — Riche manteau fait
à Otahiti. — Instrumens qui servaient aux Romains pour les sacrifices. — Tablier d'écorce d'arbre. — Carquois et flèches d'Indiens. —
Lampes antiques, etc., etc. — Bouclier votif d'argent de l'empereur
Valentinien ; explication détaillée de ce monument précieux. — Sociétés littéraires de Genève.

JE voulais connaître le *Musée d'histoire natu-*
relle, que l'on m'avait cité comme l'une des principales curiosités de Genève. Je m'empressai de m'y
rendre un jour qu'il n'était pas ouvert au public,
afin d'être plus à mon aise pour recueillir des notes
et faire mes observations. C'est un bel établissement, composé de plusieurs grandes pièces, où se
trouvent étalés un nombre infini de minéraux, de
coquillages, d'oiseaux, d'antiquités et de médailles
précieuses ; il fut commencé en 1818 par les dons
de plusieurs Genevois, amis des sciences et des

lettres. Bien que son origine date de peu d'années, il renferme déjà presque tous les genres des différentes classes d'animaux, la plus grande partie des espèces de ceux de la Suisse, et surtout les collections des poissons de ses divers lacs.

La *salle des antiquités* renferme beaucoup d'objets rares et curieux. J'y vis une très-belle momie de Thèbes, apportée récemment d'Egypte ; c'est le corps d'une femme, que l'on suppose être celui d'une princesse. Il est bien conservé : une partie de la tête est encore garnie de cheveux. On a étendu auprès du corps la toile qui l'enveloppait: M. Champollion-Figeac, à son passage à Genève, prit note des hiéroglyphes avec un soin minutieux ; ils donnent vraisemblablement l'explication de cette momie.

J'admirai un riche manteau fait à Otahiti pour un chef des habitans des îles Sandwich ; il est fabriqué avec des plumes de perroquet *Aras,* de *Quiscale,* et de *Zanoé,* espèce de pie du Mexique. Ces plumes, rouges et jaunes, sont de la plus grande beauté. Ce manteau est le don d'un voyageur anglais.

Parmi la foule d'objets plus ou moins curieux qui enrichissent le Musée de Genève, je remarquai encore les suivans, qui méritent une attention particulière.

Deux petites haches et un couteau de cuivre, qui servaient probablement à égorger les animaux destinés aux sacrifices. Ces instrumens furent trouvés, dans le dix-septième siècle, au pied d'un rocher qui s'élève à l'entrée du port de Genève, et que l'on nomme *pierre de Niton* (1). D'après une tradition immémoriale, ce rocher servait d'autel aux pêcheurs qui venaient y offrir leurs vœux et leur encens à Neptune.

Un tablier, en écorce d'arbre, dont le tissu est asséz fin pour le disputer à la plus belle mousseline. C'est un présent que fit, en 1741, la célèbre mylady Northly Montaigu, lors de son passage à Genève. Elle le donna pour un tablier chinois; mais on croit plutôt qu'il vient de la Jamaïque.

Des plumes, des carquois et des flèches d'Indiens. Les flèches sont empoisonnées : on en a fait l'expérience sur des animaux, tels que des chiens et des chats.

Les souliers d'une femme chinoise, qui avait les pieds extraordinairement petits : c'est presque la chaussure d'un enfant de huit jours.

Des tapisseries chinoises; un éventail chinois.

_____

(1) Du grec Νειτων, Neptune.

Un modèle en liége du temple de *Pæstum*, miniature charmante et d'une exactitude parfaite.

Des lampes trouvées à *Herculanum* et à *Pompeia;*
une *amphora* des Latins ; quelques divinités égyp-
tiennes ; des momies d'animaux; des urnes ciné-
raires, trouvées à Genève ou dans ses environs.

Une lanterne qui servait aux Savoyards pendant
la nuit de la fameuse *escalade*. Je parlerai plus loin
de cet évènement mémorable dans l'histoire de
Genève, et qui faillit de mettre cette ville au pouvoir des ducs de Savoie.

Le Musée d'histoire naturelle est encore dépositaire d'une antiquité très-précieuse, que l'on voyait
autrefois à la bibliothèque publique : c'est un bouclier votif d'argent fin, couvert de figures en bas-
relief. Il fut trouvé dans l'Arve, en 1721, par des ouvriers qui creusaient l'ancien lit de cette rivière, sous
les murs de Genève. Ce bouclier est de forme cir-
culaire, et pèse un peu plus de trente-quatre onces ;
on y voit la légende suivante, en caractères romains :

LARGITAS D. N. VALENTINIANI AUGUSTI.

Les figures se sont aplaties par l'effet du frotte-
ment, et il est peu facile de distinguer les personnages, dont les traits sont devenus difformes. Ce-

pendant on y reconnaît l'empereur à son diadême et au cercle lumineux (le *nimbus*) qui couronne sa tête ; il est au milieu, sur une espèce de marche-pied, en habit guerrier et l'épée au côté. Il appuie sa main gauche sur le *labarum,* qui était l'enseigne des successeurs de Constantin, et tient de la main droite un globe au dessus duquel une Victoire ailée paraît avec une branche de palmier et une couronne qu'elle va déposer sur la tête de l'empereur. Six soldats ou officiers, tenant des piques, couverts de leurs boucliers, coiffés de casques surmontés de plumes de paon, sont rangés des deux côtés du prince, qui les harangue. On voit à leurs pieds un bouclier, une épée et un casque.

On suppose que ce bouclier fut perdu par l'un des généraux de Valentinien second, lorsque les troupes romaines traversaient l'Arve pour se rendre à Vienne en Dauphiné (1). Un critique de nos jours pense qu'Abauzit, Montfaucon et autres savans antiquaires ont été dans l'erreur en prenant ce mo-

---

(1) On sait que Valentinien fut étranglé plus tard dans la même ville (en 392), par ordre du traître Arbogaste, général de ses armées. Ce prince, qui se fit chérir de ses sujets par ses vertus et sa justice, était catéchumène lorsqu'il mourut, et il devait bientôt recevoir le baptême.

nument ancien pour un bouclier; il le regarde comme une vaisselle de Valentinien et une de ces largesses (*largitas*) que les empereurs faisaient à leur armée, et dont l'histoire et les médailles offrent assez d'exemples. Mais cette opinion est rejetée par tous les hommes instruits; car le présent répondrait bien peu à la qualité du donateur. On est loin surtout de partager l'avis du critique, quand on songe aux largesses extraordinaires que les empereurs romains faisaient à leurs troupes dans les occasions solennelles. Sans nous rappeler les traits de ce genre du prodigue Héliogabale, nous savons, par exemple, que Septime-Sévère, dans l'une de ses huit libéralités, fit donner dix pièces d'or par tête aux citoyens romains et aux soldats de sa garde, c'est-à-dire près de vingt millions de notre monnaie, en calculant la somme totale marquée .dans l'histoire romaine de Dion-Cassius.

Le bouclier conservé à Genève est d'autant plus précieux, que ces sortes de monumens sont fort rares : on en connaît à peine trois ou quatre autres de ce genre dans l'univers. Dans ce nombre est compris le fameux bouclier de Scipion, trouvé dans le Rhône, et qui représente l'histoire si célèbre de la continence de ce grand homme.

Il existe dans les bâtimens du Musée un lieu où se réunissent les membres d'une société littéraire semblable à l'Athénée royal de Paris. On y reçoit plus de cent quarante journaux, quotidiens ou périodiques, tant français qu'allemands, italiens et anglais. La bibliothèque se compose aujourd'hui de vingt-six mille volumes : elle s'enrichit successivement des ouvrages les plus remarquables qui paraissent en Europe. Cette société littéraire, que l'on nomme *Société de lecture,* admet facilement les étrangers dans son sein ; elle compte déjà plus de quatre cents membres *payans.* Il est stipulé dans l'acte de sa fondation que, si elle vient à se dissoudre, tous ses livres appartiendront à la bibliothèque publique de la ville.

Genève possède encore d'autres sociétés savantes et littéraires, dont le succès fait chérir de plus en plus l'origine de ces établissemens. Les membres de la *Société médicale du canton* et ceux de la *Société des naturalistes* encouragent, par tous les moyens possibles, les sciences auxquelles ils se livrent eux-mêmes, d'après le but de leur institution. Le *Cercle littéraire du Molard,* qui a des séances périodiques consacrées à la musique et à la poésie, justifie pleinement cette devise qu'il a adoptée : *Otio ac studio* (à l'oisiveté et à l'étude). Mais une association aussi intéressante qu'utile, et dont les bienfaits se font journellement sentir, c'est la *Société pour l'avancement des arts*, qui est divisée en classes des beaux-arts, de l'industrie et de l'agriculture ; cette société ne néglige rien pour favoriser les progrès des arts : elle établit des concours, distribue des prix et propage toutes les découvertes utiles. D'autres associations de ce genre, mais d'un but différent, se sont encore formées à Genève ; j'ai cité les plus remarquables et les plus dignes d'intérêt.

C'est dans les salles du Musée d'histoire naturelle que se tiennent les cours de philosophie et de droit.

Plusieurs particuliers ont de riches collections de minéraux, de plantes, de pétrifications, de médailles et d'autres objets intéressans pour l'antiquaire ou pour le naturaliste. Si l'on est curieux de les voir, il est assez facile d'en obtenir la permission des propriétaires.

~~~~~~

CHAPITRE VIII.

Musée *Rath.* — Salle de spectacle; le théâtre était jadis défendu à Genève. — Jardin botanique. — Hôtel *Eynard.* — *La Treille.* — Hôtel-de-ville; escalier curieux; anciennes sculptures; table d'alliance; inscription injurieuse contre le pape, qu'on voyait autrefois sur la façade du bâtiment : critique de d'Alembert à ce sujet. — Singulier respect des Genevois pour les aigles; armoiries de la république, et leur explication. — Machine hydraulique. — Tour dite *de César.* — Maison pénitentiaire. — Hôpital-général. — Place *Bourg-de-Four;* restes du palais des anciens rois de Bourgogne.

ON m'avait parlé d'un autre musée que possède la ville de Genève. J'allai le voir le lendemain. Mais les objets qu'il renferme le rendent tout différent de celui d'*histoire naturelle,* et il est beaucoup moins précieux que ce dernier. L'établissement touche la porte de Plain-Palais, autrement dite *Porte-Neuve;* on le nomme *musée Rath,* parce qu'il a été fondé par l'héritière de ce Genevois, mort lieutenant-général au service de Russie. J'y vis des modèles en plâtre de plusieurs belles statues du musée royal de Paris, ainsi qu'un grand nombre de tableaux remarquables, parmi lesquels on distingue ceux de Saint-Ours et de La Rive, peintres genevois, dont les ouvrages sont justement admirés. Dans les étages souterrains de ce nouveau musée, on a disposé de vastes emplacemens pour les écoles de dessin et pour servir à d'autres arts industriels. L'édifice est de l'architecture la plus gracieuse; il forme l'entrée d'une belle rue, nommée *de la Corraterie,* qui se prolonge jusqu'à la place de *Bel-Air.*

Vis-à-vis le musée Rath se trouve la salle de spectacle, dont l'extérieur n'a rien d'élégant; elle n'existe que depuis 1782. Avant cette époque les Genevois n'avaient point de théâtre dans leur ville; ils allaient à Châtelaine, village français situé à une demi-lieue de Genève, pour y voir représenter des pièces de comédie. Le spectacle était alors défendu dans tout le territoire de la république. Des moralistes sévères avaient fait comprendre au gouvernement le danger et les abus de ces scènes de théâtre où souvent le vice est présenté comme une vertu, et la vertu tournée en ridicule. Les magistrats s'étaient conformés sur ce point à l'avis des personnes sages; ils s'étaient laissés vaincre aussi par la logique pressante d'un homme qui aurait dû n'employer toujours son élo-

quence que pour défendre les vrais principes de la
morale et de la religion :.J.-J. Rousseau, enfin, s'é-
tait prononcé sur cette matière, et avait foudroyé,
dans quelques écrits, tous les genres de spectacles
par des raisonnemens invincibles(1). Le philosophe
fut écouté, et eut ainsi la gloire de servir sa patrie
en combattant une nouveauté dangereuse, qu'avaient
déjà repoussée de toutes leurs forces plusieurs moralistes ou pasteurs de Genève. Cette influence heureuse, ce concours unanime de personnes sages
avait tourné au profit des mœurs de la république.
Mais tout l'ouvrage de ces zélés citoyens fut renversé
lorsqu'arriva la révolution de 1782, qui vint apporter de nombreux changemens dans les lois et
l'administration de leur ville (2). C'est de cette
époque, comme je l'ai dit, que date l'établissement
du premier théâtre à Genève.

Le jardin botanique, également situé près de la
Porte-Neuve, fut créé en 1816 par M. de Candolle ; il
est fort riche, et renferme plus de six mille espèces de
plantes avec un millier de variétés de vignes, d'arbres
fruitiers ou de légumes. La façade de l'orangerie est

(1) *Voyez* la note (A), à la fin du volume.
(2) Ces changemens furent en partie modifiés, lors des
troubles de 1789.

décorée des bustes des Genevois qui se sont illustrés dans l'histoire naturelle. Ce jardin occupe une partie d'une ancienne promenade publique, nommée *le Bastion bourgeois*, qui fut le théâtre de scènes tragiques pendant la Révolution. On érigea sur ce sol souillé de sang un obélisque de quatre-vingts pieds de haut, portant le buste de Jean-Jacques Rousseau, et qui plus tard fut enlevé par ordre du gouvernement. Les souvenirs douloureux que ce lieu rappelle avaient fait abandonner la promenade pendant plus de vingt ans; mais on a trouvé le moyen d'y ramener le public en transformant le sol en un beau jardin botanique, et en y faisant une promenade charmante, aujourd'hui très-fréquentée.

Non loin de là je vis l'hôtel de M. Eynard, la plus belle maison de Genève, et qui est d'un goût, d'une élégance vraiment admirable; il est à l'extrémité de la rue dite *Sous-la-treille*, qui fait face au musée Rath. Tout le monde connaît le dévouement de ce zélé philantrope pour la cause des Grecs.

Je me rendis ensuite à *la Cité*, en montant sur une jolie terrasse plantée de marronniers, que l'on nomme *la Treille*. Dans son voisinage se trouve l'Hôtel-de-Ville, vieux et grand bâtiment de forme irrégulière. Il offre une curiosité presque unique :

l'un des deux escaliers qui conduisent aux appartemens est tel, que l'on peut se faire transporter
en carosse jusqu'au dernier étage; c'est une rampe
à pente douce et sans degrés, dont la largeur permet à une petite voiture d'y passer sans obstacle (1).
Auprès du portail de ce vieil escalier, et dans la clef
de la voûte, on lit cette inscription, qui rappelle la
fameuse escalade de Genève :

Pugnate pro avis et pro focis.
Liberavit vos Dominus
XII die decembris M. DC II (2).

On voit sous la même voûte les têtes de Jules-César,
de l'empereur Aurélien, du grand Pompée, de Cicéron, de Marcellus et du roi de France Henri IV.
L'ancienne devise de la république de Genève (*Post
tenebras spero lucem*) s'y trouve encore.

C'est dans la première salle de cet édifice que
l'on conserve la fameuse table de l'alliance faite
en 1584 entre les Genevois, les Bernois et les Zurichois. On voit dans la même salle un tableau qui
représente Thémis, tenant d'une main la balance

(1) J'ai vu un escalier à peu près semblable dans le palais de l'évêché de Meaux, en France.

(2) *Combattez pour vos pères et pour vos foyers; le Seigneur
vous a délivrés le 12 décembre 1602.*

de la justice, et de l'autre un glaive avec cette me-
nace : *Punition des méchans ;* sur le devant du tableau sont toutes sortes de fruits, dont l'allégorie
est exprimée par ces mots : *Fruits pour les bons.*

Les deux portes de l'Hôtel-de-Ville sont órnées
chacune de deux colonnes de marbre noir ; l'une de
ces portes, au dessus desquelles paraissent les armes
de la république, offre encore en sculpture la double aigle impériale. On voyait autrefois sur la façade
du bâtiment une inscription latine (1) qui rappelait
l'époque où la réforme fut introduite à Genève, et
que l'on y avait placée en mémoire surtout de l'a-
bolition de la religion catholique ; le pape y était
appelé *l'Ante-Christ.* « Cette expression, disait
« d'Alembert en 1757, que le fanatisme de la li-
« berté et de la nouveauté s'est permise dans un
« siècle encore à demi barbare, est peu digne au-
« jourd'hui d'une ville aussi philosophe : nous osons
« l'inviter à substituer à ce monument injurieux et
« grossier, une inscription plus vraie, plus noble et
« plus simple. » Malgré cette invitation pressante, et
très-raisonnable, de d'Alembert aux magistrats de
Genève, la pierre sur laquelle était gravée l'inscrip-

(1) *Voyez* la note (B) à la fin du volume.

tion est restée, sur les murs de la Maison-de-Ville
jusqu'au moment de l'entrée des Français en 1798 :
elle disparut alors, ou par ordre du gouvernement,
ou par une mesure de prudence de la part des sectateurs de Calvin, qui craignirent sans doute les
profanations des *papistes*, vainqueurs de leur ville.
Cette pauvre relique a été transportée depuis peu
au Musée d'histoire naturelle, où elle figure bien
mal à côté de belles antiques.

La république de Genève entretient et nourrit à
ses frais des aigles que l'on voit dans une cage
placée aux boucheries, sur le bord du lac. Je voulus rendre mon *hommage* à ce symbole vivant des
armoiries de l'Etat. Mais je ne pus m'empêcher de
sourire à la vue de ces animaux, qui obtiennent
des citoyens une telle marque de considération.
Cet usage singulier me rappela les ours que j'avais
vus dans les fossés de Berne, et que l'on y élève pour
la même raison. Les armoiries de Genève, que la
ville possède depuis un temps très-reculé, consistent dans une clef et une aigle, avec cette légende :
Post tenebras lux (après les ténèbres la lumière).
Cette légende peut faire allusion aux lumières ap-
portées par le christianisme dans ce pays autrefois
enseveli, comme tant d'autres, dans les ténèbres de

l'idolàtrie. L'aigle indiquait que Genève était une ville impériale; la clef, qui, dit-on, lui fut ajoutée par le pape Martin V, offrait le symbole du pouvoir de l'Eglise. Il est assez singulier que les Genevois aient conservé dans leurs armoiries les marques symboliques de la puissance de Rome et de l'autorité des empereurs d'Allemagne, puisque ni l'empire, ni l'évêque de Genève (résidant depuis près de trois siècles à Annecy) n'ont plus aucun pouvoir dans leur république.

On a construit sur le Rhône une machine hydraulique, qui porte les eaux dans la ville jusqu'à cent pieds de hauteur; le courant du fleuve la met lui-même en mouvement en faisant tourner une roue de vingt-sept pieds de diamètre. Cette machine ingénieuse se compose de huit pompes élévatoires, divisées en deux systèmes de quatre pompes chacun, et qui agissant de concert envoient de l'eau à plusieurs réservoirs, d'où elle se répand dans toute la ville. Elle alimente toutes les fontaines à l'exception d'un très-petit nombre qui proviennent de sources naturelles, et fournit cinq à six cents litres d'eau par minute (environ trente mille setiers de Genève par heure); elle en envoie même dans un réservoir au troisième étage de l'Hôtel-de-Ville. A côté de cet équipage de pompes se trouve l'ancienne machine qui est due à un architecte français nommé *Abeille*, et dont la construction date de plus de cent ans : on ne s'en sert aujourd'hui que lorsque la nouvelle a besoin de réparations.

J'aperçus la *tour de César*, grosse tour carrée, située dans le quartier de l'Ile, où existe la machine hydraulique dont je viens de parler; elle est à l'entrée de l'un des deux ponts qui établissent une communication entre ce quartier et la ville proprement dite. Cette tour, qui a été rebâtie plusieurs fois, est maintenant une caserne occupée par la gendarmerie. On croit que les anciens fondemens subsistent encore.

On voulut me faire voir la maison *pénitentiaire*, qui est dans le genre de celles des États-Unis de l'Amérique du nord; elle sert de bagne, et renferme les condamnés aux travaux publics. L'entrée est en forme de labyrinthe, soit pour tromper la mémoire du condamné, soit pour rendre les évasions plus difficiles et plus rares. Cette prison est entourée de deux murs d'enceinte.

L'hôpital-général existe sur l'emplacement d'un ancien couvent de Sainte-Claire, fondé par Yolande, sœur de Louis XI, roi de France, et épouse du duc de Savoie Amédée IX; sa façade est d'une bonne architecture. Cet établissement est fort vaste, bien aéré et tenu très-proprement. L'ancienne maison des aliénés en fait partie, et l'on trouve dans son enceinte une chapelle destinée à la célébration du culte anglican.

En parcourant la *cité*, je m'arrêtai sur une place que l'on nomme *Bourg-de-Four*. C'est l'une des plus gaies de Genève : six rues y viennent aboutir. Je vis, à l'entrée de l'arcade de la même place, la maison où naquit le fameux Necker, ministre des finances sous Louis XVI. Les rois de Bourgogne de la première race, qui ont habité Genève, avaient leur palais au lieu même où existe la porte qui communique de la ville au quartier du *Bourg-de-Four*. Cette vieille porte était celle du château où Clotilde vivait avant d'épouser Clovis, roi de France ; c'est là que cette vertueuse princesse reçut les gages de l'union conjugale (un anneau, une pièce d'or et un denier), qui lui furent apportés par Aurélien, ambassadeur de son futur époux (1). On trouve quelques restes de cet ancien palais des rois bourguignons dans la maison Claparède, qui existe sur ses ruines.

(1) *Voyez* la note (C) à la fin du volume.

~~~~~~

CHAPITRE IX.

Collége de Genève, fondé par Calvin; instruction qu'on y reçoit; distribution solennelle des prix. — Auditoires de l'Académie. — Calvin, législateur de Genève; abrégé de la vie de cet hérésiarque; ses erreurs et son fanatisme. — Son caractère fougueux. — Il fait condamner aux flammes Michel Servet, son antagoniste. — Supplice et désespoir de ce dernier. — Mort de Calvin. — Son portrait. — Théodore de Bèze, son disciple, lui succède comme chef de l'Eglise de Genève; anecdotes sur ce ministre, qui fut le véritable fondateur de l'Académie de Genève.

———◆———

LE collége, dans les bâtimens duquel se trouve la bibliothèque publique, fut fondé par Calvin; on y compte ordinairement quatre cents élèves. L'instruction publique y est gratuite (1); voici à peu près en quoi elle consiste. Les enfans entrent au col-

(1) Un observateur moderne dit à ce sujet : « Chaque « chose a son mauvais côté ici-bas ; aussi peut-on opposer « à cela de graves inconvéniens. Des pères aveugles font « faire à leurs fils des études inutiles, et pour lesquelles ils « ne sont pas nés : de là, des efforts pour sortir de leur état, « et la misère qui suit des efforts impuissans. »

lége à l'âge de sept à huit ans, et en sortent à treize
ou quatorze ans. Durant ce laps de temps, ils apprennent là lecture, l'écriture, le catéchisme, l'orthographe, le latin, un peu de grec, l'arithmétique,
le dessin linéaire, enfin l'histoire et la géographie.
La distribution des prix, qui se fait au mois de juin
dans le temple de *Saint-Pierre,* est une fête dans
toute la cité; elle est connue sous le nom de *Promotions,* parce que c'est alors que se font les promotions des écoliers, qui passent d'une classe dans
une autre. Les magistrats y assistent en corps, ainsi
que les pasteurs et les professeurs de l'Académie.
Le lendemain, tous les élèves sont soumis à un examen sévère de leur conduite pendant l'année, et
reçoivent à cette occasion, soit une réprimande,
soit un prix pour les bonnes notes qu'ils ont mé-
ritées; les prix consistent en médailles d'argent.

Au sortir du collége, le jeune homme passe dans
les *auditoires de l'Académie,* c'est-à-dire qu'il suit
divers cours dont la durée est de deux ou trois ans
pour les belles-lettres; du même espace de temps
pour la philosophie; de trois ans pour le droit, et
enfin de quatre ans pour la théologie, s'il se des-
tine au ministère évangélique.

On a établi depuis peu des classes pour les jeunes gens qui se livrent aux arts industriels; ils y apprennent le dessin, la gravure, la sculpture, l'horlogerie et autres choses utiles au commerce ou à l'industrie. C'est le vrai moyen de former d'habiles artistes et de bons négocians. Il y a encore des classes où l'on donne des leçons d'italien, d'allemand et d'anglais.

J'eus lieu d'observer qu'à Genève, même parmi le peuple, qui est généralement instruit, les conversations roulent souvent sur des matières théologiques. En effet on vous parle souvent des principaux chefs de la Réforme, de Farel, de Luther, de Calvin, de Théodore de Bèze, et autres zélés propagateurs de doctrines funestes pendant le seizième siècle. Mais, comme je l'ai remarqué, on se tait avec soin sur ce qu'il y a eu de scandaleux dans la vie de ces prétendus réformateurs. Calvin surtout, l'apôtre de Genève, est le héros des Genevois; je ne crois donc pas inutile de rappeler ou de faire connaître, par une courte analyse, ce qu'il y a eu de plus remarquable dans la vie d'un homme que les protestans regardent comme le fondateur de leur métropole à Genève. Je désire vivement que cette espèce de biographie puisse servir à l'instruction de ceux qui, ayant encore la foi dans le cœur, sont néanmoins les malheureux esclaves de tristes préjugés.

Calvin se distingua autant par ses talens, par son travail assidu, que par son fanatisme et son zèle inquisitorial. Il était né à Noyon, en Picardie, le 10 juillet 1509 ; son père, qui était tonnelier, avait épousé la fille d'un cabaretier de Cambray. Après avoir fait ses premières études au collége de la Marche, à Paris, il alla suivre un cours de philosophie à Montaigu, et faire son droit à Orléans et à Bourges. Les sentimens de Luther et de Zwingle commençant à se répandre en France, le goût de Calvin l'entraîna dans leur parti ; et son ardeur à soutenir leurs opinions, à enchérir même sur leurs erreurs, dont il fit un corps de doctrine, l'obligea de s'expatrier. Après différentes courses en Suisse et en Italie, il vint s'établir à Génève, où il fut fait prédicateur et nommé professeur de théologie. Il y abjura publiquement la religion catholique, et y fit recevoir son formulaire de foi et son catéchisme. Mais il fut chassé de cette ville au bout de deux ans (en 1538). Rappelé en 1541, il y fut reçu comme le pape de la nouvelle Église. Calvin, réhabilité dans l'esprit des Genevois, devint dès-lors l'apôtre et le législateur de leur ville : il y établit, avec une discipline sévère, des consistoires, des colloques, des synodes, des diacres et des surveillans. Il régla la forme des prières et des prêches, la manière de célébrer la cène, de baptiser, d'enterrer les morts. Il dressa, de concert avec les magistrats, un recueil de lois civiles et ecclésiastiques, approuvé alors par le peuple, et regardé aujourd'hui comme le code fondamental de la république. Cet homme, qui avait contesté à l'Église romaine une partie de sa juridiction, institua des tribunaux, des chambres inquisitoriales qui avaient le droit de lancer des censures et même d'excommunier. Il fit plus, il osa soutenir publiquement qu'il fallait condamner aux flammes ceux qui voudraient s'opposer à sa doctrine.....

Les erreurs de Calvin sont très-nombreuses; elles forment un système lié de presque toutes les hérésies qui s'étaient élevées depuis plusieurs siècles. C'est dans le livre de ses *Institutions* (1) qu'on en trouve les détails; on y voit renouvelées la plupart des erreurs des anciens hérétiques. Il anéantit l'autorité de l'Eglise, en donnant à chaque particulier

---

(1) La meilleure édition des *Institutions chrétiennes* a paru chez Robert Etienne, à Genève, en 1559 (in-folio) : on la regarde comme la plus complète de toutes celles qui ont été publiées du vivant de Calvin. Ce livre trop célèbre est la réfutation de presque tous les dogmes du christianisme.

le droit d'interpréter les saintes Ecritures ; il proscrit les images comme les iconoclastes, et traite d'*idolâtrie* les honneurs que l'on rend aux saints ; il dépouille l'homme de son libre arbitre, assurant que Dieu a créé la plupart des mortels pour être le partage des démons, non que ce châtiment soit la punition de leurs crimes, mais parce que telle est la volonté du Souverain-Juge... : erreur monstrueuse et outrageante pour un Dieu infiniment bon, laquelle devrait faire rougir tous ceux qui ne craignent point d'être rangés parmi les sectateurs de cet hérésiarque ! Il n'admet que deux sacremens, le baptême et la cène, ne voulant même pas qu'on les regarde comme indispensables au salut ; il rejette les indulgences et les prières pour les morts ; il en use de même à l'égard des plus saints mystères de notre religion, en abolissant la messe, qu'il appelle une *impiété*, et toutes les cérémonies extérieures du culte catholique. Enfin, selon lui, l'Eglise romaine n'est pas la véritable Eglise, et l'autorité du pape n'est qu'une puissance usurpée.

Cet homme avait le caractère le plus violent et le plus emporté. *Je n'ai pas*, écrivait-il lui-même à Bucer, *je n'ai pas de plus grands combats contre mes vices*, QUI SONT GRANDS ET NOMBREUX, *que*

*ceux que j'ai contre mon impatience. Je n'ai pu
vaincre encore* CETTE BÊTE FÉROCE. Il prodiguait à
ses adversaires les épithètes les plus outrageantes :
celles d'*âne,* de *chien,* de *cheval,* de *goinfre,* de
monstre et de *scélérat,* étaient ses complimens ordinaires lorsqu'il voulait les réfuter. Vestphale, luthérien, l'ayant traité de déclamateur, Calvin, pour lui
prouver qu'il ne l'était pas, lui répondit : *Ton école
n'est qu'une puante étable à pourceaux... M'entends-
tu, chien? m'entends-tu bien, frénétique? m'entends-
tu bien, grosse bête?* Quels mots dans la bouche
d'un réformateur ! « Quel homme, dit un célèbre
« philosophe en parlant de Calvin, quel homme fut
« jamais plus tranchant, plus impérieux, plus déci-
« sif, plus divinement infaillible à son gré? La
« moindre opposition, la moindre objection qu'on
« osait lui faire était toujours une œuvre de Satan,
« un crime digne du feu (1). »

On reproche encore à Calvin d'avoir voulu faire
croire qu'il avait le don des miracles. En effet, Bolsec, son ancien disciple, rapporte qu'un jour il décida un pauvre homme à contrefaire le mort, afin
de pouvoir le ressusciter lui-même, et de donner
par-là une preuve de la *divinité* de sa mission; mais

(1) J.-J. Rousseau (*Lettres écrites de la montagne*).

Calvin ne put accomplir son rôle. Arrivant, comme par hasard, au moment où l'on allait porter le mort en terre, le patriarche de Genève, d'un ton de maître, lui ordonna de se lever. Le malheureux, que la misère sans doute avait forcé de se prêter à la supercherie, n'obéit point : Dieu voulut, par un juste décret de sa providence, que le prétendu mort se trouvât véritablement mort (1).

Ce qui doit flétrir aussi la mémoire de Calvin, c'est l'horrible supplice de Michel Servet, dont le souvenir frappe encore de terreur les habitans de Genève. Cet Espagnol, médecin et théologien, avait publié divers écrits contre le mystère de la Trinité; mais ce n'était point là son véritable crime aux yeux de Calvin : Servet avait démontré jusqu'à l'évidence que ce dernier n'était qu'un imposteur, dont l'odieuse hypocrisie méritait d'être démasquée en face de tout le monde. Il osa même envoyer à son

(1) Ce fait singulier, qui couvre de honte le rusé Calvin, a été démenti par des écrivains protestans; mais je n'ai pu m'empêcher de le rapporter, en voyant qu'il a été accueilli par des auteurs graves, tels que Claude d'Espence, le Père Labbe et le continuateur des *Annales* de Baronius. Du reste, Bolsec assure qu'il le tient de la veuve même de celui qui avait promis de contrefaire le mort, et de revivre à la parole de Calvin. (*Voyez* la note (D) à la fin du volume.)

rival un manuscrit où il relevait un grand nombre de bévues et d'erreurs qu'il avait trouvées dans ses ouvrages, surtout dans l'*Institution chrétienne*, production favorite du patriarche de Genève. Calvin, furieux, n'y tint plus ; il écrivit à Farel et à Viret que *si jamais cet hérétique lui tombait entre les mains, il emploierait tout son crédit auprès des magistrats pour lui faire perdre la vie.* En effet, il y réussit. Servet ayant renouvelé ses attaques contre la personne et contre les écrits de Calvin, la fureur de ce dernier ne connut plus de bornes : il s'intrigua tellement qu'il parvint à faire arrêter son adversaire, qui se trouvait à Vienne en Dauphiné. Servet s'échappa de prison ; mais ayant eu l'imprudence de venir à Genève, où Calvin dictait ses lois en maître absolu (1), il y fut arrêté par ordre de celui-ci, jugé et condamné au supplice du feu. Servet, avant de marcher à la mort, essaya de fléchir Calvin par ses larmes et par ses prières, mais ce fut vainement : son sort était décidé ; il fut livré sans pitié à ses bourreaux par

(1) Un conseiller d'Etat, nommé Pierre Ameaux, ayant osé dire que Calvin était un méchant homme, qu'*il n'était qu'un Picard*, et qu'il prêchait une fausse doctrine, fut condamné à faire amende honorable en parcourant toute la ville avec une torche à la main, *en chemise*, et la tête nue.

son cruel ennemi, et brûlé vif le 27 octobre 1553, à l'âge de quarante-quatre ans. Servet, dit-on, souffrit pendant deux heures les plus horribles tourmens, parce que le vent repoussait la flamme. Dans son désespoir il s'écriait : *Malheureux que je suis! Quoi donc! avec cent pièces d'or et le riche collier que l'on m'a pris en me faisant prisonnier, ne pouvait-on acheter assez de bois pour me consumer plus vite* (1)!

Calvin mourut à Genève le 27 mai 1564; il n'avait pas encore cinquante-cinq ans. Si l'on en croit un de ses disciples, témoin oculaire de ses derniers momens, cet hérésiarque finit ses jours dans le désespoir, en succombant à une de ces maladies *les plus cruelles et les plus honteuses que Dieu envoie ordinairement aux hommes rebelles qu'il a maudits* (2). Consumé par le travail, et tourmenté par

---

(1) L'endroit où il fut exécuté se nomme *Champel;* c'est un petit hameau, situé à douze ou quinze minutes de la porte méridionale de Genève.

(2) *Calvinus in desperatione finiens vitam obiit,* TURPISSIMO ET FŒDISSIMO MORBO, QUEM DEUS REBELLIBUS ET MALEDICTIS COMMINATUS EST, *priùs excruciatus et consumptus. Quod ego verissimè attestari audeo, qui funestum et tragicum illius exitum et exitium* HIS MEIS OCULIS PRÆSENS ASPEXI. (*Joan. Haren apud Petr. Cutsemium.*)

Le récit de Jérôme Bolsec sur la mort de Calvin conson esprit naturellement inquiet, Calvin était livré depuis long-temps à des douleurs affreuses de goutte, de migraine, de gravelle, qu'augmentait encore la

firme entièrement celui de Haren; on le lira sans doute avec curiosité, malgré le vieux style de l'auteur.

« Je viens à parler (dit Bolsec) des derniers jours de
« Calvin, et des maladies diverses desquelles il fut affligé
« avant sa mort. Théodore de Bèze écrit qu'il fut vexé de
« phthisie, coliques, asthme ou difficulté d'haleine, de calcul
« (pierre qui se forme dans la vessie), goutte, hémor-
« roïdes, outre sa migraine de laquelle il était ordinaire-
« ment tourmenté. Voilà beaucoup de sortes de maladies
« ensemble, et desquelles il fut en grande misère longue-
« ment affligé, voire jusques à la mort : vrai témoignage et
« bien exprès de l'ire (de la colère) de Dieu sur lui.......
« Outre celles que Théodore de Bèze récite, il fut encore
« tourmenté d'un genre de maladie, duquel nous lisons
« avoir été vexés par juste jugement de Dieu aucuns (quel-
« ques) ennemis de Dieu, usurpateurs de sa gloire et hon-
« neur : c'est d'une démangeaison de poux et vermine par
« tout son corps, et singulièrement d'un ulcère très-puant
« et virulent aux fondemens et parties vergogneuses (hon-
« teuses), où il était misérablement rongé de vers.........
« Il mourut invoquant les diables, jurant, dépitant et mau-
« gréant (pestant) pour les très-grièves douleurs et très-
« âpres afflictions, lesquelles il sentait de la sévère et très-
« pesante main de Dieu sur sa personne. Et de cela ont
« témoigné ceux qui le servirent jusques à son dernier sou-
« pir. Et nie cela Bèze ou autre qui voudra; mais cela est
« bien vérifié, même qu'il maudissait l'heure qu'il avait ja-

faiblesse de sa constitution. Le même disciple ajoute qu'ayant vu de ses propres yeux la fin tragique et funeste de son maître, il peut en garantir la vérité, et attester l'exactitude de tout ce qu'il avance.

Calvin était d'une taille médiocre et assez déliée; il avait le visage pâle et maigre, le teint brun, et les yeux brillans de vivacité; il portait une barbe longue et terminée en pointe, suivant la coutume de son temps; sa mémoire était heureuse, son esprit vif et pénétrant. Il écrivait avec élégance, soit en français, soit en latin; mais le ton de ses ouvrages polémiques est presque toujours dur ou insultant; souvent le titre seul est une grossière injure. Son humeur violente, qu'il ne savait pas réprimer, et ses déclamations furieuses contre ses adversaires, lui ont mérité l'opprobre de tous les gens sensés et honnêtes. Ajoutons que les schismes déplorables enfantés par ses décisions téméraires et ses nombreuses erreurs, qu'il faisait adopter avec un despotisme inouï, le rendront à jamais responsable de tous les

« mais étudié et écrit, sortant de ses ulcères et de tout son
« corps une puanteur exécrable, pour laquelle il était mo-
« leste (incommode) à soi-même et à ses serviteurs domes-
« tiques, qui encore ajoutent qu'il ne voulait, pour cette
« cause, qu'on l'allât voir. » (Chapitre XXII de la *Vie de
Calvin*, édition de 1577, in-8°.)

maux qui ont déchiré l'Eglise depuis le commencement du seizième siècle (1).

Théodore de Bèze avait toujours été le disciple le plus fidèle de Calvin ; il succéda à son maître comme chef de l'Eglise de Genève (il en était auparavant le coadjuteur). Bèze, né à Vézelay, en Bour-

---

(1) Un voyageur anglais, en parlant de Genève, fait les réflexions suivantes au sujet de Calvin et de la haine de ce réformateur contre Servet (l'auteur est protestant) :

« ..... Si nous réfléchissons à son arrogance et à sa du-
« reté ; si, surtout, nous nous rappelons la persécution
« cruelle qu'il intenta contre Servet, nous ne pouvons que
« gémir de ce qu'il ne s'éleva pas au-dessus des principes
« d'intolérance du siècle qu'il avait éclairé (*). Nous som-
« mes, il est vrai, forcés de convenir que le même esprit
« caractérise la plupart des plus célèbres réformateurs, qui
« se persuadaient que la persécution pour cause de reli-
« gion, impie dans toutes les autres sectes, pouvait être
« justifiée seulement dans celle qu'ils défendaient. Cette
« maxime, également dangereuse et absurde, aussi contraire
« à l'esprit qu'aux préceptes de l'Evangile, a donné beau-
« coup d'avantage aux catholiques romains leurs adversai-
« res ; car le génie le plus borné concevra facilement que,
« si la persécution est légitime dans une Eglise particulière,
« elle doit l'être généralement dans toutes. » (*Voyage en Suisse*, traduit de l'anglais de William Coxe. Paris, 1790. Trois vol. in-8°, *lettre* LXII.)

(*) Le mot n'est pas juste. Calvin n'avait point *éclairé* son siècle ; il l'avait, au contraire *bouleversé* par ses doctrines dangereuses.

gogne, s'était fait connaître à Paris par des poésies extrêmement licencieuses. Plus tard, malgré le déréglement de ses mœurs, il fut employé dans le ministère; mais, quoiqu'il possédât des bénéfices, il ne se trouvait point engagé dans les ordres. Au colloque de Poissy, oubliant le respect qu'il devait avoir pour une assemblée où assistaient le roi, la reine-mère et tous les princes du sang, il osa employer sur la présence réelle des expressions inconvenantes, et déclara avec impudeur que *Jésus-Christ était aussi éloigné de l'eucharistie que le ciel l'est de la terre :* paroles étranges qui indignèrent tout l'auditoire ; mais Bèze eut honte de son peu de retenue, et chercha à s'excuser en écrivant à la reine. Retiré à Genève, où Calvin l'avait appelé, il mourut dans cette ville en 1605, à l'âge de quatre-vingt-six ans. Il avait épousé dans sa vieillesse une jeune fille qu'il appelait sa *Sunamite.* Bèze était non moins emporté que son maître : il cherchait à animer les protestans, qui commençaient à se répandre en Europe ; il excita souvent à la révolte les hommes de son parti, et devint, par ses prêches séditieux, l'instigateur le plus ardent des troubles qui agitèrent son siècle. Un gentilhomme huguenot (1) ayant assassiné le duc de

(1) Poltrot.

Guisé, qui assiégeait Orléans, Bèze fit éclater la plus grande joie en apprenant cette nouvelle; il s'efforça même de donner à ce crime la couleur d'une action méritoire. Un tel scandale de la part de Bèze n'avait rien d'étonnant, puisque déjà il avait publié un petit traité pour servir d'apologie au jugement et au supplice de Servet (1). Des fautes si graves déshonorent la mémoire de ce ministre, et suffiraient même pour la rendre odieuse, si ses connaissances en littérature (sans qu'elles puissent toutefois justifier ses erreurs et sa conduite) ne l'eussent fait distinguer parmi les savans de son siècle. Calvin l'ayant nommé recteur de l'Académie de Genève, en 1559, il donna la preuve d'un talent supérieur en dirigeant cette institution célèbre, qui a produit tant d'hommes illustres dans les sciences et dans les lettres; il fut même le véritable fondateur de cette Académie, dont Calvin avait refusé le titre de recteur.

Le caractère de Bèze s'était un peu adouci vers les dernières années de sa vie. Saint François de Sales, plein d'estime pour ses talens, et sachant

(1) *De Hæreticis à civili magistratu puniendis* (un volume.) Cet ouvrage de Bèze fut traduit en français sous ce titre : *Traité du droit que les magistrats ont de punir les hérétiques.* Genève, 1560. In-8°.

quelle influence ce ministre exerçait sur l'esprit des Calvinistes, avait tenté quatre fois, mais sans succès, de le ramener à la religion catholique. Dans la première conférence qu'ils eurent ensemble, Bèze, alors âgé de soixante et dix ans, loin de témoigner de la répugnance pour l'Eglise romaine, s'empressa de déclarer qu'on pouvait se sauver dans son sein. Les deux controversistes se firent réciproquement beaucoup de politesses, et Bèze, en accueillant le saint avec distinction, le combla de louanges sur ses vertus et sur ses talens. Mais, bien que tout l'avantage fût resté du côté de François, celui-ci ne put obtenir aucun résultat satisfaisant. Il en fut de même des autres conférences : Bèze ne se rendit pas. Néanmoins, à la troisième entrevue, les raisons de François de Sales, dont la douceur l'avait charmé, l'ébranlèrent tellement qu'en prenant congé de lui, et lui serrant la main, il laissa échapper ces paroles avec un grand soupir : *Si je ne suis pas dans le bon chemin* (dit-il), *je prie Dieu tous les jours que, par son infinie miséricorde, il lui plaise de m'y mettre.*

François de Sales redoubla d'efforts à la quatrième et dernière conférence, et fut encore parfaitement accueilli de Théodore de Bèze; mais il échoua de nouveau : malgré la douceur de son langage et la force de ses raisonnemens, malgré la retraite honorable qu'il lui offrit de la part, du souverain pontife (1), il ne put jamais décider le ministre de Genève à abandonner sa secte. Soit par la crainte de déplaire à son parti, soit pour des motifs secrets, Bèze, malgré le trouble de sa conscience, persista dans ses erreurs avec une inconcevable opiniâtreté. On prétend, néanmoins, qu'avant de mourir il voulut voir encore François de Sales, et que cette satisfaction lui ayant été refusée par ses collègues, il se repentit d'avoir quitté l'Eglise catholique, et rétracta ses erreurs (2).

Bèze publia de nombreux écrits, aujourd'hui entièrement oubliés; il mêla trop souvent à la polémique le ton d'une plaisanterie grossière et bouffonne (les protestans eux-mêmes lui ont fait ce

(1) François de Sales avait obtenu de Clément VIII l'autorisation d'aller à Genève pour y conférer avec Bèze. Le pape, en lui donnant plein-pouvoir, l'avait chargé d'offrir à ce ministre une pension considérable, qui pût le dédommager des avantages dont les Calvinistes le faisaient jouir, et qu'il allait perdre en se séparant de leur communion.

(2) J'aurais bien voulu trouver la preuve de ce fait dans les archives de Genève ; mais la chose était difficile, peut-être même impossible : car on sait avec quel soin les protestans cachent tout ce qui peut servir d'argument contre eux.

reproche). Il acheva la traduction des *Psaumes,*
en vers, que Clément Marot avait entreprise; mais
le continuateur n'eut pas meilleur goût que son devancier. Ces psaumes, malgré leur singulière versification, se chantent encore dans la plupart des
églises protestantes.

On ne voit point, à Genève, les tombeaux de
Calvin et de Théodore de Bèze : le premier avait formellement demandé qu'on ne lui en érigeât point.
Calvin était l'ennemi du faste, et montra souvent un
grand mépris pour les richesses; son frère *Antoine,*
qui exerçait à Genève le métier de relieur, n'eut
pour tout héritage que la valeur de cent vingt-cinq
écus d'or, en livres, en meubles ou autres effets. Il
est juste de dire aussi qu'avec toutes les fautes qui
souillent la mémoire de Calvin, ce réformateur fut
tempérant, sobre, désintéressé, et qu'il s'éleva avec
force contre les mœurs dépravées de ses co-religion-
naires (1).

(1) *Voyez* la note (E) à la fin du volume.

CHAPITRE X.

Arsenal de Genève. — On y conserve les échelles et un pétard qui servirent aux assiégeans pour la fameuse *Escalade* de 1602. — Hisette attaque nocturne, ordonnée par Charles-Emmanuel Ier, duc de Savoie. — Mauvais succès de l'entreprise. — Vengeance et conduite des Genevois après l'affaire. — Traité de paix conclu à Saint-Julien. — Invasions de la peste à Genève. — Ses ravages à différentes époques. — On fait périr un grand nombre d'individus soupçonnés de propager ce fléau. Chaire à prêcher de Calvin.

ON conserve dans l'arsenal de Genève quelques échelles dont les Savoyards se servirent pour pénétrer dans la ville, lorsqu'ils cherchèrent à s'en emparer par surprise dans la nuit du 11 au 12 décembre 1602. Ces échelles sont faites de plusieurs pièces qui s'emboîtent les unes dans les autres : on pouvait ainsi les rendre plus courtes ou plus longues suivant que le besoin l'exigeait, et leur transport sur des mulets devenait beaucoup plus facile. Elles ont à l'extrémité d'en bas une pointe de fer qui servait à les fixer en terre ; le haut, qui devait appuyer contre la muraille, est garni d'une poulie couverte d'un drap feutré, pour couler plus aisément et sans bruit. Les Savoyards avaient teint ces échelles de noir, sans doute pour les dérober à la vue des assiégés pendant la nuit. On voit aussi dans l'arsenal le pétard qui devait forcer l'une des portes de la ville, et auquel le canonnier allait mettre le feu lorsqu'il fut tué; il est encore chargé tel qu'il l'était au moment où il se trouva pointé contre la muraille. Cette malheureuse tentative de Charles-Emmanuel Ier, duc de Savoie, est généralement connue sous le nom de l'*Escalade;* elle eut lieu par le bastion de *Hollande,* situé à la Porte-Neuve (1). On lira sans doute avec intérêt les détails de cet évènement mémorable dans l'histoire de Genève.

Les ducs de Savoie aspiraient depuis long-temps à la possession de Genève. Ils voyaient avec peine surtout qu'une ville aussi importante fût devenue le boulevard de la Réforme pour le reste de la Suisse; elle leur paraissait de même un dangereux voisinage pour leurs Etats. En 1602, ils voulurent s'en rendre maîtres par surprise; mais ce fut la dernière

(1) Ce bastion a été mieux fortifié depuis l'escalade. On y voit une inscription qui rappelle la défaite des Savoyards.

tentative de ces princes. Le 11 décembre, vers les six heures du soir, le général d'Albigny, commandant des troupes savoyardes, marcha sur Genève, arrêtant tout ce qu'il trouvait sur son passage. Des avis étaient inutilement parvenus dans la ville : les magistrats ne les avaient point écoutés. L'armée parvient sans obstacle jusqu'aux portes vers le milieu de la nuit; elle s'arrête sur la place de Plain-Palais, devant les fossés dits *de la Corraterie.* Trois cents hommes bien déterminés, et armés de pied en cap, y descendent munis d'instrumens pour couper les chaînes des ponts-levis, et de pétards pour faire sauter les portes. L'alarme qu'ils donnent à une volée de canards est sur le point de les faire découvrir; ils en sont effrayés. Mais bientôt se rassurant, ils jettent des claies dans le fossé, le franchissent, et dressent leurs échelles contre le mur. Encouragés par leurs chefs, ces valeureux soldats montent à l'assaut et s'élancent sur les remparts. Un petit nombre d'éclaireurs parcourent alors silencieusement les rues, en attendant le moment de l'attaque; car l'ordre portait de ne s'emparer de la ville que vers les quatre heures du matin, et les assiégeans voulaient laisser le temps à de nombreux renforts de venir à leur secours. En effet les Espa-

gnols et les Napolitains, formant l'arrière-garde,
étaient stationnés à Annecy, et devaient marcher au
premier signal. Tous les habitans paraissaient bien
endormis, et deux cents Savoyards avaient pénétré
dans la ville. Le duc, averti de ce premier succès,
se crut déjà maître de Genève; il donna l'ordre aux
troupes auxiliaires d'approcher en toute hâte, et fit
partir en même temps plusieurs courriers qui an-
noncèrent en Italie et en France l'heureux commencement de l'escalade. Mais c'était trop se presser. Sur
les deux heures et demie du matin, une sentinelle
genevoise entendant quelque bruit, en avertit son
caporal, qui envoie un soldat avec une lanterne;
celui-ci s'avance, et apercevant des hommes, il crie
qui vive? On ne lui répond pas. Aussitôt il fait feu.
Mais à l'instant on se précipite sur lui, et il est tué.
La sentinelle tire son coup de fusil pour donner
l'alarme, qui se répand bientôt dans toute la ville.
Les citoyens s'éveillent; ils courent aux armes au
son du tocsin; le combat s'engage, le sang coule
au milieu d'un carnage affreux....... Il y eut de part
et d'autre des prodiges de valeur. Cependant les
échelles restaient toujours dressées contre la muraille : un canonnier genevois tire avec tant de justesse qu'il les brise, et rompt ainsi toute communica-

tion entre les soldats campés au dehors et ceux qui étaient dans la ville. Ces derniers, assaillis de toutes parts, et ne pouvant résister au nombre, accourent en toute hâte vers les échelles ; mais ne les trouvant plus, ils se précipitent en désordre du haut des murs : la plupart périrent ou furent blessés dans leur chute. Brunaulieu, l'un des chefs, se défendit avec courage, et préféra mourir les armes à la main plutôt que de survivre à sa honte. Beaucoup de Savoyards, postés à Plain-Palais, avaient voulu venir au secours de leurs camarades, ayant pris pour un signal de détresse le coup de canon qui brisa les échelles ; mais une décharge à mitraille, de la part des assiégés, fit un carnage horrible de ces malheureux, au moment où ils commençaient à descendre les fossés. Cette attaque, si fatale au duc de Savoie, coûta deux cents hommes à ce prince (1).

(1) Charles-Emmanuel, malgré le peu de succès de ses entreprises, passait, aux yeux de Henri IV et de Richelieu, pour le prince le plus habile de son temps ; son éloquence était si persuasive, que les autres souverains craignaient de traiter avec lui en personne. Il aimait beaucoup les lettres, et s'exprimait avec facilité dans plusieurs langues de l'Europe. Ce fut lui qui céda à la France, par le traité de 1601, la Bresse, le Bugey et le pays de Gex, en échange du marquisat de Saluces et de trois forteresses du Piémont.

Les Genevois, qui perdirent peu de monde (1), avaient fait treize prisonniers, presque tous gentils-hommes. Ces infortunés seigneurs, livrés à la vengeance d'un peuple furieux et irrité, furent tous pendus le même jour. Ils ne purent obtenir grâce, malgré les sommes considérables qu'ils avaient offertes pour conserver leur vie. Leurs têtes, avec celles d'environ soixante soldats tués dans l'affaire, furent exposées sur le rempart même où l'escalade avait eu lieu quelques heures auparavant, et les corps furent jetés dans le Rhône... Action blâmable, pour ne pas dire atroce, qui, aux yeux de l'historien impartial, sera toujours une violation du droit des gens et de la justice. Deux faits, que je vais rapporter, prouveront que mon jugement sur cette conduite de la part des Genevois est fondé, et que ce peuple était capable, malgré sa sagesse si vantée depuis la Réformation, de commettre des horreurs et de graves injustices.

Un des syndics impliqué, on ne sait trop à quel sujet, dans l'affaire de l'escalade, fut mis en jugement quatre fois sur le même fait, et reçut autant de sentences différentes. La première le déclara

(1) Ils n'eurent que dix-sept hommes tués, et environ trente blessés.

absous, les deux suivantes le condamnèrent à une amende et à la prison ; mais la quatrième le déclara coupable d'avoir entretenu des intelligences avec le duc de Savoie ; et sur l'aveu de ce fait, arraché dans les tourmens de la plus affreuse torture, le malheureux prévenu fut condamné à la mort, malgré son innocence : il fut roué vif et écartelé. Son frère, impliqué dans la même affaire et soumis aux mêmes tortures, eut le courage, au milieu de l'horrible supplice qu'on lui faisait subir, de persister dans ses dénégations. Il fut renvoyé absous !

Le fils d'un magistrat de Genève, convaincu du même crime, à l'aide sans doute de la torture, suivant l'usage, fut rompu vif, et ensuite brûlé à petit feu ; c'était *huit ans* après l'escalade. Son père, Jean Canal (1), avait péri l'un des premiers en défendant la ville. On a peine à concevoir de pareilles horreurs et une justice aussi féroce !

Saint François de Sales, qui avait été sacré évêque de Genève douze jours avant l'escalade, se trouvait durant l'affaire à Annecy, chef-lieu du diocèse depuis la Réforme. Le duc de Savoie était

---

(1) Le nom de Jean Canal est en tête de l'inscription gravée sur l'épitaphe de Saint-Gervais, comme on le verra dans le chapitre suivant.

venu secrètement pour attaquer Genève, et il avait caché son dessein à l'évêque. Un jour que l'on parlait de cette tentative du duc en présence de François, le vertueux pasteur manifesta le plus vif désir que la religion catholique fût rétablie dans cette ville importante ; mais il ajouta « que la violence et « l'usurpation n'avaient jamais été un titre légitime « pour posséder le bien d'autrui, et que si les « choses dépendaient de lui, il emploierait d'autres « moyens pour gagner les âmes. » C'est donc bien à tort qu'un Genevois ait voulu, dans son triste poème sur l'*Escalade,* faire jouer à François de Sales un rôle qui, choquant à la fois le bon sens et la vérité, ne pouvait s'accorder nullement avec les mœurs douces du saint prélat.

Théodore de Bèze était si vieux, lors de l'attaque des Savoyards, qu'il n'entendit pas le moindre bruit ; le lendemain il monta en chaire, et fit chanter en actions de grâces le cent vingt-quatrième psaume de David. La ville avait retenu cet usage, et célébrait tous les ans l'anniversaire de l'escalade par des réjouissances publiques ; mais cette fête a été remplacée par celle de la Restauration, qui a lieu le 31 décembre de chaque année.

Après une affaire aussi sérieuse, la république

de Genève et la Savoie paraissaient devoir être irré-
conciliables. Mais cette discorde ne fut pas de longue durée. Un traité de paix fut conclu l'année suivante (1) à Saint-Julien, petite ville située sur la
frontière des deux Etats. Ce traité, dont les conditions sont honorables pour les Genevois, porte que
tout acte d'inimitié et de haine sera oublié pour toujours; mais que le premier qui osera troubler le repos
public sera déclaré violateur de ses promesses, et
puni comme tel. Depuis cette époque, la plus parfaite intelligence a régné entre la Savoie et la république de Genève, que le roi de Sardaigne a fini
par reconnaître comme un Etat libre et indépendant (2).

Genève avait été souvent ravagée par la peste
dans le cours du seizième siècle, surtout dans les

(1) Le 21 juillet 1603.
(2) Voltaire parle ainsi de l'*Escalade*, dans son *Epître au
lac de Genève :*

> Devant elle (la Liberté) on portait ces piques et ces dards,
> On traînait ces canons, ces échelles fatales
> Qu'elle-même brisa, quand ses mains triomphales
> De Genève en danger défendaient les remparts.
> Un peuple entier la suit : sa naïve allégresse
> Fait à tout l'Apennin répéter ses clameurs;
> Leurs fronts sont couronnés de ces fleurs que la Grèce
> Aux champs de Marathon prodiguait aux vainqueurs.

années 1530, 1545 et de 1567 à 1572. Plus tard, en 1615, ce fléau devint si terrible qu'il enleva plus de quatre mille personnes en dix mois, c'est-à-dire près du tiers de la population, évaluée alors à douze ou à treize mille âmes. Les victimes étaient presque toutes de la basse classe, ce qui fit soupçonner certains individus, que l'on accusa de propager la contagion de dessein prémédité. Le siècle précédent, cette affreuse erreur avait coûté la vie à un grand nombre de malheureux, qui expièrent dans des supplices horribles un crime qu'ils n'avaient peut-être point commis, ou dont rien ne prouvait qu'ils fussent coupables : la torture seule avait pu leur arracher, au milieu des souffrances, des aveux contraires à la vérité et à leur justification. Des hommes et des femmes furent brûlés vifs, tenaillés ou écartelés. Les pasteurs envoyés à l'hôpital pestilentiel étant morts, *les autres,* dit le régistre du Conseil d'Etat, *s'excusèrent d'y aller, priant le Conseil de leur pardonner leur faiblesse, Dieu ne leur ayant pas accordé la grâce d'affronter le péril* (1). Quel contraste avec la conduite de l'évêque et du clergé de Marseille, lorsque cette malheureuse ville fut dé-

(1) Archives du 5 juin 1543.

cimée par le même fléau en 1720! Mais le souvenir d'un Belsunze vit encore dans tous les cœurs généreux, et sera à jamais une gloire pour la France catholique (1)!

Lors de la dernière peste de Genève, en 1615, on brûla une sorcière et l'on confisqua ses biens. Les condamnations capitales, pour cause de sortilége, furent très-communes à Genève dans le commencement du dix-septième siècle : on y fit mourir cent cinquante individus accusés de sorcellerie dans l'espace de soixante ans, c'est-à-dire depuis la fin du seizième siècle jusqu'en 1652. Cette folie sanguinaire du gouvernement genevois avait surtout gagné depuis la Réformation ; car, avant cette époque, il n'y avait eu que très-peu d'exemples de condamnations à mort pour cause de sortilége (2). Tels sont les lumières et les bienfaits que Genève reçut d'abord de la prétendue Réforme, en adoptant si aveuglément les doctrines de Calvin et d'autres

(1) Il serait sans doute injuste de vouloir appliquer aux pasteurs actuels de Genève le reproche que méritait la conduite si lâche de leurs prédécesseurs ; mais j'ai dû, en citant le fait, remplir le rôle d'historien fidèle.

(2) Malgré les recherches les plus minutieuses, je n'ai pu en découvrir qu'*un seul*.

sectaires fanatisés. Est-ce là cette belle civilisation tant vantée par les écrivains du parti! On a vu ailleurs (1) de quelle manière le premier chef de la Rome protestante respectait la liberté de conscience dans ceux qui ne pensaient pas comme lui.

La chaire en bois où Calvin prêchait ses *dogmes*, et qui existait dans le temple de l'Auditoire, est maintenant à Russin, village situé à deux lieues de Genève. Cette chaire est la seule dans laquelle il est sûr que Calvin soit monté. M. le pasteur Charles Bourrit la fit transporter à ses frais, en 1810, dans le temple de Russin, où elle sert au ministre de cette paroisse. M. Bourrit, de qui je tiens ces renseignemens sur la chaire de Calvin, me disait en me les donnant : *J'ai voulu fournir ainsi un asile à une illustre vieillesse.* On attache quelque prix aux monumens qui nous restent des anciens prêtres du paganisme : est-il étonnant qu'on veuille de même conserver une chose qui a servi au plus fameux sectaire des derniers siècles?

(1) *Voyez* pages 109, 110, 111 et 112.

CHAPITRE XI

Quartier *Saint-Gervais;* ses manufactures d'horlogerie et de bijouterie; admirable distribution du travail des ouvriers. — Importation
de l'horlogerie à Genève; ses progrès à différentes époques; prospérité actuelle de cette branche d'industrie. — Temple de Saint-
Gervais; épitaphe des Genevois qui périrent dans la nuit de l'*escalade.* — Maison où naquit J.-J. Rousseau; opinions diverses à ce sujet. — Retour dans la Cité; place *Maurice;* Observatoire. — Boutique
où J.-J. Rousseau allait souvent dîner. — Commerce des Genevois;
leurs richesses. — Revenus de l'Etat. — Anciennes lois somptuaires.
— Langue usitée à Genève.

GENÈVE s'est fait une immense réputation par
ses manufactures d'horlogerie et de bijouterie, et
surtout par ces pièces à musique dont l'harmonie a
tant de charme pour l'oreille sensible aux doux airs
qu'elles font entendre. J'allai me promener un jour
dans le quartier Saint-Gervais, où demeure la plus
grande partie des ouvriers horlogers de la ville (1).

(1) Il y en a beaucoup aussi dans le quartier de l'Ile et
dans la rue du Rhône.

Là, cette branche d'industrie, si intéressante pour
Genève, se multiplie, pour ainsi dire, en mille bras
différens. On ne saurait s'imaginer combien elle
embrasse de genres d'ouvrage. D'habiles artisans
sont occupés, les uns à polir l'acier, à graver sur
les métaux ; les autres à faire ou à perfectionner
tous les instrumens nécessaires au travail des bijoux et des montres ; d'autres encore fabriquent les
cadrans, les échappemens à cylindre ou les roues,
montent les boîtes, les ressorts, les rouages, ou
règlent les mouvemens : il en est, enfin, et ce ne
sont pas les moins ingénieux, qui, ayant toutes les
pièces mécaniques dont je viens de parler, mettent
la dernière main à l'œuvre, en achevant un travail
qui n'exige pas moins de bons outils que d'habiles
ouvriers. Je donne un aperçu bien faible de la manière
dont se trouvent dirigés les travaux de ces hommes
industrieux, qui ont contribué à rendre leur ville si
riche et si florissante; mais il n'entre pas dans mon
plan de faire connaître à cet égard une infinité de
choses qui exigeraient des détails beaucoup trop
longs, peut-être même fastidieux pour quelques lecteurs. J'avouerai aussi que, dans le cas contraire,
mon défaut de connaissances en ouvrages mécaniques me forcerait de donner sur cet objet des ex-

plications très-superficielles. L'horlogerie fut apportée à Genève en 1587, par un Français nommé *Charles Cusin,* d'Autun ; mais elle n'y devint florissante que vers le commencement du siècle dernier. En 1789, elle était parvenue au plus haut degré de prospérité qu'il soit possible d'atteindre : on comptait alors dans la ville seule plus de quatre mille ouvriers, et environ deux mille autres dans des villages voisins situés en Savoie ou en Suisse. Genève-éprouva un tort assez considérable durant les guerres de la révolution et de l'empire : elle perdit, par sa réunion à la France, la plus grande partie de ses exportations. Les moyens d'exécution devenant ensuite plus prompts et plus faciles, à mesure que l'art s'est perfectionné, la main-d'œuvre baissa prodigieusement de prix. Toutefois, malgré une diminution dans le progrès de ses manufactures, Genève fabrique encore près de cent mille montres par an ; le nombre des ouvriers s'élève à trois mille ou environ.

La plupart des horlogers ont leurs magasins dans les rues basses, dans celles de la Cité, du Rhône et de la Corraterie ; presque tous joignent à leur commerce celui de la bijouterie. On a calculé qu'ils pouvaient consommer annuellement plus de soixante et quinze mille onces d'or, au moins cinq mille marcs d'argent, et environ pour deux cent cinquante mille francs de pierres précieuses. Des inspecteurs surveillent avec soin les titres des ouvrages, et proscrivent rigoureusement tout ce qui est capable de favoriser la fraude ou la mauvaise foi. On me cita plusieurs riches négocians, en horlogerie ou en bijouterie, qui ont des dépôts dans les principales villes d'Europe, et qui expédient même en Amérique, en Turquie et en Chine.

Le temple de Saint-Gervais est un ancien bâtiment construit presque tout en briques; il n'offre rien de remarquable, si ce n'est une épitaphe consacrant les noms des dix-sept Genevois qui périrent, le 12 décembre 1602, en défendant leur ville contre le duc de Savoie (1).

Je visitai la maison où naquit J.-J. Rousseau; elle

(1) Voici l'inscription telle qu'elle existe :

D. O. M. S.

Quorum infra nomina scripta, corpora sita, posteri nostri hi, dum, ingressis ipsa in pace urbem hostibus, et fortiter arma sua et sedulo munia alia pernecessario tempore opponunt, glorioso laudabilique exitu pro Repub. ceciderunt ad D. XII decemb. CI⊃ I⊃C II (*). Queis idcirco perpetuum hoc monumentum Ampliss. ordo.

DECREVIT L. M.

Johannes Canal, senator.   *Abrahamus De Baptista.*

(*) M. DC. II.

est située dans le quartier même de Saint-Gervais, rue *J.-J. Rousseau,* n° 69 (on la nommait autrefois rue *de Chevelu*). J'y lus cette simple inscription :

ICI EST NÉ JEAN-JACQUES ROUSSEAU, LE 28 JUIN 1712.

C'était jadis la plus pauvre maison du quartier, et elle n'était habitée que par de simples artisans : aujourd'hui elle est reconstruite à neuf, et offre une assez belle apparence ; mais on n'y reconnaît plus la chambre de Rousseau. Je n'aime point ces sortes de transformations : je préfère des ruines, lorsqu'il s'agit d'un lieu qui rappelle des souvenirs. En exprimant de tels regrets, je suis loin de vouloir rendre hommage à la mémoire de Rousseau considéré comme sophiste ou comme écrivain irréligieux ; mais j'oublie un moment ses torts, pour ne songer qu'aux grandes vérités qui échappèrent de sa plume éloquente, et je respecte sa gloire littéraire, l'une des plus brillantes, assurément, qui furent jamais.

Il existe néanmoins des doutes au sujet de la

Ludovicus Bandiere.
Johannes Vandel.
Ludovicus Gallatin.
Petrus Gabriol.
Marcus Cambiague.
Nicolaus Bogueret.
Jacobus Mercier.

Martinus Debolo.
Daniel Humbert.
Michael Monard.
Philippus Poteau.
Franciscus Bousézel.
Johannes Guignet.
Jacobus Petit.
Girardus Muzy.

maison qui vit naître cet écrivain célèbre : beaucoup de gens supposent qu'il ne vint pas au monde dans la rue qui porte aujourd'hui son nom, mais seulement qu'il y vécut long-temps avec son père, qui exerçait à Genève la profession d'horloger. Ainsi, d'après ces mêmes personnes, Jean-Jacques serait né dans une maison de la Grande-Rue, vis-à-vis l'hôtel de l'ancien résident de France (maintenant l'hôtel du Musée d'Histoire naturelle); mais cette opinion, qui a trouvé de nombreux contradicteurs, ne paraît pas fondée : la tradition la rejette comme étant fausse ou dénuée de preuves. Il paraîtrait que les visites fréquentes de M. de la Closure à la mère de Rousseau, ont fait croire que Jean-Jacques était venu au monde dans le quartier de la Cité. M. de la Closure, alors le résident de France, conçut une violente passion pour cette femme, qui se distinguait non moins par sa beauté que par son esprit et ses talens; il la voyait assiduement, et l'on rapporte qu'il mit tout en œuvre pour gagner son cœur; mais elle ne se laissa point séduire par tant de marques de tendresse : elle fut sage, et ne s'écarta nullement de la ligne de ses devoirs : c'est Jean-Jacques lui-même qui nous l'apprend(1).

(1) J.-J. Rousseau raconte ainsi l'histoire de sa nais-

Le père de Rousseau appartenait à une famille nombreuse, avec laquélle il avait partagé un fort modeste héritage : son bien ne pouvant suffire à sa subsistance, il était obligé pour vivre d'exercer l'état d'horloger ; mais ce fut un homme si habile dans son art, qu'ayant été appelé à Constantinople, il y devint l'horloger du sérail.

Après avoir vu ce que le quartier Saint - Gervais renfermait d'intéressant et de curieux, je retournai de l'autre côté de la ville, et j'allai prendre l'air sur

sance : « ..... La beauté de ma mère, son esprit, ses talens
« lui attirèrent des hommages. M. de la Closure, résident
« de France, fut des plus empressés à lui en offrir : il fal-
« lait que sa passion fût vive, puisque, au bout de trente
« ans, je l'ai vu s'attendrir en me parlant d'elle. Ma mère
« avait plus que de la vertu pour s'en défendre, elle aimait
« tendrement son mari ; elle le pressa de revenir. Il quitta
« tout, et revint. Je fus le triste fruit de ce retour. Dix
« mois après, je naquis infirme et malade ; je coûtai la vie à
« ma mère, et ma naissance fut le premier de mes malheurs.

« . . . .

« J'étais né presque mourant ; on espérait peu de me
« conserver : j'apportai le germe d'une incommodité que
« les ans ont renforcée, et qui maintenant ne me donne
« quelquefois des relâches que pour me laisser souffrir plus
« cruellement d'une autre façon. Une sœur de mon père,
« fille aimable et sage, prit si grand soin de moi, qu'elle
« me sauva. »

la place *Maurice* (1), nommée autrefois place *Saint-Antoine*. On y jouit de quelques points de vue magnifiques sur le coteau de Cologny, sur le lac de Genève et sur les Alpes; je distinguai très-bien le Mont-Buet, couvert de glaces. En portant mes regards du côté de l'Orient, j'aperçus une quantité immense de maisons de campagne, qui forment une perspective riante et de la plus grande beauté. C'est sur cette place qu'est construit l'Observatoire, dont l'établissement est dû à M. Mallet, professeur d'astronomie, le même qui se rendit en Laponie pour observer le passage de la planète de *Vénus* : il est pourvu de tous les instrumens nécessaires pour les observations importantes. Sa rotonde est couronnée de deux dômes tournans, où l'on voit un beau quart de cercle de Ramsay (2).

On me conduisit dans la rue de *Coutance* pour me montrer la boutique d'un confiseur (3), dont le devancier avait souvent le privilège de recevoir J.-J. Rousseau à sa table. Là, dans une arrière-boutique servant

(1) Ce nom est celui d'un ancien maire de Genève, qui la fit embellir.

(2) J'ai appris qu'on avait construit un nouvel Observatoire près de l'ancien, et que l'on y avait placé de beaux instrumens faits par M. Gambry de Paris.

(3) C'est la quatrième, à droite, en remontant la rue.

de cuisine, le philosophe mangeait tête à tête avec son ami le débitant de bonbons, qu'il regardait comme un homme d'esprit, et dont la compagnie paraissait lui être fort agréable. Sa vieille nourrice avait une boutique en face de celle du confiseur, et y logeait dans une barraque semblable à celles qu'on voyait jadis sous les grandes arcades de bois. En attendant le dîner, Rousseau s'asseyait auprès de cette bonne femme, et faisait la conversation avec elle. Les passans s'arrêtaient souvent pour contempler notre philosophe, et ne pouvaient s'empêcher de rire en voyant ce groupe curieux.

L'horlogerie et la bijouterie ne sont pas les seules branches d'industrie qui donnent à Genève une si grande activité et la rendent si florissante : cette ville est encore l'entrepôt des principales marchandises de l'Allemagne, de la Suisse, de la France, de l'Angleterre et de la Hollande. Il s'y fait un commerce de détail prodigieux, à cause des étrangers qui viennent en foule habiter Genève ou séjourner dans le canton. L'épicerie et la droguerie y comptent de nombreux magasins dans les rues basses; le tabac surtout est un objet de spéculation de la plus haute importance; on en trouve des boutiques à chaque pas. Celles des épiciers, dont la plupart font ce genre de commerce en grand, offrent, ainsi que les autres, de quoi satisfaire les goûts les plus difficiles. Les principaux négocians et les banquiers sont fort riches : plusieurs maisons me furent désignées comme jouissant d'une fortune très-considérable (1). J'appris encore que divers particuliers, retirés des affaires ou vivant de leurs rentes, nageaient, pour ainsi dire, dans l'or et dans l'abondance.

Les Genevois spéculaient autrefois sur les emprunts des puissances étrangères, et sur les révolutions dans le crédit des effets publics; souvent ils placèrent, dans le siècle dernier, des capitaux énormes sur diverses banques de l'Europe : ce qui est bien étonnant, sans doute, de la part d'une ville dépourvue de territoire; mais alors elle était parvenue au plus haut point de prospérité et de grandeur qu'il soit possible d'imaginer. Les Genevois jouissaient paisiblement de leurs dix-sept millions de rentes dans les fonds français, lorsque la révolution vint à éclater; il y en avait à peu près douze pour leur propre compte, répartis sur une petite population de vingt-quatre ou vingt-cinq mille âmes. Huit millions furent engloutis dans la banqueroute géné-

(1) J'avais des lettres de recommandation pour deux de ces maisons à grosse fortune.

rale : ce qui devint la ruine de plusieurs familles, en compromettant l'existence de beaucoup d'autres.

Malgré la fortune considérable de quelques maisons de Genève, on peut dire qu'autrefois la république n'était guère riche : il y a quelques années; ses revenus annuels n'excédaient pas six cent mille francs; mais aujourd'hui ils s'élèvent à près d'un million. Les dépenses du gouvernement sont entretenues de différens domaines qui appartiennent à l'Etat, de l'impôt foncier, d'un impôt personnel appelé *taxe des gardes,* des droits d'enregistrement, de timbre et d'hypothèques; enfin, de ceux d'octroi et de douane, qui sont assez médiocres. L'Etat retire encore un bénéfice sur la vente du sel et sur le produit de la poste aux lettres; mais la plupart de ces droits ne peuvent écraser les citoyens, tant ils sont minimes; et le gouvernement aurait bien de la peine à les augmenter ou à en établir d'autres, vu la répugnance excessive que témoignent les Genevois pour les impôts même les moins onéreux.

Des lois somptuaires interdisaient autrefois à Genève l'usage des pierreries, du galon, de la dorure dans les appartemens et même autour des glaces; les miroirs seuls étaient exceptés. Les dentelles se trouvaient également proscrites, ainsi que l'usage

des carosses dans l'enceinte de la ville. Les mêmes lois fixaient encore ou réglaient les dépenses des funérailles : on ne pouvait, sous aucun prétexte, refuser de leur obéir (1). Mais toutes ces lois somptuaires ne regardaient point les étrangers; on avait déclaré qu'ils étaient libres de s'y conformer ou non, sans doute dans la crainte de les éloigner du pays, et de perdre par-là les sommes considérables qu'ils pouvaient laisser dans l'Etat.

La langue française est la seule qui soit généralement usitée à Genève et dans le canton; mais beaucoup d'habitans connaissent l'allemand et l'anglais : il est même en quelque sorte nécessaire à la plupart des négocians de savoir un peu ces deux langues, soit à cause du grand nombre d'étrangers qui viennent se fixer ou séjourner à Genève, soit pour faciliter les relations commerciales de cette ville avec l'Angleterre et l'Allemagne.

(1) Un arrêté contre les danses, du 6 février 1669, défendait *toutes espèces de violon, même en cas de mariage,* sous peine de *dix écus* d'amende.

Un autre, du 26 janvier 1676, défendait aux hommes *les perruques,* et aux femmes *les paresseuses qui excèdent le prix de deux louis. Toutes les femmes,* dit le même arrêté, *qui ont habité ici an et jour ne peuvent être qualifiées du nom de* MADAME.

~~~~~~

CHAPITRE XII.

Description du lac de Genève ; son étendue, ses diverses profondeurs ;
son élévation au-dessus de la mer ; sa forme comparative. — On le
distingue en *grand* et en *petit* lac. — Variation de la hauteur de ses
eaux, etc. — Phénomène connu sous le nom de *seiches*. — Espèces
d'oiseaux qui fréquentent ses rives. — Poissons qu'il nourrit.

LE lac de Genève, connu des Romains sous le nom
de *lac Léman* (1), occupe à peu près le milieu d'une

(1) César, dans ses Commentaires, le nomme *Lacus Lemanus*, lac Léman. (*De bello gall.*, lib. 1, cap. 2 et 8.)

Lucain lui donne le même nom, en le citant dans son
poème de la Guerre de César et de Pompée :

> *Deseruere cavo tentoria fixa* LEMANO.
> (Pharsal., lib. 1, vers. 396.)

Pomponius Mela en parle de la manière suivante : *Gallia*
LEMANNO LACU *et Gebennicis montibus in duo latera divisa*, etc.
(*De situ orbis*, lib. 2, cap. 5.)

Ptolémée s'exprime ainsi sur le lac de Genève : *Pars ip-
sius (Rhodani) juxtà paludem Lemanum appellatam* GEBENNÆ
LACUS, etc. (*Geogr. univ.*, lib. 2.)

Antonin le désigne, dans son Itinéraire, sous le nom de

grande vallée qui sépare les Alpes du Mont-Jura;
le Rhône (1), en sortant du Valais, traverse cet immense bassin creusé par la nature : c'est là qu'il se
repose et se dépouille de son limon; ses eaux conservent à une certaine distance leur teinte ordinaire, et
offrent sous ce rapport un phénomène assez curieux; mais on ne distingue point leur courant sur
toute la longueur du bassin, comme l'ont rapporté
divers voyageurs : l'existence d'un pareil fait serait
contraire, du reste, aux notions les plus simples de
la physique. Le lac de Genève, ainsi formé par les
eaux du Rhône qui remplissent son vaste réservoir,
présente une surface d'environ trente-deux à trente-
trois lieues carrées; les anciennes mesures du pays
ne la portaient qu'à vingt-six. Sa longueur, en suivant la courbe décrite par le rivage de la Suisse, est
de dix-huit à dix-neuf lieues; mais cette même longueur, mesurée en ligne droite du côté du Chablais,
n'est que de quatorze lieues. La plus grande lar-

Lac de Lausanne : LACUS LAUSONIUS. (Page 348, édition
d'Amst., 1735, *cum notis variorum*, in-4°.)

Les Allemands le nomment *Genfer See*.

(1) Ce fleuve prend sa source au Mont-Furca, sur le revers occidental du Saint-Gothard, dans le canton d'Ury; il
se jette dans le lac, près du Bouveret, après avoir traversé
le Valais dans toute sa longueur.

geur du lac (entre Rolle et Thonon) est au moins de trois lieues et demie (1). Il a plus de 620 pieds de profondeur à une lieue d'Evian, 312 pieds non loin du château de Chillon, et 950 pieds aux environs de Meillerie : c'est sa plus grande profondeur (2). Il est élevé, selon M. de Luc, à 1126 pieds au-dessus de la Méditerranée; suivant le chevalier Schuckborough, à 1152 pieds; et selon M. Pictet, à 1134 pieds. Mais cette élévation du lac au-dessus du niveau de la mer est communément portée aujourd'hui à 1154 pieds. Sa forme a quelques rapports avec celle d'un croissant dont les deux cornes seraient émoussées, et dans l'une desquelles il y aurait une grande échancrure. Elle peut également se comparer à celle d'un arc dont la courbure serait tournée vers le Nord, qui est la Suisse, et la corde vers la Savoie, qui est située au Midi.

On fait ordinairement la distinction de deux lacs en parlant de celui de Genève : c'est ou le grand

(1) Toutes ces distances, en lieues françaises, sont calculées d'après les mesures les plus récentes et les plus exactes.

(2) Suivant le calcul des pêcheurs et des conducteurs de barques, la profondeur du lac, près de Meillerie, est de 200 brasses au moins, et surpasse de 85 brasses la profondeur de la mer Baltique, que des marins experts assurent être de 115 brasses devant l'île de Gothland.

ou le petit lac. Le premier s'étend depuis la pointe d'Yvoire (vis-à-vis de Nyon) jusqu'à Villeneuve et à l'embouchure du Rhône; le second, depuis Genève jusqu'à la pointe d'Yvoire, sur une longueur d'environ cinq lieues; mais celui-ci a tout au plus une lieue et demie de largeur. Les atterrissemens du Rhône, près de son embouchure, sont considérables; ils ont même, depuis des temps dont la tradition a conservé le souvenir, diminué prodigieusement l'étendue du lac dans sa partie orientale. C'est ainsi que le village de Port-Valais (1), situé autrefois sur le bord du lac, en est maintenant à plus d'une demi-lieue de distance, et que, depuis moins de deux siècles, il s'est formé entre Villeneuve et l'embouchure du Rhône une langue de terre qui a près d'une lieue de longueur.

La hauteur des eaux du lac varie souvent de cinq à six pieds; elles croissent depuis le mois d'avril jusqu'au mois d'août, et baissent depuis septembre jusqu'en décembre, pour reprendre leur ancien niveau, qu'elles conservent durant les trois premiers mois de l'année : ce sont les rivières des Alpes qui occasionnent ces crues périodiques. La pluie de ces

(1) En latin, *Portus Valesii.* On le nomme aussi *Prévallay* ou *Provallay.*

montagnes se change toujours en neiges qui s'entassent pendant l'hiver, et qui, fondues au printemps, vont grossir les torrens et les rivières.

Le lac de Genève reçoit, avec le Rhône, plus de quarante petites rivières qui se jettent dans ses eaux. Il est navigable dans toute son étendue et à toutes les époques de l'année, car il ne gèle jamais, sinon à quelques pas du rivage, et lorsque les hivers sont très-rigoureux. Cependant on le traversa sur la glace en 1572, presque en face de Cologny, ainsi que le rapporte Spon. « Cette année, dit-il, fut une des « plus froides qu'on eût vues à Genève de mémoire « d'homme : on traversait le lac sur la glace pres- « que vis-à-vis de Cologny, et les moulins ne pou- « vaient tourner; ce qui causa une grande disette « de farine. La ville fut aussi secouée deux fois de « tremblemens de terre, dont le premier renversa, « dans le fossé, la porte de Cornavin. » Lors du terrible hiver de 1789, on put aussi traverser le lac sur la glace à quelque distance du port de Genève, où il a peu de profondeur; des étrangers eurent même la hardiesse de passer en cabriolet d'une rive à l'autre : mais cette témérité ne fut suivie d'aucun malheur.

L'air est si pur sur les bords du Léman, surtout après les grandes pluies, que l'on y découvre plus distinctement une ville éclairée par le soleil, à la distance de douze à treize lieues, qu'on ne la verrait à trois ou quatre lieues d'éloignement sur les rivages de la mer. Je fus témoin d'un pareil spectacle dans l'une de mes promenades aux environs de Lausanne, et j'avoue qu'il me frappa d'admiration.

On voit quelquefois, dans des journées orageuses, la surface du lac s'élever brusquement de quatre à cinq pieds, s'abaisser ensuite avec la même rapidité, et continuer cette espèce de flux et de reflux pendant plusieurs heures. Ce phénomène, connu dans le pays sous le nom de *seiches,* se fait surtout remarquer dans la partie voisine de Genève où le lac est beaucoup plus étroit qu'ailleurs. Ces élévations et ces baisses subites des eaux du Léman ont été l'objet de savantes discussions; mais aucun physicien n'a pu encore, à ce que je crois, en découvrir la véritable cause. M. le professeur Vaucher, qui a écrit un Mémoire intéressant sur ce phénomène, l'attribue à une différence dans la pression des diverses colonnes de l'atmosphère.

Les naturalistes comptent quarante-neuf espèces d'oiseaux qui fréquentent les rives du Léman, et dont plusieurs appartiennent aux climats les plus reculés du Nord; mais c'est le voisinage des Alpes

qui les procure au canton de Genève. « Le lac et
« ses bords, dit M. Depping dans son ouvrage sur
« la Suisse, semblent être le rendez-vous des oiseaux
« aquatiques de toutes les contrées, de toutes les
« couleurs. On y aperçoit l'hirondelle de la mer
« Caspienne, le plongeon du Nord, le crabier de
« Mahon et la sarcelle d'Egypte, le héron pourpre,
« la cigogne noire, le courlis vert et la mésange
« bleue (1). » On pourrait citer encore d'autres espèces non moins intéressantes pour l'ornithologiste;
mais afin de laisser peu de lacune sur un objet aussi
digne de l'attention des naturalistes, j'ajouterai au
passage de M. Depping les observations suivantes
de M. de Saussure:

« Les oiseaux les plus rares qui vivent sur notre
« lac (de Genève) sont la grèbe; ses plumes, d'un
« blanc argenté, donnent une fourrure très - pré-
« cieuse; le petit lorgne, le grand lorgne et d'autres
« espèces du même genre, qui ne sont pas bien con-
« nues; la guignette ou petite bécassine du lac; on
« la prend au mois d'août sur des gluaux piqués au
« bord du lac, en la rappelant avec un appeau; le
« courlis, le crenet ou petit courlis; l'échasse, le rare
« et beau courlis vert; l'aigrette, diverses espèces de

(1) *La Suisse;* par M. Depping. Paris, 1822. 4 vol. in-18.

« chevaliers, de plongeons, une grande variété de
« canards, etc. »

En terminant la description du lac de Genève, je
ne dois pas oublier les poissons délicieux qu'il nourrit, et dont les amateurs de bonne chère font avec
raison le plus grand cas. Les plus recherchés sont
la truite-saumonée, l'ombre-chevalier, qui a souvent
trois pieds de long; le ferrat, la perche, l'anguille, la
lotte et la carpe, qui pèse souvent jusqu'à trente livres. La grande profondeur du lac et la limpidité de
ses eaux empêchent néanmoins qu'il ne soit très-
poissonneux. On m'a assuré que l'on avait pêché
plusieurs fois des truites-saumonées de quarante, de
cinquante et même de soixante livres; mais lorsqu'elles
ont un poids extraordinaire, on les expédie au loin
dans les pays étrangers. L'une des plus grosses qu'on
ait pêchées dans le lac de Genève pesait soixante-
deux livres; elle fut prise en 1663. On l'envoya à
Amsterdam, *cachée,* dit le Conservateur Suisse, *dans
les profondeurs d'un énorme pâté.*

Le Léman, qu'un auteur genevois appelle avec
raison la *Méditerranée des Alpes,* est le plus beau
lac peut-être de l'Europe méridionale. « Il mérite,
« dit le savant de Saussure, il mérite la célébrité dont
« il jouit, par sa grandeur, par la beauté de ses eaux,

« par la forme variée de ses bords découpés en
« grands festons, couverts de la plus belle verdure,
« par la forme agréable des collines qui l'entourent,
« et par les points de vue délicieux qu'il présente ;
« au lieu que la plupart des lacs de l'Italie, qui pour-
« raient lui disputer la prééminence, sont bordés de
« montagnes escarpées, qui leur donnent un aspect
« triste et sauvage. »

Voici un passage de Voltaire, tiré de son *Epître*
au lac de Genève :

Que le chantre flatteur du tyran des Romains,
L'auteur harmonieux des douces Géorgiques,
Ne vante plus ces lacs et leurs bords magnifiques,
Ces lacs que la nature a creusés de ses mains
  Dans les campagnes italiques.
Mon lac est le premier ! c'est sur ses bords heureux
Qu'habite des humains la déesse éternelle,
L'âme des grands travaux, l'objet des nobles vœux,
Que tout mortel embrasse, ou désire ou rappelle,
Qui vit dans tous les cœurs, et dont le nom sacré
Dans les cours des tyrans est tout bas adoré,
La Liberté ! J'ai vu cette déesse altière,
Avec égalité répandant tous les biens,
Descendre de Morat en habit de guerrière,
Les mains teintes du sang des fiers Autrichiens
  Et de Charles-le-Téméraire.

~~~~~~

CHAPITRE XIII.

Voyage de Genève à Lausanne par le bateau à vapeur. — Magnificence
des bords du lac. — Genthod. — Versoix; entreprise de Louis XV
pour l'agrandissement de ce village, qui appartenait autrefois à la
France. — Coppet; château de ce bourg, où vécurent Bayle, Necker
et Mme de Staël. — Nyon; ancienneté de cette ville fondée par les
Romains. — Vignoble de La Côte. — Château de Prangins, qui a été
habité par Joseph Bonaparte. — Rolle. — Château d'Aubonne, qui
fut la propriété de J.-B. Tavernier; anecdotes sur ce fameux voyageur. — Saint-Prex. — Morges. — Saint-Sulpice. — Arrivée à Ouchy, village servant de port à Lausanne.

JE m'embarquai sur le bateau à vapeur *le Winkelried* pour me rendre de Genève à Lausanne. Ces
deux villes sont à douze ou treize lieues de distance
l'une de l'autre; mais la longueur du trajet par eau
n'est pas aussi considérable. Il était neuf heures
précises du matin, lorsque nous sortîmes du port
de Genève. L'air était pur, et le ciel sans nuages;
le soleil répandait partout ses feux étincelans : en
un mot le temps était magnifique, et nous promet-

lait la plus belle journée du monde. Ce voyage délicieux, que je ne puis me rappeler sans un véritable charme, m'a laissé des souvenirs que je garderai toute la vie. Avec quel plaisir je me voyais au milieu de ce lac superbe qui a, comme une petite mer, ses ports, sa navigation, ses calmes et ses tempêtes (1); dont les bords, du côté de la Suisse, s'élèvent en amphithéâtre, et sont tapissés d'une multitude de villes, de villages, de hameaux, de maisons de plaisance, de châteaux, de prairies dont les images se réfléchissent sur les eaux, et se marient à leur azur! Il est impossible de voir un tableau à la fois plus riche, plus animé, et d'un caractère plus grandiose; l'œil ne se lasse point d'en parcourir tous les détails. Nous étions, sur le bateau, avec des voyageurs qui connaissaient les différentes parties du globe, et dont l'enthousiasme était néanmoins aussi vif que le nôtre : ils ne cessaient de nous dire que cette promenade d'un jour sur le lac Léman, était l'une des plus agréables que l'on puisse faire au monde. Le contraste de la rive opposée, où se trouve la Savoie, relève encore les

(1) Il s'élève quelquefois des tempêtes affreuses sur le lac de Genève : le mugissement des flots produit alors un effet non moins terrible que si c'était la mer en tourmente.

charmes des bords délicieux que je viens de décrire ;
son aspect est triste et sévère, à cause de la proxi-
mité des montagnes dont la teinte est rembrunie.
Mais, en tournant nos regards du côté de la Suisse,
nous éprouvions mille jouissances à contempler le
spectacle magique qui se déroulait sous nos yeux.

« Quel bassin! quels riches amphithéâtres! quelle
« opulence de la nature! (s'écrie un voyageur dont
« le transport fut des plus vifs en naviguant sur le
« lac, du côté de Vevey.) Non, continue-t-il, non,
« les jardins de l'Angleterre, les plaines de l'Amé-
« rique, les rives de la Loire, de la Meuse et de la
« Garonne, les plus beaux aspects de Naples et de
« l'Italie ne m'offrirent jamais un aussi majestueux
« spectacle, orné de scènes plus douces et plus va-
« riées. Quel contraste offrent ces monts sourcil-
« leux, dépouillés, couverts de neige, élancés jus-
« qu'au ciel, retraites inaccessibles des aigles et des
« chamois, avec les vastes forêts de sapins, de châ-
« taigniers ou de noyers qui descendent jusqu'au
« rivage! Les villages, les villes et les clochers épars,
« éloignés de votre œil, perdus dans ce vaste tapis
« d'un vert foncé, brillent pourtant éclairés du so-
« leil à travers une vapeur légère, espèce de trans-
« parent de gaze, fait pour en adoucir l'éclat; des

« côtes prolongées semblent se joindre avec le noir
« Jura, les monticules du Pays-de-Vaud, si riches
« de cultures et de jolies habitations. Le vaste en-
« foncement de montagnes qui se croisent, terminé
« dans le lointain par la masse conique des monts
« de Martigny; la plaine du Rhône, couverte d'ar-
« brisseaux d'un feuillage léger au midi; les mon-
« tagnes de Noé, de la Chaumenil, telles sont les
« masses principales qui forment le beau bassin
« du fond du lac : joignez-y Vevey, le château de
« Chillon, Saint-Gengolph, Montreux et le joli che-
« min qui serpente sur la côte du nord, et vous
« aurez l'idée d'un des plus beaux pays, d'un des
« plus majestueux et des plus riches horizons de
« l'Europe. »

Après avoir quitté le bassin de Genève, nous
aperçûmes le bourg de Genthod, qui fut long-temps
le séjour de l'illustre Bonnet. Ce village n'est point
sur le bord du lac; il en est à une certaine distance,
de l'autre côté de la grande route. La langue de
terre qui s'avance à fleur d'eau dans le Léman, s'appelle *le Creux-de-Genthod;* elle se trouve immédiatement en face de la pointe de Bellerive.

Bientôt après, nous vîmes Versoix, qui appartenait jadis à la France, et dont Louis XV voulut faire

un port rival de Genève. Des travaux considérables furent entrepris, sous le ministère du duc de Choiseul, pour l'agrandissement de ce village ; mais ils n'ont abouti qu'à faire dépenser beaucoup d'argent à la France, sans aucun fruit pour elle (1). Il paraît que notre gouvernement, en renonçant à son projet d'embellir et de fortifier Versoix, ne fit que céder aux représentations de Berne et de Genève : ces deux cantons, alarmés de voir s'élever à leurs portes une ville qui menaçait de leur être redoutable non seulement par ses manufactures et son commerce, mais encore par ses fortifications et ses moyens de défense, protestèrent avec énergie contre les intentions du gouvernement français ; et s'appuyant sur le traité de Lyon (de 1601), qui proscrivait toute espèce de fort dans le pays de Gex, ils parvinrent à faire désister Louis XV de son entreprise, qui avait causé une grande fermentation à Genève et à Berne. Voltaire avait été l'un des plus zélés partisans de la fondation de

(1) Le port seul, qui n'est pas achevé, a coûté plus d'un million. Si les ingénieurs eussent pu exécuter entièrement le plan de Versoix, ils en auraient fait une ville magnifique. On avait construit une espèce de frégate pour la navigation du lac ; mais elle se trouva si grande, que l'on ne put s'en servir.

Versoix. Quand le projet fut abandonné, il en plaisanta dans des vers malins adressés à Mme la duchesse de Choiseul. Ceux-ci sont assez connus :

Envoyez-nous des Amphions ;
Sans quoi nos peines sont perdues :
A Versoix nous avons des rues,
Et nous n'avons point de maisons.

La plaisanterie de Voltaire est aussi fondée de nos jours qu'elle l'était de son temps : toutes les rues sont tracées et tirées au cordeau ; mais, il n'y a qu'un très-petit nombre de maisons. Tel est l'aspect de Versoix-la-Ville. Le bourg nommé Versoix-le-Village en est situé à dix minutes. Les deux communes ont été réunies au canton de Genève par les traités de 1816.

Je ferai une revue rapide des villes ou villages qui s'offrirent à nos regards durant notre voyage jusqu'à Ouchy. Comme je revins de Lausanne à Genève par la route de terre, èt que je fis plusieurs stations sur cette route charmante, il me sera facile de donner les détails les plus capables d'intéresser.

A une lieue de Versoix se présente Coppet, bourg devenu célèbre par les écrits de Mme de Staël, qui habita long-temps le magnifique château de ce village. Le trop fameux Bayle y avait vécu deux ans ; il y resta, en qualité de précepteur des enfans du comte de Dohna, depuis 1670 jusqu'en 1672 (1). Necker et sa fille ont été enterrés dans ce même château : leurs cendres, réunies à celles de Mme Necker, reposent dans un bâtiment séparé de la maison principale. Le ministre de Louis XVI vint prendre possession de cette retraite en 1790, et fut témoin éloigné des orages de notre révolution ; il mourut à Genève le 9 avril 1804. Mme de Staël-Holstein, qui s'était mariée secrètement à un officier français (2), termina ses jours à Paris le 14 juillet 1817. La terre ou la baronnie de Coppet était devenue successivement le domaine de plusieurs mai-

(1) Bayle était alors âgé de vingt-trois ans. Ce philosophe irréligieux, après avoir abjuré le calvinisme, voulut retourner à son ancienne secte ; mais il fut aussi mauvais protestant qu'il avait été mauvais catholique. On cite, à son sujet, des anecdotes qui prouvent son impiété ou sa grande indifférence en matière de religion.

(2) Cet officier, nommé *Rocca,* est mort à Hyères en Provence au mois de janvier 1818 ; il avait à peine ses trente ans accomplis. Les blessures graves qu'il avait reçues en Espagne, où il servait dans un régiment de hussards, et la vive douleur que lui causa la mort de Mme de Staël, contribuèrent à le précipiter aussi jeune dans le tombeau.

sons riches et puissantes. Le château actuel existe sur l'emplacement de l'ancien, qui fut incendié par les Bernois en 1536, lorsqu'ils ravageaient le pays de Vaud pour se venger du duc de Savoie.

Nous nous trouvâmes ensuite vis-à-vis de Nyon, ville fondée par Jules-César, qui en fit une colonie militaire ; on y voit encore des restes d'antiquités romaines (1). Son petit port, situé au faubourg de Rive, est plein d'activité et de vie. La ville haute est construite sur un plateau relevé en forme de terrasse ; le château gothique s'annonce de fort loin, et produit avec ses tourelles un effet assez pittoresque : c'était jadis la demeure des baillis bernois. La ville de Nyon fut saccagée au cinquième siècle par les Barbares, et détruite en 1399 par un incen-

(1) Nyon s'appelait autrefois *Colonia equestris*, *Noiodunum* ou *Novidunum*. Cette ville se trouvait comprise dans la province des Séquaniens. Pline en fait mention (livr. 4, chap. 17), ainsi que Ptolémée et d'autres géographes de l'antiquité. Elle est désignée sous le nom d'*Equestris* dans l'Itinéraire d'Antonin, et dans la table Théodosienne ou de Peutinger. D'anciennes inscriptions lui donnent également le titre de *Colonia Julia equestris*, de *Civitas equestrium*. Il paraît donc certain qu'elle était la capitale du pays des Equestres, situé entre Genève et Lausanne, et qu'elle tire son nom actuel de *Noiodunum*, qui a été changé par corruption en celui de *Nyon*.

die général. Mais elle fut rebâtie de nouveau, et devint, sous la Maison de Savoie, l'une des quatre bonnes villes du Pays-de-Vaud.

C'est tout près de Nyon que commence le beau vignoble de La Côte, le plus riche et le plus renommé du canton après celui de La Vaux : il produit des vins blancs très-estimés. Ce vignoble s'étend jusqu'aux environs d'Aubonne et d'Allaman (1).

A vingt minutes de Nyon, et du côté de Lausanne, s'élève le château de Prangins, qui est dans une situation charmante, et dont la façade, large et régulière, lui donne à la fois un air noble et antique; il a appartenu pendant dix ans (depuis 1815 jusqu'en 1825) à Joseph Bonaparte, ex-roi d'Espagne, connu aujourd'hui sous le titre modeste de *comte de Survilliers*. Cet immense bâtiment fut cons-

(1) « Le vin de La Côte, dit M. Ebel, est moins fort et « moins agréable que celui de La Vaux; mais, en revanche, « il est plus sain, et supporte mieux le transport. L'un et « l'autre s'améliorent en vieillissant. On les conserve en « bouteille pendant trente ans et plus; mais ce sont alors « de véritables vins de dessert. Les blancs sont beaucoup « meilleurs que les rouges. Le coteau, sur la pente duquel « les vignes de La Côte sont plantées, s'élève à 1582 pieds « au-dessus du lac. »

truit, vers l'an 1723, par un riche banquier de Saint-Gall, nommé *Gigger* ou *Guiguer,* dont la famille avait fait fortune en France dans le temps du système Law. Le nouveau parc est magnifique.

Une heure après avoir passé Nyon, nous arrivâmes devant la jolie ville de Rolle, qui a une belle promenade sur le bord du lac. Son château est très-ancien : la famille *de Rolle,* établie maintenant à Soleure, le possédait en fief, avec le titre de *baronnie,* attaché à la propriété de ce domaine. La ville de Rolle, qui fut fondée par les barons *des Monts,* en 1261, n'a ni portes ni murailles ; elle consiste en une seule rue, que l'on admire à cause de sa largeur, de sa propreté et de son bel alignement. Il existe près du village une source d'eaux minérales, connue dans le pays sous le nom de *Fontaine de Jouvence.* C'est devant Rolle, comme je l'ai dit (1), que le lac de Genève se déploie dans sa plus grande largeur : il y forme une espèce de disque, dont le golfe de Thonon termine le contour. Je parlerai ailleurs de cette petite capitale du Chablais, où je fis une excursion à mon retour du canton de Vaud.

(1) *Voyez* le chapitre précédent, page 147.

Non loin de Rolle, et à une lieue environ du lac, se trouve le château d'Aubonne, qui commande la ville de ce nom; il est dans une position extrêmement avantageuse : Jean-Baptiste Tavernier l'acheta en 1669 (ou en 1670), et y fit des réparations considérables. Ce célèbre voyageur, qui avait joui des plus belles vues de l'univers, trouvait la situation de son château si magnifique, si imposante, qu'il regardait celle de Constantinople comme la seule qui pût lui être préférée ; il ne connaissait que les environs d'Erivan, en Perse, qui fussent comparables à ceux de la petite ville d'Aubonne. Tavernier assurait encore n'avoir vu aucun paysage dont la beauté égalât celle du pays de Vaud, *si ce n'est en Arménie, dit-il, dans un certain endroit situé autour d'un lac.* Mais des malheurs de famille le forcèrent, au bout de quinze ans, d'abandonner cette charmante retraite pour satisfaire de nombreux créanciers. Le fils aîné de l'amiral Duquesne devint l'acquéreur du château et de ses dépendances, et revendit le tout à la république de Berne, en 1701, moyennant une somme de soixante et dix mille écus. Tavernier avait amassé de grandes richesses dans ses voyages ; le sixième, qu'il fit aux Indes, lui rapporta des bénéfices énormes : il était parti avec une cargaison de meubles, de glaces et de bijoux, estimée quatre cent mille francs, et il revint avec un trésor de trois millions en pierreries, qui furent achetées par Louis XIV (1). Dans la liste des anciens maîtres du château d'Aubonne figurent les noms de plusieurs comtes de Gruyères, et celui de Mayerne Turquet, médecin de Jacques Ier, roi d'Angleterre. La grande cour, entourée de portiques, a quelque ressemblance avec la figure d'un vaisseau : on dit que Tavernier

(1) Tavernier, né à Paris en 1605, était fils d'un marchand de cartes géographiques d'Anvers, que les troubles des Pays-Bas avaient forcé de se réfugier en France. Il eut de très-bonne heure la passion des voyages : à vingt-deux ans, il avait déjà parcouru la plus grande partie de l'Europe, et savait (c'est lui-même qui le dit) les langues de tous les pays qu'il avait visités. Il mourut à Moscou en 1686, ou (suivant M. Lefebvre de Saint-Marc) en 1689; il traversait alors la Russie pour se rendre au Mogol. La relation de ses voyages forme 3 vol. in-4°, ou 6 vol. in-12. « Tavernier, dit Voltaire, parle plus en marchand qu'en philosophe, et n'apprend guère qu'à connaître les grandes routes et les diamans. » Malgré ce reproche, il est reconnu aujourd'hui que Tavernier ne manque pas d'exactitude dans la plupart de ses récits. Quoique protestant, il se montre juste envers les catholiques, et parle favorablement de leur communion. Il disait de saint François-Xavier, qu'on *peut l'appeler à juste titre le saint Paul et le véritable apôtre des Indes.*

l'ordonna ainsi, en mémoire de ses voyages. L'empereur Gordien avait fait construire un pont à Aubonne. Le *Signal de Bougy,* plateau élevé, que l'on voit à peu de distance de cette ville, offre l'une des vues les plus remarquables de la Suisse.

Je reviens à la description des lieux qui bordent le lac. Nous avions parcouru la plus grande partie de la distance qui existe de Genève à Ouchy, et déjà la première de ces deux villes avait disparu à nos yeux. Devant chaque port nous étions abordés par de petites nacelles amenant des voyageurs qui venaient se joindre à notre compagnie, et où s'embarquèrent un petit nombre de ceux qui étaient avec nous sur *le Winkelried.* Voici les autres villes ou villages que nous aperçûmes sur la rive droite du Léman :

Le bourg de Saint-Prex, qu'un évêque de Lausanne, nommé *Boniface,* fit bâtir et fortifier en 1234, sur les ruines de l'ancienne ville de Basuges (1), inondée et détruite en 563. L'église de Saint-Prex, isolée du bourg et située sur la hauteur, doit sa fondation à saint Prothais, évêque d'Avenches, qui vivait au commencement du sixième siècle ; le corps de ce

(1) Quelques écrivains la nomment *Lisus.*

prélat y a été enseveli. Le nom de *Saint-Prex* paraîtrait dériver de celui de saint Prothais.

Morges, très-jolie ville, dont la fondation ne remonte qu'au dixième siècle; le lac forme sur ses
bords un golfe magnifique. Son beau port, fermé de
murs, est très-commerçant. Cette petite cité, que je
visitai avec plaisir à mon retour de Lausanne, est
un entrepôt considérable des marchandises de l'Allemagne, de la Suisse et de l'Italie; le mouvement
qu'on y remarque lui donne l'apparence d'un faubourg de grande ville. Ses rues larges et régulières,
ses maisons élégamment bâties, cette excessive propreté qu'on y voit régner comme dans le reste de la
Suisse, tout y contribue à enchanter le voyageur.
Le temple est d'architecture moderne : son portail
formé de deux rangs de colonnes, et surmonté
d'une campanille, est d'un effet très-agréable. L'ancien château de Morges sert aujourd'hui d'arsenal
au canton de Vaud.

Le village de Saint-Sulpice, que nous vîmes à
une lieue de Morges, possédait autrefois une abbaye
de l'ordre de Cîteaux. La petite église des religieux
existe encore.

Un historien rapporte que saint Bernard, abbé de
Clairvaux, vint à Genève vers l'an 1150, et qu'il voya-

gea ensuite le long du lac dans le pays de Vaud. « Ce grand Saint, dit-il, était si rempli de ses pen- « sées et de méditations pieuses, qu'il ne remarquait « pas les pays par lesquels il passait. Ayant marché « tout un jour le long du lac Léman, ses compagnons « s'entretenaient le soir de la beauté de cette vaste « pièce d'eau; saint Bernard leur demanda où était « donc ce lac qui les avait si fort frappés? Le bon « Saint l'avait côtoyé toute une journée sans y pren- « dre garde. » Il faut avouer que le pieux cénobite était enseveli alors dans des méditations bien pro- fondes!

Lorsqu'on approche d'Ouchy, la ville de Lausanne se présente bâtie en amphithéâtre, et forme avec ses maisons, ses tours, ses clochers, ses terrasses, un coup-d'œil vraiment pittoresque; la colline descend jusqu'au bord du lac. Je débarquai à Ouchy, dont la haute tour carrée offre les restes d'un château-fort qui appartenait aux anciens évêques. Après avoir monté un chemin rapide, mais embelli par de rians paysages, j'arrivai à Lausanne au bout d'une demi-heure. Je descendis à l'hôtel du *Faucon,* excellente auberge, dont j'eus lieu d'être fort satisfait.

~~~~~~

CHAPITRE XIV.

LAUSANNE. — Coup-d'œil sur l'histoire de cette ville, depuis son origine jusqu'à nos jours. — Situation irrégulière de la même ville. —
Avantages de son climat. — Cathédrale (église *Notre-Dame*); tombeaux; notice historique sur cette église; reliques précieuses qu'on
y conservait avant la Réforme; belle vue du haut du clocher.

———————⟡———————

LAUSANNE tire son nom de l'ancienne ville de
Lausonium, qui existait à peu de distance de ses
murs, et dont l'origine est entièrement inconnue (1).
La vieille cité fut détruite en 563, par l'effet de cette
chute terrible de la montagne de Tauretune, qui,
en faisant refluer les eaux du lac sur ses deux rives,
causa l'inondation de plusieurs villes et villages du

(1) Des historiens prétendent que *Lausonium* (ou *Lousonium*) fut l'une des douze villes brûlées par les Helvétiens,
lorsqu'ils abandonnèrent leur pays pour aller tenter une invasion dans les Gaules.

Chablais et du pays de Vaud. Les habitans de *Lau-sonium* allèrent se réfugier sur les hauteurs voisines d'un hermitage que saint Prothais avait bâti au commencement du même siècle; ils y fondèrent une nouvelle ville qui reçut le nom de l'ancienne, lequel fut changé plus tard en celui de *Lausanne*. Telle est l'origine de la capitale du pays de Vaud.

Les Romains ayant été chassés de l'Helvétie par les Barbares, Lausanne fit successivement partie du royaume des Bourguignons, de celui des Francs et de l'Empire germanique. En 1273, le pays de Vaud fut entièrement conquis par Philippe de Savoie, qui en fit une province de ses Etats. Les évêques de Lausanne conservèrent néanmoins la suprême autorité dans leur ville épiscopale. Ils portaient le titre de *princes du Saint-Empire;* en leur qualité de souverains, ils faisaient battre monnaie, et avaient le droit de siéger aux diètes de Ratisbonne. Mais, en prenant possession de leur dignité, ils étaient obligés de faire une entrée solennelle par la porte Saint-Etienne (1), et de jurer sur la sainte hostie qu'ils respecteraient les libertés et les franchises des ci-

(1) Il y a près de trente ans que cette porte est détruite : elle existait au-dessus de la rue Mercerie, et séparait la ville du quartier de la Cité.

toyens. Cette cérémonie, qui se faisait avec une grande pompe, avait lieu en présence de toutes les autorités de la ville.

En 1536, les Bernois s'emparèrent de Lausanne et de tout le pays de Vaud; ils y établirent aussitôt la réforme qu'ils avaient eux-mêmes embrassée, et dont ils se montraient les zélés défenseurs. La plupart des habitans l'adoptèrent moins par goût que pour céder à la force des armes. Plusieurs villes avaient opposé une vive résistance, et voulaient maintenir dans leur sein l'exercice de l'ancienne religion; mais leur dévouement fut inutile : elles plièrent bon gré mal gré sous le joug des novateurs. Cependant beaucoup de Vaudois, catholiques de cœur, faisaient dire secrètement la messe dans leurs maisons, où des prêtres leur administraient tous les sacremens de l'Eglise; ils furent bientôt dénoncés au Grand Conseil, qui défendit sous des peines très-sévères l'exercice de la religion romaine, et menaça d'une amende de *dix livres* quiconque enfreindrait les ordres du nouveau gouvernement (1). Les magistrats d'une petite ville, voulant sans doute garder

(1) Dans l'*Edit complet de Réformation*, publié le 24 décembre 1536 par le Grand-Conseil de la seigneurie de Berne, on remarque, entre autres dispositions contre les

un juste milieu dans les disputes théologiques qui s'élevaient de toutes parts, défendirent rigoureusement de parler de Dieu, *soit en bien, soit en mal,* comme ils le disaient dans leurs naïves expressions. On doit juger, par ce fait, combien l'esprit d'égarement et de trouble était poussé loin dans les débats de la Réforme.

L'évêque de Lausanne (Sébastien de Montfaucon), craignant pour ses jours, se sauva de son palais vers le milieu de la nuit, et courut se réfugier en Italie. Les vainqueurs, étant maîtres de la ville, s'emparèrent de toutes les richesses des couvens et des églises, et les firent transporter à Berne. Les chanoines de Notre-Dame avaient été mis en prison pour n'avoir pas voulu livrer le trésor de la cathédrale; mais on les força de découvrir le lieu

---

fêtes et contre les cérémonies du culte catholique, l'article suivant :

« Toutes cérémonies papales, comme messes, proces-« sions, lustrations, sonnerie pour les morts ou pour le « mauvais temps, pélerinages, sont abolies et défendues « sous peine de *dix florins* pour les hommes et de *cinq* pour « les femmes. »

Ainsi qu'on le voit, les amendes et les confiscations furent tour-à-tour employées par les réformateurs pour établir le règne de l'hérésie.

où il était caché, et on le mit dans des tonneaux pour l'envoyer à Berne avec les autres dépouilles dés temples et des maisons religieuses. Deux ou trois chanoines apostasièrent; les autres, ne voulant point imiter cette insigne lâcheté, se retirèrent à Evian, en Savoie, où ils furent suivis par les ecclésiastiques fidèles à la vraie religion. Les Bernois, qui confisquaient à leur profit les biens des monastères et du clergé, publiaient, par un contraste singulier, des ordonnances sévères pour réformer les mœurs dans toutes, les classes de citoyens (1).

En 1539, le Conseil de Lausanne, animé sans doute d'un esprit de *réforme,* fit démolir les églises paroissiales de Saint-Pierre, de Saint-Paul et de Saint-Etienne : les matériaux servirent aux répara-

---

(1) Dans l'une de ces ordonnances, il était dit que « les « gloutons ou gourmands, c'est-à-dire ceux qui mangeront « et boiront *plus qu'ils ne peuvent porter,* paieront *dix florins* « d'amende.» Quelques années après, les femmes ne furent taxées qu'à la moitié de cette somme ; mais les ecclésiastiques et les fonctionnaires de l'Etat, convaincus du même délit, devaient être privés de leurs places. On condamnait à *trente sous* d'amende ceux qui invitaient les autres à boire avec excès. Les danses, déclarées scandaleuses, étaient interdites sous peine de *trois florins* d'amende; toutefois on permettait *trois honnêtes danses pour les jours de noces.*

tions des murs de la ville. L'ancienne église de Saint-Maire, maintenant la caserne de l'école cantonale, servit long-temps de grenier public ; l'une des salles du couvent des Dominicains est devenue de nos jours une loge de francs-maçons. A leur installation, les baillis bernois prêtaient serment entre les mains des conseillers et du bourgmestre, et juraient, comme les anciens évêques, de maintenir tous les priviléges des bourgeois ; la cérémonie se faisait aussi avec beaucoup d'appareil.

Le 28 janvier 1798, quinze mille Français, commandés par le général Brune, entrèrent dans le pays de Vaud, et prirent possession de la ville de Lausanne, qui devint le quartier-général de l'armée. Ils furent reçus comme des libérateurs. Cela devait être : les Bernois s'étaient aliéné tous les cœurs en traitant leurs compatriotes en sujets conquis ; l'oppression même qu'ils exerçaient sur eux, depuis la Réforme, était un vrai scandale pour la république suisse. Mais l'empressement des Vaudois à rechercher, à solliciter eux-mêmes l'invasion, ne peut guère se justifier : il y aurait eu plus de gloire à se délivrer d'un joug humiliant sans avoir recours aux baïonnettes étrangères. C'était aussi un devoir pour eux de proscrire un culte qu'on leur avait imposé par la force des armes, et de retourner à l'ancienne religion de leurs pères. Grâce à la protection des Français, le pays de Vaud, déclaré libre et indépendant, fut mis au nombre des cantons de la Suisse, sous le nom de *canton du Léman*; mais en 1803 il prit celui de *canton de Vaud,* qu'il a conservé jusqu'à ce jour. La population de cette petite république s'élève actuellement à plus de cent soixante mille âmes; sur ce nombre la capitale n'en compte que treize à quatorze mille.

L'intérieur de Lausanne m'a déplu souverainement. Cette ville, ouverte de toutes parts, ne présente qu'un labyrinthe confus de maisons, de rues, de ruelles, de places, distribuées sans goût et sans aucun plan régulier : on dirait que le désordre y a été mis comme à dessein par des architectes de tous les âges. De plus il faut sans cesse monter ou descendre, et chercher long-temps, avant de pouvoir l'atteindre, l'endroit où l'on veut se diriger. Cette inégalité de terrain est fort incommode pour les voitures. Je me rappelle qu'en voulant éviter le grand détour d'une rue, pour me rendre à la Cité, le plus haut quartier de la ville, j'étais obligé d'y pénétrer par de longs escaliers de bois dressés contre le roc, et aussi pénibles à franchir que la montagne la plus escarpée. La situation de Lausanne ressemble, dit-on, à celle de l'ancienne Jérusalem. Je ne saurais dire si cette comparaison est juste. Pour Lausanne, c'est une ville adossée à trois collines qui font partie du Mont-Jorat, et qui s'élèvent à 450 pieds au-dessus du lac. Elle se divise en six quartiers : la Cité, le Bourg, Saint-François, le Pont, la Palud et Saint-Laurent. La Cité est séparée du Bourg par une vallée très-profonde où coule le ruisseau appelé *le Flon,* qui a sur ses bords des tanneries, des moulins, des boucheries et des fabriques de divers genres.

Lausanne, malgré l'incommodité de son sol, offre cependant un avantage immense sur d'autres villes irrégulièrement bâties : le climat est doux, l'air pur et vivifiant ; la salubrité des eaux égale leur abondance, et les choses nécessaires à la vie y affluent comme dans une cité d'un ordre supérieur. De plus on y jouit de points de vue admirables, uniques peut-être en Europe. Ces avantages précieux, joints à l'urbanité des habitans de Lausanne, attirent dans cette ville un nombre assez considérable d'étrangers qui viennent s'y fixer pour plusieurs mois, souvent même pour des années entières. Aussi la principale ressource du pays consiste-t-elle dans la dépense des familles qui établissent leur séjour dans la capitale ou dans ses environs.

La cathédrale est le plus beau monument de Lausanne. J'en admirai le vaisseau, qui est d'une grandeur imposante ; son architecture gothique me parut d'un style à la fois simple et noble. Cette église remarquable est située dans le plus haut quartier de la ville. Toutes les fois qu'il m'arrive de visiter d'anciens temples catholiques où le protestantisme a remplacé la chaire de la vérité par celle de l'erreur, j'éprouve un saisissement dont je puis à peine me défendre. A la vue de ces autels détruits, de ces statues brisées ou mutilées par le marteau luthérien ou calviniste ; en songeant avec quelle hardiesse de téméraires apostats, les uns dévorés d'ambition, les autres aveuglés par la licence, se sont permis de renverser un culte de quinze siècles pour y substituer une religion factice, je veux dire privée de tout caractère divin ; en songeant encore aux tristes effets de leur schisme, qui entraîna un si grand nombre de familles dans l'erreur pour la perpétuer de générations en générations, je me livre aux réflexions les plus pénibles, je m'indigne avec raison contre les premiers auteurs de tous ces maux que je déplore, et je gémis bien tristement sur cette fatalité du sort ou de la naissance qui nous enlève tant

d'hommes honorables dont la réunion au catholicisme serait si intéressante pour l'Église romaine.

L'intérieur de la cathédrale est orné de deux étages de galeries, et offre une immense quantité de
colonnes, dont la plupart se font remarquer par leur
extrême délicatesse. Les stalles placées vis-à-vis de
la chaire sont curieuses par les sculptures qui les
décorent, et dont le travail est loin d'être sans mérite. Les chanoines se mettaient là pour entendre
le sermon. J'y trouvai un millésime gravé portant
la date de 1509 : à cette époque, sans doute, on ne
songeait point que quelques années plus tard le
culte catholique serait aboli dans ce majestueux
édifice, où les cérémonies romaines se faisaient
avec tant de pompe et de solennité.

Je vis dans le chœur un grand nombre de tombeaux, parmi lesquels je distinguai d'abord celui
de Henriette Raikès, épouse de Stratfort Canning,
ambassadeur d'Angleterre en Suisse : c'est le plus
intéressant sous le rapport de l'art. Ce superbe
mausolée de marbre blanc et noir est en partie
l'ouvrage du fameux Canova. Un cippe en forme
d'autel sépulcral, et orné de bas-reliefs, présente
diverses figures allégoriques où brillent à la fois
l'imagination et le talent de l'artiste. La première

que l'on voit est un Apollon couronné de roses, qui éteint un flambeau ; un chien regarde cette figure avec une grande expression de douleur et avec tout l'instinct que l'on connaît à ce fidèle ami de l'homme. A gauche du dieu des Muses une femme, enveloppée dans une large draperie, baisse la tête, et l'appuie tristement sur sa main gauche. Deux autres figures, dont l'une tient une lyre, et l'autre une palette et des pinceaux, représentent les beaux-arts affligés. A droite de l'Apollon une femme porte un épi de blé dans une main, et dans l'autre un cœur sur lequel ses yeux semblent se fixer. Derrière elle sont deux autres femmes : la première serre contre son sein un enfant endormi, et repose sa main droite sur l'épaule d'un autre enfant qui est debout à côté d'elle ; celui-ci paraît lire sur une tablette qu'il tient des deux mains. La seconde femme arrange un cep de vigne qui s'étend sur un jeune palmier. L'urne placée au haut du monument est entourée d'un serpent qui se mord la queue ; au-dessous est le buste de Henriette Canning, morte en couches le 17 juin 1817. Toutes ces sculptures en bas-relief sont d'un travail magnifique, et ne laissent rien à désirer soit pour leur délicatesse, soit pour le fini de leur exécution

Trois Anglais d'un rang distingué ont été ensevelis dans le lieu où existe ce beau monument. Je
pris note de leurs noms gravés sur le marbre : ce
sont ceux de l'écuyer Robert Ellison, du lieute-
nant-colonel Calderwood, et de Guillaume Legge,
second fils du comte de Dartmouth, chambellan du
prince Georges de Galles. Le premier mourut en
1783, le second en 1787, et le troisième en 1784.

On remarque de ce même côté du chœur un
grand autel de marbre noir, sur lequel on lit une
dédicace latine (1) en l'honneur de Charlotte-Chris-
tine, comtesse de Wallmoden-Cimbron, issue de
la noble famille de Wangenheim. Cette dame vertueuse, née à Hanovre en 1740, mourut à Lausanne
le 21 juillet 1783. Le monument qu'on lui a érigé
a près de quinze pieds d'élévation, y compris l'urne
de marbre jaunâtre qui le termine : il est remarquable autant par sa masse imposante que par le bon
goût et la simplicité qui ont présidé à son exécution.

(1) Cette dédicace, en lettres d'or, est ainsi conçue :

Conjugi eximiœ,
matri piissimœ,
conjux et liberi lugentes.

« (A une excellente épouse, à une mère très-pieuse, un
époux et des enfans plongés dans la douleur). »

En faisant le tour du chœur je m'arrêtai devant les tombeaux de deux personnages de la famille Constant de Rebecque : Samuel et Philippe-Germain, père et fils, morts l'un et l'autre en 1756. Le premier, commandant d'une légion suisse, donna des preuves de son courage dans plus de quinze siéges et batailles; le second se distingua aussi par sa valeur militaire, et fut placé à la tête d'une légion hollandaise. Samuel resta cinquante années dans la carrière des armes. On sait que les Constant de Rebecque descendent d'une ancienne famille de France, originaire de l'Artois.

Les tombeaux de Caroline, duchesse de Courlande, de Marie-Elisabeth Locher, baronne de Coppet, du savant Loys de Bochat, et de Jean-Pierre de Crousaz fixèrent également mon attention. Une grande inscription latine, gravée sur une plaque de marbre noir, et surmontée d'armoiries, énumère tous les titres et toutes les qualités de Crousaz, qui fut membre de plusieurs académies. On y lit que ce célèbre professeur eut constamment la vérité pour but de ses études, qu'il fut juste dans sa conduite, ferme et inébranlable dans le malheur, ne perdant jamais l'espérance de la gloire immortelle. Le distique qui termine l'inscription rappelle que Crousaz « a montré combien l'âme diffère du corps, et que la vie ne peut être heureuse sans l'espérance de l'éternité. »

Je vis encore avec beaucoup d'intérêt le tombeau d'une princesse russe de la famille Orlow. Ce monument a la forme d'un cénotaphe antique du meilleur goût. Les trois faces apparentes sont ornées de bas-reliefs en marbre blanc, exécutés par Brandouin, qui a donné la preuve d'un grand talent. L'une d'elles présente un enfant ailé qui paraît verser des pleurs : il tient son visage dans ses mains, en appuyant ses deux bras sur une urne recouverte par le bout d'une draperie qui l'entoure lui-même. A l'autre face latérale est un guerrier dont les cheveux épars annoncent qu'il est en proie au plus violent désespoir; sa posture et une guirlande de fleurs qui attache l'un de ses bras à une urne funéraire semblent faire connaître qu'il n'est retenu à la vie que par le souvenir de la personne qui lui fut chère. La face principale du monument présente deux femmes, dont l'une allaite un enfant, et qui soutiennent ensemble une draperie sur laquelle on lit cette inscription : *Catharina, princesse Orlow, née Sinowiew, le* XIX *décembre* MDCCLVIII, *morte le* XXVII *juin* MDCCLXXXI.

Je remarquai avec surprise quelques tombeaux d'anciens évêques, échappés à la fureur des premiers sectaires, et je ne m'arrêtai pas sans respect devant celui du pape Félix V, qui, en 1449, abdiqua la tiare dans cette même église. Le sépulcre de ce pontife est difforme et en très-mauvais état; c'est le premier que l'on trouve en entrant dans la partie droite du chœur. J'aperçus, en levant la tête, une grande fenêtre ronde nommée *la rose*, dont les vitraux de diverses couleurs offrent des sujets tirés de l'Histoire sainte, ainsi que les principaux mystères de notre religion.

Enfin l'on me montra, dans le sanctuaire de l'église, le tombeau d'un guerrier catholique, Othon de Grandson, qui fut tué d'un coup de lance, dans un combat singulier, le 15 janvier 1397 (ou 1398). Son ennemi Girard d'Estavayer l'avait calomnié d'une manière indigne, en l'accusant d'avoir outragé son épouse et d'avoir fait empoisonner Amédée VII, comte de Savoie et baron de Vaud. Trop confiant dans la justice de sa cause, le chevalier Othon, après avoir déposé sa plainte, donna le défi à son adversaire, et périt victime du désir fougueux qu'il avait de se venger. Son tombeau est placé dans une chapelle gothique, formée par quatre petits piliers et par des voûtes en ogives découpées avec délicatesse. Sa statue de marbre blanc, couchée en long sur la tombe, est assez bien conservée ; si elle n'a point de mains, on doit l'attribuer, m'a-t-on dit, à une coutume que l'on avait dans le moyen âge de couper les mains aux accusés qui succombaient dans des combats juridiques. On rapporte que ce tombeau ayant été ouvert dans le dix-huitième siècle, on y trouva le squelette du chevalier armé de toutes pièces, casque en tête, éperons dorés aux talons, écu et lance à ses côtés.

Au-dessus du grand portail de l'église, quelques niches, surmontées de deux galeries, renferment encore la statue de la Sainte-Vierge et celles de trois autres saints, à peu près de grandeur naturelle.

La porte latérale exposée au midi, vers le milieu de l'édifice, offre un beau portique à l'extérieur : il est orné de soixante colonnes d'une seule pièce, et d'environ cent quatre-vingts statues et groupes, représentant des saints ou des sujets de l'Histoire sacrée. On distingue, en face, Notre-Seigneur avec une Sépulture et une Résurrection ; au-dessus, un vieillard assis reçoit les hommages de quelques lévites prosternés à ses pieds. Parmi les autres statues, on reconnaît celles de Moïse, de David, de saint

Jean-Baptiste, de saint Pierre et des quatre Evan-
gélistes : on s'aperçoit facilement qu'elles étaient
jadis recouvertes de dorures. Un grand nombre de
sculptures bizarres, qui ne sont point du goût de
notre siècle, déparent malheureusement l'ensemble
de ce bel ouvrage.

L'origine de la cathédrale de Lausanne est d'une
date fort incertaine : la plupart des historiens de la
Suisse varient beaucoup à ce sujet. Les uns attribuent la fondation de ce temple à Marius (1), dernier évêque d'Avenches ; les autres à Alphonse ou
Egilolphe, évêque de Lausanne dans le huitième

(1) Marius, connu dans le pays sous le nom de *saint
Maire*, avait transféré son siége à Lausanne, après la destruction de la ville d'Avenches. C'était un prélat pieux et
fort instruit ; il a laissé une Chronique pleine de détails
curieux sur l'histoire de son temps : on la trouve dans le
Recueil des anciens historiens de France, par Duchesne.
Marius mourut vers l'an 596, âgé d'environ soixante-quatre
ans ; il était d'une famille noble d'Autun. Son nom existe
dans quelques martyrologes.

Ruchat, en parlant de la Chronique du saint évêque, dit
qu'elle est *fort maigre et fort sèche ;* mais les autres protestans ne la jugent pas aussi sévèrement. Elle est écrite d'un
style simple et clair ; et, malgré quelques erreurs de chro-
nologie, on la regarde comme fort intéressante pour l'histoire du royaume de Bourgogne, dont le diocèse d'Avenches faisait partie.

siècle : mais, suivant l'opinion la plus probable, l'évêque Henri l'aurait fait construire il y a plus de huit cents ans (vers l'an 1000); c'est une tradition assez constante parmi les habitans du pays. Quoi qu'il en soit de l'origine de cette église, il est certain qu'elle fut rebâtie par Jean de Cossonay, évêque de Lausanne, après le terrible incendie de 1235, qui fit de la ville entière un monceau de ruines, et où quatre-vingts personnes périrent dans les flammes (1).

La consécration du temple fut faite en 1275 par le pape Grégoire X; elle eut lieu, d'une manière solennelle, en présence de l'empereur Rodolphe de Habsbourg et de toute sa famille. Plusieurs cardinaux du saint-siége, avec beaucoup de princes, de nobles et de prélats, assistaient à la cérémonie. Le temple fut mis sous l'invocation de Notre-Dame, dont il porte encore aujourd'hui le nom.

(1) La cathédrale perdit dans ce désastre un grand nombre d'ornemens précieux.

Deux incendies arrivés l'un en 1216, l'autre en 1219, avaient déjà consumé ce bel édifice. On travaillait depuis deux cents ans à sa construction et à son embellissement, lorsque le premier incendie vint à se déclarer. Le second fit des ravages affreux, et réduisit en cendres près de quatorze cents maisons de Lausanne.

Avant la Réforme, on conservait dans le trésor ou dans le sanctuaire de cette église un assez grand nombre de reliques précieuses, parmi lesquelles on honorait surtout un morceau de bois de la vraie croix, des cheveux de la Sainte-Vierge, une côte de sainte Marie-Madeleine, une autre de saint Laurent, une pièce du sépulcre de Notre-Seigneur, ainsi que du bois de la crêche qui servit de berceau à l'enfant Jésus. Toutes ces reliques avaient été données par le pape Grégoire X, en mémoire de la dédicace du temple ; elles étaient pour les fidèles un objet de vénération ; et l'on voyait souvent accourir des pays voisins un grand nombre de personnes pieuses qui venaient pour rendre hommage à ces reliques sacrées : mais on doit penser qu'elles n'ont point échappé à la fureur du vandalisme qui accompagna la Réformation. J'en demandai, par hasard, des nouvelles à un ministre protestant; un sourire méchant et ironique fut sa seule réponse. On me fit voir dans le sanctuaire, et près de l'endroit où était le maître-autel, quatre creux de plusieurs pouces de profondeur, que l'on prétend avoir été formés par les génuflexions de ces milliers de fidèles qui venaient à l'église de Notre-Dame soit pour accomplir des vœux, ou pour gagner des indulgences, soit aussi pour honorer les reliques dont je viens de parler. Ces creux existent dans le marbre qui forme le pavé du sanctuaire.

Accompagné du sacristain de l'église, je montai au clocher pour y jouir d'une des vues les plus remarquables de la Suisse. Du haut de ce lieu élevé, je promenais tour-à-tour mes regards sur le lac de Genève, sur les montagnes dont la Savoie est hérissée, sur le Valais, sur le Jura, enfin sur les fertiles campagnes du canton de Vaud et les environs délicieux de Lausanne. En me tournant du côté de la Savoie, j'apercevais dans le lointain la petite ville d'Evian, qui se montre sous la forme d'un nid d'oiseaux : du moins elle me fit cet effet. Indépendamment du clocher, la cathédrale est surmontée d'une autre tour, construite au-dessus du chœur, laquelle présente une flèche élégante et très-déliée, qui s'élève à plus de deux cents pieds au-dessus du sol. Cette flèche a remplacé l'ancienne qui fut détruite par la foudre en 1825.

La terrasse près de laquelle est bâtie la cathédrale offre un point de vue charmant sur la ville, sur le lac et sur les campagnes situées à l'ouest de Lausanne.

JE retournai à la Cité, pour visiter le château des anciens évêques de Lausanne; il est dans la partie la plus élevée de ce haut quartier de la ville. Ce vaste bâtiment, qui fut long-temps la résidence des baillis bernois, est aujourd'hui le siége du gouvernement du canton de Vaud. Il est construit en pierres de taille jusqu'à la partie supérieure, et flanqué de tourelles en briques à ses quatre extrémités. Les murs en sont de la plus grande solidité : ils ont jusqu'à dix pieds d'épaisseur à leur base. Ce château fut commencé vers le milieu du treizième siècle par l'évêque Jean de Cossonay, et achevé au commencement du quinzième par Guillaume de Challand, l'un des successeurs de ce prélat. On me fit voir la chambre dite *de l'évêque,* dont le plafond, orné de riches peintures, offre souvent, à travers ces décorations antiques, cette légende tirée de Virgile : *Si qua fata sinant* (Si les destins le permettent); c'était la devise adoptée par la famille des Montfaucon. On ouvrit en ma présence, sans sortir de la même chambre, une porte fermant à clef et masquant une espèce de niche où il y avait autrefois un gros buffet ou plutôt une chaire qui semblait immobile et clouée contre la muraille. Cette chaire, tournant sur des gonds, servait à cacher un passage souterrain par lequel, *dit-on,* les évêques communiquaient soit avec le chapitre de la cathédrale, soit avec des couvens de leur dépendance; mais la tradition est fort incertaine sur le véritable lieu où aboutissait ce passage, qui est maintenant muré. Cet immense souterrain avait encore une issue hors de la ville, et l'on croit que le dernier évêque de Lausanne (1) prit la fuite par cette voie secrète, lorsque les Bernois assiégeaient son château en 1536.

(1) Sébastien de Montfaucon. (*Voyez* page 172.)

La personne qui me servait de guide me fit entrer ensuite dans la salle où le Grand-Conseil tient
ses séances, et travaille aux intérêts de tout un peuple
libre. La décoration en est fort simple. Les députés
sont rangés en demi-cercle devant le président; à
sa droite sont les membres du Conseil-d'Etat, et à
sa gauche, ceux de la Commission. Des croisées de
cette salle, qui occupe un bâtiment moderne séparé
du vieux château, on jouit d'une vue magnifique
sur une partie considérable du canton de Vaud;
les rideaux blancs et verts désignent par leurs couleurs celles de la république. On lit sur la façade du
bâtiment ces mots *Liberté et Patrie,* que la nation
a adoptés pour devise en 1803, après l'époque mémorable de son affranchissement.

Le Grand-Conseil, dans lequel réside l'autorité
souveraine, est composé aujourd'hui de cent quatre-
vingt-quatre membres, nommés pour cinq ans, renouvelés intégralement, et rééligibles (1). Il s'assemble le premier lundi de mai, et le troisième lundi

(1) Les renseignemens que je donne sur la Constitution
politique du canton de Vaud ont été puisés dans la Constitution proclamée le 25 mai 1831, et sanctionnée par le
peuple, convoqué à cet effet en assemblées électorales dans
chaque cercle. C'est la seule qui soit aujourd'hui en vigueur.

de novembre. Le Conseil-d'Etat peut le convoquer extraordinairement à d'autres époques de l'année, si les circonstances l'exigent. Chaque session ordinaire est de quinze jours au moins, et d'un mois au plus, à moins que le Conseil-d'Etat n'en prolonge la durée. Une somme annuelle de douze mille francs est prise sur la caisse de l'Etat pour indemniser les membres du Grand-Conseil, proportionnellement à leurs journées de présence à l'assemblée, et à leur éloignement du lieu de ses séances. Ce Conseil souverain, l'organe du peuple, a le pouvoir d'accepter, d'amender ou de rejeter les projets de loi, de décret ou d'impôt qui lui sont présentés par le Conseil-d'Etat. Il nomme les députés à la Diète fédérale, et leur donne des instructions au nom de la république : il a le droit de leur demander compte de leur gestion (il ne peut y avoir dans la députation plus d'un membre du Conseil-d'Etat). Enfin c'est le Grand-Conseil qui reçoit et arrête les comptes de finances du gouvernement. Ses séances sont publiques (1); toutefois

(1) Elles ne l'étaient point sous l'empire de la Constitution de 1814, abrogée ou refondue en 1831. La tribune destinée au public ne contient qu'un petit nombre de personnes. Les séances ont lieu tous les jours *non fériés*.

il peut se former en comité secret, lorsqu'il le juge convenable. Le président et les deux vice-présidens sont élus par l'assemblée elle-même : leurs fonctions cessent au bout d'un an.

Les assemblées électorales nomment dans leur ressort un député sur mille habitans (chaque fraction de cinq cents et au-dessus est comptée pour mille). Les électeurs font partie de l'un des soixante cercles ou des dix-neuf districts qui divisent le territoire de la république vaudoise (1). Pour exercer les droits de citoyen dans ces assemblées, il faut avoir reçu le titre de *bourgeois,* être Vaudois et âgé de vingt-trois ans révolus, et prouver que l'on est domicilié depuis un an, au moins, dans la commune ou dans le cercle. La loi peut cependant accorder les droits électoraux aux citoyens suisses domiciliés dans le canton de Vaud, lorsque les Vaudois jouissent des mêmes droits dans le canton auquel ces citoyens suisses appartiennent. Mais la Constitution défend d'admettre dans les assemblées électorales, soit de cercle, soit de commune, les

(1) Les cercles sont formés d'une ou de plusieurs communes, et les districts sont composés de plusieurs cercles.

Il est dressé, tous les dix ans, un recensement nominal des habitans du canton.

indigens assistés par une bourse publique, ou dont les femmes ou même les enfans seraient ainsi secourus dans leur détresse ; ceux qui sont sous le poids d'une contrainte par corps ; les faillis, tant qu'ils ne sont point réhabilités ; les interdits, et enfin ceux qui ont été condamnés à une peine infamante.

Les électeurs sont éligibles dès l'âge de vingt-cinq ans. Eligibles ou non, ils ne sont soumis à aucune condition de propriété : ils peuvent donc *sans fortune,* s'ils ont l'âge requis, être nommés à la chambre de la représentation nationale. Ceux qui jouissent de leurs droits politiques dans un autre canton de la Suisse, ou dans un Etat quelconque, ne peuvent exercer ces droits dans le canton de Vaud. Les étrangers naturalisés ne sont éligibles que cinq ans après la date de leur naturalisation.

Ainsi qu'on le voit, la forme du gouvernement vaudois est une *démocratie représentative,* et la *souveraineté réside dans le peuple,* comme le proclame à juste titre la Constitution maintenant en vigueur. La souveraineté populaire n'est donc pas un vain mot dans ce pays de la Suisse : elle y existe *en réalité,* et avec toutes ses conséquences..... Je n'ajoute cette observation que pour faire sentir combien le canton de Vaud diffère, sous ce rapport, d'un gouvernement voisin où le même principe est admis, mais où pourtant les citoyens sont exclus des élections s'ils ne paient le cens exigé par la loi, et, de plus, s'ils ne prêtent un serment qui, tout en blessant leurs droits les plus chers, peut répugner à leur conscience ou contrarier des affections bien légitimes. L'obligation de se soumettre à ce serment est d'autant plus ridicule, que l'électeur tient de lui-même son droit de voter, et représente pour sa part le peuple souverain : il ne saurait donc, sans dérision, être tenu de prêter à quelqu'un foi et hommage de sujet ; n'est-ce pas, au contraire, à lui seul, *en sa qualité de représentant du peuple,* que le serment de fidélité, que tous les sermens seraient dûs ?...

Le Conseil-d'Etat est formé de neuf membres tirés du Grand-Conseil, qui sont élus pour six ans, renouvelés par tiers tous les deux ans, et rééligibles (1). Il a l'initiative de tous les projets de loi, de décret ou d'impôt : en un mot il exerce le pouvoir suprême, et surveille généralement toutes les branches de l'administration. C'est lui qui dispose

(1) Le Grand-Conseil choisit lui-même, dans son sein, les membres du Conseil-d'Etat. Mais ils ne doivent être nommés à cette haute magistrature qu'à l'âge de trente ans révolus.

de la force armée pour le maintien de l'ordre et de la tranquillité publique. Les membres du Conseil-d'Etat prennent part aux discussions du Grand-Conseil, mais n'ont point voix délibérative. Ils nomment chaque année leur président, lequel n'est pas immédiatement rééligible. Le secrétaire en chef porte le titre de *chancelier*.

Il y a des conseils-généraux de commune dans les villes de six cents âmes et au-dessous, et des conseils communaux dans celles dont la population s'élève à plus de six cents âmes; leurs attributions sont les mêmes : ils diffèrent seulement de nom. Chaque commune a sa municipalité, composée d'un syndic, qui en est le président, et de deux ou de plusieurs membres, dont le nombre cependant ne peut aller à plus de seize. La charge de ces officiers publics dure six ans.

On a établi dans tous les cercles une justice de paix, présidée par le juge de paix du cercle, et composée de quatre assesseurs au moins et de neuf au plus.

Il existe dans le canton de Vaud dix-neuf tribunaux de première instance, et un tribunal d'appel qui prononce en dernier ressort. (L'organisation des tribunaux de commerce n'est pas encore achevée.) Les juges au tribunal d'appel ne peuvent remplir aucune autre fonction publique, pas même celle de membre du Grand-Conseil.

Des agens du Conseil-d'Etat sont chargés de faire exécuter les lois, et de surveiller les autorités inférieures, dans les dix-neuf districts qui composent le territoire de la république. Ces agens prennent le titre de *préfet,* et sont tenus de résider dans l'arrondissement qui leur est assigné ; ils ont tous un *substitut* sous leurs ordres.

On voit, par cet aperçu de la constitution vaudoise, que l'autorité publique du canton de Vaud est partagée en quatre pouvoirs bien distincts. Le Grand-Conseil exerce le *pouvoir législatif,* le Conseil-d'Etat est chargé du *pouvoir exécutif et administratif;* les tribunaux exercent le *pouvoir judiciaire,* et le *pouvoir communal* est confié soit aux municipalités, soit aux conseils-généraux de commune et aux conseils communaux. Toutes ces branches de l'administration observent entre elles une harmonie parfaite, et concourent à balancer l'influence des divers partis qui peuvent avoir des intérêts plus ou moins contraires dans le canton de Vaud.

A Lausanne, comme à Genève, des lois rigides s'opposaient autrefois à la dépense excessive que l'on pouvait faire dans les repas, dans les fêtes ou dans les convois funèbres ; elles prescrivaient même le genre d'habits que chacun devait porter selon son rang; et il était défendu, sous des peines sévères, de rien acheter *à crédit.* D'autres lois, qui parurent à la même époque (en 1684), proscrivirent encore l'usage du tabac, *comme étant coûteux et nuisible à la santé :* tout celui que les magistrats purent trouver dans les magasins ou chez les particuliers fut brûlé sur les places publiques.

L'ancienne Charte du pays de Vaud, rédigée à Moudon, qui était le chef-lieu du gouvernement sous les ducs de Savoie (1), contient des détails curieux sur les lois pénales en vigueur dans le quatorzième siècle, ainsi que sur la police de ce temps du moyen âge. On payait des amendes plus ou moins fortes, selon que le sang avait coulé avec plus ou moins d'abondance aux personnes que l'on avait frappées à coups de bâton, ou qui avaient été blessées par une autre arme offensive. Les taxes pécuniaires imposées aux agresseurs étaient réglées

(1) Moudon, situé à cinq ou six lieues de Lausanne, tenait alors le premier rang parmi les quatre bonnes villes du Pays-de-Vaud; les Etats de la province s'y assemblaient, et le grand-bailli, envoyé par le duc de Savoie, y faisait sa résidence ordinaire.

souvent sur le nombre de coups de pieds ou de coups de poings, voire même de soufflets que l'on avait donnés dans les rixes ou dans les disputes; et l'on payait quelque misérable somme; *en sous ou en deniers,* pour toute peine correctionnelle (1).

(1) La Charte de Moudon, connue sous le nom de *Charte du Pays-de-Vaud,* fut publiée le 14 juillet 1359. Elle servit long-temps de base à la législation du pays. En voici quelques extraits tirés d'un Recueil imprimé à Genève en 1817 :

« Si quelqu'un a querelle avec un autre, et s'il le bat ou « le frappe, le fait se pourra prouver par le rapport d'un « homme ou d'une femme qui en puisse faire serment de- « vant des prud'hommes. »

« Celui qui frappera d'un bâton ou d'une autre arme of- « fensive, soit que le sang s'ensuive ou non, paiera au sei- « gneur *soixante sous* d'amende, et à celui qui aura été frappé, « s'il fait clameur contre lui, *trente sous.* »

« Celui qui frappe du poing paiera au seigneur *trois sous,* « et *dix-huit deniers* à celui qu'il aura frappé. »

« Qui donnera un soufflet, paiera au seigneur *cinq sous,* « et *trente deniers* à celui qu'il aura frappé. »

« Qui entrera dans le jardin ou dans le verger de quel- « qu'un, sans la permission de celui auquel il appartiendra, « si ce n'est en suivant sa bête ou son oiseau, si ces pos- « sessions sont closes et que ce soit de jour, il sera cou- « pable de *dix sous* envers le seigneur, et de *cinq sous* en- « vers celui à qui appartient le jardin ou le verger; et, s'il « ne le peut payer, il sera contraint de *courir nu par toute la* « *ville.* Que, s'il y est entré de nuit, il paiera *soixante sous* « au seigneur, et à celui auquel est le jardin *dix sous;* mais

Un Vaudois dont j'avais fait la connaissance à Lyon, et qui voulait bien me servir de *cicerone* pendant mon séjour à Lausanne, me conduisit au fameux *Signal,* point de vue célèbre parmi les voyageurs qui ont visité la Suisse. Ce site remarquable est à une demi-lieue au-dessus de la ville, et près de la forêt de Sauvabelin. On y parvient par une montée extrêmement pénible; mais combien l'on est dédommagé de cette course fatigante, lorsqu'on arrive sur cette sommité d'où l'on découvre un horizon immense et la nappe presque entière du Léman !... Le lac, encaissé entre ses rives, paraît comme une glace unie qu'entourent de superbes festons de verdure; les nombreux villages qui le bordent de toutes parts, et dont j'ai fait ailleurs la description, se resserrent vus de cette distance éloignée, et semblent se confondre avec les campagnes délicieuses de leur voisinage. Les prairies et les vergers offrent l'aspect d'une culture variée, d'une végétation brillante, et la nature y déploie avec pro-

« s'il y est entré en suivant sa bête ou son oiseau, il sera
« seulement tenu à payer le dommage qu'il y aura, et le fait
« se devra prouver par le serment de celui auquel appartient
« le jardin ou le verger, ou par le serment d'une personne
« de bonne réputation. »

fusion toutes ses beautés, toutes ses richesses. Les montagnes du Jura, celles du Faucigny, du Chablais, dont les chaînes se dessinent sous des formes plus ou moins majestueuses, plus ou moins sévères, encadrent ce riant tableau, et le nuancent de mille couleurs. Je vis en me dirigeant au nord une partie du Mont-Blanc, dont les Alpes du Chablais me cachaient entièrement la vue lorsque, la veille, je cherchais en vain à le découvrir du haut du clocher de la cathédrale (1). Enfin le spectacle dont j'eus le bonheur de jouir du *Signal* ou près du *Signal* de Lausanne, est d'une magnificence dont rien n'approche ; et la vue admirable que présente ce site, par un temps très-serein, surpasse, je puis l'affirmer, tout ce que l'imagination peut offrir de plus grandiose et de plus enchanteur en beautés pittoresques du premier ordre (2).

« La ville de Lausanne, dit M. de Saussure, est « bâtie sur le penchant du Jorat, dans une situa- « tion magnifique. Elevée de plus de quatre cents

(1) Le Mont-Blanc est invisible de Lausanne.

(2) Un officier de l'université de France, avec qui je m'entretenais, à mon retour de la Suisse , de l'étonnant spectacle qu'offre le *Signal* de Lausanne, me racontait combien il en avait été frappé lors de son séjour dans cette ville : il me dit qu'il avait parfaitement distingué le Rhône

« pieds au-dessus du niveau du lac, elle le domine
« dans toute son étendue, et elle a sur lui deux
« vues tout-à-fait différentes : l'une sur l'embou-
« chure du Rhône, où ce bassin bordé par des
« montagnes hautes et escarpées présente un aspect
« sombre et imposant ; l'autre du côté de Genève,
« où il s'étend à perte de vue dans une large et belle
« vallée, et où ses bords découpés en festons, or-
« nés d'un grand nombre de villes, de villages et de
« châteaux, FORMENT LE PAYSAGE DU MONDE LE
« PLUS RICHE, LE PLUS BRILLANT ET LE PLUS
« VARIÉ. » On voit, par ces dernières lignes de
M. de Saussure, que je ne me suis point montré
trop enthousiaste en décrivant les mêmes lieux.

La belle forêt de Sauvabelin, située derrière le
Signal, est souvent le rendez-vous des habitans de
Lausanne, qui viennent y faire des parties de plaisir :
on danse, on joue, on fait des collations champêtres
sur l'herbe épaisse de ce bois romantique. Il s'y
donne des fêtes militaires dans certaines solennités ;
et les élèves du collége, après leurs promotions, s'y

à l'endroit où il se jette dans le lac Léman. Mais il faut avoir
une vue perçante pour remarquer, sans lunette, les eaux du
fleuve à une distance aussi éloignée. On compte sept lieues
(en ligne indirecte) de Lausanne à l'embouchure du Rhône.

rendent en foule pour tirer de l'arc. On a lieu de
croire que les Druides célébraient leurs mystères
dans ce bois; et ce qui accrédite cette opinion, c'est
l'étymologie latine de *sylva Bellini* (forêt du dieu
Bellinus), que les savans du pays donnent au nom
de *Sauvabelin*. Cette forêt, qui est au nord de Lausanne, s'étendait autrefois jusqu'à la colline où est
bâtie la cathédrale.

Il y avait avant la Réforme un couvent de filles,
dites de *Sainte-Marie*, dans la vallée de Bellevaux,
qui est située au bas de la forêt de Sauvabelin. Les
religieuses de ce monastère firent beaucoup de résistance lorsque les Bernois voulurent, en 1536,
les forcer d'abjurer la religion catholique; elles ne
quittèrent l'habit qu'après seize mois de sollicitations de la part des ministres de la nouvelle secte,
qui avaient employé à leur égard tous les moyens
de séduction, et mille sortes de ménagemens. Le
nom de *Bellevaux* a, dit-on, la même étymologie
que celui de *Sauvabelin*.

Je retournai à Lausanne, les yeux encore tout
éblouis du spectacle dont je venais d'être témoin au
Signal du Mont-Jorat, et je continuai mes courses
dans l'intérieur de la ville.

Le temple de Saint-François, situé sur la place de

ce nom, à côté de la maison des postes, se fait remarquer par la belle flèche qui termine son clocher. J'entrai dans l'église au moment où le ministre en chaire indiquait les psaumes qu'il fallait chanter. Craignant qu'un des *fidèles* ne me fît la politesse de m'offrir une place dans cette assemblée, où l'on entonnait, je crois, les *beaux vers* de Marot et de Bèze, je me contentai de jeter un coup-d'œil rapide dans l'intérieur du temple, et je disparus aussi promptement que l'éclair. Cet édifice fut construit en 1444 par le pape Félix V (Amédée VIII), qui y tint, cinq années après, les dernières sessions du concile de Bâle, que les Pères avaient transféré à Lausanne (1). L'église de Saint-François était desservie par des Cordeliers; mais ils furent expulsés à l'époque de la Réforme, et le Conseil de Lausanne assigna dans le couvent de ces religieux un logement à Pierre Viret, qui avait le plus contribué à faire recevoir les nouvelles doctrines dans cette ville.

Viret, né à Orbe (2) en 1511, avait suivi Farel à Genève pour l'aider à y abolir le culte catholique.

(1) *Voyez* quelques détails sur ce fameux concile, *pages* 60 et suivantes.

(2) Ancienne ville du canton de Vaud, située à six lieues de Lausanne.

Les deux missionnaires vinrent ensuite continuer leur œuvre dans le pays de Vaud, et se firent remarquer par leur zèle fanatique dans les conférences qui se tinrent à Lausanne au commencement de la réformation : ils mirent une ardeur incroyable à propager les erreurs de Calvin, leur appui et leur chef. Viret fut nommé pasteur de Lausanne en 1536. Ce ministre, qui prêchait avec facilité, avait surtout le talent de plaire au peuple en racontant du haut de la chaire quantité d'anecdotes piquantes et bizarres, dont la multitude se montrait singulièrement avide. Il quitta la Suisse et alla s'établir à Lyon, où il fit un séjour de quelques années. Son ardeur pour le prosélytisme, dans cette ville, devint si impétueuse, si violente même, que l'on fut obligé de le chasser comme un séditieux. En effet on le voyait arrêter les passans dans les rues, sur les quais, sur les places : là il les haranguait d'un air lamentable, mais ridicule, les conjurant de renoncer au *papisme* et à l'*idolâtrie romaine ;* il les forçait même, par ses instances, de l'écouter jusqu'à ce qu'il eût fini de pérorer. On conçoit que les autorités de Lyon ne purent tolérer long-temps de semblables folies, et qu'il était juste de bannir un homme qui, compromettant à ce point la tranquillité publique, cherchait encore à troubler les consciences, et jetait la division dans les familles. Pierre Viret se rendit à Orange; puis ayant accepté la retraite que Jeanne d'Albret lui avait offerte dans le Béarn, il se fixa définitivement à Orthez, où il mourut à l'âge de soixante ans.

Viret publia un grand nombre d'ouvrages, dont la plupart n'ont de singulier que leur titre, ou le style bouffon dans lequel ils sont écrits. Presque tous sont un tissu d'injures contre l'Eglise romaine; ils donnent une merveilleuse idée de l'esprit, du caractère et de la violence des premiers réformateurs. Les enthousiastes du parti accueillirent avec transport la *Physique papale*, la *Nécromance papale*, les *Satires chrétiennes de la cuisine papale*, les *Cautèles et Canon de la messe*, ainsi que plusieurs autres libelles du même genre et du même goût, sortis du cerveau de Viret. Je répugne, comme on doit le croire, à citer des productions aussi grossières, aussi indécentes contre le premier pasteur d'une religion qui a civilisé le monde; mais convient-il de se taire quand nous voyons, de nos jours, les ennemis du catholicisme vouer une espèce de culte à des hommes qui rompirent avec tant d'audace les liens d'unité de l'Eglise romaine!...

Guillaume Farel, l'ami de Viret, fut, comme ce-lui-ci, l'apôtre de Lausanne et du pays de Vaud, lorsqu'on voulut en bannir la religion catholique. Déjà il avait été l'un des principaux instrumens de la réformation à Genève, et ce fut lui-même qui attira Calvin dans cette ville, d'où ils se firent chasser l'un et l'autre en 1538, à l'occasion d'une dispute sur la cène. Farel était né à Gap en 1489, et appartenait à une famille noble du Dauphiné. Avec un esprit ardent et une passion excessive pour les idées nouvelles, il suça bientôt les principes des novateurs qui désolaient alors tout le royaume de France ; il concourut lui-même, par son fanatisme, à répandre le trouble dans le Dauphiné, dans la Lorraine, dans l'Alsace et dans la Suisse. Sa fureur contre les cérémonies de l'Eglise romaine était si grande, qu'on le vit un jour, à Montbelliard, arracher une statue de saint Antoine des mains du prêtre qui la portait au milieu d'une procession, et courir ensuite, comme un frénétique, pour l'aller jeter dans la rivière. Farel ne se bornait point à un tel scandale : il apostro-phait dans les rues les prêtres qui portaient le saint viatique aux malades, et les accablait d'injures dé-goûtantes. Enfin cet homme, d'un savoir médiocre et d'un calvinisme outré, osait encore insulter pu-

bliquement les prédicateurs en chaire, et les inter-
rompait avec effronterie au milieu de leurs discours.

Mais Farel éprouva à son tour de violentes contradictions ; il courut même le risque, plus d'une
fois, de perdre la vie dans quelques villes où les habitans, irrités de son zèle fougueux, ne purent contenir leur juste indignation contre lui. Lorsqu'il voulut prêcher à Orbe, non loin de Lausanne, les hommes, les femmes et les enfans se mirent tous à siffler,
à crier, en le traitant de *chien,* de *mâtin,* de *diable*
et d'*hérétique,* *avec un bruit si horrible,* dit un auteur protestant, *qu'on n'aurait pas ouï tonner.* Farel, accoutumé à de semblables réceptions, ne perdit
point courage, et s'obstina, malgré l'opposition du
peuple, à vouloir se faire entendre au milieu de la
place publique; mais il en fut empêché par la manière cruelle dont on l'accueillit. Il fut frappé, renversé par terre; les femmes prirent même, à ce qu'on
assure, le pauvre *diable* par la barbe, et lui déchirè-
rent la figure avec leurs ongles. A Grandson, autre
ville du pays de Vaud, il reçut le même traitement
pour avoir voulu interrompre le sermon d'un prédicateur venu de Lausanne : le châtelain, les justi-
ciers, les hommes et les femmes du peuple, tous à
la fois le chargèrent de malédictions, en le frappant

à coups de pieds et à coups de poings, pour le forcer à se taire; il eut le visage tout meurtri et défiguré. Un ministre qui l'accompagnait dans sa périlleuse mission ne fut pas plus épargné que lui : on lui prodigua les mêmes injures, et il se retira accablé de coups. En citant de pareils faits, je suis loin de vouloir justifier des violences que tout honnête homme réprouve : je les rapporte uniquement pour faire sentir combien la réforme était en aversion parmi le peuple. Farel se retira ensuite à Bâle, puis à Neuchâtel, où il mourut en 1565. Il s'était marié à l'âge de soixante-neuf ans, et avait eu un fils au bout de cinq ans.

~~~~~~

CHAPITRE XVI.

Suite de Lausanne. — Chapelle *Saint-Etienne*, à l'usage de divers cultes; circonstances singulières au sujet de ce petit temple; messe des Catholiques : leur recueillement. — Origine de la paroisse catholique de Lausanne; notice sur la baronne d'Olcah; M. Vincent Belbès, son chapelain, mort en 1819. — Formalités à remplir pour la candidature du curé ou prêtre desservant; serment et conditions exigés de lui après son élection. — Ecoles catholiques. — Construction d'un temple pour les Catholiques *seuls;* motifs urgens qui faisaient désirer la fondation de cette église; clauses prescrites par le gouvernement dans la permission qu'il a donnée à ce sujet. — Suites déplorables des inondations de l'année 1831, qui ébranlèrent les fondemens de l'édifice; appel nouveau fait à la générosité des Catholiques de l'Europe.

Je me trouvai à Lausanne plusieurs jours de dimanche. Comme il est rare qu'un Catholique ait le choix de deux messes dans une ville dont l'immense majorité des habitans suit la religion protestante, je m'étais informé avec soin, la veille du premier dimanche, de l'heure à laquelle l'office devait commencer. Mais combien ne fus-je pas étonné d'apprendre que le lieu même où l'on allait célébrer le saint-sacrifice était une chapelle servant en commun (toutefois par ordre successif) aux Catholiques, aux Réformés allemands (Luthériens et Calvinistes réunis) et aux Anglicans! La même église à l'usage de trois ou de quatre cultes!...... C'est peut-être une chose qui n'existe en aucun lieu du monde, si ce n'est à Lausanne. En vérité, cela me parut si bizarre, si extraordinaire, que j'aurais eu mille peines à le croire, si je ne l'avais vu de mes propres yeux. La messe des Catholiques commence à sept heures et demie; l'office des Réformés allemands à neuf heures, au plus tôt, et la cérémonie des Anglicans à onze heures et demie ou à midi. Les ministres des différens cultes doivent officier aux heures qui leur sont prescrites par le gouvernement, et ils ne peuvent, sous aucun prétexte, prolonger la messe, la prière ou le prêche au-delà du terme de rigueur. Je vis plusieurs fois les Luthériens ou les Calvinistes allemands assiéger la porte de l'église pour succéder aux Catholiques, avant même que la messe fût finie : ainsi, en sortant de la chapelle, nous nous rencontrions, tout en faisant le signe de la croix, avec les Réformés qui venaient écouter le prêche ou manger le pain de la cène.

Cette église que l'on pourrait, à juste titre, appeler le *temple universel*, se nomme la *chapelle du culte* ou *chapelle Saint-Etienne*; on ne la désigne point autrement. Elle est très-petite, surtout très-incommode à cause des bancs où il est peu facile de se mettre à genoux : en cela on a recherché l'agrément de ceux qui prient assis ou debout, et jamais d'une manière plus respectueuse. Le maître-autel et le chœur, à la disposition seule des Catholiques, sont séparés de la nef par une grille en fer, où, après la messe, de grands rideaux verts cachent le tabernacle aux yeux des hommes qui ne veulent pas de l'Eglise romaine. Je vis dans le chœur les portraits des douze apôtres, celui de la sainte Vierge portant l'enfant Jésus, et deux autres tableaux dont l'un représente la Conversion de saint Paul, et l'autre la Résurrection du Lazarre. Cette chapelle est d'ailleurs d'une simplicité mesquine. La chaire à prêcher est occupée successivement par les ministres des différens cultes, c'est-à-dire aux heures fixées pour chaque office par le règlement. Un ecclésiastique, qui remplissait autrefois les fonctions provisoires de curé des Catholiques à Lausanne, me disait un jour qu'il n'avait jamais pu se décider à prêcher la parole de Dieu du haut d'une chaire où il savait qu'une demi-heure après lui un ministre protestant allait monter, pour y combattre, peut-être, les dogmes de notre religion. Ainsi le pasteur de l'Eglise romaine, pour vaincre ses légitimes scrupules, ne quittait point l'autel lorsqu'il devait faire le prône ou prononcer quelque discours. A côté de la chaire à prêcher se trouve la table de la communion pour les *Réformés :* motif de plus qui empêchait M. l'abbé *** de monter dans une chaire où un tel objet sous ses yeux pouvait lui causer des distractions pénibles. Le curé actuel n'a pas la même répugnance : ne consultant que l'intérêt de la religion et son zèle à instruire les fidèles, il paraît hardiment dans cette chaire, soit à la messe, soit à vêpres, soit encore à la prière du soir dans le temps du carême ; il ne s'abstient d'y monter que lorsque la foule est trop grande pour lui permettre de quitter l'autel. La plupart de ses prédécesseurs n'agissaient pas autrement. Les orgues, placées dans une petite tribune, servent aussi tour-à-tour aux Catholiques, aux Réformés allemands et aux Anglicans.

J'éprouvai une bien douce, une bien vive émotion en entendant la messe dans cette chapelle où régnait pendant tout l'office le plus profond silence. Quelle piété! quel recueillement! quelle ferveur parmi tous les assistans!..... Avec quelle attention

religieuse ces fidèles, vivant chez un peuple de Calvinistes, écoutaient les paroles d'un ministre de paix
expliquant l'Evangile, et qui leur recommandait avec
douceur la charité envers tous leurs frères! Il semble que plus les Catholiques sont gênés ou persé-
cutés pour l'exercice de leur religion, plus aussi leur
zèle devient vif et ardent à remplir les devoirs que
cette même religion leur impose. Dans tous les pays
protestans où j'ai voyagé, cette réflexion ne m'a
jamais plus frappé qu'à Lausanne. A l'élévation,
une triste mélancolie me saisit lorsque je vins
à songer qu'un mystère auguste s'opérait dans
le temple même où les ennemis de ce mystère allaient bientôt nous succéder pour célébrer leur
culte. Quelques chants se firent entendre après
l'élévation. Je vis avec joie et attendrissement plusieurs personnes communier de la manière la plus
édifiante : ce spectacle, bien indifférent sans doute
aux yeux de nos esprits forts, avait quelque chose
de ravissant pour moi. Je me le rappelle encore
avec délices (1).

(1) « Il y a un argument si simple et si naturel en fa-
« veur des cérémonies de la messe, dit M. de Chateau-
« briand, que l'on ne conçoit pas comment il est échappé
« aux Catholiques dans leurs disputes avec les Protestans.

La quête fut nombreuse : tout le monde s'empressait de déposer son offrande dans le petit coffre qu'on nous tendait au bout d'un long bâton. Les frais du culte sont à la charge seule de ceux qui le professent. Le prêtre a la faculté de dire la messe tous les jours dans la chapelle Saint-Etienne ; mais il ne pourrait sans imprudence diriger, dans ses discours, aucune attaque contre les religions séparées de l'Eglise romaine : il serait peut-être

« Qu'est-ce qui constitue le culte dans une religion quelconque? c'est le *sacrifice*. Une religion qui n'a pas de sacrifice n'a pas de culte proprement dit. Cette vérité est incontestable, puisque, chez les divers peuples de la terre, les cérémonies religieuses sont nées du sacrifice, et que ce n'est pas le sacrifice qui est sorti des cérémonies religieuses. D'où il faut conclure que le seul peuple chrétien qui ait un culte est celui qui conserve une immolation.

« Le principe étant reconnu, on s'attachera peut-être à combattre la forme. Si l'objection se réduit à ces termes, il n'est pas difficile de prouver que LA MESSE EST LE PLUS BEAU, LE PLUS MYSTÉRIEUX ET LE PLUS DIVIN DES SACRIFICES. » (*Génie du Christianisme*, tome III, chap. V, pages 157 et 158, édition de 1827, in-8°.)

Je cite avec d'autant plus de plaisir ce morceau de M. de Chateaubriand, que l'illustre écrivain, pendant son séjour à Lausanne, a pu être lui-même témoin de ce que je raconte au sujet de la chapelle *des trois cultes*.

sévèrement puni s'il lui arrivait de combattre d'une manière quelconque les erreurs du protestantisme.

On aura vu sans doute avec surprise que le mystère le plus auguste et le plus saint de notre religion soit célébré dans le temple même de ceux qui le rejettent comme une espèce d'idolâtrie. Mais les personnes à qui la lecture de mon récit aura fait éprouver un juste sentiment de délicatesse, sauront que le pape, dans des cas urgens, accorde des dispenses extraordinaires, qui d'ailleurs ne touchent point au dogme; la discipline, comme on le sait, peut varier suivant les temps, suivant les lieux, ou suivant les circonstances. Les Catholiques subissent à Lausanne la loi de la nécessité; car leur culte n'y a point d'existence positive : il y est seulement *toléré.* Avant cette *tolérance* du gouvernement, ils étaient obligés, chaque dimanche, de faire plus de deux lieues pour aller entendre la messe dans un village où la plupart des habitans professent la religion romaine.

D'après la Constitution de 1831, l'exercice de la religion catholique est *garanti* à onze communes du canton de Vaud. Ces communes mixtes, ou presque entièrement catholiques, font partie du district d'Echallens. L'établissement du culte auto-

risé y est *légal,* c'est-à-dire d'une existence certaine, et les frais de ce même culte y sont à la charge
de l'Etat ou à celle des bourses publiques (1); mais
la ville de Lausanne n'étant point comprise dans
cet article de la Constitution, il est facile de voir
qu'elle jouit à cet égard d'une disposition purement facultative.

Le culte catholique, aboli à Lausanne en 1536,
n'a pu être célébré de nouveau dans cette ville que
vers la fin du siècle dernier, c'est-à-dire après une
interruption de plus de deux cent cinquante ans ;
jusqu'alors il y avait été rigoureusement proscrit.
Un assez grand nombre de prêtres, que la révolution française avait forcés de chercher un asile à
Lausanne, parvinrent à y dire la messe, à huis clos,
dans quelques chapelles domestiques. L'une de ces
chapelles, la seule qui fut conservée, dut sa fondation à une dame d'origine allemande, et d'une

(1) Ces communes sont Echallens, Assens, Bottens, Bio-
ley-Orjulaz, Etagnières, Poliez-le-Grand, Poliez-Pittet (ou
Poliez-le-Petit), Saint-Barthélemy, Bretigny, Villars-le-
Terroir et Malapalud.

La ville d'Yverdun a aujourd'hui un prêtre desservant ;
celles de Nyon et de Vevey jouiront bientôt de la même
faveur, grâce au système de liberté religieuse adopté avec
un peu plus d'extension par le gouvernement vaudois.

piété exemplaire, qui vint de Nancy se fixer à Lausanne vers l'année 1794. Cette dame prenait le titre de *baronne d'Olcah* (ou *d'Holca*), nom supposé, sous lequel, selon l'opinion générale et d'après divers indices, elle cachait une illustre naissance (1). Elle conserva toujours le plus strict *incognito;* et crainte de le trahir, elle jeta au feu tous les papiers qui auraient pu faire connaître sa famille. Les pauvres, dont elle fut constamment la bienfaitrice, n'invoquaient jamais en vain son assistance : elle leur prodiguait tous les secours dont ils avaient besoin; on la vit même, dans des momens de détresse, se priver du nécessaire pour ménager une obole aux malheureux. Les prêtres exilés, Français ou Savoyards, furent particulièrement l'objet de sa charité et de ses soins. Les évènemens politiques, qui avaient donné une plus grande extension à la liberté religieuse, et le respect que se conciliait par ses hautes vertus la baronne d'Olcah, permirent insensiblement de rendre publique la chapelle de cette dame. Telle fut la première origine de la paroisse catholique de Lausanne.

Il se passa un fait assez curieux en 1811. Le

(1) L'ecclésiastique (M. Belbès) qui prononça en chaire son oraison funèbre, la qualifia de *princesse.*

chapelain, M. Viviant, étant mort cette année; les principaux Catholiques appelèrent de leurs vœux, pour lui succéder, un artisan nommé *Vincent Belbès,* qui *depuis quatorze ans* exerçait à Lausanne la profession de *menuisier.* Cet homme vertueux, originaire de Morlaix en Bretagne, avait commencé ses études au séminaire d'Avignon, avant la révolution française, et vivait depuis lors dans une condition obscure, en pratiquant tous les devoirs du christianisme. N'étant resté que dix ou douze mois au collége ecclésiastique, il se rendit à Fribourg, où, après un temps convenable de retraite et de préparation, il fut ordonné prêtre à l'âge de *cinquante-trois ans.* De retour à Lausanne, il édifia le public par sa piété, par son zèle, par son éloquence douce et persuasive; et il parvint à donner plus de consistance aux exercices religieux des Catholiques et à leur association. Ainsi que l'abbé Viviant, son prédécesseur, il partagea la table de la baronne d'Olcah, et eut un logement dans sa maison; il remplissait les fonctions d'aumônier de cette dame et de curé de la paroisse. En 1814, un officier autrichien ayant demandé qu'une messe fût célébrée le jour de Pâques, pour le corps de troupes sous ses ordres, dans la petite église de Saint-Etienne,

M. Belbès saisit cette occasion pour se faire ouvrir cette chapelle, destinée alors aux Allemands seuls du culte protestant. Depuis cette époque, les Catholiques en ont partagé la jouissance gratuite avec les Réformés allemands, et plus tard avec les Anglicans, qui obtinrent à leur tour la faculté d'y célébrer leur culte. M. Belbès mourut, très-regretté, le 23 juillet 1819, à la suite d'une longue et douloureuse infirmité. Un magistrat cher aux Catholiques, fit graver sur son marbre funéraire cette simple mais touchante inscription : *Il fut tout à Dieu et à son troupeau...* Mme la baronne d'Olcah avait précédé dans la tombe ce vénérable pasteur, qu'elle affectionnait tendrement; elle était morte en 1815, après avoir éprouvé bien des traverses et des tribulations, mais qui ne désarmèrent point sa patience, et auxquelles elle se soumit avec une résignation toute chrétienne (1).

Le curé est choisi par le Conseil-d'Etat, sur une liste de trois ecclésiastiques qu'on lui propose, et qu'il peut refuser tous les trois, si aucun d'eux ne lui semble devoir être agréé par lui; mais ce dernier cas est fort rare. Les trois candidats, dont

(1) On conserve à la cure de Lausanne le portrait de la baronne d'Olcah, ainsi que ceux de son mari et de son fils.

l'évêque de Fribourg a dû approuver la nomination; sont présentés aux membres du Petit-Conseil par trois Catholiques domiciliés à Lausanne, et qui ont le titre de *préposé*, à cause de leur qualité de mandataires des chefs de famille de leur religion. Le ministre élu prête serment de fidélité au gouvernement, d'obéissance aux lois, et promet de se conformer aux règlemens de police en usage. Les *préposés* sont astreints à la même formalité, pour ce qui regarde le serment, lorsqu'ils ont été agréés par le Conseil-d'Etat. Le curé, nommé par ce conseil suprême, reçoit le titre de *prêtre desservant de la chapelle du culte catholique.* Par respect pour la *paix religieuse,* il ne doit se permettre aucun acte de prosélytisme en attirant dans sa communion un membre d'une autre religion légalement établie : une punition sévère lui serait infligée, s'il se rendait *coupable* d'un pareil fait, qui est considéré comme une infraction aux lois. Toute procession, toute cérémonie hors du temple lui est rigoureusement interdite, et il ne doit jamais sortir en habits sacerdotaux, ni même en costume ecclésiastique. La loi ne lui permet point de s'adjoindre un vicaire; mais à l'époque des grandes fêtes, ou dans un temps de jubilé, il peut obtenir du gouvernement l'autorisation de faire venir à Lausanne un prêtre du diocèse, pour l'aider dans les fonctions de son ministère. Le cimetière est commun pour les différens cultes ; les Catholiques y sont enterrés avec les Protestans, sans aucune place distinctive : ils ne peuvent point avoir de cimetière particulier, c'est-à-dire qui soit destiné à la sépulture des membres seuls de leur communion, quand même ils voudraient l'établir à leurs propres frais.

Cependant il faut être juste : le gouvernement vaudois se montre ordinairement facile à favoriser, dans les limites des lois, les intérêts de la population catholique. Le curé actuel, M. Sylvain Reidhaar, s'est plu non seulement à me citer des preuves de bienveillance des autorités du pays, mais encore il ajoutait, avec une émotion visible, que ses paroissiens malheureux avaient plus d'une fois éprouvé les effets de la bienfaisance de leurs frères séparés.

Il s'est formé à Lausanne deux écoles primaires *catholiques,* l'une pour les garçons, l'autre pour les filles ; mais ces deux établissemens, quoique précieux dans une ville protestante, laissent beaucoup à désirer sous le rapport des objets de l'enseignement : il serait donc très-nécessaire de les soutenir, de les encourager et de travailler à leur perfection, afin d'éviter aux parens tout prétexte de faire élever leurs enfans dans les écoles protestantes; l'instruction religieuse en souffrirait moins, et ce serait un grand service à rendre à la religion. Déjà les vœux des pasteurs se sont fait entendre à ce sujet; espérons qu'ils seront bientôt exaucés.

Les Catholiques ont obtenu, il y a peu d'années, la permission de faire construire à Lausanne un temple à l'usage exclusif de leur culte : des raisons de la plus grave importance leur faisaient désirer vivement cette faveur des autorités vaudoises. La chapelle Saint-Etienne ne suffit plus au nombre toujours croissant de paroissiens venus de différentes contrées de l'Europe, et qui sont des Français, des Savoyards, des Suisses, des Allemands, des Italiens et des Anglais. Cette population, en quelque sorte européenne, s'élève de mille à douze cents personnes en hiver, et à plus de quinze cents dans la belle saison; il est donc impossible de célébrer les offices convenablement dans une chapelle qui peut à peine contenir la moitié des fidèles, et où règne en été une chaleur étouffante, souvent même dangereuse, comme des accidens l'ont prouvé. Bien plus encore, l'obligation où l'on est d'évacuer le local à neuf heures précises, pour faire place

aux Réformés allemands, ce qui empêche au curé
de donner aux instructions religieuses le développement nécessaire ; toutes ces considérations et
plusieurs autres avaient engagé, depuis long-temps,
les Catholiques de Lausanne à demander au gouvernement la permission de faire bâtir un temple
destiné exclusivement à leur culte. Cette autorisation a été enfin accordée, mais sous des clauses
auxquelles il a fallu se soumettre. La nouvelle église,
de même que l'ancienne, n'aura *ni clocher, ni cloches, ni croix;* en un mot, il n'y sera placé aucun
signe extérieur de religion : outre cela, les lois de
1810 et de 1812, qui règlent les exercices du culte
catholique, ne cesseront point d'être en vigueur.
Telles sont les conditions imposées aux signataires
d'une pétition où la liberté de conscience était de-
mandée dans les termes les plus vifs et les plus tou-
chans. Quoi qu'il en soit, le gouvernement du canton de Vaud a fait un acte libéral en permettant une
chose que réclamaient l'honneur et la dignité de la
religion romaine. Il est seulement fâcheux qu'il se
soit décidé un peu tard, malgré les sollicitations
pressantes et malgré les démarches réitérées des
principaux Catholiques de Lausanne.

Des souscriptions nombreuses avaient été recueillies en France, en Suisse et en Italie, pour subvenir aux frais de construction du nouveau temple; déjà même l'édifice touchait à son couronnement, et les Catholiques saluaient avec transport le jour qui devait éclairer la célébration du service divin dans ce nouveau sanctuaire, lorsque la funeste journée du 4 septembre 1831, dont les désastres ont retenti dans tous les journaux, vint répandre l'effroi dans le canton de Vaud et dans les pays circonvoisins. A la suite des inondations qui désolèrent alors cette partie de la Suisse, le terrain qui supportait l'église subit un mouvement; ce mouvement détermina sur plusieurs points de l'édifice de larges lézardes, ou crevasses profondes, descendant du sommet à la base, et indiquant un violent effort de la totalité du sol vers un ruisseau situé à peu de distance au-dessous des constructions. Une commission d'architectes, nommée pour examiner le dommage et pour y remédier, s'il était possible, déclara, dans son rapport, que les travaux devaient être interrompus; qu'on ne pouvait garantir la solidité de l'édifice sur un sol aussi mouvant; que d'ailleurs les frais de réparation seraient très-considérables; enfin, qu'il y avait prudence, économie même à construire sur un autre terrain, en y transportant avec soin les matériaux de l'église, dont la ruine leur paraissait prochaine. Cette déclaration d'experts fit naître de sérieuses réflexions, et leur avis fut suivi en tous points. Un nouveau local, convenablement situé, a donc été acquis par l'administration catholique de Lausanne, et les travaux, recommencés ailleurs, sont aujourd'hui en pleine activité. Il a fallu, comme on le pense, recourir encore pour ces frais imprévus à la charité et à la piété des fidèles; mais ce second appel a été entendu des Catholiques de l'Europe : les collectes sont devenues aussi riches et aussi nombreuses que les premières. M. le curé de Lausanne, président de l'administration, me disait à ce propos qu'il éprouvait le besoin de déclarer hautement combien les Catholiques de sa paroisse étaient surtout reconnaissans du zèle et de la générosité que la France religieuse avait montrés en contribuant à cette bonne œuvre, d'un intérêt pour ainsi dire européen. « J'en conserverai, me disait-il, un éternel souvenir; et ce sentiment bien juste de gratitude se perpétuera, je n'en doute point, chez mes successeurs et parmi leur troupeau. »

SuitE DE Lausanne. — J.-J. Rousseau allait entendre la messe dans un village près de Lausanne, etc. — Ses liaisons avec les chefs de l'incrédulité le perdirent. — Premières causes de son enthousiasme républicain. — Ses lectures favorites. — Marques extérieures de religion données par ce philosophe. — Calme de son âme avant son entrée dans le monde. — Mme de Warens : détails peu connus sur cette dame, qui contribua à la conversion de Rousseau. — Jean-Jacques avait un *confesseur :* son propre récit à ce sujet, etc.; son attachement aux jésuites; mais il se trompait à l'égard de leur doctrine. — Petite anecdote de voyage. — On a tort de s'acharner contre les jésuites.

———————

J.-J. Rousseau fit un séjour de quelques mois à Lausanne, vers l'année 1730. A cette époque, il avait abjuré la religion protestante dans le sein de laquelle il était né. On le voyait aller à la messe tous les jours de dimanche, *quand il faisait beau* (1), à Assens, petite ville située à deux lieues et demie de Lausanne. *Je suivais,* dit-il en parlant lui-même de cet acte de dévotion, *je suivais sans mystère et sans*

(1) Expressions de Jean-Jacques.

scrupule le culte que j'avais embrassé. Il faisait ordinairement cette course avec d'autres catholiques,
surtout avec un brodeur parisien dont il semble
regretter d'avoir oublié le nom. A Turin, en Italie,
il allait aussi fort souvent à la messe de la chapelle
du roi ; mais il y était attiré par les charmes de la
musique. L'office auquel il assistait près de Lausanne était la petite messe d'un curé de village : il
n'y avait là aucun concert qui l'engageât à suivre le
commandement de l'Eglise.

Le même Rousseau donna dans le cours de sa
vie plusieurs marques extérieures de religion. Ayant
le cœur bon, généreux, sensible, l'âme honnête et
naturellement disposée au bien (1), Jean-Jacques
aurait sans doute épargné à l'Europe le spectacle
affligeant du scandale de ses écrits contre la religion et contre les gouvernemens (2), s'il eût été
élevé dans de bons principes, et qu'on ne l'eût

---

(1) Ceci n'est point une apologie. Mais la conduite de
Rousseau fut souvent en opposition avec cette pente naturelle qu'il avait pour le bien : il convient lui-même de quelques-uns de ses torts en ce genre.

(2) Rousseau explique lui-même comment il se livra de
bonne heure à cet enthousiasme républicain, à cet esprit
de haine contre les monarchies, dont il se sentit animé
toute la vie, et que l'on remarque dans la plupart de ses

pas abandonné à lui-même dès son jeune âge. De
plus, les liaisons qu'il contracta avec les philosophes de son siècle le perdirent entièrement : il
puisa dans la capitale de la France ces maximes
dangereuses que propageait alors la secte des d'A-
lembert, des Diderot, des Helvétius, des d'Holbach, dont les idées se répandaient dans nos pro-

ouvrages : c'est en conversant avec son père (*), et en lisant la Vie des Hommes illustres de Plutarque, lorsqu'il
eut renoncé à la lecture fastidieuse des romans.

« Je préférai bientôt (dit-il) Agésilas, Brutus, Aristide
« à Orondate, Artamène et Juba. De ces intéressantes lec-
« tures, des entretiens qu'elles occasionnaient entre mon
« père et moi, se forma cet esprit libre et républicain, ce
« caractère indomptable et fier, impatient de joug et de ser-
« vitude, qui m'a tourmenté tout le temps de ma vie dans
« les situations les moins propres à lui donner l'essor. Sans
« cesse occupé de Rome et d'Athènes, vivant pour ainsi dire
« avec leurs grands hommes, né moi-même citoyen d'une
« république, et fils d'un père dont l'amour de la patrie était
« la plus forte passion, je m'en enflammais à son exemple,
« *je me croyais Grec ou Romain ;* je devenais le personnage
« dont je lisais la vie : le récit des traits de constance et
« d'intrépidité qui m'avaient frappé, *me rendait les yeux étin-*
« *celans et la voix forte.* Un jour que je racontais à table l'a-
« venture de Scévola, on fut effrayé de me voir avancer et
« *tenir la main sur un réchaud* pour représenter son action. »

(*) Le père de Rousseau descendait d'un libraire de Paris, qui fut
obligé de quitter la France, en 1529, à cause de son attachement au
calvinisme.

vinces avec une effrayante rapidité. Il est vrai
qu'ensuite les mêmes hommes lui suscitèrent d'ó-
dieuses persécutions, et firent payer cher à leur
agrégé l'honneur de leur connaissance. On ne peut
qu'attribuer à des jalousies d'écrivains cette conduite inexplicable des prétendus amis de Rousseau,
laquelle est encore de nos jours une énigme : leur
mérite littéraire devait s'éclipser, en effet, devant
celui d'un rival qui les surpassa tous par son éloquence, par la douceur et la beauté de son style.
Mais il suça leurs principes, et devint à son tour
l'un des coryphées du parti. Le tableau hideux que
Jean-Jacques trace lui-même de ces compagnies
de libertins et d'impies où il eut le malheur de
s'égarer, donne lieu aux réflexions les plus pénibles, et n'inspire que des sentimens de dégoût (1).

J'ai avancé que Rousseau donna plusieurs fois
des marques extérieures de religion. Il se plaît à
raconter, dans ses Mémoires, la vive jouissance
que lui faisait éprouver la lecture de la Bible, lecture qu'il dit avoir même renouvelée jusqu'à cinq
ou six fois de suite. Les divines Écritures lui offraient tant de charme qu'il les dévorait dans son
lit, et ne cessait de les lire que lorsque le sommeil

(1) *Voyez* la note (F) à la fin du volume.

lui avait appesanti les paupières. Nous aurions peut-être lieu de croire que ce grand écrivain, dont, il faut déplorer les funestes erreurs, avait puisé dans nos Livres saints ces traits d'une éloquence mâle, hardie, vigoureuse, ce style naturel, brillant, harmonieux, que nous admirons dans la plupart de ses écrits. L'*Histoire de l'Église*, les *Caractères de La Bruyère*, les *Hommes illustres de Plutarque*, le *Discours de Bossuet sur l'histoire universelle*, tous ces ouvrages furent encore l'objet principal de ses lectures ; Plutarque surtout était pour lui un auteur plein d'attraits. Avant ses liaisons philosophiques, Jean-Jacques remplissait avec simplicité certains devoirs que la religion nous impose. Pendant son séjour aux Charmettes, près de Chambéry, des jésuites ou des carmes de cette ville venaient lui dire la messe dans une chapelle attenante à la maison solitaire où il menait une vie douce et tranquille avec Mme de Warens, qui lui tenait lieu de mère. Rousseau avait été confié à la direction de cette dame lorsqu'il voulut embrasser la religion catholique, et ce fut elle qui contribua le plus à sa conversion. Mme de Warens étant devenue sa protectrice, son amie, Jean-Jacques lui témoigna, en retour de tant de bienfaits, une tendresse, un attachement qu'il ne démentit presque jamais durant le cours de sa vie. Mais on ne peut concevoir par quel étrange délire le même Jean-Jacques a eu la bassesse de diffamer cette femme dont l'honneur lui faisait un devoir de cacher les vices, *s'il est bien vrai,* comme il le rapporte, qu'elle ait eu dans la suite des liaisons coupables avec lui (1). Elle avait douze ans de plus que Rousseau. Il fait du reste un magnifique éloge des qualités de cette dame, et il annonce qu'*elle est morte bonne catholique.*

Mme de Warens, née *de La Tour,* était d'une famille noble et ancienne du pays de Vaud; elle habitait les environs de Lausanne, ou le village de Chailly, situé à une lieue de Vevey. Des chagrins domestiques lui firent abandonner la Suisse pour aller se jeter aux genoux de Victor-Amédée, roi de Sardaigne, qui se trouvait alors à Evian en Savoie. Le prince la reçut sous sa protection, et lui donna une pension de deux mille francs (2). Mme de Warens, escortée par un détachement des gardes

(1) Rousseau avance (mais la chose est incroyable) que Mme de Warens entretint un commerce secret avec lui *pour l'empêcher de se laisser aller à la séduction du monde.* Quoi qu'il en soit, il est honteux pour Jean-Jacques d'avoir divulgué ainsi les faiblesses de sa malheureuse bienfaitrice.

(2) Ou de quinze cents livres du Piémont.

royaux, se rendit à Annecy, où elle abjura le protestantisme dans le couvent des religieuses de la Visitation. Le digne successeur de François de Sales, M. de Bernex, évêque de Genève, voulut bien servir de directeur à cette dame ; il l'affectionnait tellement qu'il l'appelait *sa fille*.

Mme de Warens et Rousseau, retirés plus tard aux Charmettes, recevaient, comme je l'ai dit, la visite des jésuites ou des carmes de Chambéry. Ces religieux y étaient accueillis avec bonté, et reçus comme des amis, comme des pères. En parlant de ces jours de bonheur, et de ces directeurs sages dont il aurait dû mettre à profit les conseils et les leçons, Jean-Jacques fait un tableau intéressant du calme de son âme, de cette *tranquille jouissance* qu'éprouve le chrétien fidèle à ses devoirs, et dont les lèvres n'ont pas encore touché la coupe empoisonnée du vice. « Je n'ai jamais été, dit-« il, si près de la sagesse que durant cette heu-« reuse époque. Sans grands remords sur le passé, « délivré des soucis de l'avenir, le sentiment qui « dominait constamment dans mon âme était de « jouir du présent. Les dévots ont pour l'ordinaire « une petite sensualité très-vive, qui leur fait sa-« vourer avec délices les plaisirs innocens qui leur

« sont permis. Les mondains leur en font un crime,
« je ne sais pourquoi ; ou plutôt je le sais bien ;
« c'est qu'ils envient aux autres la jouissance des
« plaisirs simples dont eux-mêmes ont perdu le
« goût. Je l'avais ce goût, et je trouvais charmant
« de le satisfaire en sûreté de conscience. Mon
« cœur neuf encore se livrait à tout avec un plaisir
« d'enfant, ou plutôt, si j'ose le dire, avec une
« volupté d'ange ; car en vérité ces tranquilles jouis-
« sances ont la sérénité de celles du paradis. »

Une chose peu connue encore, ou du moins qui
a échappé sans doute à l'attention de beaucoup de
personnes, c'est que Rousseau, pendant son séjour
aux Charmettes, s'approchait du tribunal de la pénitence : son confesseur était un jésuite qu'il aimait
beaucoup. La manière dont Jean-Jacques raconte
lui-même cette époque intéressante de sa vie est
trop curieuse, trop originale, pour que l'on puisse
me reprocher d'en reproduire le récit tout entier. Il
est fidèlement extrait de ses Mémoires publiés après
sa mort, et dont j'ai vu l'*autographe* à Genève, ainsi
que je le rapporterai plus tard.

« Les écrits de Port-Royal et de l'Oratoire (dit
« J.-J. Rousseau) étant ceux que je lisais le plus
« fréquemment, m'avaient rendu demi-janséniste,

« et, malgré toute ma confiance, leur dure théologie
« m'épouvantait quelquefois (1). La terreur de l'en-
« fer, que jusque-là j'avais très-peu craint, trou-
« blait peu-à-peu ma sécurité; et si *maman* (2) ne
« m'eût tranquillisé l'âme, cette effrayante doctrine
« m'eût enfin tout-à-fait bouleversé (3). MON CONFES-
« SEUR, qui était aussi le sien, contribuait pour sa part
« à me maintenir dans une bonne assiette. C'était le
« Père Hémet, jésuite, bon et sage vieillard dont la
« mémoire me sera toujours en vénération. Quoi-
« que jésuite, il avait la simplicité d'un enfant (4);
« et sa morale, moins relâchée que douce, était pré-
« cisément ce qu'il me fallait pour balancer les tristes

(1) Cela se conçoit : les écrits des sectaires de Jansénius
ont souvent désespéré des âmes faibles, au point de per-
vertir entièrement des hommes qui, regardant leur salut
comme impossible, se sont tout-à-coup livrés au désordre
pour jouir du temps présent, leur seul et unique espoir.

(2) Rousseau appelait ainsi Mme de Warens, sa bienfaitrice, qui lui tenait lieu de mère.

(3) Il paraît qu'il se sentait bien coupable. L'enfer est
non seulement une vérité, une *effrayante* vérité, mais encore une *très-salutaire* doctrine pour ceux que la justice humaine ne saurait atteindre.

(4) *Quoique jésuite...* C'est là une de ces idées bizarres de
Rousseau, qui s'imaginait sans doute qu'il suffisait d'être
jésuite pour n'avoir pas la *simplicité d'un enfant*. Il y a bien
de *l'enfantillage* dans une pareille idée !

« impressions du jansénisme. Ce bon homme et son
« compagnon, le Père Coppier, venaient souvent
« nous voir aux Charmettes, quoique le chemin fût
« fort rude, et assez long pour des gens de leur âge.
« Leurs visites *me faisaient grand bien* (1) : que
« Dieu veuille le rendre à leurs âmes ! car ils étaient
« trop vieux alors pour que je les présume encore
« en vie aujourd'hui (2). J'allais aussi les voir à
« Chambéry; je me familiarisais peu-à-peu avec leur
« maison; leur bibliothèque était à mon service : le
« souvenir de cet heureux temps se lie avec celui
« des jésuites, au point de me faire aimer l'un par
« l'autre; et quoique leur doctrine m'ait toujours paru
« dangereuse, je n'ai jamais pu trouver en moi le
« pouvoir de les haïr sincèrement. »

Cet aveu de Rousseau, *qui ne put jamais trouver
en lui le pouvoir de haïr sincèrement les jésuites,* est
franc, sincère : il dit tout, et condamne seul ce
qu'il y a de répréhensible dans certaines expressions
du morceau que je viens de citer, expressions que
j'ai cru devoir relever par quelques notes ; mais l'é-
pithète de *dangereuse* appliquée sans restriction à la

(1) Il aurait bien dû mettre toujours à profit leurs leçons
il s'en serait mieux trouvé.

(2) Rousseau écrivait ceci vers l'an 1770 ou 1772.

doctrine des jésuites, de ceux-là mêmes dont il vient de faire l'éloge, est une contradiction manifeste, et doit paraître tout-à-fait inconvenante. Il est vrai que c'était le mot à la mode parmi les philosophes de son temps, lorsqu'il était question de l'ordre des jésuites. Ce mot, comme on le sait, a été répété bien souvent de nos jours par des gens qui affectent de croire ou qui croient peut-être sérieusement que les principes des jésuites sont fort à craindre pour la morale, et que les prêtres de cette société sont même des hommes dangereux.

Un fait assez singulier, dont je fus témoin peu de temps avant mon entrée en Suisse, prouvera combien le nom seul de *jésuite* inspire de terreur aux personnes faibles, ignorantes ou crédules, et combien est habile la tactique de ceux qui, à la faveur de certains mots, jettent le trouble et la défiance quand il s'agit des objets de leur haine ou de leur animadversion.

Je venais de monter dans une diligence où il y avait deux voyageurs et une dame. L'heure du départ était sonnée; mais deux autres personnes que l'on attendait n'arrivaient point. Les voyageurs se fâchent; le postillon jure de colère en retenant ses chevaux... Le conducteur seul prenait patience, et

nous disait que les deux absens ne pouvaient manquer d'arriver bientôt. L'un des voyageurs jette alors
un coup - d'œil à travers la portière ; et apercevant
deux ecclésiastiques s'avancer de loin du côté de
notre diligence, il lâche ces terribles paroles : *Mor-
bleu! voilà deux jésuites!!!* La dame aussitôt se
trouve mal, et pousse un cri en disant : *Ah! mon
Dieu!...* Je crus un moment qu'elle allait rendre
l'âme; elle paraissait comme asphyxiée. Je m'efforce
de la ranimer en lui faisant sentir de l'eau de Co-
logne que j'avais dans un flacon, et elle revint; mais
elle ouvrait à peine ses petits yeux noirs (il me semble
que j'assiste encore à cette singulière tragi-comédie);
je lui dis avec douceur : *Madame, ne craignez rien; ces
messieurs* (je n'osais dire *les jésuites*) *ne vous feront
aucun mal : j'en réponds; comptez sur moi.* M'adressant ensuite au voyageur qui avait si fort effrayé notre
jeune compagne, et lequel paraissait tout déconcerté
de l'effet de ses paroles *imprudentes*, je lui demandai s'il connaissait ces deux ecclésiastiques. Aussitôt,
relevant ses moustaches (c'était un officier de cavale-
rie), il me répondit, comme affligé d'une pareille
question : *Moi! les connaître?... Oh! non, certainement : je les vois aujourd'hui pour la première
fois de ma vie.* — *Mais vous plaisantez,* lui répli-

quai-je vivement, *puisque vous nous annoncez vous-même qu'ils sont jésuites. Comment donc! vous les regardez comme tels parce qu'ils portent l'habit de prêtre?... Que diriez-vous, je vous prie, d'un bourgeois qui, en voyant un militaire en uniforme, dirait, sans savoir à quel régiment il appartient : « Voilà un chasseur! » tandis que ce serait un dragon, ou bien : « Voilà un dragon! » tandis que ce serait un chasseur? Vous le traiteriez sans doute de..... Il en est de même du clergé : tous les prêtres ne sont pas jésuites.* Mon observation fit rire l'officier aux éclats, et il me toucha la main avec cette cordialité qui distingue la loyauté et la franchise de nos braves. Les deux prétendus jésuites, qui n'étaient que de simples *séminaristes,* arrivèrent enfin au moment où se terminait notre discussion. L'officier et son compagnon de voyage, loin de les chagriner, furent au contraire très-polis à leur égard; la pauvre dame revint de sa frayeur, écouta mes raisons, et finit par rire elle-même de l'expression *dangereuse* qui avait failli de lui coûter un peu cher.

On voudra bien me pardonner cette digression, à laquelle j'ai été entraîné malgré moi par l'injuste épithète de Jean-Jacques à propos de la doctrine d'une société célèbre. Le fait que je rapporte, quoique fort simple en lui-même, peut servir à justifier les réflexions qui le précèdent. D'ailleurs je n'aurais point hésité à passer sous silence cette petite anecdote de voyage, si je ne me fusse rappelé combien elle avait paru divertir les personnes à qui je l'ai racontée.

Cependant je prie le lecteur de ne point s'imaginer, d'après ce récit et mon langage, que je veuille bravement m'établir le champion des jésuites, dont j'ai tout l'air de prendre la défense. Il se tromperait assurément : je laisse ce soin à des gens plus instruits et plus exercés que moi; mais je ne puis m'empêcher de gémir en voyant avec quelle injustice l'on attribue à une société, généralement composée d'hommes estimables, les maximes ou les idées répréhensibles de quelques-uns de ses membres, dont la plupart, du reste, étaient d'une nation étrangère à la nôtre (1). Les bénédictins, les prêtres de l'O-

(1) Lorsque le fameux Santarel, jésuite italien, eut publié, en 1625, son ouvrage en faveur des papes, dans lequel il leur attribuait tout pouvoir non seulement sur le trône des souverains, mais encore sur la vie même des princes, la Sorbonne le censura, et le parlement de Paris fit brûler le livre par la main du bourreau. On vit alors les jésuites de France désavouer en masse la doctrine de Santarel, et adhérer de plein cœur à sa condamnation. Le Père

ratoire, que l'on ne songe point à attaquer, n'eurent-ils jamais parmi eux des hommes qui émirent des opinions suspectes ou même dangereuses? Pourquoi donc s'acharner plus particulièrement contre les jésuites, à qui les lettres doivent tant de reconnaissance, et dont les ouvrages, avec ceux des bénédictins, font l'une des gloires de notre religion? Une société est-elle jamais responsable des erreurs ou des fautes de ceux qui lui appartiennent? Soyons de bonne foi : raisonner dans ce sens, d'une manière affirmative, serait absolument contraire à la logique (1).

Cotton, confesseur du roi, fut le premier signataire de cette déclaration contre les sentimens du Jésuite ultramontain.

Voyez, sous la note (G) à la fin du volume, un morceau remarquable de M. de Chateaubriand sur la société des jésuites.

(1) Comme l'on pourrait croire que je fais un acte de reconnaissance en défendant les jésuites, je dois prévenir que je n'eus point l'avantage d'être élevé par eux. Dans le collége où j'ai fait mes études, nous n'étions appelés au travail qu'au bruit seul du tambour; nous n'allions à la promenade qu'avec les fifres, les tambours et la musique en tête; et, comme des militaires, nous marchions les uns sous l'habit de grenadier, les autres sous celui de voltigeur : or, il est bien certain que nos capitaines n'appartenaient point à l'ordre des jésuites.

CHAPITRE XVIII.

SUITE DE LAUSANNE. — Eglise de Saint-Laurent. — Les noms des
saints de l'Eglise romaine ont été conservés à Lausanne pour les
temples, pour les rues, etc., circonstance assez remarquable dans un
pays protestant. — Esprit religieux des Lausannois : leur empressement à assister aux offices, leur exacte observation du dimanche, etc.;
réflexions à ce sujet. — Contrafatto : note sur ce condamné célèbre,
vu par l'auteur au bagne de Brest en 1831. — Environs de Lausanne; maisons de campagne dont ils sont parsemés de toutes parts.
— Mon-Repos, ancienne campagne de Voltaire, Villamont, où Haller fit son séjour : parallèle des deux personnages; visite de Joseph II
au même Haller. — Cercles et société de musique de Lausanne.—
Concert donné par J.-J. Rousseau dans cette ville : détails plaisans
racontés par lui-même au sujet de ce curieux *charivari*. — Tissot :
éloge historique de ce fameux médecin, dont le talent fut honoré
par l'empereur d'Autriche et par le pape Pie VI.

L'EGLISE de Saint-Laurent est le troisième temple
à l'usage seul des Réformés de Lausanne ; elle a été
bâtie au commencement du dix-huitième siècle. Sa
façade élégante est décorée de beaux pilastres d'ordre dorique et cannelés. La place où ce temple est
construit porte également le nom de *Saint-Laurent*.
L'ancien cimetière de la paroisse a aussi le même

nom : on voyait à peu de distance de ce séjour des morts les ruines d'une chapelle dédiée à saint Roch, auprès de laquelle furent bâtis un hôpital et un lazaret dans une année où la peste ravageait Lausanne et les lieux d'alentour ; cette chapelle existait au milieu d'une propriété connue, depuis un temps immémorial, sous le nom de *Pré du marché*. Mais tout a été détruit, et les ruines ont servi à la construction d'une fabrique établie dans le voisinage. Je remarquai au-dessus de la porte d'entrée de la manufacture un petit groupe de deux anges avec la date de 1523 : cette sculpture est le seul monument qui reste de la chapelle de Saint-Roch.

C'est une contradiction singulière de la part des protestans de la Suisse d'avoir conservé pour leurs églises, pour les places et pour les rues de leurs villes, le nom des mêmes saints dont ils ont aboli le culte et proscrit les images. Pendant mon séjour à Lausanne, je fus souvent tenté de me croire dans un pays catholique, lorsque, voulant aller quelque part et m'adressant au premier venu, je m'entendais faire ces sortes de réponses : *Vous passerez dans la rue Saint-Pierre, dans la rue Saint-Jean...* — *Traversez la place Saint-François...* — *Descendez à Saint-Laurent...* — *Montez la rue Saint-Étienne pour vous rendre à l'église Notre-Dame.* — *Le plus grand ci-metière est près du Calvaire,* etc., etc. En un mot, un étranger catholique est tout surpris du respect avec lequel les *Réformés* de la Suisse, notamment ceux de Lausanne, ont maintenu les noms des saints de l'Eglise romaine. Plût à Dieu qu'ils eussent conservé aussi religieusement la foi de leurs pères! Il faut l'avouer, nos démagogues de 93 ne furent pas si tolérans lorsqu'ils voulurent, sous le règne de la terreur, anéantir le nom de *saint,* en le faisant dis-paraître de nos rues, de nos places et des faubourgs de notre capitale; lorsqu'ils voulurent encore chan-ger la destination de nos temples, pour transformer ces édifices sacrés en écuries ou en granges, en magasins ou en ateliers, en prisons mêmes, et en d'horribles lieux de massacre, comme l'attestent les ruines fumantes de l'Abbaye, où tant de malheureux furent égorgés par les bourreaux de Robespierre.

L'impartialité me fait une obligation de dire que les Lausannois ont généralement l'esprit religieux. Je les voyais, chaque dimanche, se rendre en foule et avec le plus vif empressement dans leurs églises, soit le matin à neuf heures, soit l'après-midi à une heure. Hommes, femmes, enfans, vieillards, tous accouraient vers les temples, au bruit des cloches en mouvement, et dont l'agréable carillon me faisait imaginer que j'étais alors dans quelque ville d'Espagne ou d'Italie. Les rues, les places et les promenades se trouvaient désertes tout le temps de l'office, et l'on eût dit que la peste venait de ravager la ville entière. Frappé de ce singulier spectacle, j'errais en curieux dans les divers quartiers de Lausanne, et surtout près des églises; mais je ne rencontrais sur mes pas que des agens de police dont le regard sévère forçait de baisser les yeux, et qui semblaient vouloir me dire : *Que faites-vous là? Allez au prêche.* J'aurais pu néanmoins leur répondre avec assurance, et sans mentir : *Je suis catholique, j'ai entendu la messe.* Les magasins, les bureaux, les cafés, les boutiques mêmes de boulangers, tout se trouvait fermé durant le service divin. Et malheur à quiconque se serait permis de vendre ou d'étaler sa marchandise, et même d'entr'ouvrir son magasin! un procès-verbal, suivi d'une amende pécuniaire plus ou moins forte, eût été la juste punition de sa désobéissance à la loi (1).

---

(1) Les pharmacies *seules* sont exceptées de la mesure générale. Les magasins et les cafés peuvent, toutefois, ouvrir avant et après l'office : l'autorité ne s'y oppose point; mais les pasteurs sévères lui reprochent à cet égard un peu trop

Un fait remarquable, et même un peu extraordinaire, raconté par M. Raoul-Rochette, vient à
l'appui de tout ce que j'avance, et prouvera que je
suis bien loin d'exagérer. « Je me trouvais, dit-il,
« à Lausanne un dimanche, et quelque habitué que
« je fusse à voir en ce pays les rues désertes à
« l'heure du service divin, je ne pus m'empêcher
« d'exprimer à un ministre, avec lequel je dînai ce
« jour-là, mon étonnement de la profonde solitude
« que j'avais remarquée par toute la ville. *Vous*
« *serez plus surpris encore*, me répondit-il, *quand*
« *vous saurez que tout ce peuple assemblé dans nos*
« *temples, ne se contente pas d'y apporter l'hom-*
« *mage de sa présence, et que près de six mille*
« *personnes ont reçu de mes mains et de celles des*
« *autres pasteurs, le pain de la communion.* La
« population actuelle de Lausanne est estimée de
« dix à onze mille âmes (1). Ainsi, près des deux
« tiers de cette population avaient satisfait le

de relâchement. Néanmoins tout étalage de marchandises
est sévèrement défendu depuis le matin jusqu'au soir.

(1) Depuis le voyage de M. Raoul-Rochette, la population de Lausanne s'est accrue comme celle de beaucoup
d'autres villes. Elle s'élève aujourd'hui de treize à quatorze
mille âmes, ainsi que je l'ai dit page 175.

« même jour à la principale obligation de leur
« croyance » *Quel exemple, et dans quel siècle!*,
ajoute M. Raoul-Rochette, en terminant son récit (1).

En comparant cette rigoureuse observation du
dimanche, dans un pays protestant, avec le scandale inouï que donne le même jour un peuple voisin et presque entier de catholiques, je ne pouvais
m'empêcher de gémir d'un contraste si étonnant,
et surtout si pénible pour les cœurs religieux. Les
Réformés de la Suisse nous reprochent le peu de
zèle que nous mettons (du moins extérieurement)
à célébrer le jour du Seigneur, et tournent en ridicule notre insouciance à cet égard; il faut en
convenir : sur ce point ils ont parfaitement raison.
Toutefois il y aurait de l'injustice à nous attribuer
les torts du gouvernement qui, malgré les lois existantes, souffre de pareils abus; on sait, du reste,
que les catholiques attachés à leurs devoirs ne
manquent point, en général, de satisfaire au précepte de l'Eglise.

Une chose qui honore de même l'esprit religieux des habitans de Lausanne, c'est le grand soin
qu'ils mettent à cacher les fautes de leurs ministres.
Je sus par le fait du hasard seul, ou plutôt par l'in-

(1) *Lettres sur la Suisse;* 3 vol. in-8°, 1823 (tome 2, p. 37).

discrétion d'un jeune Bernois, que M. R*** B***, condamné pour faux à huit ans de détention, ou de travaux forcés, avait expié quelque temps son crime dans l'une des prisons de la ville (1). Le public fut attentif à garder le silence sur l'acte scandaleux de ce ministre, ou du moins n'avait pas cherché à en répandre la nouvelle, pour qu'elle vînt à la connaissance de tout le monde : un sentiment de pudeur ou de respect pour la religion l'avait retenu. Notre conduite, en France, est bien opposée à celle du peuple vaudois! Lors du procès de Mingrat ou de Contrafatto, les trompettes de la Renommée n'eurent pas assez de voix pour annoncer en tous lieux le forfait de ces malheureux prêtres : les journaux, les brochures, les feuilles périodiques s'empressaient, comme à l'envi, de publier, jusque dans leurs moindres détails, les circonstances de deux

---

(1) M. R*** B***, convaincu de faux en écriture privée et de diverses escroqueries, avait été condamné *aux fers* en janvier 1826. Mais il n'a pu achever son temps : il est mort de chagrin, et à la suite d'une blessure involontaire qu'il s'était faite, le 20 mai 1829. Il portait, comme les autres forçats, un gros fer autour du cou.

Je pourrais nommer ce ministre : je m'en abstiens pour des motifs que l'on appréciera, et surtout à cause de la famille respectable à laquelle il appartenait.

crimes qui font, sans doute, frémir l'humanité,
mais dont la religion ne pouvait être responsable.
Et ce qu'il y eut encore de plus affligeant, ce fut de
voir les efforts de certains journalistes à faire re-
jaillir (mais en vain) sur le clergé catholique le scandale horrible de deux de ses membres, et à vouloir
ainsi verser le blâme et le mépris sur le corps entier
de nos vénérables pasteurs. Conduite odieuse, et
que l'on ne saurait trop flétrir : car elle est souverainement injuste, et annonce un manque absolu
de bonne foi (1).

(1) Assurément, nous devons respecter la décision des
tribunaux. Mais ne se rappelle-t-on pas que, dans le temps,
des doutes s'élevèrent sur la culpabilité de Contrafatto ? Un
écrivain très-connu publia même, dans un journal, un article rédigé en ce sens, et qui, je crois, ne fut combattu
par personne.

J'étais à Brest au mois de février 1831. Curieux de connaître l'arsenal, j'allai m'y promener un jour, avec la permission du commandant de place. Je vis alors le malheureux Contrafatto, dans une chambre nommée *la Chapelle du
bagne*, et que l'on trouve à droite avant d'entrer dans la
première salle des galériens : il était habillé de rouge comme
les autres forçats, et prenait dans le moment même une
leçon de flûte, que lui donnait un musicien de Paris, condamné pour vol à vingt ans de travaux forcés. Lorsque j'entrai, Contrafatto se leva en me saluant avec beaucoup d'honnêteté. Il me dit qu'il était né à Piazza, près de Palerme,

Je parcourus avec un plaisir inexprimable les
sites variés et pittoresques des environs de Lausanne. Je vis partout des bosquets charmans, des
jardins délicieux, des prairies et des vergers où

en Sicile, le 3 septembre 1798, et que ce fut peu de mois
après son arrivée en France qu'on le traduisit, pour crime
de viol, devant les tribunaux. Ses yeux se mouillaient de
larmes au souvenir du scandale de son procès, et il paraissait ému en voyant combien je prenais part à sa triste situation. On doit le penser, je ne m'avisai point de lui demander s'il était coupable ou non ; car c'est une règle assez
générale parmi les galériens de dire qu'*ils sont innocens*, que
la justice s'est trompée à leur égard, ou qu'*elle a été induite en
erreur par de faux témoins.* Je doute, cependant, que Contrafatto eût voulu mentir : ses manières me paraissaient trop
franches, trop ouvertes, et je jugeais de sa sincérité à cet
air de candeur que je lui trouvais, et auquel, certainement,
j'étais loin de m'attendre. Il couche à l'hôpital du bagne, et
dans un lit : privilège que n'ont point les autres condamnés,
dont le repos de la nuit consiste à se rouler dans une couverture sur des planches.

Contrafatto a une petite bibliothèque dans sa chambre :
il y trouve quelque adoucissement à ses peines. Je vis sur
sa table un *Bréviaire romain*, un *Diurnal*, une *Journée du
Chrétien*, et d'autres livres de prières. Il ne manque point
de dire tous les jours son Bréviaire : je tiens cela de lui-
même. « La religion, me disait-il en italien, me console
dans mon affreux malheur, et j'espère en la bonté, en la
miséricorde du Souverain-Juge. » Il lit le journal très-as-
sidûment : c'était *le Constitutionnel* qu'il avait alors sur sa

l'on admire encore une richesse peu commune de
végétation, qu'entretient dans une fraîcheur perpé-
tuelle un sol fertile et abondamment arrosé. Une
foule d'habitations élégantes sont éparses dans ces
lieux champêtres et romantiques; elles sont si nombreuses, que les nommer toutes formerait une assez
longue nomenclature. Je dois cependant citer Mon-
Repos, Villamont, la Rosière, Beausite, les Mous-
quines et les Toises, qui sont près du faubourg
d'Etraz; le Pavillon, les Bergères, Collonges, Beau-
lieu, Belles-Roches, Beau-Soleil, la Chablière, le
Désert, Boston, la Grangette, etc., etc., qui sont à
l'ouest ou au nord du quartier Saint-Laurent. Quelques-unes de ces campagnes sont précieuses à cause
des points de vue admirables qu'elles présentent.
Les maisons, construites avec goût, souvent même

table. Contrafatto me dit qu'il espérait obtenir sa grâce,
ou du moins une commutation de peine, par la protection
de l'épouse de Louis-Philippe; il m'assura même que plusieurs personnes lui en avaient parlé comme d'une chose
à peu près certaine. Je ne serais point éloigné de croire à
la possibilité du fait: tous les employés du bagne de Brest,
depuis le commissaire jusqu'aux gardes-chiourmes, s'accordent à donner les plus grands éloges à la conduite de Contrafatto, et vantent surtout la douceur et la docilité de son
caractère.

Voyez la note (H) à la fin du volume.

avec luxe, y annoncent le voisinage d'une riche capitale; elles sont en général d'une architecture assez variée (1).

La campagne de Mon-Repos, que je viens de citer, est remarquable par ses nouveaux embellissemens, dus aux soins de M. Perdonnet, son dernier propriétaire : elle est célèbre par le séjour que Voltaire y fit après avoir quitté les Délices. Celle de Villamont, qu'habita l'illustre Haller, renferme un monument très-simple élevé à la mémoire de ce

(1) J'ai visité rapidement plusieurs de ces campagnes. Quant à celles dont je ne connais point l'intérieur, je me suis borné à les voir au-dehors, en écrivant leurs noms sur mes tablettes comme de petits souvenirs de voyage. Elles sont, du reste, prodigieusement multipliées dans les environs de Lausanne.

Au nord-est de la ville, Béthusy, Bellevue et Rovéreuz attirent les regards des amis de la belle nature ; vers le *Signal,* ou du moins assez près du *Signal,* le Pavement, l'Hermitage, le Jardin et le Petit-Château intéressent par leurs beaux points de vue et par des bosquets d'une fraîcheur admirable.

Il y a aussi beaucoup de maisons de plaisance à l'est et au nord d'Ouchy : je me bornerai à citer Montport, Rosemont, le Jourdil, Pierre-à-Portai, Bienvenu, le Denantou, Mont-Choisi, Mont-Olivet, etc., etc. La plupart de ces campagnes sont dans une situation extrêmement riante, et jouissent d'une vue délicieuse sur le lac.

grand homme. Voltaire et Haller se trouvèrent à Lausanne à peu près à la même époque, mais ils se virent peu de fois ; on croit même qu'ils ne se virent jamais : ils étaient l'un et l'autre trop opposés de caractère et de sentimens. M. Biœrnstahl, dans ses Lettres écrites durant le cours de ses voyages, fait le parallèle suivant de ces deux personnages : « L'un (Voltaire) est superficiel, l'autre (Haller) est « solide : l'un fait des vers sur toutes sortes de su- « jets, et verse sur tous la couleur de ses fictions; « l'autre, poète et philosophe, aime sur toutes choses « la vérité et la vertu; l'un ne parle que de tolé- « rance, et ne peut rien souffrir ni de Dieu ni des « hommes : l'autre pratique la morale et l'Evangile ; « l'un détruit, l'autre édifie : enfin l'un augmente « la masse des erreurs, et l'autre celle des vérités. » On rapporte que Haller était d'une humeur douce et paisible, et qu'il avait dans sa manière de vivre une simplicité de mœurs vraiment remarquable. L'empereur Joseph II, qui avait refusé de voir Voltaire en passant à Ferney, honora de sa visite le vertueux Haller, lors de son séjour à Lausanne. Marie-Thérèse avait tracé cette ligne de conduite à son fils, en lui faisant un devoir de la suivre à cause de la différence des opinions religieuses de ces deux hommes célèbres. Le même souverain, après la mort de Haller, acheta la bibliothèque nombreuse que ce savant avait formée pour son propre usage, et qui se composait d'environ vingt mille volumes. Ce trésor littéraire fut donné à l'Université de Pavie (1).

Il existe à Lausanne un cercle du commerce et divers cercles littéraires ou de simple agrément. On connaît le genre de ces sortes de réunion, qui ont pour but de favoriser la culture des lettres; ou de se procurer un délassement agréable par le plaisir de la conversation, de la lecture ou du jeu. La *société de musique* de la même ville donne régulièrement des concerts, et compte parmi ses membres des amateurs distingués. Cette société est divisée en deux classes : la première se compose de membres effec-

(1) Albert de Haller, né à Berne en octobre 1708, mourut le 12 décembre 1777. On connaît l'universalité des talens de cet homme de génie, qui fut à la fois poète, naturaliste, médecin, anatomiste, botaniste, etc. Il annonça, dès l'âge le plus tendre, les plus heureuses dispositions. L'empereur François Ier, plein d'estime pour cet homme extraordinaire, lui envoya des lettres de noblesse, en 1749.

Haller avait publié, dans sa jeunesse, une *Epître sur la fausseté des vertus humaines*, production où la religion et la morale sont assez outragées; mais il s'est repenti de son erreur, et l'a réparée noblement soit par sa conduite, soit par des Lettres qu'il publia contre les incrédules.

tifs, parmi lesquels on choisit le président et d'autres personnes chargées des intérêts de l'établissement; la seconde classe, dont les dames font partie,
se compose de membres honoraires qui, moyennant une rétribution annuelle, ont le droit d'assister
aux concerts et à toutes les répétitions. Le règlement de cette société impose au comité de direction
l'obligation essentielle d'accueillir les artistes distingués qu'on lui recommande ; il veut même que
le comité les aide à donner un concert à leur bénéfice, s'ils en témoignent le désir (1). Je ne sais comment le pauvre Jean-Jacques serait accueilli de nos
jours dans la capitale du canton de Vaud, s'il pouvait
encore la *régaler* d'un concert semblable à celui
qu'il eut la hardiesse de donner dans cette ville, en
se faisant passer, à faux, pour maître de musique.

J.-J. Rousseau s'était livré de bonne heure à son
goût pour la musique, et le cultivait dans l'espoir
de devenir un jour un artiste distingué ; il en avait,
du moins, la pensée vers le temps de sa jeunesse.
Mais, sans connaître la composition, sans pouvoir
noter le moindre vaudeville, comme il le dit lui-
même, il s'avisa, pendant son séjour à Lausanne,
de se donner pour compositeur. La détresse où il se

(1) La *Société de musique* est dissoute *de fait* en ce moment.

trouvait alors, et le besoin de se créer des ressources, lui firent imaginer cet étrange moyen de subsistance. Son projet lui parut merveilleux, et il tenta
de le mettre à exécution. Afin d'inspirer plus de
confiance en son prétendu talent, il annonça qu'il
était de Paris, où il n'avait jamais été, et se fit appeler M. *Vaussore de Villeneuve* (1). Les détails qu'il
donne sur le *brillant concert* dont il fut à la fois l'inventeur et le chef, dans la capitale du pays de Vaud,
sont aussi curieux que plaisans. Il est hors de doute
que l'on ne sera point fâché de les voir dans ma relation historique de la ville de Lausanne. J'épargne-
rai, du reste, aux lecteurs honnêtes le dégoût de les
aller chercher dans un ouvrage dont trop de peintures cyniques rendent la lecture repoussante.

« Ayant été présenté (dit Rousseau) à M. de Trey-
« torens, professeur en droit, qui aimait la musique
« et faisait des concerts chez lui, je voulus lui don-
« ner un échantillon de mon talent, et je me mis à
« composer une pièce pour son concert aussi ef-
« frontément que si j'avais su comment m'y prendre.
« J'eus la constance de travailler pendant quinze
« jours à ce bel ouvrage, de le mettre au net, d'en

(1) Le nom de *Vaussore* est l'anagramme de celui de
Rousseau.

« tirer les parties et de les distribuer avec autant
« d'assurance que si ç'eût été un chef-d'œuvre d'har-
« monie. Enfin ce qu'on aura peine à croire, et
« qui est très-vrai, pour couronner dignement cette
« sublime production, je mis à la fin un joli menuet
« qui courait les rues, et que tout le monde se rap-
« pelle peut-être encore. . . . .

      « . . . .

« On s'assemble pour exécuter ma pièce. J'ex-
« plique à chacun le genre du mouvement, le goût
« de l'exécution, les renvois des parties ; j'étais fort
« affairé. On s'accorde pendant cinq ou six minutes
« qui furent pour moi cinq ou six siècles. Enfin, tout
« étant prêt, je frappe avec un beau rouleau de
« papier sur mon pupitre magistral les cinq ou six
« coups du *prenez garde à vous.* On fait silence, je
« me mets gravement à battre la mesure, on com-
« mence....... Non, depuis qu'il existe des opéras
« français, de la vie on n'ouït un semblable cha-
« rivari. Quoi qu'on eût pu penser de mon prétendu
« talent, l'effet fut pire que tout ce qu'on semblait
« attendre. Les musiciens étouffaient de rire ; les
« auditeurs ouvraient de grands yeux, et auraient
« bien voulu fermer les oreilles ; mais il n'y avait
« pas moyen. Mes bourreaux de symphonistes, qui

« voulaient s'égayer, raclaient à percer le tympan
« d'un quinze-vingt. J'eus la constance d'aller tou-
« jours mon train, suant, il est vrai, à grosses gouttes,
« mais retenu par la honte, n'osant m'enfuir et tout
« planter là. Pour ma consolation, j'entendais au-
« tour de moi les assistans se dire à leur oreille ou
« plutôt à la mienne, l'un, *Il n'y a rien là de*
« *supportable;* un autre, *Quelle musique enragée!* un
« autre, *Quel diable de sabbat!* Pauvre Jean-Jac-
« ques, dans ce cruel moment tu n'espérais guère
« qu'un jour devant le roi de France et toute sa
« cour, tes sons exciteraient des murmures de sur-
« prise et d'applaudissement, et que, dans toutes
« les loges autour de toi, les plus aimables femmes
« se diraient à demi-voix : *Quels sons charmans!*
« *quelle musique enchanteresse! tous ces chants-là*
« *vont au cœur* (1).

« Mais ce qui mit tout le monde de bonne hu-
« meur fut le menuet. A peine en eut-on joué quelques

(1) Jean-Jacques veut parler du *Devin du village*, qui fut
joué pour la première fois en 1752, et qui obtint le plus
grand succès. La représentation eut lieu au théâtre de Fon-
tainebleau, en présence de Louis XV, de la reine Marie-
Leczinska, son épouse, et de toute la cour de France.
« Cette pastorale, dit un critique, n'est point faite pour ins-
« pirer des sentimens de vertu. »

« mesures, que j'entendis partir de toutes parts les
« éclats de rire. Chacun me félicitait sur mon joli
« goût de chant; on m'assurait que ce menuet ferait
« parler de moi, et que je méritais d'être chanté
« partout. Je n'ai pas besoin de dépeindre mon an-
« goisse, ni d'avouer que je la méritais bien.

« Le lendemain, l'un de mes symphonistes, ap-
« pelé *Lütold,* vint me voir, et fut assez bon homme
« pour ne pas me féliciter sur mon succès. Le pro-
« fond sentiment de ma sottise, la honte, le re-
« gret, le désespoir de l'état où j'étais réduit, l'im-
« possibilité de tenir mon cœur fermé dans ses
« grandes peines, me firent ouvrir à lui; je lâchai
« la bonde à mes larmes, et, au lieu de me con-
« tenter de lui avouer mon ignorance, je lui dis
« tout, en lui demandant le secret, qu'il me promit,
« et qu'il me garda comme on peut le croire. Dès
« le même soir tout Lausanne sut qui j'étais, et, ce
« qui est remarquable, personne ne m'en fit sem-
« blant, pas même le bon Perrotet (1), qui, pour

(1) C'est le nom de l'aubergiste chez qui le peu fortuné
Jean-Jacques s'était logé. Rousseau lui donnait *cinq écus
blancs* (*), par mois, pour sa nourriture : il n'avait qu'*une
soupe* pour son dîner; mais le soir il faisait un repas plus
solide.

(*) Environ *trente francs.*

« tout cela, ne se rebuta pas de me loger et de
« me nourrir.

« Je vivais, mais bien tristement. Les suites d'un
« pareil début ne firent pas pour moi de Lausanne
« un séjour fort agréable. Les écoliers ne se pré-
« sentaient pas en foule ; pas une seule écolière,
« et personne de la ville. J'eus en tout deux ou trois
« gros Teutches (1) aussi stupides que j'étais igno-
« rant, qui m'ennuyaient à mourir, et qui dans
« mes mains ne devinrent pas de grands croque-
« notes. Je fus appelé dans une seule maison où
« un petit serpent de fille se donna le plaisir de me
« montrer beaucoup de musique dont je ne pus
« pas lire une note, et qu'elle eut la malice de
« chanter ensuite devant M. le maître pour lui mon-
« trer comment cela s'exécutait. J'étais si peu en
« état de lire un air de première vue, que dans le
« brillant concert dont j'ai parlé, il ne me fut pas
« possible de suivre un moment l'exécution pour
« savoir si l'on jouait bien ce que j'avais sous les
« yeux, et que j'avais composé moi-même. »

Avant la fin du dernier siècle, les Lausannois
ont eu le bonheur de posséder dans leurs murs un

(1) Rousseau a voulu franciser le mot *Deutsch*, qui signifie *Allemand*.

homme qui sera à jamais l'orgueil du pays qui l'a vu naître. Je veux parler du fameux Tissot, dont la mémoire est toujours en vénération parmi ses concitoyens. Ce savant médecin, né à Grancy (1), village situé à trois lieues et demie de Lausanne, se rendit célèbre par ses ouvrages et par les cures étonnantes qu'il opéra sur un grand nombre de malades. On venait le consulter de tous les coins de l'Europe, et l'on était ravi de le voir à cause de la douceur de son caractère, de l'agrément de sa conversation, et de son zèle officieux à soulager, sans distinction de rangs ni de classes, les personnes qui réclamaient le secours de son ministère. Il traitait les pauvres gratuitement, et avec un empressement digne d'éloges. Des Vaudois me disaient que Lausanne dut même des jours prospères à cet habile docteur, dont la réputation attirait dans cette petite capitale un nombre prodigieux de riches malades, qui y faisaient souvent des dépenses considérables. Mais les habitans de Lausanne furent privés de sa présence pendant quelques années. L'empereur Joseph II, passant dans cette ville en 1777, offrit à Tissot une chaire de professeur à l'Université de Pavie. Le médecin

_____

(1) Le 20 mars 1728.

vaudois, par esprit de patriotisme, hésitait d'accepter une place qui le forcerait d'abandonner son pays; mais l'espoir de se rendre utile à un grand système d'instruction publique le fit céder aux sollicitations de l'empereur d'Allemagne : il consentit à partir pour l'Italie, en se réservant la faculté de revenir à Lausanne au bout de trois ans. Une épidémie meurtrière s'étant déclarée dans le royaume de la Lombardie, les remèdes indiqués par Tissot produisirent le meilleur effet. On vit alors les élèves, d'un mouvement spontané, ériger en son honneur, sous le portique des écoles, une inscription gravée sur le marbre, où l'on remarquait en tête ces mots en gros caractères : IMMORTALI PRÆCEPTORI (*A notre immortel professeur*). Les mêmes élèves firent éclater la plus vive douleur lorsque Tissot voulut les quitter. Dans un voyage qu'il fit à Rome, il reçut l'accueil le plus bienveillant du pape Pie VI, qui avait témoigné le désir de le voir; et le chef de l'Eglise honora son talent d'une manière flatteuse.

Les connaissances de Tissot n'étaient point renfermées dans les limites de son art; elles s'étendaient encore sur diverses branches de la littérature : sa science, en un mot, égalait ses vertus, dont je viens de faire le juste éloge. De retour à Lausanne, ce cé-

lèbre médecin y vécut encore plusieurs années. Le
13 juin 1797, il cessa de vivre, emportant les regrets et l'estime de tous ses compatriotes, dont il
était à la fois l'ami, le bienfaiteur et le père (1).

(1) Un recueil des OEuvres de Tissot a paru à Lausanne
en 1790, 15 vol. in-12, et un autre à Paris, 1809-1813, en
11 vol. in-8°. Les *Œuvres choisies* forment 8 vol. in-8°.
(Paris, 1809.)

L'*Avis au peuple sur sa santé* (Lausanne, 1761), livre émi-
nemment populaire, obtint un succès immense, prodigieux,
et dont il est rare de trouver de pareils exemples : il fut traduit dans toutes les langues de l'Europe, et il s'en est fait
un nombre considérable d'éditions.

L'*Onanisme,* ou *Dissertation sur les maladies produites par
la masturbation,* se répandit avec profusion en France, et y
fut réimprimé nombre de fois.

Le livre intitulé *De la santé des gens de lettres* (Lausanne
et Lyon, 1769, 1 vol. in-12), fut lu et goûté avec empressement par les hommes de cabinet, ou sédentaires, qu'il intéressait plus particulièrement. Tissot désavoua la traduction que l'on avait faite, à son insu, de l'original latin, et
qui avait été publiée sous ce titre : *Avis aux gens de lettres
et aux personnes sédentaires sur leur santé* (Paris, 1768); elle
était, en effet, pleine d'erreurs et de contre-sens, et on
avait poussé l'infidélité jusqu'à annoncer que cette traduction avait été *revue par lui.* Voilà pourquoi il crut devoir,
pour son honneur, donner lui-même une version française
où fut rétabli avec soin le vrai sens de l'original.

CHAPITRE XIX.

SUITE DE LAUSANNE. — Promenade de Montbenon. — Antiquités romaines trouvées dans la plaine de Vidy, où était située la ville de
Lausonium; tombeau découvert en 1739 : inscription de l'une des
pierres du cercueil. — Campagnes de Vidy et de Dorigny. — Musée;
Ducros, peintre; le général Laharpe. — Académie de Lausanne;
hommes célèbres qui l'ont illustrée : Conrad Gessner; Théodore de
Bèze; Fr. Hottomann. — Henri Etienne : son érudition dans les langues grecque et latine, etc.; note sur Robert Etienne, fameux
imprimeur, qui employait des moyens extraordinaires pour la perfection de son art. — J. Barbeyrac; J.-P. de Crousaz; L. de Bochat. — Bibliothèque; don Hyacinthe de Quiros. — Collége. — Maison où le célèbre Gibbon termina son *Histoire de la décadence
et de la chute de l'Empire romain;* il a constaté le moment où il
traça les dernières lignes de ce grand ouvrage : son récit à ce sujet.
— Il change deux fois de religion. — Il conçoit à Rome la première
idée d'écrire l'histoire de la décadence de cette ville : cause singulière de cette idée. — La publication de son ouvrage excite le zèle
du clergé anglican; affection bizarre de Gibbon pour le culte du
paganisme. — Critique de l'*Histoire de la décadence et de la chute
de l'Empire romain;* jugement de cet ouvrage par M. Guizot. —
Portrait de Gibbon. — Etat actuel de la campagne qu'il habitait à
Lausanne. — Hôpital. — Maison pénitentiaire.

LA promenade de Montbenon, que la route de
Genève traverse dans sa plus grande longueur, annonce Lausanne d'une manière extrêmement favorable. C'est en effet l'un des plus beaux embellisse-

mens de cette ville. On y découvre une perspective charmante sur le lac et sur les campagnes des environs. Les allées d'arbres, les bosquets, les terrasses en font encore un lieu de délices pour les admirateurs de la belle nature. J'y voyais le dimanche une grande foule de monde se promener à l'envi, soit pour respirer un air frais et agréable, soit pour y jouir de divers points de vue dont la plupart sont d'une beauté ravissante.

C'est à une demi-lieue de Montbenon, et dans la plaine de Vidy, que l'on a cru reconnaître l'emplacement du vieux *Lausonium* dont j'ai déjà parlé en racontant l'origine de la cité moderne (1). Des pans de murs, des monnaies, des médailles, des tombeaux; un groupe de bronze qui représente un prêtre se disposant à immoler un jeune taureau pour le sacrifice (2); enfin, des débris de colonnes de marbre et autres pièces antiques furent trouvés à différentes époques dans cette plaine, et ont donné à croire à plusieurs savans qu'elle était le véritable site du *Lausonium* des Romains. Ce qui fortifie surtout leur opinion, c'est la découverte que l'on fit,

(1) *Voyez* pages 169 et 170, chap. XIV.

(2) Ce groupe est conservé à la bibliothèque publique de Berne.

en 1739, d'une pierre tumulaire dont l'inscription annonce que le Soleil, le Génie et la Lune étaient les divinités en honneur, dans ces temps de ténèbres et d'idolâtrie, parmi les habitans de l'ancienne Lausanne. Cette inscription date de l'an 161 de notre ère ; le marbre sur lequel elle est gravée formait la tête d'un cercueil, dont les autres côtés se trouvaient, ainsi que le fond et le couvercle, d'une pierre dure et très - commune. Lorsqu'on ouvrit le cercueil, le corps qu'il contenait parut tout entier, et ne tomba en poussière qu'au bout de quelques momens : il s'y était conservé à cause de la manière solide dont on l'avait fermé de toutes parts. On croit que ce tombeau était placé dans un temple, et qu'il formait l'une des faces d'un autel païen. La pierre où existe l'inscription a été enchâssée dans le mur intérieur de l'Hôtel-de-Ville de Lausanne (1).

Des fouilles qui eurent lieu dans la même plaine,

---

(1) Voici l'inscription exacte de cette fameuse pierre de *Lousonium* (ou *Lausonium*) :

SOLI GENIO LVNÆ
SACRVM EX VOTO
PRÒ SALVTE AVGVS
TORVM, P. CLOD. CORN.
PRIMVS CVRATOR VIKA

en 1804, produisirent la découverte de beaucoup d'autres antiquités romaines ; il y avait de plus des amphores, des urnes, des poinçons à écrire, en fer et en cuivre, des épingles d'argent et de cuivre ; un cadran solaire, soutenu par un aigle ; puis encore une statue de Diane, en bronze, de trois pouces de longueur. Tous ces objets furent trouvés au Bois de Vaux, près de Vidy. Voilà, je pense, suffisamment de preuves qui attestent l'origine romaine des citoyens de Lausanne, ou, du moins, des habitans de leur ancienne ville. Tous les peuples ont de ce côté-là leur petite gloriole : ils s'évertuent à savoir si leurs

NOR. LOVSONNENSIVM II
IıııI VIR AVGVSTAL. C. CR.
CONVENTVS HEL. D. S. D.

Les savans l'expliquent ainsi :

Soli, Genio, Lunœ, sacrum ex voto, pro salute Augustorum, Publius Clodius Cornelia, primus curator vicanorum Lousonnensium, iterùm, sevir augustalis consensu Concilii reipublicœ conventûs helvetici, de suo dedicavit. Ce qui veut dire en français : « Publius Clodius, de la tribu Cornelia, premier Curateur des habitans de Lousonne, pour la seconde fois, commandant d'Auguste (ou prêtre de la maison impériale), a consacré de lui-même ce monument de son vœu au Soleil, au Génie et à la Lune, pour la conservation des empereurs, et en a fait la dédicace, à ses frais, avec le consentement du Conseil de la république des Etats helvétiques. »

aïeux obéissaient aux anciens maîtres du monde, et la moindre découverte qu'ils peuvent faire d'un morceau de tuile ou de marbre antique, est pour eux la plus précieuse des découvertes.

Le nom de *Vidy* ne désigne aucun village ni même aucun hameau proprement dit : c'est plutôt celui de la plaine où étaient enfouis les vieux restes dont je viens de parler. On y trouve néanmoins de jolies maisons de campagne, entre autres celle appelée *Vidy,* et la grande ferme de Dorigny, où les membres de la Société d'agriculture ont plusieurs fois tenu leurs réunions. C'est entre ces deux campagnes que les savans s'accordent à placer le lieu où existait la ville de *Lausonium* (Lausonne). J'y ai vu, à fleur-de-terre, une partie des anciens murs qui ont été découverts il y a très-peu de temps.

Le Musée de Lausanne est riche en objets d'histoire naturelle, surtout en collections de minéraux provenant des montagnes de la Suisse, du Mont-Blanc, du Saint - Gothard, du Simplon, ainsi que des rochers volcaniques de l'Auvergne. Cet établissement a été formé en 1820. On y conserve beaucoup d'antiquités précieuses, trouvées dans les environs d'Avenches ou dans d'autres parties du canton de Vaud. Les ouvrages de peinture du célèbre Ducros en font un bel ornement : cet habile artiste, qui est mort en 1810, résida près de quarante ans en Italie. La plupart de ses nombreux tableaux représentent les monumens et les sites les plus remarquables de cette terre classique des beaux-arts. Le général Laharpe, qui contribua le plus à l'émancipation de son pays, a enrichi le même Musée d'une collection de minéraux de la Russie, où il avait vécu dans une espèce d'intimité avec l'empereur Alexandre. Ce fut lui qui, au nom du peuple vaudois, se rendit à Paris en 1797 pour implorer le secours de la république française contre le gouvernement de Berne, dont le pays de Vaud cherchait depuis long-temps à s'affranchir. Une médaille d'or lui fut décernée l'année suivante, à titre de reconnaissance nationale.

L'Académie de Lausanne prit naissance avec la Réformation : elle fut fondée par les Bernois en 1537, et dotée par eux avec les revenus des anciens couvens de moines, qu'ils avaient chassés de leurs monastères. Elle n'eut d'abord que deux professeurs de théologie, Farel et Viret, dont j'ai déjà entretenu le lecteur (1). On créa dans la suite des chaires pour d'autres sciences, et maintenant l'on en compte quinze ou dix-sept. L'Académie est

(1) *Voyez* le chapitre XV, pag. 204 à 209.

présidée par un de ses membres élu dans son sein pour trois ans, et qui porte le titre de *recteur.* Les deux premiers pasteurs de la ville de Lausanne ont le droit d'y siéger, et même d'y donner leur voix; hommage que sans doute on a voulu rendre à la religion, et dont l'exemple est loin d'être suivi dans nos universités catholiques.

Cette Académie a vu quelques hommes fameux dans son sein; elle acquit surtout un nouveau lustre lorsque la révocation de l'Edit de Nantes fit émigrer de France un grand nombre de familles attachées aux erreurs de Calvin. Je vais faire connaître, d'une manière briève, les professeurs les plus célèbres dont elle se glorifie, et qui imprimèrent aux études d'alors une direction extrêmement favorable à la culture des lettres (1).

Conrad Gessner (ou Gesner), Zurichois, surnommé le *Pline de l'Allemagne,* enseigna pendant trois ans les lettres grecques à l'Académie de Lausanne, aussitôt après sa fondation. Se sentant attaqué de la peste, en 1565, il se fit transporter dans son cabinet, où il mourut le cinquième jour de sa

____

(1) J'oublie, comme on le voit, les opinions religieuses des mêmes personnages, pour ne louer que leurs talens dans les sciences ou dans la littérature.

maladie, occupé de mettre ordre à ses ouvrages, et cherchant à lutter contre les souffrances qui l'accablaient. C'est à ce savant, l'un des plus distingués de son siècle, que l'on doit une découverte précieuse pour la botanique scientifique : l'art de distinguer et de classer les plantes d'après leurs semences, leurs fleurs et leurs fruits. Buffon faisait beaucoup de cas de ses ouvrages sur l'histoire naturelle, et les cite souvent.

Théodore de Bèze professa aussi la littérature grecque à Lausanne, où il fut appelé en 1549 : il y resta près de dix ans. Au bout de ce temps, il alla joindre Calvin à Genève, où il passa le reste de sa vie (1).

..François Hottomann (ou Hotman), jurisconsulte français, qui flétrit sa renommée par des écrits dangereux pour la stabilité des trônes, se vit obligé, pour vivre, d'accepter une chaire d'humanités au collége de Lausanne, en 1547 : son père, justement irrité de son apostasie, lui avait refusé toute espèce de secours.

Henri Etienne (ou Estienne) (2), fils du célèbre

(1) *Voyez* quelques détails sur ce réformateur célèbre, page 115 à 120.

(2) Il ne faut pas le confondre avec Henri Etienne, son

imprimeur Robert Etienne, devint professeur de
grec dans la même ville en 1592. Ce savant s'est
rendu immortel par son Trésor de la langue grecque, en quatre volumes in-folio, qui est un véritable
trésor pour cette langue. Il égala son père en érudition ; on prétend même qu'il le surpassa dans la
langue des Hellènes, qu'il avait cultivée dès son enfance en apprenant par cœur les tragédies d'Euri-
pide, dont la douceur et l'harmonie lui faisaient la
plus vive impression. Le grec n'était pas la seule
langue qui lui fût familière : il composait des vers
latins avec une promptitude étonnante, à la promenade, en voiture, à cheval, souvent même en conversant avec ses amis. Les belles éditions qu'il publia ne le cèdent en rien, pour la correction, à celles
de son père; mais cet homme illustre ternit sa gloire
par ses calomnies contre la religion catholique, et
par des libelles infâmes contre les prêtres et contre
les moines. Il semble qu'il devait recevoir du Ciel la
punition de tels écarts! Après avoir essuyé divers
malheurs, il mourut presque imbécille à l'hôpital

aïeul, mort en 1520. Ce dernier est la souche de tous les
Etiennes qui se sont rendus fameux dans la typographie et
dans la littérature. Celui qui professa le grec à Lausanne est
Henri II, c'est-à-dire le *second* du même nom de baptême.

de Lyon, en mars 1598, à l'âge de soixante et dix ans. On ne saurait regretter trop vivement que la famille des Etiennes, cette famille toute composée de savans, et qui a illustré à jamais la presse française, se soit jetée si aveuglément dans la secte des Calvinistes, dont elle favorisa toutes les erreurs en propageant leurs livres dangereux. Robert Etienne, le père de Henri, poussa même si loin son zèle anti-catholique, qu'il déshérita l'un de ses enfans qui se montra ferme dans la vraie religion (1).

Jean Barbeyrac, fils d'un ministre protestant de Béziers, occupa la chaire de droit et d'histoire à Lausanne en 1710. On lui reproche, avec justice, beaucoup de prévention contre l'Eglise romaine

(1) Robert Etienne, l'auteur du fameux Trésor de la langue latine (*), chef-d'œuvre d'érudition, et qui atteste un travail immense, est le premier qui ait distingué les versets de la Bible par des chiffres. Ce savant imprimeur n'épargnait rien pour la perfection de son art. On dit que, pour s'assurer davantage de la correction des livres confiés à ses presses, il en faisait exposer les dernières épreuves dans les places publiques, offrant des récompenses à quiconque pourrait y découvrir la moindre faute. Tout le monde parlait latin

(*) *Thesaurus linguæ latinæ*, 4 vol. in-folio. L'édition de Londres, 1734-35, et celle de Bâle, 1740-43, sont les meilleures de cet ouvrage. La première est la plus belle; la seconde est la plus complète, à cause des augmentations dont elle a été enrichie.

dans les ouvrages qu'il a traduits ou publiés. Dans son *Traité de la morale des Pères,* il affecte un grand mépris pour les plus célèbres docteurs de l'Eglise; mais son antipathie contre eux *venait,* dit un critique, *de ce qu'il les trouvait partout opposés aux dogmes des nouvelles sectes* (1). Barbeyrac penchait, dit-on, pour le déisme, et n'avait pas d'autre religion.

Jean-Pierre de Crousaz, né à Lausanne en 1663, devint recteur de l'Académie de cette ville en 1706. Appelé à Groningue pour y professer les mathématiques, il fut nommé gouverneur du jeune prince Frédéric de Hesse-Cassel. L'Académie des sciences

dans sa maison : les hommes de lettres, ses collaborateurs, son épouse, ses enfans, ses domestiques, il fallait que tous s'exprimassent, pour les choses même les plus simples, dans la langue de Cicéron et de Tite-Live. En un mot la maison de ce célèbre imprimeur était une véritable académie, une petite famille de savans. Où trouver de nos jours un pareil exemple? Le siècle de Louis XIV a fourni des écrivains inimitables dans leur genre ; celui de François Ier nous offre, dans la personne des Etiennes, des imprimeurs encore plus inimitables.

(1) Dom Cellier a réfuté cet ouvrage en divers endroits de sa *Bibliothèque générale des auteurs ecclésiastiques,* et le docteur William Reeves, protestant, en a fait le sujet d'une réfutation particulière.

de Paris l'avait reçu en qualité d'associé étranger...
Pendant son séjour dans cette capitale, Mallebranche.
avait tenté, mais en vain, de le gagner à la religion
catholique. L'ouvrage le plus important de Crousaz
est une réfutation du système dangereux de Bayle.
Les autres productions de sa plume sont peu esti-
mées. Il mourut dans sa patrie le 22 mars 1750.

Loys ou Louis de Bochat, professeur de droit et
d'histoire, en 1718, s'est acquis une grande réputation par son travail et ses recherches sur les antiquités
de la Suisse. Ses Mémoires historiques et critiques
sont fort utiles à ceux qui veulent connaître ou étudier l'origine de l'Helvétie. Ce savant est mort le
4 avril 1754, à l'âge de cinquante-huit ans.

La Bibliothèque académique de Lausanne occupe quatre grandes salles du collége (on la nomme
aussi *Bibliothèque cantonale*). Elle fut fondée en
1549. Vers le milieu du dernier siècle, on l'aug-
menta des livres de don Hyacinthe Bernal de Quiros, gentilhomme espagnol, qui, après avoir quitté
la cour de Rome, où il était théologien du pape,
se rendit en Suisse pour abjurer la religion catholique. Le sénat de Berne lui donna une chaire d'histoire ecclésiastique à l'Académie de Lausanne. Cet
homme, plein d'enthousiasme pour la secte qu'il

avait embrassée, *ne se maria point,* dit un écrivain
protestant; *chose très-rare,* ajoute avec raison le
même auteur, *parmi ceux qui quittent la religion de
Rome.* Beaucoup d'étrangers de distinction, et
même plusieurs princes d'Allemagne, ont fait des
dons assez importans à la Bibliothèque de Lausanne,
qui se compose aujourd'hui de vingt mille volumes.
Mais elle est peu intéressante. Un manuscrit de
l'Alcoran, en langue arabe, sur vélin; un recueil
de pièces originales du concile tenu à Lausanne en
1449; quelques lettres manuscrites de Voltaire, de
Mme Necker (Mlle Curchod) et de divers autres personnages célèbres : telles sont les choses les plus
précieuses que renferme l'établissement. Parmi les
livres imprimés figure une collection en treize langues de l'*Avis au peuple sur sa santé,* par Tissot;
chaque langue forme un ouvrage séparé, tel qu'il
a été publié dans le pays même où existe l'idiome.
Le bibliothécaire vous montre avec orgueil cette
collection curieuse, et cela se comprend : rien ne
saurait mieux prouver le succès d'un livre qui fut
l'un des plus beaux titres de gloire de son compatriote. L'une des salles de la bibliothèque est consacrée aux séances de l'Académie.

Le Collége est un édifice assez vaste, construit

en 1587. On y enseigne les langues grecque, latine, française, allemande, les mathématiques, l'histoire, la géographie, le dessin, la musique religieuse et la gymnastique. La plupart des professeurs de langue latine portent le titre de *ministre*.

On me fit voir la maison de campagne où le célèbre Gibbon termina son *Histoire de la décadence et de la chute de l'Empire romain.* L'illustre auteur a consacré, dans ses Mémoires, le souvenir du moment où il mit la dernière main à ce grand ouvrage, qui avait été pendant toute sa vie le but constant de ses pensées et de ses efforts. « J'ai osé, dit-« il, constater le moment de la conception de cet « ouvrage ; je marquerai ici le moment qui en ter-« mina l'enfantement. Ce jour, ou plutôt cette nuit, « arriva le 27 juin 1787 ; ce fut entre onze heures et « minuit que j'écrivis la dernière ligne de ma der-« nière page, dans un pavillon de mon jardin. « Après avoir quitté la plume, je fis plusieurs tours « dans un berceau ou allée couverte d'acacias, d'où « la vue s'étend sur la campagne, le lac et les mon-« tagnes. L'air était doux, le ciel serein ; le disque « argenté de la lune se réfléchissait dans les eaux du « lac, et toute la nature était plongée dans le si-« lence. Je ne dissimulerai pas les premières émo-

« tions de ma joie en ce moment qui me rendait
« ma liberté, et allait peut-être établir ma réputa-
« tion; mais les mouvemens de mon orgueil se cal-
« mèrent bientôt, et des sentimens moins tumul-
« tueux et plus mélancoliques s'emparèrent de mon
« âme, lorsque je songeai que je venais de prendre
« congé de l'ancien et agréable compagnon de ma
« vie, et que, *quel que fût un jour l'âge où parvien-*
« *drait mon Histoire, les jours de l'historien ne*
« *pourraient être désormais que bien courts et bien*
« *précaires.* » Ces dernières lignes de Gibbon, pleines de sens et de vérité, font naître de tristes réflexions sur la courte durée de la jouissance d'un
écrivain qui, pour acquérir un peu de gloire et de
célébrité, sacrifie son temps, ses plaisirs, ses veilles,
sa santé même à la composition d'un ouvrage dont
l'idée l'occupe tout entier, et qui doit, *suivant son*
espérance, fonder sa réputation. Peut-être néglige-
t-il pour cette gloire, souvent douteuse, ses devoirs
les plus chers et les plus sacrés; peut-être expose-
t-il encore la tranquillité de ses derniers jours : c'est
ce que les évènemens ont prouvé dans bien des circonstances, et quelquefois de la manière la plus
déplorable. Tant il est vrai que cette ambition de
l'homme qui veut vivre dans la postérité, ou être

supérieur à son siècle, lui fait perdre de vue, malgré ses lumières, les choses les plus essentielles, et sacrifier son repos même avec toutes les douceurs de la vie !

Edouard Gibbon, né en Angleterre le 27 avril 1737, fit ses études à l'Université d'Oxford, et contracta de bonne heure un goût décidé pour les lectures sérieuses. Ayant lu l'ouvrage de Bossuet sur les Variations des Eglises protestantes, il parut frappé des erreurs de la religion anglicane, et abjura cette secte entre les mains d'un prêtre catholique, à Londres, le 8 juin 1753; il n'avait alors que seize ans : mais son père, irrité de ce changement inattendu, l'envoya de suite à Lausanne, où il fut recommandé au zèle et à la direction d'un ministre protestant nommé *Pavillard.* Celui-ci ne tarda point, par ses sollicitations et ses efforts, de ramener dans le chemin de l'erreur le jeune homme qu'on lui avait confié. Il paraît aussi que le catéchumène, exposé à toutes sortes de privations par l'avarice de Mme Pavillard, qui le faisait mourir de faim et de froid, voulut bientôt sortir de l'état de souffrance auquel il se trouvait réduit dans cette maison. Au bout de dix-huit mois (en décembre 1754) Gibbon rétracta son ancienne abjuration, et vécut depuis

lors dans une indifférence complète sur la religion;
il devint même, à ce que l'on croit, un peu scep-
tique à la manière de Bayle. C'est en Italie qu'il
conçut la première idée d'écrire l'histoire et la décadence de l'ancienne capitale du monde. « Ce fut
« à Rome, dit-il, le 15 octobre 1764, qu'étant assis
« et rêvant au milieu des ruines du Capitole, tandis que
« des moines déchaussés chantaient vêpres dans le
« temple de Jupiter, je me sentis frappé pour la pre-
« mière fois de l'idée d'écrire l'histoire de la déca-
« dence et de la chute de cette ville; mais, ajoute-
« t-il, mon premier plan comprenait plus particu-
« lièrement le déclin de la ville que celui de l'Em-
« pire; et quoique dès-lors mes lectures et mes ré-
« flexions commençassent à se tourner généralement
« vers cet objet, je laissai s'écouler plusieurs années,
« je me livrai même à d'autres occupations avant
« que d'entreprendre sérieusement ce laborieux tra-
« vail. » Les ruines de l'ancienne Rome l'avaient
tellement frappé, qu'il ne voyait partout que ruines
et désolation : les monumens superbes élevés dans
les derniers siècles de l'Eglise, le Vatican, Saint-
Pierre, Saint-Jean-de-Latran, etc., tous ces chefs-
d'œuvre de l'art et du génie, dus au zèle des souverains pontifes, et embellis par leur munificence,

tout cela disparaissait aux yeux de Gibbon ; il ne voyait dans la capitale du monde chrétien que ruines, que barbarie, que destruction, que néant. Peu d'années après son retour en Angleterre, il fut nommé membre du parlement; mais il ne parut jamais à la tribune tout le temps qu'il siégea. Privé de ces talens qui distinguent l'orateur, il fut encore dépourvu de sentimens élevés, et montra constamment des vues étroites. Gibbon, s'étant retiré des affaires politiques, ne voulut se livrer désormais qu'à la continuation de son grand ouvrage sur la décadence et la chute de l'Empire romain. En 1783, il vint se fixer à Lausanne, où M. Deyverdun, son ami depuis trente ans, lui offrit dans sa propre maison une retraite commode et agréable. Le premier volume, publié en 1776, lui avait attiré des critiques aussi justes que sévères ; on vit le clergé anglican se lever en masse pour repousser les attaques de l'auteur contre le christianisme. Gibbon trouva surtout de vigoureux adversaires dans les docteurs Watson, White, Chelsum, Whitaker, Priestley, Milner, dans sir David Dalrimple, ainsi que dans plusieurs autres zélés défenseurs de la Révélation. Ces théologiens, les plus fameux de l'Angleterre, pouvaient-ils rester froids et insensibles en voyant l'historien essayer d'abord de rabaisser le courage héroïque des martyrs de la foi, puis célébrer ensuite avec une joie indicible les féroces exploits de Tamerlan et des Tartares? Ils attaquèrent principalement les quinzième et seizième chapitres, les plus répréhensibles du même volume. Tout en niant l'autorité des miracles, Gibbon leur attribue néanmoins la conversion de l'univers, de même qu'il regarde l'intolérance des empereurs romains et leurs persécutions (dont il s'efforce d'adoucir le tableau) comme l'une des causes des progrès étonnans du christianisme. On le dirait ami de la religion païenne, lorsqu'on le voit déplorer avec une sorte de chagrin l'anéantissement du culte des faux dieux. Il convient lui-même de ce penchant ridicule, dans une lettre qu'il écrivait au lord Shefield. *L'Eglise primitive, dont j'ai parlé un peu familièrement*, dit-il, *était une innovation, et* J'ÉTAIS ATTACHÉ A L'ANCIEN ÉTABLISSEMENT DU PAGANISME. Il conserva le même esprit de vertige et d'incrédulité dans les second et troisième volumes, publiés en 1781. Les trois derniers, auxquels l'auteur travailla pendant son séjour à Lausanne, parurent en 1788; ils ne sont guère moins exempts de reproches (1).

(1) L'ouvrage complet forme 6 vol. in-4° ou 18 vol. in-8°.

Cependant, malgré tous les défauts de l'*Histoire
de la décadence et de la chute de l'Empire romain*,
on ne peut disconvenir que ce célèbre ouvrage,
conçu dans un vaste plan, ne soit le fruit d'un
homme de génie. Outre cet intérêt de narration
qui en fait le principal mérite, on y trouve des
idées justes, des réflexions piquantes, une variété
extraordinaire de vues et de connaissances; mais,
avec tout cela, des négligences, des observations
fausses, des citations inexactes, quelquefois même
tronquées, et surtout une grande incertitude dans
les opinions, avec beaucoup de contradictions dans
les raisonnemens, car l'historien anglais n'avait aucun principe fixe en morale ni en politique. Enfin

Il a été refondu par M. Guizot, et publié à Paris en 1812,
en 13 vol. in-8°; la dernière édition est de 1828. L'une et
l'autre sont augmentées de notes historiques et critiques où
M. Guizot relève plusieurs erreurs de l'historien, surtout
dans les cinq premiers volumes de la nouvelle édition. Le
travail du critique est fait avec soin, et annonce de grandes
recherches; mais on a lieu de regretter qu'il n'ait pas cen-
suré beaucoup d'autres passages qui peuvent laisser une mauvaise impression dans l'esprit de quelques lecteurs. M. Guizot dit pour sa justification que *c'eût été grossir prodigieusement un ouvrage déjà très-volumineux, et ajouter des notes innombrables aux notes déjà très-nombreuses de l'auteur.*

l'ouvrage de Gibbon, malgré tous les reproches dont il est digne, vivra dans la postérité comme un monument de l'érudition et des talens de son auteur (1).

(1) M. Guizot, qui a étudié les écrits de Gibbon avec une attention scrupuleuse, s'exprime ainsi en faisant l'analyse et la critique de l'*Histoire de la décadence et de la chute de l'Empire romain* :

« Ce n'est point un simple récit des évènemens qui ont agité le monde romain depuis l'élévation d'Auguste jusqu'à la prise de Constantinople par les Turcs; l'auteur a constamment associé à ce récit le tableau de l'état des finances, des opinions, des mœurs, du système militaire, de ces causes de prospérité ou de misère, intérieures et cachées, qui fondent en silence ou minent sourdement l'existence et le bien-être de la société. Fidèle à cette loi reconnue, mais négligée, qui ordonne de prendre toujours les faits pour base des réflexions les plus générales, et d'en suivre pas à pas la marche lente, mais nécessaire, Gibbon a composé ainsi un ouvrage remarquable par l'étendue des vues, quoiqu'on y rencontre rarement une grande élévation d'idées, et plein de résultats intéressans et positifs, en dépit même du scepticisme de l'auteur. »

« J'ai rencontré dans certains chapitres (dit ailleurs M. Guizot) des erreurs qui m'ont paru assez importantes et assez multipliées pour me faire croire qu'ils avaient été écrits avec une extrême négligence; dans d'autres, j'ai été frappé d'une teinte générale de partialité et de prévention qui donnait à l'exposé des faits ce défaut de vérité et de justice que les Anglais désignent par le mot heureux de

Gibbon était d'une corpulence remarquable, sa figure d'une grosseur monstrueuse, et sa taille généralement disproportionnée. Ses traits, quoique spirituels, n'avaient rien d'agréable. M. Suard, qui l'avait vu à Londres, à Paris et à Lausanne, en a fait le portrait suivant : « Ce grand écrivain, dit-il, « avait une figure irrégulière, un nez qui s'effaçait

misreprésentation; quelques citations tronquées, quelques passages omis involontairement ou à dessein, m'ont rendu suspecte la bonne foi de l'auteur; et cette violation de la première loi de l'histoire, grossie à mes yeux par l'attention prolongée avec laquelle je m'occupais de chaque phrase, de chaque note, de chaque réflexion, m'a fait porter sur tout l'ouvrage un jugement beaucoup trop rigoureux. »

C'est sans doute par excès d'indulgence pour l'auteur que M. Guizot dit avoir porté un jugement *trop rigoureux* sur l'*Histoire de la décadence et de la chute de l'Empire romain.* En effet les lecteurs chrétiens, ceux mêmes les moins prévenus, ne pourront s'empêcher de condamner l'esprit dans lequel cet ouvrage a été généralement écrit; et si Gibbon n'est pas un ennemi déclaré de la religion comme Voltaire, il n'en est pas moins dangereux par ses sophismes et par ses attaques réitérées contre le christianisme. Il serait à souhaiter qu'une main habile fît disparaître les taches nombreuses qui nuisent au mérite de cette production remarquable.

Le tome sixième du *Spectateur français au dix-neuvième siècle* contient une réfutation assez étendue des chapitres XV et XVI de l'Histoire de Gibbon.

« par la proéminence de ses joues, un corps volu-
« mineux porté sur deux jambes très-fluettes ; il pro-
« nonçait avec affectation et d'un ton de fausset la
« langue française, qu'il parlait d'ailleurs avec une
« correction peu commune. » M. le doyen Bridel,
dont j'aurai l'occasion de parler dans la suite, et que
Gibbon admettait fort souvent à sa table, m'a donné
sur cet historien des renseignemens conformes au
portrait tracé par M. Suard. Le célèbre écrivain,
lorsqu'il avait invité quelqu'un, tenait à ce que l'on
fût rendu chez lui à l'heure précise du rendez-
vous : sans quoi l'on était accueilli de fort mauvaise
grâce. La nature avait favorisé Gibbon d'un appétit
extraordinaire : il dînait et soupait copieusement
tous les jours, et après chaque repas il avalait de
grandes tasses de café. Sa conversation, malgré des
singularités assez ordinaires aux grands philosophes
qui pensent et réfléchissent, était brillante, animée,
et fort instructive pour les personnes qu'il admettait dans sa société. Avec cela il était doué d'une
mémoire prodigieuse. Gibbon dans ses repas, me
disait encore M. Bridel, ne parlait jamais contre la
religion, malgré toute l'ardeur de ses principes philosophiques. Sur la fin de ses jours, il parut même
très-repentant de ses attaques dirigées contre le

christianisme, et il aurait voulu n'avoir jamais écrit contre la Révélation. M. Bridel est persuadé qu'il est mort avec des sentimens religieux ; mais un autre littérateur vaudois, qui a également connu Gibbon, m'a semblé ne point partager l'avis de son compatriote. Le docteur Gregory, dans ses Lettres sur la littérature, dit que Gibbon composait en se promenant dans sa chambre, et qu'il n'écrivait jamais une phrase sans l'avoir d'abord parfaitement construite et arrangée dans sa tête.

Un voyageur moderne parle ainsi de Gibbon et de la maison que celui-ci occupait durant son séjour à Lausanne : « L'appartement principal, à présent un comptoir, a dû être agréable ; mais la « terrasse dont Gibbon fait tant d'éloges, longue de « quarante toises sur cinq tout au plus, sablée, dénuée d'ombre, donnant sur un verger qui cache « la vue, n'est qu'une grillade ; et le petit cabinet « où l'historien écrivit les dernières lignes de son « grand ouvrage sur le *déclin de l'Empire romain*, « décline lui-même et tombe en ruines. L'illustre « auteur n'a pas laissé ici (à Lausanne) des souve- « nirs qui lui soient favorables : il passe pour avoir « été minutieux, exigeant, rapportant tout à lui- « même, et ce *lui*, un être assez repoussant. Un

« voyageur anglais, en rendant compte au public de
« M. Gibbon, avait dit de lui des choses assez of-
« fensantes ; mais celui-ci les lui pardonna toutes
« en faveur de l'erreur où il était tombé, en rap-
« portant que l'historien montait à cheval, ce qu'il
« aurait bien voulu pouvoir faire. » Il n'y a plus de
banquier dans la maison de Gibbon, et par conséquent plus de *comptoir*. Le petit pavillon du jardin, où l'auteur anglais mit la dernière main à son
ouvrage, et qui *déclinait,* a été détruit il y a peu
d'années ; mais on voit un fort joli pavillon qui lui
servait également de cabinet de travail. Celui-ci, réparé à neuf, se joint au corps du bâtiment. La terrasse offre une vue charmante sur le lac et sur les
campagnes voisines. Cette maison appartient à Mme de
Montagny, qui l'avait louée à M. Molin, banquier
et ancien juge de paix ; elle est située derrière l'é-
glise de Saint-François, et c'est la première que l'on
trouve à droite en prenant la route d'Ouchy: Gibbon mourut d'une hydrocèle le 16 janvier 1794.
Il s'était déchaîné fortement contre la révolution
de France, dont les excès lui avaient causé une profonde terreur.

Comme je suis entré dans beaucoup de détails à
l'égard de Gibbon, je ne veux ni ne dois pas omet-

tre un fait assez plaisant que je tiens d'une personne qui en fut presque témoin oculaire. L'ingénieux auteur de *Caroline,* Mme de Montolieu (1), avait inspiré une forte passion à l'historien anglais, qui, malgré la monstruosité de sa figure et de sa taille, se croyait sérieusement capable de faire des conquêtes. Un jour qu'il se trouvait seul, pour la première fois, avec cette dame, il se jeta à ses genoux en lui avouant son affection violente dans les termes les plus vifs et les plus tendres. Mme de Montolieu, étonnée d'une pareille déclaration, répondit sur un ton qui devait empêcher dorénavant qu'on ne la renouvelât. Gibbon, consterné, demeurait encore à genoux, malgré l'invitation pressante de changer de position et de s'asseoir : il était immobile et gardait le silence. *Mais, monsieur, relevez-vous donc!* s'écria vivement Mme de Montolieu; *relevez-vous donc, je vous en conjure!...—Hélas! madame,* répondit enfin le malheureux suppliant, *...je ne puis pas!...* En effet la pesanteur de son corps ne lui permettait point de se relever sur ses jambes, et il faisait de vains efforts pour obéir à l'injonction de Mme de Montolieu. Celle-ci, fatiguée d'une scène

(1) **Alors** *madame de Crousat.*

aussi étrange, et voulant en finir, se vengea d'une manière assez piquante : elle sonna pour appeler un domestique, et ce fut une servante qui aida le pauvre Gibbon, tout confus, à se remettre sur sa chaise. On plaisanta beaucoup à Lausanne de cette singulière aventure, et M. B***, qui me l'a racontée fort gaiement, ne pouvait se défendre de rire encore aux dépens de l'historien (1).

Mme de Montolieu, dont nous venons d'admirer la sagesse, est morte en décembre 1832, dans un âge très-avancé. Elle a publié un grand nombre de romans, dont la plupart sont traduits ou plutôt imités de l'allemand, d'Auguste Lafontaine. Mais l'ouvrage qui a fondé sa réputation littéraire est *Caroline de Lichtfield,* dont le succès fut des plus brillans. Les *Châteaux suisses,* où Mme de Montolieu décrit avec charme les usages antiques de sa patrie, lui ont valu, de la part des hommes de goût, des

(1) A Lausanne, et dans toute la Suisse, on prononce *Guibonne,* et non *Gibbon* comme en France. Cette observation en elle-même n'est pas aussi indifférente qu'on pourrait le croire : on a vu des Français chercher long-temps la demeure de Gibbon, à Lausanne, parce qu'ils ne pouvaient se faire comprendre en ne prononçant pas le nom de cet historien à la manière anglaise.

éloges justement mérités. Il est toutefois bien fâcheux que ces sortes de livres, rédigés en forme de
romans, ou qui en prennent la couleur, laissent trop de
facilité à l'écrivain pour mêler la fable avec l'histoire :
inconvénient fort grave pour le lecteur, qui souvent
se trouve en danger de confondre le faux avec le
vrai. Il est même prouvé que ces romans historiques,
contre lesquels on ne saurait trop s'élever, ont été,
nombre de fois, pour des gens peu instruits, la
source d'une infinité d'erreurs.

Il est temps d'achever ce que j'avais à dire sur
Lausanne; je crains même d'avoir été trop long.
Mais l'abondance du sujet me servira d'excuse,
j'aime à le croire; car je suis loin d'avoir tout dit,
tout raconté.

L'hôpital-général a été construit en 1766, pour
remplacer celui qui avait été fondé en 1282. Ce
grand bâtiment de pierres de taille est décoré, à
l'extérieur, de beaux pilastres d'ordre toscan. Cet
hospice recevait autrefois, avec les pauvres malades
du canton, tous les individus condamnés à la *force*,
à la *correction* ou à la *discipline*. Mais un mélange
aussi peu convenable a cessé d'exister depuis que
la nouvelle prison a été construite. Celle-ci est un
fort bel édifice, carré-long, situé dans un lieu élevé

d'où la vue s'étend sur le lac et sur la partie orientale de la ville. On y détient les condamnés aux fers ou aux travaux forcés ; en un mot c'est une maison de correction et de force à peu près dans le genre des maisons pénitentiaires de l'Amérique. Il y manque, toutefois, un labyrinthe pour rendre les évasions plus difficiles. Le malheureux ministre R*** B*** était détenu dans cette prison, où il a terminé sa courte et douloureuse existence (1).

(1) *Voyez* page 248, avec la note de la même page.

CHAPITRE XX.

Route de Lausanne à Vevey.—Mont-Jorat.—Pully.—Lutry.—Cully ;
ancienneté de ce bourg.—La Vaux : détails sur ce fameux vignoble ;
excessive cherté du terrain ; clos les plus renommés, etc.—Cascade
du Forestay ; lac de Bret.—Tour-de-Gourze.—Château de Glérolles.—Saint-Saphorin ; pierre milliaire du temps de l'empereur
Claude ; fragment d'autel païen.—Rivière et pont de la Veveyse.
—Aperçu historique sur Vevey.—Situation délicieuse de cette ville.
—Belle vue de la tour et de la terrasse de l'église *Saint-Martin*.
—Intérieur du temple ; tables de la Loi, où sont gravés les dix
Commandemens de Dieu.—Tombeau d'Edmond Ludlow, l'un des
juges de Charles Ier, roi d'Angleterre ; conduite politique de ce général, et sa retraite sur le territoire helvétique.—Maison qu'il habita
à Vevey.—Mort déplorable de Charles Ier ; indignation publique à
la nouvelle de l'exécution de ce prince ; l'anniversaire de son supplice est un jour de deuil pour l'Angleterre.—André Broughton.
—Le voyageur Matte.—J.-M. Couvreu.

LA route de Lausanne à Vevey est en général
assez belle, et surtout fort agréable à cause des points
de vue magnifiques qu'elle présente sur le Léman,
dont les eaux la baignent dans presque toute sa
longueur ; le chemin que l'on parcourt est ensuite
dominé à gauche par le *Jorat*, dont les coteaux,
exposés au midi, sont tapissés de riches vignobles,

ainsi que je le ferai bientôt connaître dans ma des_
cription de ce voyage. Cependant il faut quelque_
fois monter ou descendre, à cause de l'inégalité du
terrain ; et comme toutes les propriétés sont closes
de murs, il en résulte que cela gêne de temps en
temps la vue du lac lorsqu'on est à pied ; néanmoins, par un bonheur fortuit, ces murs ne sont
pas si élevés que l'on ne puisse jamais promener
ses regards par-dessus leur hauteur, surtout si l'on
est en voiture. Mais le chemin est tellement étroit
que souvent deux cabriolets peuvent à peine y passer
de front, et l'embarras devient extrême lorsque les
diligences se rencontrent dans les endroits les plus
difficiles. Il serait injuste d'attribuer à une négligence
du gouvernement ce défaut de largeur pour une route
aussi fréquentée : l'administration ne saurait y remédier sans faire beaucoup de tort aux propriétaires, à
cause de l'excessive cherté du terrain. D'ailleurs les
réparations essentielles ne sont point négligées, et
depuis trois ans surtout, des travaux considérables
ont été entrepris par le ministère du canton de Vaud,
soit pour donner à cette route une ligne plus directe
en faisant éviter de longs détours, soit pour adoucir
la pente de quelques montées trop pénibles.

J'ai nommé le Jorat au commencement de cet

article. Comme il faut bien se garder de le confondre avec le Jura, qui sépare la France de la Suisse occidentale, je dois donner une explication qui paraîtra sans doute très-importante, et empêchera une méprise assez commune au sujet de ces deux montagnes. Le Jorat est une chaîne de collines et de plateaux qui part des Alpes calcaires du Molesson et de Jaman, en se prolongeant au nord du côté de Moudon, et dont la longueur s'étend depuis la Veveyse jusqu'à La Sarraz, en s'inclinant de même près du lac d'Yverdun. Sa plus grande élévation est au moins de six cent cinquante toises au-dessus du niveau de la mer : elle a été mesurée du mont Pélerin, qui domine les villages de Chardonne et de Jongny. Une circonstance curieuse de la position de cette montagne, c'est que toutes les eaux qui découlent de sa partie méridionale se jettent dans le Léman pour aller tomber avec le Rhône dans la Méditerranée ; tandis que celles du revers septentrional vont au contraire se jeter dans l'Océan par la Broie, par l'Aar et par le Rhin. Un ruisseau, qui sort aussi du Jorat, se divise même en deux parties, et porte à la fois le tribut de ses eaux dans les deux mers.

Je me rendis à Vevey avec deux étrangers dont j'avais fait la connaissance à l'hôtel du *Faucon*. Nous prîmes une calèche particulière afin d'être plus libres de nous arrêter quand nous le voudrions : car, suivant notre plan, la messagerie n'aurait pu nous convenir. Le premier village que nous trouvâmes en sortant de Lausanne fut Pully, ancien prieuré de Bénédictins ; il est situé sur la hauteur. Le couvent des religieux existe encore dans son entier : c'est un grand bâtiment près duquel le ministre protestant est logé dans la maison même qu'occupait autrefois le curé des Catholiques. La nouvelle route de Lausanne à Vevey ne passe point à Pully ; elle longe ce village à cinq ou six minutes de distance. Le port, que l'on aperçoit au bord du lac, est un petit hameau dépendant de la même paroisse.

En arrivant à Lutry, nous vîmes à droite une belle pelouse entourée de superbes tilleuls; on l'appelle le *Grand-Pont*. La fête du Papegai, instituée sous les ducs de Savoie, y attirait, dans les premiers jours de mai, une grande foule de monde : un oiseau vert, placé sur le haut d'un mât très-élevé, servait de but aux tireurs, qui étaient les héros de cette fête. Le *Grand-Pont* est maintenant une promenade où ont lieu les exercices militaires, avec le tir à la carabine ou à la cible. Mais ce qu'il y a de plus intéressant à l'égard de la ville de Lutry, c'est qu'elle fit une grande résistance lorsqu'on voulut y abolir la religion catholique : les chefs du Conseil s'opposèrent vivement au fameux Edit de Réformation publié par le gouvernement de Berne, et dont ils furent néanmoins forcés de subir le joug. Les habitans de Cully imitèrent la noble conduite de leurs voisins, et eurent le même sort. Rien n'aurait manqué à la gloire de ces braves citoyens, s'ils eussent su mépriser jusqu'à la fin les menaces, et rester fidèles à la vraie religion. Cully, qui est à moitié chemin de Lausanne à Vevey, est une ville très-ancienne; on y a découvert, en 1818, les ruines d'un temple dédié à Bacchus. L'inscription votive *Libero Patri Cocliensi* (au Père Bacchus de Cully), qu'on lit sur le piédestal d'une petite statue de métal (1), semble prouver que les habitans de ce bourg cultivèrent la vigne dans des temps fort reculés. Le surnom de *Liber* était donné à Bacchus parce que le vin, sa liqueur favorite, rendait l'esprit libre de toute inquiétude de la vie. Les fêtes de ce dieu se célébraient en pleine campagne, le 17 mars, sous le nom de *Liberales* ou de *Liberalia*.

Cully est à peu près au centre du fameux vignoble de La Vaux, qui occupe un espace de plus de

(1) Cette statue fut trouvée à Saint-Prex en 1744.

trois lieues le long du lac, depuis Vevey jusqu'aux portes de Lausanne (1), et qui s'élève à une hauteur considérable sur la pente méridionale du Jorat. Ce chef-d'œuvre d'industrie agricole a quelque chose de frappant au premier coup-d'œil : on voit avec surprise une innombrable quantité de terrasses recouvertes de vignes, et qui forment en divers endroits un amphithéâtre de quarante étages placés les uns au-dessus des autres. De petits escaliers, construits en dehors des murs de revêtement, établissent une communication assez facile d'une terrasse à l'autre. Mais ce qui étonne prodigieusement, c'est que la plupart de ces monts artificiels sont en grande partie composés de terre apportée de la côte de Savoie (surtout des environs d'Evian) : travail immense, qui a dû coûter beaucoup de peine, de temps et de persévérance aux habitans de cette contrée industrieuse. Les montagnes sur lesquelles ce terrain a été placé à si grands frais, n'étaient autrefois que des rochers stériles et inaccessibles : il est donc vrai de dire que le nouveau sol a été en-

(1) Il faut être exact : le vignoble de La Vaux proprement dit commence à demi-lieue sud-est de Lausanne, et finit à pareille distance de Vevey, à l'occident de cette dernière ville. Telle est du moins l'observation qui m'en a été faite sur les lieux.

tièrement créé par les efforts et l'intelligence des
Vaudois. Une foule de hameaux et de villages, dont
les maisons se pressent les unes contre les autres,
couvrent ce riche coteau, et renferment une population de sept à huit mille âmes; les habitans s'y
occupent sans cesse à soutenir un terrain qui me-
nace tous les jours de s'écrouler.

On ne peut se faire une idée de l'opulence des
cultivateurs à qui appartiennent les vignes du district de La Vaux. En effet le prix du terrain y est
si élevé, que l'on trouverait difficilement en Europe
des vignobles aussi précieux pour leur valeur. Un
propriétaire du pays m'assurait que la *pose* vaudoise de ces vignobles, qui équivaut à cinquante
mille pieds carrés, se vendait depuis huit jusqu'à
douze mille livres de Suisse, c'est-à-dire depuis
douze jusqu'à dix-huit mille francs de France (1).

(1) La nouvelle *pose vaudoise* est de *cinq cents toises* carrées de cent pieds chaque toise (mesure de superficie).

La toise *courante* (mesure linéaire) est de dix pieds. Le
pied est divisé en dix pouces, le pouce en dix lignes, et la
ligne en dix traits. Le pied vaudois est inférieur d'un demi-
pouce, environ, à l'ancien pied de France : il est égal à trois
décimètres, d'après nos nouvelles mesures.

La *pose* se divise également en dix *fossoriers*. Le *fossorier*
équivaut à cinquante toises carrées.

Les clos les plus renommés sont dans le voisinage de Cully : on estime surtout les vins d'Epesse, de Riez, de Chapotannaz, de Calamin et du Désaley. Ce dernier vignoble n'était jadis qu'un désert rocailleux, lorsque, dans le douzième siècle, Guy de Marlanie, évêque de Lausanne, le donna aux religieux de l'abbaye de Haut-Crest près d'Oron ; ces solitaires laborieux défrichèrent le terrain, et à force de sueur et de travail ils parvinrent à y cultiver la vigne avec le plus grand succès. Dira-t-on que ces moines étaient de *pieux fainéans?* Et cependant que d'exemples semblables ne pourrions-nous pas citer aux injustes détracteurs de la vie monastique!

Les raisins de La Vaux sont au nombre des meilleurs de toute l'Europe, sans en excepter même, m'a-t-on dit, ceux de l'Espagne et de l'Italie. Le vin blanc que produit en abondance ce célèbre vignoble est délicieux, et très-recherché à cause de sa qualité supérieure. Toutefois, malgré sa grande réputation dans le pays, on ne saurait le comparer à nos premiers vins de France : c'est l'avis de plusieurs gourmets à qui les noms de *Bordeaux,* de *Champagne,* de *Bourgogne,* etc., rappellent des souvenirs trop chers pour supposer quelque rivalité à

nos fameux vignobles. Tout le district de La Vaux
a appartenu aux évêques de Lausanne depuis le onzième siècle jusqu'à l'époque de là Réformation : ils
en retiraient les principaux revenus de leur souveraineté (1). Ces prélats le gouvernèrent avec intelligence, et accordèrent aux habitans de nombreux
priviléges, encourageant la culture de la vigne par
tous les moyens possibles : c'est une justice que les
protestans eux-mêmes se plaisent à leur rendre.

Beaucoup de voyageurs confondent le nom de
La Vaux avec celui de *Vaud,* qui désigne toute
la province du canton : c'est une erreur qu'il importe de signaler. Le nom de *La Vaux* tire son
étymologie propre de *vallis,* vallée, désignation
qui ne convient qu'au district de ce nom. Mais celui
de *Vaud* dérive, selon toute apparence, du mot
wald qui signifie, en langue tudesque, *bois, forêt,*
par conséquent *pays de bois.* Les Suisses-Allemands
donnent au district de La Vaux le nom de *Ryffthal*

(1) Suivant le calcul d'un auteur vaudois, les revenus des
évêques de Lausanne dans le treizième siècle étaient fort
considérables : ceux dont ils jouissaient alors sont évalués
par lui à *soixante mille ducats,* somme qui équivaudrait de
nos jours à *un million quatre cent quarante mille livres* de
Suisse, ou à *deux millions cent soixante mille francs* de France.

(vallée de la maturité), et au vin que l'on y récolte celui de *Ryffwein* (vin mûr ou bon vin) : ces dénominations peuvent exprimer l'estime qu'ils font de ce vignoble.

Avant d'arriver au château de Glérolles, nous vîmes une très-belle cascade dont l'effet nous procura un doux moment de plaisir. Elle est formée par le torrent du Forestay qui sert d'écoulement au petit lac de Bret, situé dans un vallon romantique au-dessus du Jorat, et à une lieue de la grande route. Ce lac gêle ordinairement tous les hivers, et reçoit des eaux souterraines qui descendent des collines voisines ; il est très-poissonneux et fournit d'excellentes écrevisses. On a découvert à son extrémité orientale les ruines de ce *Bromagus* que l'Itinéraire d'Antonin place à neuf milles de Vevey à Moudon (1). Malgré la charmante situation de ce lac, dont la longueur est d'un quart de lieue, on ne saurait approcher sans danger de ses bords : les plantes marécageuses y croissent en abondance, et forment peu-à-peu une terre végétale dont le manque de solidité a déjà coûté la vie à plusieurs per-

(1) Pag. 352 (*cum notis variorum*). Amst. 1735, in-4°.

Bromagus, station militaire, est indiqué sous le nom de *Viromagus* dans la Table théodosienne ou de Peutinger.

sonnes. Il ne faut donc s'avancer qu'avec la plus grande précaution, pour ne pas être victime de sa curiosité.

Nous aperçûmes les débris de la Tour-de-Gourze dont la fondation est attribuée à la reine Berthe, et qui fut démantelée par un baron de Vaud dans le quatorzième siècle. Nous longeâmes ensuite le château de Glérolles, dont les murs bordent le chemin; il est construit sur un rocher qui s'avance en forme de promontoire dans le lac. Les évêques de Lausanne venaient souvent y passer la belle saison.

Nous fîmes une halte à Saint-Saphorin, d'où l'on compte trois quarts de lieue pour se rendre à Vevey. Une pierre milliaire, érigée sous l'empereur Claude, l'an 47 de l'ère chrétienne, est la seule curiosité de ce village. Cette borne antique, trouvée dans les environs, a été enchâssée dans le mur intérieur de l'église. L'inscription porte que la distance de Martigny à Saint-Saphorin, sur la route d'Avenches, est de trente-sept mille pas (environ douze lieues); elle prouve que dès le temps de Claude cette petite contrée de la Suisse faisait partie d'une province romaine, et que l'ancienne ville d'Avenches (*Aventicum*) était la capitale de cette portion de l'Helvétie; car, on le sait, ces pierres milliaires indiquaient ordinairement la distance des lieux en suivant la direction de la principale ville de la province (1). En 1820, on découvrit encore, en réparant l'église de Saint-Saphorin, un fragment d'autel païen, qui a été placé dans la même église, à côté de la porte. L'inscription n'est pas facile à déchiffrer. Mais le vieux pasteur du village m'a aidé à en saisir le sens, que voici : « Lucius Flavius Potitianus a consacré « cet autel d'après le vœu qu'il en avait fait à la « Fortune de bon retour (2). » Ce Potitianus était probablement un affranchi de la maison de Ves-

(1) Cette inscription est ainsi conçue :

TI. CLAVDIVS, DRVSI F.
CÆSAR AVG. GERM.
PONTIF. MAX. TRIB. POT. VII
IMP. XII. P. P. COS. IIII
F. C. (*) A.
XXXVII.

« (Claude Tibère, fils de Drusus, César Auguste, sur-
« nommé le *Germanique*, grand pontife, tribun du peuple
« pour la septième fois, empereur pour la douzième, con-
« sul pour la quatrième, et Père de la patrie.) »

(2)   FORTVN. REDVCI
       L. FL. POTITIANVS
          V. S. L. M.

(*) La lettre C. a été ajoutée pour exprimer le sens des deux autres lettres : *Fori Claudii Aventicum.*

pasien, dont le nom de famille était *Flavia*. Ainsi la date de cette inscription paraît être de la fin du premier siècle. Saint-Saphorin, dont le nom dérive de *Saint-Symphorien,* est situé sur une hauteur, au-dessus du lac : on y arrive par une montée assez roide, soit du côté de Lausanne, soit du côté de Vevey. Le rigoureux hiver de 1709 fit périr tous les oliviers que l'on avait cultivés jusqu'alors dans le voisinage de ce bourg, et qui étaient l'une des principales ressources du pays. Ce fut également, comme on le sait, une époque bien désastreuse pour la Provence. Le vin rouge qu'on récolte près de Saint-Saphorin passe pour le meilleur du canton de Vaud.

Nous traversâmes bientôt le joli pont de marbre construit sur la Veveyse, petite rivière qui prend sa source au pied du Molesson, dans le canton de Fribourg, et qui fait des ravages affreux lors de la crue subite des eaux; elle entraîne souvent une énorme quantité de pierres calcaires qu'elle précipite du haut des montagnes jusque dans la vallée. Ce torrent destructeur se jette dans le lac aux portes de Vevey, où nous arrivâmes très-satisfaits de notre voyage. Favorisés par un temps superbe, depuis notre départ de Lausanne, nous avions parcouru lentement, mais avec un plaisir extrême, cette route char-

mante bordée des eaux du Léman, et que les riches-
coteaux du Mont-Jorat dominent sur toute sa longueur, c'est-à-dire durant quatre lieues de distance.

La ville de Vevey était connue des Romains sous
le nom de *Vibiscum;* Antonin la désigne ainsi dans
son Itinéraire (1). On a tout lieu de croire qu'elle fut
fondée par les Celtes ou Gaulois, d'après le grand
nombre d'antiquités que l'on a trouvées dans son
enceinte ou dans les environs. Sous le règne de
Tibère, et vers l'an 14 de l'ère chrétienne, elle fut
reconstruite, agrandie et peuplée de colons romains par l'ordre même de l'empereur; mais à la
chute de l'Empire romain, elle subit le sort de beaucoup d'autres villes, et fut envahie successivement
par les Goths, par les Huns et par les Vandales, qui
la détruisirent de fond en comble. Elle fut rebâtie
sous les rois de la Bourgogne Transjurane, et s'a-
grandit surtout sous le gouvernement paternel des
barons de Vaud, ou comtes de Savoie, qui l'avaient
réunie à la province du Chablais. En 1476, les mon-

(1) *Vetera Romanorum itineraria, sive Antonini Augusti Iti-
nerarium, cum notis variorum.* Amst. 1735, in-4° (p. 352).

Vevey est indiqué dans la Table théodosienne sous le
nom de *Viviscum.*

Les Allemands lui donnent, dans leur langue, le nom de
Vivis.

tagnards de l'Oberland y firent de grands ravages, et l'incendièrent en partie ; c'était peu de temps avant la fameuse bataille de Morat, où Charles-le-Téméraire fut vaincu avec son armée par les Suisses. Les habitans de Vevey avaient fourni des secours aux Italiens et aux Savoyards, qui allaient joindre les drapeaux du duc de Bourgogne : un bataillon bernois fondit alors sur la ville, et massacra tout ce qu'il put trouver d'hommes capables de porter les armes. Vevey resta sous la domination de Berne depuis l'an 1536 jusqu'en 1798, époque à laquelle tout le pays de Vaud secoua le joug de cette république, et fut déclaré libre et indépendant. En 1613 une épidémie terrible enleva le tiers des habitans de Vevey, c'est-à-dire plus de quinze cents personnes dans les seules villes de Vevey et de la Tour-de-Peilz ; ce fléau désolait en même temps toute la contrée, où il exerçait de cruels ravages. Un jour de *jeûne général* fut ordonné pour obtenir la cessation de l'épidémie : quoique protestant, le gouvernement respectait encore cette pratique touchante de la religion romaine, et croyait nécessaire d'apaiser la colère du Ciel par le jeûne et l'abstinence. En 1687 (ou en 1688), un violent incendie répandit de nouveau la consternation dans la malheureuse ville de Vevey; mais elle put à la longue se relever de ses ruines, et conserver le premier rang après la capitale du canton de Vaud; elle le mérite par son étendue et par sa population, qui s'élève aujourd'hui à plus de quatre mille cinq cents âmes.

Vevey, dont le plan est presque régulier, a la forme d'un triangle dont le plus grand côté est baigné par les eaux du Léman. C'est l'une des plus jolies villes de la Suisse, et sa situation l'une des plus belles du monde : il en est peu dont l'aspect procure autant de charme. Assise au bord du lac, dans un lieu inaccessible aux vents du nord, entourée d'un pays fertile et riant, cette petite cité, riche encore en points de vue magnifiques, a quelque chose de surprenant et même de magique au premier coup-d'œil. Les rues sont larges et très-propres, les maisons en général peu élevées (1) et d'une construction fort agréable ; la façade des édifices est nuancée de diverses couleurs, comme dans la plupart des villages de la Suisse : chose qui plaît beaucoup aux étrangers, et les prévient favorablement. Enfin l'on retrouve à Vevey cette urbanité et cette politesse qui distinguent Lausanne;

(1) Elles n'ont que deux ou trois étages.

mais on y vit à meilleur compte, et la simplicité des mœurs en bannit le luxe et la dépense, qui règnent ordinairement dans les petites comme dans les grandes capitales.

Je m'empressai d'aller monter, avant le coucher du soleil, sur la tour de l'église de Saint-Martin, pour y jouir d'une des vues les plus intéressantes de la Suisse. Le tableau qui s'offrit à mes regards, de cette galerie élevée, produisit sur mes sens un effet qu'il me serait difficile d'exprimer. Quel aspect enchanteur! Quelle variété inépuisable de sites, les uns pittoresques et romantiques, les autres embellis par la nature des scènes les plus douces, les Plus gracieuses, les plus animées! Mais quel contraste lorsque parcourant des yeux les bords du Léman on passe tout-à-coup d'une rive à l'autre, de la rive suisse à celle de la Savoie, où le pays se montre si sauvage et si triste! J'apercevais à gauche, dans le lointain, les montagnes sourcilleuses du Valais, le Saint-Bernard et ses neiges éternelles; au-dessus de Montreux, de belles Alpes parsemées de chalets, avec la Dent-de-Jaman qui a la forme d'une pyramide, et dont la hauteur au-dessus du niveau de la mer est presque de cinq mille pieds. J'avais à ma droite de riches coteaux étalant avec profusion les dons de Cérès, de Pomone et de Bacchus. Enfin devant moi se déployait avec magnificence ce superbe lac dont les collines qui le bordent sont couvertes d'une multitude d'habitations riantes où l'art et la nature semblent, pour ainsi dire, avoir voulu se disputer le pinceau. Mais ces montagnes du Chablais, dont la plupart s'avancent majestueusement dans l'onde, ces rochers arides de Meillerie qu'un nouveau César fit percer, leur aspect menaçant et triste, me donnèrent des idées mélancoliques au milieu du plaisir que j'éprouvais à contempler les paysages de la rive opposée.

Le temple de Saint-Martin, d'où l'on admire un panorama si étendu et si varié, est situé sur une éminence à cinq minutes de la ville. On remarque au-dessus du portail la date de 1498 avec la croix des princes de Savoie. Ce portail est surmonté d'une tour carrée qui se termine par une galerie et par quatre tourelles rondes à ses angles ; c'est du haut de cette tour que j'ai pu jouir du spectacle magnifique dont je viens de faire la description : la vue y est plus imposante, plus extraordinaire que celle offerte de la terrasse, ombragée de marronniers, qui entoure une partie de l'église. L'intérieur du temple de Saint-Martin est fort simple ; toutefois

l'orgue et la chaire en noyer m'ont paru d'un assez
bel effet. Ici comme ailleurs il n'y a pas d'autres
siéges que des bancs, soit pour les magistrats, soit
pour le peuple. Les deux Tables de la Loi divine
sont suspendues contre le mur de chaque côté du
chœur, et en forme de tableaux placés l'un à droite,
l'autre à gauche; les dix commandemens, gravés
en lettres d'or, sont, exposés dans le temple pour
rappeler aux chrétiens leurs devoirs sacrés envers
Dieu : ils sont là comme un avertissement salutaire pour les transgresseurs de ses ordres immua-
bles. Aussi, à la vue de cette loi suprême, dont
les paroles devraient être gravées dans le cœur de
tous les hommes, pourrait-on oublier l'appareil for-
midable avec lequel le souverain législateur dicta
ses volontés saintes à Moïse, pour les transmettre
aux générations de tous les siècles? Je loue donc
vivement l'intention des ministres de Vevey qui ont
cru essentiel de présenter aux regards du peuple le
tableau écrit de ses devoirs envers le Créateur. Mais
qu'ils me permettent de leur témoigner ma surprise
au sujet de la version plus qu'indécente, plus que
barbare, qu'ils ont adoptée pour le septième commandement de Dieu. On lit en effet sur la seconde
table, suspendue à droite, des mots que le langage

honnête réprouve justement (1); ces expressions grossières auront été tirées sans doute de l'une de ces traductions faites de la Bible par les vieux apôtres du calvinisme. Quel goût de souffrir pareille chose dans un temple, et à la vue de toute une assemblée de *fidèles!*..... C'est vraiment se moquer du dix-neuvième siècle, et je dirais même de la sainteté du lieu, si les édifices d'un culte séparé du nôtre pouvaient avoir quelque chose de sacré aux yeux de celui qui a déclaré ne vouloir qu'*une foi* et qu'*un baptême.*

L'église de Saint-Martin renferme le tombeau du général Edmond Ludlow, Anglais régicide, qui mourut à Vevey en 1693, à l'âge de soixante et treize ans; ce monument lui fut élevé par sa veuve, qui l'avait suivi dans sa retraite sur le territoire helvétique (2). La maison qu'il habitait est située près de

(1) *Tu ne paillarderas point.*

(2) L'épitaphe d'Edmond Ludlow est gravée en lettres d'or sur du marbre noir. Elle est placée contre le mur intérieur de l'une des chapelles latérales de l'église, à gauche en entrant par la grande porte. Voici l'inscription telle que je l'ai copiée sur les lieux :

Siste gradum et respice.

Hic jacet EDMOND LUDLOW, *Anglus natione, provinciæ Wiltoniensis, filius Henrici, equestris ordinis, senatorisque par-*

la porte du Valais; elle conserva long-temps l'inscription suivante : *Omne solum forti patria, quia patris* (tout pays est une patrie pour les âmes fortes, puisqu'elle est celle de notre père commun). Cette inscription fut enlevée il y a quinze ou seize ans, par ordre de M. Grenier, propriétaire actuel de la maison, qui était fatigué journellement des visites importunes d'un grand nombre d'étrangers. Des Anglais se disant les descendans de Ludlow ont voulu emporter dans leur pays la *planche de bois* sur la-

lamenti, *cujus quoque fuit ipse membrum, patrum stemmate clarus et nobilis, virtute propriâ nobilior, religione protestans, et insigni pietate coruscus, ætatis anno 23 tribunus militum, paulò post exercitûs prætor primarius, tunc hybernorum domitor.*

In pugnâ intrepidus, et vitæ prodigus, in victoriâ clemens et mansuetus, patriæ libertatis defensor, et potestatis arbitrariæ oppugnator acerrimus. Cujus causa ab eâdem patriâ 32 annis extorris, meliorique fortunâ dignus, apud Helvetios se recepit ibique ætatis anno 73 moriens, omnibus sui desiderium relinquens, sœdes æternas lœtus advolavit.

Hocce monumentum in perpetuam veræ et sinceræ ergà maritum defunctum amicitiæ memoriam dicat, et vovet domina ELISABETH DE THOMAS *ejus strenua, et mœstissima tàm in infortuniis quàm in matrimonio consors dilectissima, quæ animi magnitudine et vi amoris conjugalis mota, eum eum* (*) *in exilium ad obitum usquè constanter secuta est.*

Anno Domini 1693.

(*) Ce pronom est répété sur l'épitaphe.

quelle était gravée l'inscription, et l'ont obtenue, moyennant quelques schellings, ou peut-être quelques guinées, de l'un des valets de la maison. Avant 1815, une inscription pareille se trouvait déjà placée au-dessus de la porte de M. Grenier ; mais celui-ci avait cru devoir la faire disparaître (1). Aujourd'hui rien n'indique l'ancienne demeure du régicide anglais, et les curieux doivent se borner à prendre en note le n° 430 que porte la maison.

Edmond Ludlow, l'un des chefs les plus ardens du parti républicain en Angleterre, sous le règne de Charles Ier, fut du nombre des juges qui condamnèrent ce malheureux prince à avoir la tête tranchée. Il publia, durant son exil à Vevey, des Mémoires où il ose se glorifier de son crime, et qui portent l'empreinte d'un fanatisme révoltant. Cependant, malgré ses erreurs politiques et son zèle républicain, Ludlow fut l'ennemi juré de tout pouvoir arbitraire : il s'opposa vivement aux projets ambitieux de Cromwell, qui voulait asservir sa patrie, et il déploya de grands talens soit pour la guerre, soit pour l'administration. Dans sa vie

---

(1) Tous ces petits détails sur la maison de Ludlow m'ont été donnés par M. Grenier lui-même.

privée il se montra humain et désintéressé; mais il ne donna jamais aucune marque de repentir au sujet de la mort de son roi qu'il avait à se reprocher. Olivier Cromwell, le principal auteur de ce parricide, régna despotiquement sous le titre modeste de *protecteur,* et fut nommé général en chef des troupes de la république. Après la révolution de 1688, qui renversa du trône la famille des Stuarts et y plaça la Maison d'Orange, Ludlow était revenu en Angleterre dans l'espoir d'y terminer ses jours; mais ayant su que l'on projetait une adresse au roi pour le faire arrêter, il retourna bientôt à Vevey, où il se mit de nouveau sous la protection du gouvernement de Berne. Il y vécut, sans inquiétude, une trentaine d'années. (Dans cette période de temps est compris l'intervalle de son absence.)

On sait que Charles Ier, victime d'une faction redoutable et de son peu d'énergie à la réprimer, mourut sur l'échafaud, le 30 janvier 1649 (1). Rien ne put sauver ce prince de la fureur de ses ennemis : ni les touchantes supplications de la reine

(1) Un homme masqué fit l'office d'exécuteur, et sépara d'un seul coup la tête du corps. Le même bourreau la montra au peuple, toute dégouttante de sang, et en criant avec force : *Voilà la tête d'un traître !* .....

son épouse, ni le généreux dévouement de quatre
lords, ses anciens ministres, qui s'offraient pour
mourir à la place de leur maître, en un mot tout
fut repoussé par des assassins qui osaient prendre
le titre de juges. La plupart des historiens font le
plus grand éloge de Charles Ier, et s'accordent à le
citer comme l'un des meilleurs rois qu'ait eus la
Grande-Bretagne; Hume lui-même, ce flatteur
ordinaire de la violence et de la tyrannie, épouse
vivement la cause de ce monarque, et le représente
comme la victime d'une foule de traîtres et de scélérats : son histoire de Charles Ier est remplie de
détails curieux, et respire les plus beaux sentimens.
Après avoir dépeint d'une manière énergique la
douleur, l'indignation, la tristesse mêlée de désespoir du peuple anglais à la nouvelle de la fatale
exécution de son roi, Hume ajoute ce qui suit, pour
exprimer combien était vive l'impression générale
qu'elle avait faite, surtout chez les personnes d'un
sexe naturellement faible et sensible. « Jamais un
« monarque (dit-il) dans le plein triomphe du
« succès et de la victoire, ne fut plus cher à son
« peuple que ce malheureux prince l'était devenu
« au sien par ses infortunes, par sa grandeur d'âme,
« par sa patience et sa piété. . . . .

« On raconte que plusieurs femmes enceintes se
« délivrèrent de leur fruit avant terme ; d'autres fu-
« rent saisies de convulsions ; d'autres tombèrent
« dans une mélancolie qui les accompagna jusqu'au
« tombeau. Quelques-unes, ajoute-t-on, perdant
« tout soin d'elles-mêmes, comme si la volonté leur
« eût manqué de survivre à leur prince bien-aimé,
« quand elles en auraient eu le pouvoir, tombèrent
« mortes à l'instant. . . . . , ...
« En un mot l'accord fut unanime à détester ces
« parricides hypocrites, qui avaient déguisé si long-
« temps leurs trahisons sous des prétextes sancti-
« fiés, et qui, par ce dernier acte d'une atroce
« iniquité, jetaient une tache ineffaçable sur la na-
« tion (1). »

La mémoire de Charles Ier est tellement sacrée
parmi les Anglais, que le jour de sa mort est célébré par un deuil général : tous les tribunaux, tous

_____

(1) *Histoire de la maison de Stuart sur le trône d'Angleterre ;*
Londres (Paris), 1760, in-4°, tome 2.

Il serait à désirer que tout l'ouvrage de David Hume fût
généralement écrit avec la même impartialité et dans les
mêmes sentimens que l'histoire de Charles Ier : il n'eût
point mérité la censure des hommes justes et amis de la
vérité. Mais on sait combien l'auteur anglais révolte par
ses principes et par sa philosophie irréligieuse.

les magasins, tous les spectacles sont fermés à l'occasion de ce triste anniversaire, et le peuple fait retentir les temples de cris de douleur en pleurant la fin tragique d'un si bon roi, et en invoquant la clémence du Ciel pour un attentat inouï dans les fastes de cet empire. Si la fête tombe un dimanche, on la renvoie à un autre jour, de sorte qu'on ne peut la confondre avec aucune autre solennité. Le ministre qui aurait le dessein de supprimer cette fête expiatoire, appelée la *fête du martyre,* ou le député qui se permettrait de la blâmer serait l'objet de la malédiction publique. Il n'y a sur ce point *ni whigs, ni tories, ni radicaux :* il n'y a plus que des Anglais (1).

Le jugement odieux de Charles Ier a des rapports bien frappans avec celui du malheureux Louis XVI, qu'une faction également ennemie du trône devait immoler à son tour le même mois, et à près d'un

_____

(1) Ce jour-là (le 30 janvier) le Parlement et la Chambre des communes se rendent au temple, où l'on implore la miséricorde de Dieu pour qu'il ne fasse retomber ni sur les Anglais ni sur leur postérité le forfait commis contre une tête innocente et sacrée ; et l'on conjure le Très-Haut de pardonner de même les autres crimes qui ont pu armer son bras vengeur à cette époque de triste mémoire pour l'Angleterre. Voici la prière textuelle, traduite dans notre langue

siècle et demi de distance!... Mais imitons-nous la
conduite de nos voisins pour ce repentir solennel
dont ils nous donnent l'exemple, malgré l'intervalle immense qui le sépare du jour où fut commis
l'attentat qu'ils déplorent!... Nous cependant, nous
aussi avons eu le malheur de voir renverser une
dynastie, et avec elle les derniers rejetons d'une
longue race de rois. Mais si des hommes passionnés dans leur haine contre une auguste famille ont
voulu abolir une institution toute pieuse, une cérémonie destinée uniquement à apaiser la colère divine, ils ne pourront néanmoins effacer de l'histoire les pages sanglantes d'un crime qui a été le
partage d'un petit nombre de misérables que la nation presque entière a réprouvés, et qu'elle réprouve
encore de nos jours, pour l'honneur du pays.

On voit aussi, dans le temple de Saint-Martin,

« Dieu tout-puissant, Dieu terrible dans vos jugemens,
« qui avez permis que la vie de notre gracieux souverain,
« le roi Charles 1er, lui fût arrachée par des hommes bar-
« bares et sanguinaires, daignez ne pas faire peser sur nous
« ni sur nos enfans cet odieux forfait. Soyez miséricor-
« dieux, nous vous en supplions, ô mon Dieu! soyez misé-
« ricordieux pour un peuple que vous avez racheté. Ne soyez
« plus irrité contre lui, et pardonnez-nous en faveur des
« mérites de Jésus-Christ votre fils et notre Seigneur. »

à Vevey, l'épitaphe d'André Broughton, amiral anglais, qui lut la sentence de mort à Charles Ier, et *qui fut trouvé digne,* comme l'annonce l'épitaphe, de remplir cette fonction, en sa qualité de sénateur ou de lieutenant-civil (*prætor urbanus*). Malgré les vives réclamations du gouvernement anglais auprès de celui de Berne, pour obtenir l'extradition de Ludlow et de Broughton, ces deux réfugiés vécurent paisiblement à Vevey jusqu'à la fin de leurs jours. Le dernier mourut en 1687, à l'âge de quatre-vingt-quatre ans (1).

(1) La pierre sépulcrale d'André Broughton forme le pavé du temple à l'entrée de la chapelle où est l'épitaphe de Ludlow. En voici l'inscription, qui est dans l'ordre suivant :

Depositorium
ANDREI BROUGHTON, *armigeri*
Anglicani Maÿdstonensis
in comitatu Cantÿ,
ubi bis prætor urbanus,
dignatusque etiam fuit sen-
tentiam regis regum profari.
Quam ob causam expulsus patriâ suâ,
peregrinatione ejus finitâ,
solo senectutis morbo affectus,
requiescens à laboribus suis,
in Domino obdormivit
23°. die feb. An°. Domini 1687
ætatis suæ 84.

L'église de Saint-Martin renferme encore le tombeau du voyageur Matte, né à Montpellier, qui, après avoir parcouru l'Asie, l'Afrique et l'Amérique, se retira à Vevey pour y passer les dernières années de sa vie. Il y mourut en avril 1697.

On voit enfin dans la même église la tombe intéressante de Jean-Martin Couvreu de Deckersberg, mort le 10 janvier 1738, à l'âge de quatre-vingt-treize ans, et qui combla la ville de ses bienfaits. Ses concitoyens ont fait élever par reconnaissance ce monument à sa mémoire (1).

(1) L'épitaphe de ce bienfaiteur de l'humanité fait en peu de mots son éloge :

JOHANNI MARTINO COUVREU

DE

DECKERSBERG,

pauperum patri amantissimo,
bonorum omnium amico certissimo,
Dei virtutumq. omnium
cultori religiosissimo,
S. P. Q. W.
In perpetuam
tantœ pietatis
memoriam
posuerunt.
Ob. X jan. anno MDCCXXXVIII, 93 nat.

VEVEY est la patrie de Charles Labelye, célèbre ingénieur, qui a construit le pont de Westminster à Londres, et de Brandouin, peintre habile en aquarelle, dont le talent fut apprécié en Angleterre et en Hollande, où il se fit connaître d'une manière distinguée. La plupart des fontaines qui embellissent Vevey ont été exécutées sur les dessins de cet artiste : il en est deux surtout qui, travaillées dans le goût égyptien, fixent particulièrement l'attention des voyageurs. Brandouin laissa en mourant une collection assez considérable de paysages suisses qu'il avait dessinés lui-même ; mais cette collection précieuse fut vendue et dispersée à Genève après le le décès de Mme veuve Brandouin.

L'église de Sainte-Claire a été bâtie sur l'emplacement d'un temple dédié à Sylvain, comme le prouve l'inscription dont je vais parler tout-à-l'heure. Cette église, où l'office se fait en hiver seulement, est beaucoup moins grande que celle de Saint-Martin, où le service a lieu, au contraire, durant toute la saison de l'été (1). Le temple *Sainte-Claire*, édifice moderne, tire son nom d'un couvent de religieuses qu'avait fondé, en 1425, Amédée VIII, duc de Savoie. Ces saintes filles ne voulant point abjurer leur foi, à l'époque de la Réforme, se retirèrent à Evian, de l'autre côté du lac, en 1536 ; elles y formèrent une autre communauté religieuse, sous la protection de l'évêque de Genève. Au-dessus de l'église de Sainte-Claire est un grand clos de

(1) Néanmoins on prêche le soir de chaque dimanche, en été, dans l'église de Sainte-Claire.

vignes où l'on croit qu'existait l'ancienne ville de Vevey : on y a trouvé des restes de murailles, des briques, des vases, des médailles d'argent et de bronze de divers empereurs romains et de plusieurs impératrices, ainsi que d'autres médailles portant l'effigie des rois Francs de la seconde et de la troisième race.

Je vis l'hôpital, où fut fondée la bibliothèque publique en 1806, laquelle est peu intéressante, malgré les vingt mille volumes dont elle se compose ; la halle au blé, que décorent dix-huit colonnes de marbre : elle est sur la grande place du Marché; la rampe en fer du principal escalier de l'Hôtel de-Ville : cet édifice, reconstruit en 1755, est dépositaire d'un fragment d'autel en marbre blanc, dont l'inscription fait connaître qu'il était consacré au dieu Sylvain. Il fut trouvé en 1777, lorsque l'on creusait dans la cour du collége, vis-à-vis le temple de Sainte-Claire (1).

La belle et vaste place du Marché, qui se pro-

---

(1) Cette inscription, en caractères fort lisibles, est ainsi conçue :

DEO SILVANO
L. SPER. VRSVLVS
BENEF. LEG. XX.

longe jusqu'au bord du lac, a six cents pieds de long sur quatre cents de large : c'est sur cette place, bordée de jolies maisons, que se tiennent les foires et les marchés, où l'on voit souvent une grande affluence de Suisses et de Savoyards. Il se fait à Vevey un commerce considérable en denrées du pays, en vins, en fromages de Gruyères et quelquefois même en affaires de banque. La position géographique de cette ville lui permet encore d'être l'entrepôt des marchandises destinées pour la France, pour l'Italie et pour l'Allemagne.

La promenade dite *Derrière-l'Aile,* qui est située au bord du lac, offre un aspect délicieux sur le Léman et sur ses rives enchanteresses : il est peu de perspectives en ce genre qui méritent de lui être comparées. J'y retrouvai, en partie, les points de vue dont j'avais joui de la terrasse de l'église de Saint-Martin : je ne pourrais donc les décrire sans

---

« (Lucius Sperulus Ursulus, bénéficiaire de la vingtième « légion, a consacré cet autel au dieu Sylvain). »

Les *bénéficiaires,* chez les Romains, étaient des soldats ou des officiers avancés en grade par la faveur des tribuns militaires ou par celle d'autres magistrats. C'est pourquoi ils ajoutaient souvent le nom de leur bienfaiteur au titre qu'ils avaient reçu.

être obligé de répéter ma première description. La
Tour-de-Peilz, le village de Clarens, la paroisse de
Montreux, le château de Chillon et Villeneuve ani-
ment singulièrement le paysage que l'on aperçoit à
gauche sur la rive du lac. Cette promenade de l'*Aile*,
plantée de marronniers et de peupliers, touche
l'extrémité inférieure et occidentale de la place du
Marché. Il existe à côté un établissement de bains.

On me fit un superbe éloge, à Vevey, d'une fête
extraordinaire qui avait lieu jadis tous les cinq ou
six ans dans cette ville, mais que l'on célèbre aujourd'hui à des époques périodiques beaucoup plus
éloignées. Cette fête pastorale, dont l'origine se
perd dans la nuit des temps, est généralement appelée la *Fête des Vignerons :* nom qui lui convient,
puisqu'elle fut instituée en l'honneur de l'agriculture et pour encourager les travaux de la vigne.
Après une interruption de vingt-deux ans (1), causée par les évènemens politiques et par des saisons
malheureuses, elle fut célébrée de nouveau les 5 et
6 août 1819, avec une pompe dont il serait difficile
de donner une idée : c'est l'une des plus brillantes dont on ait gardé le souvenir. Le nombre des

(1) La précédente fête avait eu lieu en 1797.

curieux qu'elle avait attirés à Vevey s'éleva à plus de seize mille. Toute la rive du Léman était couverte de barques pavoisées et ornées de feuillages, et dont le coup-d'œil, plein de fraîcheur, avait quelque chose de ravissant. Ce fut pendant plusieurs jours une succession non interrompue de chants, de jeux, de danses et de festins, auxquels prenait part cette foule d'étrangers venus de tous pays pour être témoins d'un spectacle extraordinaire et unique, sans doute, en Europe. Deux vignerons, qui s'étaient le plus distingués dans la culture de la vigne, furent décorés de la grande médaille de la Société, et couronnés au bruit des fanfares et des applaudissemens des spectateurs ; douze autres vignerons reçurent des serpettes d'honneur et des primes d'encouragement.

La fête de Vevey présente un mélange assez bizarre de cérémonies païennes, de rites empruntés de l'Ancien Testament, et de quelques usages gothiques de l'Helvétie. En 1819, cette *procession* singulière était partagée en huit divisions, dont chacune offrait une scène différente et avait en tête un corps nombreux de musiciens portant les couleurs et le costume de leur division. L'on y vit figurer, comme autrefois, l'Abbé des Vignerons, avec le Conseil d'administration de la Société ; de jeunes et jolies bergères parées de guirlandes de fleurs et vêtues dans leur costume national ; puis encore d'autres bergères avec leurs bergers ; des jardiniers, des jardinières ; un grand nombre de personnages mythologiques, et une foule immense de cultivateurs qui faisaient retentir l'air de leurs cris d'allégresse, en ce jour où l'on rendait à l'agriculture de magnifiques honneurs.

Le cortége de Palès et celui de Cérès rappelaient par leur éclat les fêtes solennelles de l'ancienne Grèce : on y voyait des prêtresses avec leurs autels, des thuriféraires, des canéphores portant des corbeilles de fleurs ou des offrandes destinées au sacrifice ; ensuite les deux déesses assises chacune sur un trône brillant de dorure, et surmonté d'un riche dais. Toutes les nymphes étaient vêtues de robes blanches et de tuniques en soie rouge ou bleue, garnies de franges d'or ou d'argent, et du style antique le plus pur. La déesse des bergers avait pour escorte des faucheurs et des faneuses qui, dans leurs danses rustiques, se groupaient quelquefois de la manière la plus piquante ; un char était couvert de tous les ustensiles d'un châlet des Alpes ; des vachers faisaient traire leurs vaches et imitaient la fabrication du fromage, en chantant avec harmonie et en cœur quelques couplets du fameux Ranz-des-Vaches. On sait l'effet électrique qu'a souvent produit sur le soldat suisse, en terre étrangère, cet air pastoral et harmonieux dont les accens plaintifs et sauvages lui rappelaient sa patrie, ses montagnes, sa famille et son troupeau : l'impression en était même si vive sur un grand nombre de militaires, que prenant aussitôt ce qu'on nomme le *mal du pays,* et fondant en larmes, ils abandonnaient leurs drapeaux pour retourner dans leur patrie, ne craignant point de s'exposer à la peine de mort comme déserteurs; on défendit, par prudence, de jouer cet air dans les régimens, et il ne fut pas même permis de le *siffler* (1).

Cérès était suivie d'une troupe de moissonneurs et de moissonneuses, qui formaient des ballets champêtres en s'aidant de leurs cerceaux de fleurs et d'épis de blé. Venait ensuite la division du *printemps,* composée de jeunes gens qui portaient les divers emblêmes de l'Agriculture, au milieu desquels flottait le grand drapeau de la Société, dont

(1) Le *Ranz-des-Vaches,* auquel s'adaptent des paroles en patois, n'offre cependant pas un sens bien merveilleux, ainsi qu'on en pourra juger par le couplet suivant que m'a remis une personne de Vevey, et qui a été répété

la devise *Ora et labora* (prie et travaille) rappelle au cultivateur le Maître suprême de qui seul il doit attendre le succès de ses travaux.

Un grand nombre de vignerons et de vigneronnes, figurant ensemble la culture de la vigne, marchaient en avant de Bacchus, qui était porté sur son tonneau par des nègres costumés à l'africaine; deux autres nègres, tenant un parasol, cherchaient à l'abriter du soleil. Comme Palès et comme Cerès, le dieu du vin avait un cortége de musiciens, de thuriféraires, de canéphores, etc., etc. Son escorte se composait en outre d'un grand-prêtre, à barbe vénérable, de trois sacrificateurs, d'une victime aux cornes dorées,

avec enthousiasme dans la dernière fête des vignerons, en 1819 :

Lé zarmailli dei Colombettè	Les vaches de Colombette
Dé bon matin sé san léha,	De bon matin se sont levées.
(*Refrain.*)	(*Refrain.*)
Ha ah! ha ah!	. . . .
Liauba! liauba! por aria.	Vaches! vaches! pour (vous) traire.
Vinidé toté,	Venez toutes,
Bllantz' et nairé,	Blanches et noires,
Rodz' et motailé,	Rouges et étoilées,
Dzjouven' et otro,	Jeunes et autres,
Dézo on tzchâno	Sous un chêne
Io vo z'ario,	Où je vous trais,
Dézo on treinbllo	Sous un tremble
Io ïc ïe treintzo,	Où je tranche (le lait),
Liauba! liauba! por aria (*bis*).	Vaches! vaches! pour (vous) traire.

ainsi que d'une troupe de satyres, de faunes armés de thyrses et dont les chefs étaient couverts de peaux de tigre ; de bacchantes, vives et animées, qui jouaient du tambour de basque. Arrivait ensuite le vieux et gros Sylène monté sur un âne, et pouvant à peine se soutenir sur deux nègres marchant à ses côtés. La troupe joyeuse des satyres, des faunes et des bacchantes, exécutait, à chaque station, les fameuses danses du paganisme, connues sous le nom de *bacchanales,* mais en évitant, d'après le programme de la fête, les moindres gestes qui pouvaient choquer la décence ou la pudeur.

Enfin paraissait l'énorme grappe de raisin du pays de Chanaan, portée par deux vignerons, et qui fut bientôt suivie de l'arche ou du char de Noé, où l'on voyait un jardin garni de treillages à l'ombre desquels de jeunes vignerons foulaient le vin ou faisaient gaiement la récolte. Noé et la femme de ce patriarche, assis l'un et l'autre à l'entrée de leur cabane, semblaient diriger les travaux de leurs enfans, et prendre plaisir à les voir vendanger.

Une noce villageoise formait le dernier acte de cette procession théâtrale : elle égaya beaucoup les spectateurs par son originalité, bien que le goût de la pièce fût loin d'être en rapport avec nos mœurs actuelles. On ne pouvait que rire, en effet, à la vue d'un seigneur de village costumé à la manière antique, et tenant avec fierté sous le bras une vieille baronne à vertugadins ; à la vue encore d'un notaire à talons rouges et à tournure pédante, que suivaient les deux époux de la noce, tous deux coiffés et habillés dans le genre le plus grotesque et le plus ridicule.

La marche de ce cortége immense, composé de *plus de sept cents acteurs,* était fermée par un détachement de militaires équipés et armés dans l'ancien costume suisse, et qui donnaient à la cérémonie un air grave et imposant, malgré les farces bouffonnes dont elle était surchargée. Il faut espérer néanmoins que mieux instruits, mieux avisés par l'expérience, les Vaudois sentiront enfin l'espèce de ridicule qui s'attache, surtout dans notre siècle, à une mascarade publique où règne un mélange aussi inconvenant de personnages de la Bible et de héros de la fable ; où tant de contrastes diminuent l'intérêt que pourrait exciter une fête toute nationale par ses souvenirs et par ses costumes ; et qui n'est propre, en réalité, qu'à satisfaire l'œil des curieux. Cependant comme il est juste de voir chaque chose sous ses deux faces, il est essentiel de se reporter au but et à l'origine de cette fête, qui fut instituée dans les vues les plus utiles et les plus sages.

La Société d'agriculture qui dirige la fête de Vevey, qui en conçoit le plan et même l'exécution, existe dans cette ville depuis un temps fort reculé, et porte le nom d'*Abbaye des Vignerons*. Des experts choisis par elle font annuellement, à certaines époques, la visite des vignobles de la commune, et d'après leur rapports, plus ou moins favorables, des médailles d'encouragement ou d'autres récompenses sont distribuées aux vignerons, qui, ont, montré le plus d'intelligence et de soin, dans tous les genres de culture, principalement dans le travail de la vigne. Les médailles présentent, d'un côté, Cérès couronnant un vigneron, et la devise de la Société *Ora et labora* (prie et travaille); de l'autre on voit une couronne de pampres et d'épis de blé entrelacés, avec cette légende autour *Societas agriculturæ Viviaci* (Société d'agriculture de Vevey); on lit ces mots au centre de la couronne : *Agricolæ bene merenti* (au cultivateur qui s'est distingué). C'est ainsi qu'avec une pompe solennelle, mais avec un goût mal entendu, on honore à Vevey l'art de l'agriculture, en excitant l'émulation de ceux qui se livrent aux travaux des champs, et en distribuant les récompenses au milieu de la grande parade dont j'ai essayé de faire la description (1).

J'allai faire une visite à M. le docteur Levade, qui habite une campagne située aux environs de Vevey, dans une exposition magnifique. Ce savant vieillard est connu par ses travaux historiques et statistiques sur le canton de Vaud. Il possède un cabinet fort curieux d'antiquités romaines, de monnaies et de médailles tant anciennes que modernes, parmi lesquelles on en voit depuis Auguste jusqu'à Valentinien, avec une collection d'autres pièces à l'effigie des rois Francs de la seconde et de la troisième race, c'est-à-dire de Pepin, de Charlemagne, de Louis-le-Débonnaire, de Philippe-le-Bel, de Philippe-le-Long, etc., etc. La plupart de ces médailles ont été trouvées à Vevey, ou dans les environs de cette ville. M. Levade me montra encore les objets suivans, comme des choses infiniment précieuses :

Une Sainte Famille de Raphaël, réduite en miniature, par M. Gauthier de Genève. La figure de la Vierge y est ravissante, ainsi que celle de l'enfant Jésus. Quelle beauté dans les traits ! quelle noblesse ; quelle douceur dans l'expression de ces deux angéliques figures! quel coloris brillant sur le visage de Marie, sur ce visage qui semble animé d'une sainte pudeur! En un mot je fus émerveillé de ce chef-d'œuvre, surtout en l'examinant avec une loupe, d'après le conseil de M. Levade.

Un petit paysage en ivoire, travaillé avec un goût exquis, et dont la beauté, la délicatesse sont vraiment inimitables ; les moindres accessoires n'y sont pas oubliés : les feuillages, les arbres, les lointains mêmes y paraissent jusque dans leurs plus petits détails. Cette charmante miniature est l'ouvrage de M. Perregaux de Lausanne.

Une boîte fermant à charnière et contenant un morceau de bois *arrosé de taches de sang...* C'est sur cette petite pièce de bois, devenue précieuse, que l'amiral Nelson rendit le dernier soupir, le 21 octobre 1805, après avoir été atteint à l'épaule gauche, d'une balle de mousquet partie de la hune d'un vaisseau qui était sur la ligne des deux flottes combinées française et espagnole. On sait que ce fameux marin termina sa vie au milieu de la plus brillante victoire. Il fut blessé sur le pont même du *Victory* qu'il montait, et il expira au bout de trois heures, à l'âge de quarante-sept ans. Cette bataille mémorable, où il y eut de part et d'autre un carnage affreux et des pertes énormes en bâtimens de guerre, fut livrée à la hauteur du cap de Trafalgar, sur les côtes de l'Andalousie, à l'entrée du détroit de Gilbraltar. La mort de Nelson remplit de deuil toute l'Angleterre ; on y transporta son corps dans un cercueil *qui le suivait dans tous ses voyages* : ce cercueil était fait d'un tronçon de mât de l'un des vaisseaux dont il s'était emparé dans ses premières expéditions. Les restes de ce célèbre amiral furent exposés pendant plusieurs jours sur un lit de parade, à l'hôpital de Greenwich, et l'inhumation se fit avec une grande pompe dans la cathédrale de Saint-Paul, à Londres, où l'on érigea un monument en son honneur (1).

Ce souvenir de la mort de Nelson, conservé par M. Levade, a été un objet de vénération pour un grand nombre de hauts personnages qui se sont empressés d'aller voir ce savant antiquaire, en passant

(1) Nelson est sans contredit l'homme de mer le plus brave, le plus courageux et le plus habile dont l'Angleterre puisse se glorifier. Mais deux taches souillent sa mémoire aux yeux de tout homme impartial : il signa le décret de mort du prince Caraccioli, à Naples, malgré les clauses d'une capitulation convenue entre le gouvernement et les révoltés, et il mit une sorte d'acharnement à faire périr de la main du bourreau ce malheureux seigneur, qui

à Vevey. Moi, obscur voyageur, il me fallut mettre mon nom à la suite de ceux qui, par leur rang ou par leur célébrité littéraire, méritaient sans doute que l'on conservât une preuve authentique de leur visite : M. Levade me donna avec grâce son registre à signer, et ne voulut point recevoir mes adieux sans que j'eusse satisfait à son invitation. Mais j'anticipe sur la fin de mon récit à l'égard de cet aimable docteur ; je suis loin d'avoir consigné tous les détails qui ont rapport à la visite que j'eus l'honneur de lui faire durant mon séjour à Vevey.

J'examinai avec beaucoup de curiosité le portrait en miniature de J.-J. Rousseau dans son costume d'Arménien, et lorsqu'il n'avait que trente ans ; il est fait *d'après nature*. M. Levade, qui a connu J.-J. Rousseau, regarde ce portrait comme très-ressemblant. On sait que Jean-Jacques a dit de lui-

demandait par grâce *à être fusillé*. Nelson était fortement attaché à sa patrie : ce dont je suis bien éloigné de vouloir lui faire un crime ; mais pourquoi, dans son patriotisme aveugle, témoigna-t-il si souvent une haine implacable contre la nation française et contre ses illustres guerriers ? Sa correspondance même est remplie d'invectives de ce genre... Rien ne peut excuser cette conduite de Nelson envers des hommes qui, malgré des intérêts rivaux, s'étaient toujours plu à rendre justice à sa bravoure.

même, en parlant de son jeune âge : « Sans être ce
« qu'on appelle un beau garçon, j'étais bien pris dans
« ma petite taille ; j'avais un joli pied, la jambe fine,
« l'air dégagé, la physionomie animée, la bouche
« mignonne (1), les sourcils et les cheveux noirs, les
« yeux petits et même enfoncés, mais qui lançaient
« avec force le feu dont mon sang était embrasé. » Le
son de sa voix, me disait M. Levade, était d'une douceur fort agréable, et son chant avait beaucoup d'expression.

M. Levade, actuellement âgé de quatre-vingt-six
ans, me racontait que se trouvant à Paris, en 1772,
il voulut voir le fameux philosophe de Genève, dont
la personne et les ouvrages faisaient alors le sujet
de toutes les conversations de l'Europe. Lorsqu'il
se présenta chez Rousseau, la femme de ce dernier
(Thérèse Le Vasseur) vint lui ouvrir la porte, et lui
demanda assez brusquement ce qu'il désirait : *Que
souhaitez-vous?* dit-elle de mauvaise humeur. —*Je
voudrais parler à monsieur Jean-Jacques Rousseau. — Monsieur Jean-Jacques Rousseau!* répli-
qua-t-elle plusieurs fois en rechignant ; *dites donc
monsieur Rousseau* (il paraît que le nom de *Jean-*

_____

(1) .... *Avec de vilaines dents,* ajoute-t-il dans le manuscrit
de ses Mémoires conservé à Paris (premier cahier, page 23).

Jacques ne plaisait point à la sotte compagne du philosophe). *Attendez un moment,* dit-elle à M. Lévade ; *je vais savoir si monsieur Rousseau est visible à cette heure.* Jean-Jacques arrive sans se faire beaucoup attendre, et le docteur vaudois, après l'avoir salué, lui demande s'il voudrait bien lui copier de la musique. Rousseau, répond que la chose lui est impossible pour le moment, à cause de ses nombreuses occupations, et ajoute qu'il aurait à peine la faculté de se livrer à ce genre de travail avant trois semaines ou un mois. M. Levade, qui ne cherchait à prolonger sa visite que dans le but de mieux connaitre l'homme célèbre avec lequel il s'entretenait alors, prévint Jean-Jacques de son départ très-prochain pour la Russie, lui annonça dans quelle intention il faisait ce voyage, et offrit de lui envoyer, de Saint-Pétersbourg ou de Moscou, les plantes rares du Nord qu'il pourrait désirer. Rousseau, charmé de voir en M. Levade un homme qui cultivait une science pour laquelle lui-même avait conçu le goût le plus vif, et dont il faisait depuis long-temps son étude favorite, s'écria vivement, comme transporté de joie : *Ah! vous vous occupez de botanique? Très-bien! très-bien! je vous en félicite; nous allons causer de cela l'un et l'autre.*

Aussitôt appelant sa *chère* Le Vasseur : *Thérèse!*
Thérèse! lui dit-il, *apporte vîte des chaises; il faut*
que je m'entretienne avec monsieur. Le docteur Levade
eut donc l'avantage de rester un moment en conversation avec le célèbre Genevois : privilége d'autant
plus grand qu'il était rarement accordé, et que l'humeur taciturne de Rousseau, ou sa crainte d'être
en butte à des persécutions, le faisait vivre comme
un solitaire au milieu même de la capitale. En effet Jean-Jacques, redoutant les visites qu'on pouvait lui faire, cherchait à les éviter, ou du moins à
empêcher qu'elles ne fussent trop longues. Il forçait
donc les importuns et les curieux à les rendre plus
courtes, en ne laissant jamais aucun siége dans la
chambre où il recevait son monde. Mais M. Levade, en raison de son amour pour la botanique,
obtint une exception en sa faveur, et put s'asseoir à
côté de son illustre compatriote. Ce bon vieillard
s'est plu singulièrement à me raconter ce fait; et,
en me parlant de son entrevue avec Rousseau, il
m'assurait que cet épisode de voyage était pour lui
l'une des choses les plus intéressantes de sa vie.

Maintenant veut-on savoir quel portrait Jean-
Jacques a fait de sa Thérèse Le Vasseur, de cette
femme dont le ton et les manières déplurent si fort

au docteur Levade, et qui cependant avait pour mari le philosophe *par excellence,* l'homme aux passions vives et au style brûlant? On verra quel était le degré d'ignorance de cette fille avec qui Rousseau vécut en concubinage pendant plus de vingt-cinq ans, et qu'il associa enfin pour toujours à son sort en se mariant avec elle :

« Je voulus d'abord former son esprit (annonce « Rousseau), j'y perdis ma peine. Son esprit est ce « que l'a fait la nature : la culture et les soins n'y « prennent pas. Je ne rougis point d'avouer qu'elle « n'a jamais bien su lire, quoiqu'elle écrive passa-« blement. Quand j'allai loger dans la rue Neuve-« des-Petits-Champs, j'avais à l'hôtel de Pontchar-« train, vis-à-vis mes fenêtres, un cadran sur lequel « je m'efforçai durant plus d'un mois à lui faire « connaître les heures. A peine les connaît-elle « encore à présent. Elle n'a jamais pu suivre l'ordre « des douze mois de l'année, et ne connaît pas un « seul chiffre, malgré tous les soins que j'ai pris « pour les lui montrer. Elle ne sait ni compter l'ar-« gent ni le prix d'aucune chose. Le mot qui lui vient « en parlant est souvent l'opposé de celui qu'elle « veut dire. Autrefois j'avais fait un dictionnaire de « ses phrases pour amuser Mme de Luxembourg, et

« ses qui-pro-quo sont devenus célèbres dans les
« sociétés où j'ai vécu. Mais cette personne si bor-
« née, et, si l'on veut, si stupide, est d'un conseil
« excellent dans les occasions difficiles. Souvent, en
« Suisse, en Angleterre, en France, dans les catas-
« trophes où je me trouvais, elle a vu ce que je ne
« voyais pas moi-même ; elle m'a donné les avis les
« meilleurs à suivre ; elle m'a tiré des dangers où
« je me précipitais aveuglément ; et, devant les da-
« mes du plus haut rang, devant les grands et les
« princes, ses sentimens, son bon sens, ses ré-
« ponses et sa conduite lui ont attiré l'estime uni-
« verselle ; et à moi, sur son mérite, des compli-
« mens dont je sentais la sincérité. »

Rousseau est bien indulgent dans l'éloge qu'il
fait des *sentimens* et de la *conduite* de cette femme
débontée qui lui causa tant de chagrin sur la fin
de ses jours, et qui les abrégea même, à ce que l'on
prétend, par l'inclination basse qu'elle avait conçue, *à l'âge de cinquante-sept ans*, pour un nommé
John, laquais de M. de Girardin (1). En effet, violem-
ment éprise de ce *garçon palfrenier*, elle l'épousa

(1) M. de Girardin, ancien colonel de dragons, était le propriétaire du château d'Ermenonville. Il est mort en 1808, à
l'âge de soixante et treize ans. L'un de ses enfans a été préfet.

aussitôt après la mort de son mari. Telle fut, entre autres turpitudes, la conduite de la veuve de Rousseau; de cette Thérèse *si méchante, si querelleuse, si bavarde, et qui avait sur cet homme l'empire d'une nourrice sur son enfant* (1). Marie-Thérèse Le Vasseur mourut au village de Plessis-Belleville, en juillet 1801, à l'âge de quatre-vingts ans ; elle était née à Orléans le 21 septembre 1721. Rousseau s'étant marié avec elle sous le nom supposé de *Renou*, écrivait pour excuse à son ami du Peyrou : « Ce ne sont pas les noms qui se marient, ce sont « les personnes. » Celle qu'il avait d'abord choisie pour compagne, et qu'il prit ensuite pour épouse, avait déjà fait une faute grave au sortir de l'enfance, comme lui-même nous l'apprend dans ses Mémoires.

Plusieurs contemporains de J.-J. Rousseau ont révoqué en doute et même nié son mariage avec Thérèse Le Vasseur. L'un d'eux (le comte d'Escherny) assure que Jean-Jacques, un jour en sortant de table, l'avait seulement nommée sa femme, prenant pour témoins de cette singulière alliance deux officiers d'artillerie qui avaient été du nombre des convives. Ainsi, d'après cette version, il n'y aurait eu ni contrat ni bénédiction

(1) Expressions tirées d'une lettre de David Hume.

nuptiale : les *époux* se seraient mariés comme le font, *dans la simplicité de la nature*, les sauvages de l'Afrique ou ceux de l'Amérique. La chose même ne serait plus douteuse, si le langage suivant de Rousseau doit être pris dans toute la rigueur des mots : « Cet *honnête* et *saint* engagement, dit-il, « a été contracté dans toute la simplicité, mais aussi « dans toute la vérité de la nature, en présence de « deux hommes de mérite et d'honneur. » La *cérémonie* aurait eu lieu en 1768 près de Bourgoin, en Dauphiné, à Monquin, vieux château appartenant alors au marquis de Cézarges.

De Vevey à la Tour-de-Peilz la distance n'est que de six ou huit minutes. En 1756 on découvrit entre ces deux villes plusieurs tombes anciennes formées de pierres plates, et qui renfermaient des squelettes ayant six pieds environ de longueur ; la plupart de ces momies avaient entre les dents des monnaies de cuivre de différentes grandeurs. Ces monnaies portent d'un côté l'empreinte d'une croix dans le genre de celle de Savoie, et de l'autre un écusson avec des armoiries. La légende semble annoncer que ces pièces de métal étaient le tribut de saint Pierre (*tributum Petri*). En effet, dans le commencement du christianisme on avait retenu quelques usages des cérémonies païennes : au lieu de mettre dans la bouche des cadavres l'argent nécessaire pour payer le Naule ou le passage à Caron, des pièces étaient mises entre les dents des morts pour payer à saint Pierre l'entrée du Paradis (1). Le château de la Tour-de-Peilz fut bâti vers l'an 1239 par Pierre de Savoie, surnommé le *Petit-Charlemagne,* à cause de sa valeur militaire. On y voit des restes de fossés et de murailles; la terrasse, qui est baignée par les eaux du Léman, offre des points de vue admirables. Ce château fut brûlé par les Suisses en 1476, lors de la guerre qu'ils soutinrent contre le duc de Bourgogne : la maison de Savoie ayant embrassé le parti de ce prince, les Suisses, irrités contre elle, mirent tout à feu et à sang dans le pays de Vaud, qui lui appartenait. C'est alors que le château de la Tour fut livré aux flammes, et qu'un grand nombre d'habitans de cette ville furent massacrés par des troupes bernoises, commandées par un bailli du Haut-Simmenthal. Il est vraisemblable que l'ancien *Viviscum* ou *Vibiscum* s'étendait jusqu'à la Tour-de-Peilz; c'est l'opinion de plusieurs savans.

(1) Ces monnaies, *destinées pour le passage des morts,* ou des ombres, sont conservées dans le cabinet de M. le docteur Levade, à Vevey.

~~~~~~

CHAPITRE XXII.

Clarens, village devenu célèbre par la *Nouvelle-Héloïse* : les descriptions de Rousseau sont reconnues pour inexactes ; il s'élève contre les romans en général et contre le sien en particulier, dont il fait lui-même la critique ; note sur la devise de Jean-Jacques ; jugement qu'on porte sur la *Nouvelle-Héloïse,* considérée comme roman ; ce livre dangereux renferme pourtant de grandes beautés ; suite et fin de Clarens.—Château de Châtelard.—Château de Chillon ; cachot de Bonnivard : vers de lord Byron sur ce prisonnier ; description des souterrains ; horrible cachot où l'on ne pénètre pas ; origine et prise du fort de Chillon.—Villeneuve ; découvertes d'antiquités romaines.—Chute de la montagne de Tauretune ; désastres qui en furent la suite ; erreur grave du traducteur de Grégoire de Tours au sujet du lieu de l'évènement ; site probable de Tauretune (note).—Célèbre victoire des Helvétiens sur une armée romaine commandée par le consul L. Cassius.—Suite et fin de Villeneuve ; île voisine, la seule du lac Léman.

J'ALLAI me promener à Clarens, village situé à une forte lieue de Vevey, et que J.-J. Rousseau a rendu célèbre en y plaçant diverses scènes de la *Nouvelle Héloïse.* Je n'y trouvai point les fameux bosquets dont il fait un si grand éloge ; ils ont tous été détruits, et remplacés par des plantations de vignes :

ce serait donc peine inutile que de les chercher et de courir la montagne pour les voir, comme font beaucoup de voyageurs trompés par de faux renseignemens. Du reste Clarens ne répond guère aux belles descriptions du philosophe, dont l'imagination bouillante enfanta bien des choses qui n'existèrent jamais. Je remarquai seulement quelques jolies maisons avec des jardins assez agréables. Les environs sont très-pittoresques; mais il en est de même de tous les villages qui bordent le lac de Genève. M. le doyen Bridel, dont je parlerai bientôt, me disait que tout ce que Rousseau avait écrit sur les sites de Clarens était faux, absolument faux. Les descriptions de l'auteur sont ravissantes et pleines de charmes, ajoutait-il; mais que l'on se garde bien de les croire exactes et conformes à la vérité! Il est d'ailleurs reconnu aujourd'hui que Jean-Jacques n'est venu qu'une seule fois à Clarens, en faisant la route de Villeneuve à Vevey à son retour de l'Italie (1). La première observation de M. Bridel n'est point contredite par le langage de Rousseau,

(1) J.-J. Rousseau a fait plusieurs fois le voyage de Vevey, comme il l'annonce lui-même. Il est donc probable qu'il est venu plus d'une fois à Clarens, où il passa en 1744 en revenant de Venise.

puisque ce dernier nous annonce que, dans son ouvrage, *la topographie est grossièrement altérée en plusieurs endroits, soit pour mieux donner le change au lecteur, soit qu'en effet l'auteur n'en sût pas davantage* (1). De plus, il est certain que les héros de la *Nouvelle Héloïse* n'ont jamais existé : le baron d'Etange, M. d'Orbe, M. de Wohmar, Saint-Preux, et enfin la fameuse Julie sont tous des personnages imaginaires, comme les autres acteurs de ce roman ; leur nom n'est pas même connu, ou, pour parler plus exactement, il n'y a aucune famille de l'un de ces noms à Clarens ou à Vevey (2). Rousseau a pris soin lui-même de nous en avertir, dans ce passage de ses Mémoires : « Je dirais volontiers à ceux qui « ont du goût et qui sont sensibles : Allez à Vevey, « visitez le pays, examinez les sites, promenez-vous « sur le lac, et dites si la nature n'a pas fait ce beau « pays pour une Julie, pour une Claire et pour un « Saint-Preux ; mais ne les y cherchez pas. » Il annonce de même qu'ayant été à Clarens, il n'y avait rien vu de semblable à la maison décrite dans son ouvrage.

(1) Préface de la *Nouvelle Héloïse*.
(2) J'en excepte la famille Anet, de Chailly, de laquelle il sera question dans le chapitre suivant.

Personne n'ignore le succès prodigieux de la *Nouvelle Héloïse* dès le moment de son apparition en France (1), et le danger réel que présente la lecture de ce roman, surtout pour les femmes et pour les jeunes gens, dont le cœur tendre et facile à émouvoir est moins en garde que celui des hommes mûrs contre les attraits de la séduction. L'auteur lui-même en signale le danger aux jeunes personnes du sexe : « Jamais fille chaste n'a lu de romans, dit-« il, et j'ai mis à celui-ci un titre assez décidé pour « qu'en l'ouvrant on sût à quoi s'en tenir. Celle « qui, malgré ce titre, en osera lire une seule page, « EST UNE FILLE PERDUE..... » Dans le Dialogue qui précède l'ouvrage, Jean-Jacques laisse encore échapper ces mots remarquables : « On a voulu « rendre la lecture des romans utile à la jeunesse ; je « ne connais point de projet plus insensé : c'est « commencer par mettre le feu à la maison pour « faire jouer les pompes. » En vérité, l'on ne sait

(1) La *Nouvelle Héloïse* fut d'abord publiée en Hollande (en 1761). M. de Malesherbes, alors directeur de la librairie de France, poussa la complaisance envers Rousseau jusqu'à recevoir sous son contre-seing de ministre les épreuves de l'ouvrage, qui s'imprimait à Amsterdam, chez Marc-Michel Rey.

que dire en voyant d'aussi étonnantes contradictions dans le langage et dans la conduite de Rousseau.

Après ce solennel avertissement de l'auteur de
Julie, que *celle qui en osera lire une seule page est
une fille perdue,* une femme vertueuse aurait un
bien triste courage si elle osait entreprendre, de
sang-froid, la lecture d'un pareil livre, où les passions sont mises en mouvement dans toute leur
fougue, où celle de l'amour en particulier se revêt
des formes les plus séduisantes, et adopte le langage le plus capable d'amollir et d'embraser le
cœur. Jean-Jacques avait dit, en offrant son ouvrage au public : « Il faut des spectacles dans les
« grandes villes, *et des romans aux peuples corrom-*
« *pus* (1). J'ai vu les mœurs de mon temps, et j'ai
« publié ces lettres; que n'ai-je vécu dans un siècle
« où je dusse les jeter au feu! » Cette apostrophe
de Rousseau n'est-elle pas suffisante pour faire sentir à quel genre de lecteurs son ouvrage est plus
particulièrement destiné? Mais le danger de ce
livre est moins grave à cause des longueurs, des ré-

(1) Ou *des poisons à un malade,* ce qui est la même chose.
Quelle folie dans un pareil langage!

pétitions, des détails insipides et ennuyeux qui sont propres à fatiguer le lecteur même le plus enthousiaste de peintures romanesques et frivoles. « Quiconque veut se résoudre à lire ces lettres, doit « s'armer de patience sur les fautes de langue, sur « le style emphatique et plat, sur les pensées communes rendues en termes ampoulés ; il doit se « dire d'avance que ceux qui les écrivent ne sont « pas des Français, des beaux-esprits, des académiciens, des philosophes ; mais des provinciaux, « des étrangers, des solitaires, des jeunes gens, « presque des enfans, qui, dans leurs imaginations romanesques, prennent pour de la philosophie les honnêtes délires de leur cerveau. » Tel est le jugement, assez rigoureux, que Rousseau porte lui-même sur son ouvrage, à la tête duquel il n'osa mettre ni sa devise ordinaire (1) ni sa qualité de *citoyen de Genève*. « Je ne profane point le nom de « ma patrie, disait-il au sujet de cette dernière suppression ; je ne le mets qu'aux écrits que je crois

(1) *Vitam impendere vero* (consacrer sa vie à la vérité !)... Telle était la devise de J.-J. Rousseau. Un sévère critique, indigné sans doute que le philosophe eût trahi si souvent cette imposante devise, s'écrie à ce sujet : « Que de fois l'inflexible raison fait évanouir, par un de ses regards,

« lui pouvoir faire honneur. » Cette naïveté de l'auteur est en vérité fort curieuse ; elle serait même un titre à l'indulgence des moralistes, si l'erreur volontaire pouvait jamais s'excuser. Enfin, de l'avis de tous les critiques, le roman de Jean-Jacques a de nombreux défauts, si on le considère uniquement comme livre de ce genre : l'intrigue est mal conduite, l'ordonnance défectueuse ; les sentimens sont trop outrés, les personnages trop uniformes, et le rôle de plusieurs est souvent odieux ; leur style, généralement affecté, abonde en éternelles déclamations. Le costume est blessé sans cesse : l'auteur a beau se cacher, on voit toujours que c'est lui-même qui parle par la bouche de ses personnages. Après cela, ne peut-on point sourire de pitié en voyant avec quel enthousiasme il annonce le succès de sa *Julie,* à propos duquel il dit sérieusement : « ..... Les « femmes surtout s'enivrèrent et du livre et de l'au- « teur, au point qu'il y en avait peu, même dans les « hauts rangs, dont je n'eusse fait la conquête, si

tous les prestiges de ce Protée littéraire ! Eclairée par l'expérience des siècles, ne peut-il arriver qu'un jour la postérité fasse la remraque affligeante, que celui qui avait pris pour devise : *Vitam impendere vero,* n'aura peut-être pas laissé après lui une vérité utile au genre humain ? »

« je l'avais entreprise. *J'ai de cela des preuves que* « *je ne veux pas écrire,* et qui, sans avoir eu besoin « de l'expérience, autorisent mon opinion. » Un tel langage n'a pas besoin de commentaire. Mme de Genlis, que j'eus l'honneur de voir à Paris, peu d'années avant sa mort, me racontait que dans sa jeunesse elle avait beaucoup connu J.-J. Rousseau. Celui-ci, en lui parlant de ses ouvrages, l'entretint un jour avec charme de la *Nouvelle Héloïse,* où il avait donné l'essor à son imagination brûlante. Il disait à Mme de Genlis, alors âgée de dix-huit ans, qu'il écrivait toutes les lettres de Julie sur du beau papier à lettres, bleu d'azur, à vignettes et doré sur tranche ; qu'il les pliait ensuite en forme de billets, et qu'il allait à la promenade pour les relire, les dévorant avec le même feu et la même avidité que s'il venait de les recevoir d'une personne adorée.

La *Nouvelle Héloïse,* malgré beaucoup de paradoxes, renferme cependant des morceaux admirables, où la sagesse des principes est unie à l'énergie du style, et qui, aux yeux des philosophes chrétiens, sont de vrais chefs-d'œuvre de sentiment, de logique et de bon goût : le duel et le suicide, ces fléaux des siècles modernes, y sont foudroyés par des argumens terribles, et avec cette force d'élo-

quence, cette chaleur d'expression dont Rousseau
était si capable! Tout homme qui, après avoir lu
ces lettres brûlantes et pleines de raison, ne serait
point guéri de la fureur des combats singuliers ou
oserait attenter à ses jours, ne mériterait plus le
nom d'*homme,* mais bien celui de *fou* (1). La description du Valais, quoique inexacte, et le tableau
des mœurs de Genève, sont encore des morceaux
précieux à recueillir dans la *Nouvelle Héloïse;* j'aurai, plus tard, l'occasion de citer l'article où Rousseau peint les mœurs de sa patrie avec tout le talent de style qu'on lui connaît.

Le hameau de Clarens vient de m'entraîner à une
dissertation, peut-être un peu longue, sur le fameux roman épistolaire qui a porté son nom jusqu'aux extrémités de l'Europe. En le voyant, on ne
se douterait guère de sa célébrité; car c'est un village assez pauvre, du moins en apparence, et où

(1) L'expression n'est pas trop forte. On en pourra juger
en se donnant la peine de lire ce qui est sous la note (K)
à la fin du volume.

Voltaire, qui ne regardait pas la *Nouvelle Héloïse* comme
un bon livre, avait distingué plusieurs lettres qu'il eût voulu,
disait-il, en arracher. Puissé-je avoir trouvé les morceaux
mêmes qui auraient fixé son choix!

l'on compte un bien petit nombre d'habitans. Je voulus y coucher à mon retour de Villeneuve ; mais, n'y trouvant point de gîte, je fus obligé de revenir à Montreux pour y passer la nuit. Il n'existe, en effet, que de mauvais cabarets à Clarens, c'est-à-dire des *pintes* (1), où l'on donne seulement à boire et à manger. Le château de Châtelard, qui s'élève au-dessus du village, a été bâti en 1441, sur les ruines d'une ancienne forteresse, par Jacques de Gingins, dont le fils *Pierre* fut tué dans la guerre de Charles de Bourgogne contre les Suisses. Le jeune seigneur de Châtelard combattait alors pour ce prince avec le duc de Savoie, son maître. L'architecture et la position de ce château sont également propres à rappeler le temps de la féodalité : les murs ont cinq à six pieds d'épaisseur, et les portes ainsi que les fenêtres étaient encore, il y a vingt ans, garnies de fortes grilles de fer.

En continuant ma course pédestre du côté de Villeneuve, je ne tardai pas d'arriver à Chillon, vieux château situé dans le lac sur un groupe de rochers qui s'élèvent du sein des eaux ; il commu-

(1) On nomme *pinte*, en Suisse, ce que l'on appelle *bouchon* en France.

nique à la terre ferme par un pont-levis, lequel est suivi d'un autre petit pont de bois qui touche le rivage. Ce vaste bâtiment, flanqué de tours rondes et carrées, fut long-temps le séjour des anciens baillis de Vevey ; il sert aujourd'hui d'arsenal militaire au canton de Vaud. On a peint sur les murs, blanchis à neuf, l'écusson de la république, avec cette légende en grosses lettres : Liberté et Patrie.

Je visitai avec effroi les souterrains humides de cette antique forteresse, qui sont creusés dans le roc vif au-dessous du niveau de l'eau. Le concierge et l'un des quatre ou cinq gendarmes dont se compose la *garnison* du château, me servaient de guides. Ils me firent parcourir des cachots obscurs, où l'air et la lumière ne pénètrent que difficilement à travers les soupiraux pratiqués au milieu d'épaisses murailles. Nous nous arrêtâmes dans une grande pièce également souterraine, mais dont la longueur surpasse de beaucoup celle des autres : c'est là que fut détenu, pendant six ans, François de Bonnivard, ancien prieur de Saint-Victor, homme turbulent et ennemi déclaré du duc de Savoie (1). On me fit voir

(1) François Bonnivard est le fondateur de la bibliothèque de Genève, ainsi que je l'ai dit au commencement du chapitre V (page 49).

l'anneau de fer auquel il était enchaîné : il est fixé à l'un des sept piliers qui soutiennent la voûte de cet immense cachot. On me fit remarquer encore la trace des pas de Bonnivard, empreinte sur le sol même du roc vif : ce malheureux avait pris l'habitude de se promener à chaque instant durant le cours de sa longue captivité ; et à force de marcher dans un espace étroit qu'il ne pouvait franchir, il avait usé les pierres qui servent de pavé au souterrain. Un grand nombre de voyageurs ont inscrit ou gravé leurs noms sur le pilier de Bonnivard et sur ceux qui l'avoisinent ; je vis entre autres celui de lord Byron, qui dans un de ses poèmes salue cette prison comme un lieu sacré (*a holy place*) :

> Chillon! thy prison is a holy place,
> And thy sad floor an altar. For't was trod,
> Jntil his very steps have left a trace
> Worn, as if thy cold pavment were a sod,
> By Bonnivard! May none those marks efface!
> For they appeal from tyranny to God (1).

(« O Chillon! la prison est un lieu sacré, et ton triste « pavé un autel ; car il a conservé la trace des pas de Bon- « nivard, comme si tes froides pierres étaient un léger « gazon! Que ces traces demeurent ineffaçables : elles en « appellent à Dieu de la tyrannie des hommes. »)

(1) *The prisoner of Chillon* (le prisonnier de Chillon). Ce petit poème fait partie des Œuvres complètes de lord Byron.

C'est en 1816 que lord Byron est venu visiter le château de Chillon, afin d'y recueillir sans doute des inspirations pour l'un de ses plus lugubres poèmes. Le millésime est gravé à côté de son nom; mais le dernier chiffre a disparu entièrement.

On traverse trois souterrains avant de parvenir au cachot de Bonnivard. Je les mesurai les uns après les autres : le premier a vingt et un ou vingt-deux pas de longueur; le second en a six; le troisième, huit; et enfin le quatrième, qui est le cachot de Bonnivard, a trente pas de longueur sur sept de largeur; la porte de celui-ci est extrêmement étroite. Il paraîtrait que ce dernier souterrain était autrefois divisé en deux; j'en ai jugé ainsi d'après un vieux reste de mur qui formait sans doute cette séparation. Toutes ces pièces sont solidement voûtées, et le plafond est soutenu par de fortes colonnes de pierre. Je vis un reste de potence dans la troisième pièce : c'était, à ce que l'on croit, l'instrument du supplice infligé aux malheureux condamnés à la torture. J'entrai dans un petit cachot démoli, d'où s'échappa un prisonnier qui eut le bonheur de fuir de cette horrible demeure, en passant au travers d'un soupirail donnant sur le lac : l'ouverture de ce soupirail ou de cette meurtrière est tellement étroite, qu'il est difficile de concevoir comment un homme a pu se glisser de la sorte sans avoir le corps tout déchiré. Il était parvenu, dit-on, à faire un trou dans le mur de son cachot, à l'aide d'un clou arraché de la semelle de ses souliers. Une tradition contradictoire veut que ce prisonnier ait eu le malheur, en fuyant, de retomber au pouvoir de ses geoliers impitoyables, qui l'auraient fait mourir en expiation de sa téméraire hardiesse. Mais j'adopte l'autre version : elle est plus consolante pour l'humanité.

Le château de Chillon forme dans son ensemble une masse de bâtimens très-considérable et assez irrégulière. Un gros donjon placé au centre de l'édifice renferme le dépôt de poudre, et joint l'ancienne chapelle, qui termine la grande cour. Le concierge et le gendarme, dont j'étais accompagné partout, me conduisirent au haut d'un couloir étroit, d'où l'œil plonge avec beaucoup de peine sur d'autres cachots infiniment plus obscurs que ceux dont je viens de parler. Les prisonniers, assure-t-on, étaient ensevelis tout vivans dans ces gouffres ténébreux, sans autre communication avec leurs gardiens que par une ouverture percée dans la voûte, et au moyen de laquelle on leur faisait parvenir les choses nécessaires à leur triste existence. Aucun escalier ne descend au fond de cet Erèbe, et l'on ne saurait user de trop de précaution en cherchant à distinguer le passage dangereux qui y conduisait autrefois. Comme je voulais satisfaire ma curiosité, du moins autant que possible, je fus obligé, pour mieux voir, de m'étendre sur le plafond, et, dans cette position, de me faire tenir le bras par l'un de mes guides, afin de ne pas être victime d'une tentative un peu trop téméraire. Cette horrible prison se nomme *les oubliettes;* on y descendait les criminels par une corde.

Le château de Chillon fut bâti en 1236 par Amédée IV, comte de Savoie, et fortifié en 1248 par un prince de la même maison, le comte Pierre, surnommé le *Petit-Charlemagne* (1). C'est près de Chillon que Philippe de Savoie remporta, en 1273, une victoire qui lui assura la possession de tout le pays de Vaud. Les Bernois, aidés de quelques centaines de Genevois, s'emparèrent de ce château le 29 mars 1536 : le commandant du fort, assiégé par

(1) Le comte Pierre est mort à Chillon en 1268, âgé de soixante-cinq ans.

Suivant l'opinion de quelques historiens, il y avait déjà un château à Chillon vers le commencement du douzième siècle.

terre et par eau, fit peu de résistance ; son courage
même l'abandonna entièrement lorsqu'il vit une
grande barque savoyarde, venue à son secours, s'é-
loigner à l'approche de quatre barques de Genève,
dont deux étaient garnies de balles de laine pour
servir de rempart contre l'artillerie du fort. Il se
rendit après deux jours de siége. C'est alors que
Bonnivard recouvra sa liberté avec trois autres prisonniers de distinction : mais un gentilhomme détenu pour cause de meurtre, et nommé *d'Arbignon,*
fut livré aux tribunaux, qui le condamnèrent à mort;
il eut la tête tranchée aussitôt après son jugement.
Les Bernois trouvèrent, dit-on, de grandes richesses
dans le château. J'y ai vu, dans la première pièce
souterraine, les débris de leurs barques-canonniè-
res, où est encore peint l'ours des armoiries de
Berne ; des roues de canon et des espèces de pétards
sont à côté de ces débris, et y fixent l'attention des
curieux depuis près de trois siècles.

J'avais l'esprit agité de mille pensées diverses en
quittant les sombres demeures du château de Chillon. Je ne pouvais même, sans effort, repousser
mes idées sinistres en revoyant la lumière, et en
jouissant de nouveau de ce spectacle enchanteur
qu'offre toute la rive du Léman. Je marchai donc

assez tristement jusqu'à Villeneuve, où j'arrivai au bout de quinze ou vingt minutes.

Cette ville, située à deux lieues et demie de Vevey, est à l'extrémité la plus orientale du lac de Genève. On a trouvé dans ses environs plusieurs restes d'antiquités romaines, tels que des fragmens de pavés à la mosaïque, des monnaies et des médailles du second et du troisième siècle. En 1815, on y découvrit encore des tombeaux antiques renfermant des squelettes humains avec de petites fioles lacrymatoires. Toutes ces traces de la magnificence romaine ont fait croire que le *Pennelocus*, indiqué dans l'Itinéraire d'Antonin, était situé à l'endroit même où existe Villeneuve, si ce n'est à peu de distance de ses murs. L'ancienne ville aurait été détruite par l'inondation affreuse que causa la chute de la montagne de Tauretune, en 563. Cette avalanche terrible fit refluer les eaux du lac sur ses deux rives, comme je l'ai annoncé en parlant de *Lousonium*, et répandit la consternation dans toute la contrée, par rapport aux malheurs qui en furent la suite. L'éboulement de la montagne de Tauretune est peut-être le plus effroyable dont l'histoire ait conservé le souvenir. En effet les eaux du lac, chassées dans tous les sens par cette chute

épouvantable, s'élevèrent à une hauteur prodigieuse,
et envahirent, dans leur mouvement subit, les villes
et les villages des deux bords, en détruisant tout
ce qu'elles rencontraient. Le nombre des victimes
de ce désastre est incalculable. Grégoire de Tours,
l'évêque Marius et d'autres auteurs contemporains
nous ont transmis quelques détails sur cet affreux
évènement; mais, tout en rapportant les mêmes faits,
ils ne s'accordent guère sur le véritable lieu de l'é-
boulement. « Cette année, dit Marius (1), la forte
montagne de Tauretune, située dans le territoire du
Valais, s'écroula si subitement qu'elle engloutit le
château et les villages dont elle était voisine, avec
tous leurs habitans; le lac, dans une longueur de
soixante milles, et dans une largeur de vingt, éprouva
une secousse si violente, par la chute de cette montagne, que, débordant sur l'une et sur l'autre rive,
il ravagea les bourgs les plus anciens, et n'épargna
ni hommes ni troupeaux; il détruisit même les
édifices sacrés avec ceux qui les desservaient. Enfin il emporta le pont et les moulins de Genève
avec les hommes qui s'y trouvaient, et, pénétrant

(1) En 563. C'est le même Marius dont il est question
dans la note de la page 185.

dans la ville, il y fit périr plusieurs personnes (1). »

Grégoire de Tours donne un peu plus de détails sur l'évènement, et explique d'une manière plus complète les causes et les circonstances de l'inond tion. Il raconte que la montagne de Tauretune fit entendre de longs mugissemens durant l'espace de soixante jours, et qu'ensuite elle se détacha d'une montagne limitrophe pour aller tomber dans le Rhône, entraînant avec elle les hommes, les maisons, les temples, les animaux, etc., etc. (2). L'abbé de Marolles, traducteur de l'historien, prend *Tauredunum* (3) pour Tournon, ville située sur le bord du Rhône, dans

(1) *Hoc anno* (563) *mons validus Tauretunensis, in territorio Vallensi, ità subitò, ruit, ut castrum, cui vicinus erat, et vicos cum omnibus ibidem habitantibus oppressisset; et lacum in longitudine* LX *millium, et latitudine* XX *millium, ità totum movit, ut egressus utráque ripâ, vicos antiquissimos, cum hominibus et pecoribus vastasset; etiam multa sacró-sancta loca cum eis servientibus demolisset; et pontem Genavacum, molinas et homines per vim dejecit, et Genava civitate ingressus plures homines interfecit.* — *Marii Aventicensis seu Lausannensis episcopi Chronic.,* in-fol., page 214, *litter.* c (*Historiæ Francorum scriptores coætanei; operâ ac studio Andreæ Duchesne,* Parisiis, 1636, tom. 1).

(2) *S. Gregorii, episcopi Turonensis, opera omnia* (*Historia Francorum,* lib. IV, cap. XXXI); *editore* Theod. Ruinart. *Parisiis,* 1699, in-folio.

(3) Grégoire de Tours l'écrit ainsi dans son ouvrage.

le Vivarais ; mais c'est une erreur très-grave, qu'il
importe de relever. En effet, Grégoire de Tours
ayant écrit que l'abondance extraordinaire des eaux
les fit entrer par-dessus les murailles dans la ville de
Genève, il est clair que si le Rhône eût regonflé
depuis Tournon jusqu'à Genève, les eaux de ce
fleuve auraient non seulement inondé Lyon, mais
encore toute la plaine et les montagnes du Bas-
Dauphiné. Or, ce nouveau déluge n'est mentionné
dans aucune histoire contemporaine. Le 4 mars
1584, une autre avalanche, tombée à peu près au
même lieu, ensevelit dans ses décombres les villages d'Yvorne et de Corbeyrier, où elle fit périr
cent vingt-cinq personnes ou environ ; mais ses
ravages ne sont point comparables à ceux de la
montagne de Tauretune (1).

(1) Tauretune (*Tauretunum*), château-fort et bourg flo-
rissant du temps des Romains, était situé, à ce que l'on
croit, entre Saint-Gingolph et Meillerie, dans la province
du Chablais. Il en est qui le placent entre Vauvrier et Co-
lombey, dans le Bas-Valais ; mais cette opinion n'est guère
admissible, attendu que le bord du lac près de Saint-Gingolph et de Meillerie est encore rempli de décombres qui
forment une espèce de promontoire, et semblent prouver
que c'était là le véritable site de Tauretune. Le hameau de
Bret recouvre, dit-on, cet autre *Herculanum*.

C'est près de Villeneuve que les Helvétiens, commandés par Diviko, leur chef, remportèrent une victoire éclatante sur l'armée du consul Lucius Cassius Longinus, qui venait de traverser les Alpes. Le général romain périt dans la mêlée avec son lieutenant Calpurnius Pison. La défaite fut si complète que les vaincus, dépouillés de leurs vêtemens, passèrent honteusement sous le joug, et furent ensuite forcés de laisser aux vainqueurs un grand nombre d'otages. César parle lui-même de cette circonstance dans ses Commentaires (1). Les deux armées se rencontrèrent près de l'endroit où le Rhône se jette dans le lac de Genève; mais les savans ne sont pas d'accord sur le lieu même où le combat fut livré : les uns le placent dans la plaine de Noville; les autres dans les environs de Roche ou d'Aigle, à l'entrée du Valais. Quoi qu'il en soit de la différence des opinions à cet égard, c'est toujours à peu de distance de Villeneuve, c'est-à-dire à une demi-lieue ou à une lieue au plus de ses murs, que cette mémorable bataille fut livrée vers l'an 646 de Rome (environ 107 ans avant l'ère chrétienne).

(1) *De bello Gallico*, lib. I, cap. VII et XII.
Pison, le lieutenant de Cassius, était l'aïeul du beau-père de Jules-César. La femme de ce dernier se nommait *Calpurnie*.

La nouvelle de cette défaite humiliante répandit la plus grande consternation dans la capitale de l'empire : les historiens rapportent même que Rome n'avait jamais été dans un plus grand danger.

Villeneuve est mal pavée, mal bâtie, et compte à peine neuf cents habitans dans ses murs. C'est un séjour fort triste, et même nuisible à la santé, à cause des miasmes pestilentiels qui s'élèvent des marais voisins, et engendrent assez souvent des fièvres intermittentes. Cette insalubrité de l'air est peu rassurante pour les voyageurs ; mais elle n'offre de danger véritable que pour ceux qui habitent long-temps le pays. S'il existe des compensations en toutes choses, je citerai avec plaisir l'hôtel de la *Maison-de-Ville,* tenu, depuis 1827, par le sieur Paschoud, et dont la femme, née Bernoise, fait avec beaucoup de grâce les honneurs de sa maison. L'on s'attend peu, il faut le dire, à être aussi bien traité dans l'auberge d'un aussi pauvre endroit que Villeneuve.

Je remarquai, en face du port, une petite île située à un quart de lieue du rivage : c'est la seule du lac Léman. La nature, en favorisant ce lac de tout ce qu'elle avait de plus riche et de plus varié en beautés pittoresques du premier ordre, lui a refusé, en échange, ce qui fait l'ornement et la magnificence de la plupart des autres lacs de la Suisse et de l'Italie. Cet îlot, revêtu de murs à l'extérieur, est formé en grande partie de terre apportée du rivage ; on y aperçoit une cabane déserte, entourée de quelques peupliers. Le château de Chillon, vu du port de Villeneuve, est d'un aspect imposant et majestueux ; plusieurs peintres célèbres ont choisi cette vue favorable pour le dessiner.

~~~~~~

CHAPITRE XXIII.

Montreux; M. le doyen Bridel : entretien de l'auteur avec ce célèbre
écrivain de la Suisse; vue délicieuse de la terrasse de l'église; douceur du climat; activité des habitans; inscription où l'on invite à
la bienfaisance (baie ou torrent de Montreux; pont hardi; surprise
agréable.—Tavel.—Baugy : antiquités précieuses découvertes dans
ce village.—Chailly; maison de Mme de Warens; sa chambre;
meubles anciens; collation champêtre.—Extrait d'un Mémoire de
J.-J. Rousseau sur la conversion de Mme de Warens à la religion catholique; circonstances qui ont amené cette conversion, et autres faits
qui l'ont accompagnée.—Eloge de Mme de Warens, par J.-J. Rousseau, et regrets du philosophe à la mort de cette dame; réflexions à
propos du maréchal Catinat; famille des *Anet;* rideaux de Mme de
Warens; récit de Jean-Jacques sur le caractère, sur la conduite
et sur la mort de Claude Anet, son ami; originalité et avarice de
Grossi, ancien médecin du roi de Sardaigne.

J'AVAIS fixé Villeneuve comme le terme de mon
voyage dans le canton de Vaud : je tenais à revoir
Genève, et surtout à profiter de la belle saison pour
visiter la vallée de Chamouny. Je me dirigeai donc
du côté de Lausanne : de là je me proposais d'aller
à Genève par la route de terre, que je n'avais pu
connaître en faisant le trajet par le bateau à vapeur,

et dont j'ai donné d'avance une description rapide.

Après avoir quitté Villeneuve, je retournai sur mes pas jusqu'au château de Chillon, d'où je me rendis, par un chemin pénible, au village de Montreux que j'avais laissé à gauche, sur la hauteur, en venant de Vevey. Je désirais converser avec M. le doyen Bridel, qui s'est fait un nom par ses talens littéraires, surtout par le *Conservateur suisse,* ouvrage périodique dont il fut le créateur et le rédacteur en chef. Ce journal, qui a cessé de paraître depuis environ deux ans, fait suite aux *Étrennes helvétiennes,* collection du même genre, publiée en petit format. Je trouvai M. Bridel dans son humble demeure, se livrant à l'étude, et occupé, malgré son grand âge, de travaux scientifiques au milieu de ses livres et de ses manuscrits. Il me reçut avec beaucoup de politesse, et il mit toute la complaisance imaginable à me donner les renseignemens que je lui demandai sur plusieurs villes ou villages du canton de Vaud : en même temps il éclaircit mes doutes à l'égard de quelques antiquités dont j'avais copié les inscriptions sur mes tablettes de voyage. Ses réponses, faciles et ingénieuses, me prouvèrent qu'il connaissait à fond l'histoire et la statistique de son pays. M. Bridel est un vieillard presque octogénaire ; il s'exprime avec vivacité, et avec une certaine bonhomie où l'on remarque de la gaieté, de l'esprit et surtout beaucoup d'ardeur à s'entretenir des évènemens mémorables de la Suisse. Il est d'une taille moyenne, passablement gros et gras ; en un mot il m'a paru jouir d'une forte santé, malgré les quatre-vingts ans qui le touchent de près. Ce savant aimable, et plein de modestie, a connu la plupart des hommes célèbres qui ont habité Lausanne ou Genève avant la fin du dernier siècle. Il me parla beaucoup de Voltaire, de Gibbon (1) ; de Saussure, de Tissot, de Bourrit, de M^{ne} de Montolieu, et autres personnages illustres qui l'admettaient dans leur société par estime pour ses talens. Voltaire lui disait un jour, dans une conversation où l'on passait en revue les plus fameux écrivains de l'Europe : « C'est dommage que vos auteurs « suisses n'aient pas des noms français ! car vous « avez des héros qui méritent d'être chantés par « nos premiers poètes. » M. Bridel vit J.-J. Rousseau en habit d'Arménien, dans le dernier voyage que celui-ci fit à Genève ; mais il ne lui adressa ja-

(1) J'ai rendu compte ailleurs des renseignemens que m'a donnés M. Bridel sur l'historien Gibbon. (*Voyez* pages 286 et 287.)

mais la parole. Il me racontait qu'il y avait foule pour voir le philosophe sur son passage, lorsqu'il se promenait dans la ville, et que la curiosité générale était poussée à l'extrême, soit à cause de la singularité de son costume, soit à cause de la réputation immense qu'il s'était faite par ses ouvrages.

M. le doyen Bridel reçoit la visite de beaucoup d'étrangers de distinction, qui ne craignent point de se détourner de leur route pour l'aller voir et s'entretenir un moment avec lui. Il habite cette partie du village que l'on nomme *les Planches,* et dans laquelle est située l'église de la paroisse de Montreux. La terrasse de ce temple offre une vue magnifique sur le Léman et sur les Alpes du Chablais, qui s'élèvent en face de l'autre côté du lac. Je voyais, à gauche, le château de Chillon, Villeneuve, ainsi que toute la vallée inférieure du Rhône; à droite, Clarens et le château de Châtelard, qui domine ce village. Le penchant de la colline sur laquelle est bâti Montreux, est couvert de vignes et d'arbres fruitiers qui annoncent la végétation la plus active et une température aussi chaude que celle de nos contrées méridionales. En effet cette partie du canton de Vaud, abritée des vents froids par les montagnes qui l'enferment à l'est et au nord, jouit

d'une des expositions les plus heureuses de la
Suisse : le climat du pays est si doux, que le lau-
rier, le grenadier et le figuier y croissent en pleine
terre ; contraste frappant avec ce qui existe sur le
sommet des mêmes Alpes, où l'on trouve les plantes
les plus rares de la Laponie. Le romarin vient spon-
tanément sur les rochers qui l'avoisinent ; le châ-
taignier et l'amandier prospèrent à côté des champs
de maïs et des plantations de vignes. Mais cet heureux climat n'engendre point, par ses bienfaits,
l'indolence ou l'oisiveté chez le cultivateur : les habitans, au contraire, sont mis au nombre des plus
laborieux et des plus industrieux de la Suisse. J'y
ai vu de jeunes filles pliant sous le poids de leurs
hottes chargées de fruits ou d'instrumens aratoires;
j'y ai vu de même beaucoup de femmes partager
avec les hommes les travaux les plus pénibles de
l'agriculture. Cette activité des habitans et la fertilité
extraordinaire du sol contribuent singulièrement
à répandre l'aisance dans la belle paroisse de Montreux. Je dois ajouter aussi qu'il y règne plus qu'ailleurs ces mœurs douces et simples, cet ordre et
cette économie qui sont la source ordinaire du
bien-être des gens de la campagne.

J'allais retourner à mon auberge, lorsque j'aper-

çus à côté de l'église une inscription où l'on invoque
la bienfaisance des voyageurs d'une manière assez
touchante ; en voici la copie exacte :

> Toi qui viens admirer nos rians paysages,
> En passant jette ici ta pite aux malheureux,
> Et le Dieu dont la main dessina ces rivages
> Te bénira des cieux !

Ces quatre vers sont gravés sur un marbre noir,
posé contre le mur extérieur d'un petit bâtiment
qui fait face à la porte de l'église. Le tronc destiné
à recevoir les offrandes est placé au-dessous de
l'inscription ; on y lit ces mots : *Ayez pitié des
pauvres.* Le précepte de la charité chrétienne, rappelé au souvenir de l'étranger qui s'éloigne de sa
patrie pour venir en ces lieux admirer le spectacle
de la belle nature, a, selon moi, quelque chose qui
attendrit le cœur et vous inspire même une sorte de
mélancolie religieuse.

Les Planches, Sales et Chêne sont trois villages
réunis, qui paraissent de loin n'en former qu'un
seul ; on les désigne ordinairement sous le nom de
Montreux, qui est plutôt le nom collectif de toute
la paroisse, car il n'existe aucun village de ce nom
proprement dit. Celui des Planches, qu'habite M. le

doyen Bridel, près de l'église, est séparé des deux autres par la *Baie de Montreux,* torrent qui se précipite avec fracas sous un pont d'une seule arche, dont la hauteur est d'environ quatre-vingt-dix pieds. Ce pont très-hardi repose sur deux rochers, au-dessous desquels le torrent forme des cascades très-pittoresques. Des peintres sont venus dessiner ce site curieux et menaçant, dont l'effet du paysage adoucit néanmoins la vue.

Je couchai à Montreux, ainsi que je l'ai dit en parlant de Clarens; j'étais logé à l'*Hôtel de la Couronne* (1), et j'occupais une grande chambre, des croisées de laquelle je pouvais facilement promener mes regards sur le lac, sur la Savoie, sur les environs du château de Chillon et sur ceux de Villeneuve. Le lendemain matin, quand je me réveillai, j'aperçus tout-à-coup de mon lit une espèce d'horizon immense, encadré de montagnes et de riches paysages. Je ne savais trop surtout quelle était cette couleur bleuâtre qui frappait mes yeux à demi-ouverts; je cherchais à comprendre..... Le devine-t-on? c'était la nappe tranquille du Léman que

---

(1) C'est bien à l'auberge de la *Couronne*, si je ne me trompe : ce nom, écrit au crayon sur mes tablettes, se trouve un peu effacé.

j'apercevais du chevet même de mon lit, et sans
que j'eusse besoin de lever la tête pour la voir. A ce
spectacle inattendu, je dirai même nouveau pour
moi dans une pareille situation, j'éprouvai une émotion charmante avec tous les effets de la surprise la
plus agréable. Qu'on me pardonne ma simplicité :
j'aime encore à me rappeler ce qui se passait en
moi dans cet heureux moment d'extase.

Je désirais vivement connaître la patrie de Mme de
Warens, de cette dame que J.J. Rousseau a ren-
due si célèbre par ses Mémoires, où du reste le rôle
qu'il lui fait jouer n'est pas toujours fort honorable (1). Je m'acheminai donc du côté de Chailly,
grand village situé sur la hauteur, à trente-cinq
minutes de la route de Vevey à Villeneuve. Ayant
quitté Montreux, je descendis à Clarens par le hameau de Vernex, et je m'enfonçai ensuite dans la
montagne en passant à Tavel, village dont la situation a quelque chose de fort romantique. Celui de
Baugy, qui en est à peu de distance, est d'une origine fort ancienne : on y a trouvé, à différentes
époques, des monumens précieux qui attestent son
ancienne splendeur, et qui sont allés enrichir les

(1) *Voyez* la première note de la page 232.

principaux cabinets de l'Europe. Un nombre immense de médailles romaines, des sculptures de bronze et d'albâtre, des colonnes de marbre, des pavés à la mosaïque, en un mot tous ces vestiges de la grandeur romaine, découverts à Baugy même, ont prouvé d'une manière incontestable que ce village devait être jadis un bourg très-florissant. Un maçon fit sa fortune avec un coffret rempli de médailles d'or et d'argent qu'il avait trouvé en démolissant un vieux mur. Plus tard, un autre individu agit dans un sens tout-à-fait contraire au bon esprit de ce simple manœuvre : ayant, à son tour, découvert une trentaine de médailles de la plus belle conservation, il eut la sottise de les aller vendre à un fondeur, qui en fit des *boucles de souliers*.

En arrivant à Chailly, qui est à une lieue de Vevey et à une demi-lieue des Planches, je m'approchai d'un groupe de paysans pour savoir où était l'ancienne demeure de Mme de Warens. On me répondit que l'on ne connaissait point cette dame : ce qui n'est guère étonnant, puisqu'elle est morte il y a plus de soixante ans. Je demandai pour lors le domicile du syndic, qui, en sa qualité de maire du village, devait satisfaire mieux que tout autre mes questions de voyageur. Il n'y était pas ; mais son fils, qui conduisait dans le moment des bêtes de somme, eut la complaisance de quitter son travail et ses bœufs pour me faire voir la maison où était née Mme de Warens, et qu'elle habitait, m'a-t-on dit, avant de se réfugier en Savoie (1). Cette maison, où plutôt cette masure, appartient à Mme de Montcamp, issue de la famille Hugonin, qui était alliée à celle de Mme de Warens (2); elle est occupée aujourd'hui par le sieur Michel, fermier de Mme de Montcamp, et dont la femme descend, en ligne indirecte, du père de ce Claude Anet que J.-J. Rousseau a déclaré être son meilleur ami, comme on le verra tout-à-l'heure. Je voulus parcourir tous les appartemens de l'antique demeure de Mme de Warens; mais, je l'avoue, ils sont dans un état de vétusté si complète, que je craignais de voir à chaque instant le plafond s'écrouler sous mes pas. La chambre de Mme de Warens ressemble à un mauvais grenier; elle est au premier étage : c'est là, dit-on, qu'avait lieu le dénouement de ses intrigues

(1) Suivant d'autres versions, elle était alors à Vevey ou dans une campagne aux environs de Lausanne.

(2) Mme de Montcamp, âgée de quatre-vingts ans, habite aujourd'hui la Tour-de-Peilz près de Vevey. M. Hugonin avait épousé une demoiselle *de la Tour,* qui était par conséquent de la famille de Mme de Warens.

amoureuses, si ce que l'on rapporte sur ses galanteries n'est point une invention de la critique des méchans. Un trou percé dans le mur me fut sérieusement indiqué comme l'endroit par lequel se glissaient la plûpart de ses divers adorateurs : on le pense, je ne pus que sourire en m'entendant faire d'aussi pitoyables contes. Une autre chambre et un corridor sont encore tapissés d'anciennes peintures à fresque, qui existaient sans doute du temps de Mme de Warens. On me montra de vieux meubles, que l'on suppose avoir été à son usage, puisqu'ils datent de près d'un siècle avant sa naissance : un mauvais fauteuil de bois, ayant le millésime gravé de 1621; deux grands poêles de faïence, d'une forme antique mais élégante, et dont l'un porte la date de 1603 : tels sont les objets conservés dans la maison de Mme de Warens, et qui appartenaient à la famille de La Tour, d'où est sortie cette dame.

Le bon Michel, joyeux de voir un étranger parcourir avec tant de soin tous les réduits de sa gothique demeure, ne voulut point me laisser sortir sans que j'eusse pris chez lui-même des rafraîchissemens. Une collation champêtre, composée de lait et de fromage, me fut servie avec grâce par ses charmantes filles, dont le costume vaudois relevait singulièrement la fraîcheur de leur teint : assis à côté d'elles, je pris gravement ce modeste repas dans la salle à manger de Mme de Warens, d'où je pouvais voir à mon aise la campagne, le lac et plusieurs petits villages ou hameaux des bords du Léman. Mais la ville de Vevey se trouvait entièrement cachée ; il me fut impossible de la découvrir des croisées de cette chambre, qui est située sur le derrière de la maison.

Les circonstances de la conversion de Mme de Warens sont trop curieuses et surtout trop peu connues pour que je puisse me dispenser de les rapporter ici. En voyant l'esprit religieux qui en a dicté l'histoire, on aura peine à comprendre que c'est le langage même de Rousseau que j'ai emprunté pour les détails de cette conversion éclatante, due au zèle apostolique de M. de Bernex, évêque de Genève.

« Au mois de juillet de l'année 1726 (dit Jean-Jacques), le roi de Sardaigne étant à Evian, plusieurs personnes de distinction du pays de Vaud s'y rendirent pour voir la cour. Mme de Warens fut du nombre ; et cette dame, qu'un pur motif de curiosité avait amenée, fut retenue par des motifs d'un genre supérieur, et qui n'en furent pas moins efficaces pour avoir été moins prévus. Ayant assisté par hasard à un des discours que ce prélat (M. de Bernex) prononçait avec ce zèle et cette onction qui portaient dans les cœurs le feu de sa charité, Mme de Warens en fut émue au point, qu'on peut regarder cet instant comme l'époque de sa conversion. La chose cependant devait paraître d'autant plus difficile, que cette dame, étant très-éclairée, se tenait en garde contre les séductions de l'éloquence, et n'était pas disposée à céder sans être pleinement convaincue. Mais quand on a l'esprit juste et le cœur droit, que peut-il manquer, pour goûter la vérité, que le secours de la grâce? et M. de Bernex n'était-il pas accoutumé à la porter dans les cœurs les plus endurcis? Mme de Warens vit le prélat; ses préjugés furent détruits; ses doutes furent dissipés; et pénétrée des grandes vérités qui lui étaient annoncées, elle se détermina à rendre à la Foi, par un sacrifice éclatant, le prix des lumières dont elle venait de l'éclairer. »

« Le bruit du dessein de Mme de Warens ne tarda pas à se répandre dans le pays de Vaud. Ce fut un deuil et des alarmes universelles. Cette dame y était adorée, et l'amour qu'on avait pour elle se changea en fureur contre ce qu'on appelait ses séducteurs et ses ravisseurs. Les habitans de Vevey ne parlaient pas moins que de mettre le feu à Evian, et de l'enlever à main armée au milieu même de la cour. Ce projet insensé, fruit ordinaire d'un zèle fanatique, parvint aux oreilles de Sa Majesté; et ce fut à cette occasion qu'elle fit à M. de Bernex cette espèce de reproche si glorieux, qu'il faisait des conversions bien bruyantes. Le roi fit partir sur-le-champ Mme de. Warens pour Annecy, escortée de quarante de ses gardes..... (1). »

« Enfin le jour arriva où M. de Bernex allait assurer à l'Eglise la conquête qu'il lui avait acquise. Il reçut publiquement l'abjuration de Mme de Warens, et lui administra le sacrement de confirmation le 8 septembre 1726, jour de la Nativité de Notre-Dame, dans l'église de la Visitation, devant la relique de saint François de Sales. Cette dame eut l'honneur d'avoir pour marraine, dans cette cérémonie, Mme la princesse de Hesse, sœur de la princesse de Piémont, depuis reine de Sardaigne. Ce fut un spectacle touchant de voir une jeune

(1) J'ai rapporté ce fait avec d'autres circonstances qui l'accompagnèrent, et que je supprime ici pour ne pas répéter la même chose. (*Voyez* pages 232 et 233.)

dame d'une naissance illustre, favorisée des grâces
de la nature et enrichie des biens de la fortune, et
qui, peu de temps auparavant, faisait les délices de
sa patrie, s'arracher du sein de l'abondance et des
plaisirs, pour venir déposer au pied de la croix du
Christ l'éclat et les voluptés du monde, et y renoncer pour jamais. M. de Bernex fit à ce sujet un discours très-touchant et très-pathétique : l'ardeur de
son zèle lui prêta ce jour-là de nouvelles forces ;
toute cette nombreuse assemblée fondit en larmes ;
et les dames, baignées de pleurs, vinrent embrasser
Mme de Warens, la féliciter, et rendre grâces à
Dieu avec elle de la victoire qu'il lui faisait rem-
porter (1). »

Veut-on connaître une partie des éloges que

(1) Cette notice sur la conversion de Mme de Warens
est extraite fidèlement d'un *Mémoire* authentique de J.-J.
Rousseau, adressée, le 19 avril 1742, au P. Boudet, qui
travaillait alors à la *Vie de M. de Bernex, évêque de Genève*,
imprimée à Paris en deux parties in-12. Il est très-impor-
tant de remarquer la date de ce Mémoire, à cause de l'esprit religieux dans lequel il a été écrit : Quand Rousseau le
composa, il était non seulement *sincèrement catholique*,
comme il le dit lui-même, mais encore pur de toute liaison avec les clubs philosophiques de la capitale.

Voyez la note (L) à la fin du volume.

Jean-Jacques a faits de Mme de Warens, dont les qualités, selon lui, égalaient *sous beaucoup de points* les vertus de Mme de Chantal? Il fait ainsi l'apologie de sa bienfaitrice : « .... Elle « abhorrait la duplicité, le mensonge; elle était « juste, équitable, humaine, désintéressée, fidèle « à sa parole, à ses amis, à ses devoirs qu'elle re-« connaissait pour tels, incapable de vengeance et « de haine, et ne concevant pas même qu'il y eût « le moindre mérite à pardonner. » — « Maman « (Mme de Warens) était bonne catholique, ou « prétendait l'être, et il est sûr qu'elle le préten-« dait de très-bonne foi. .... La mort de Jésus-« Christ lui paraissait un exemple de charité vrai-« ment divine pour apprendre aux hommes à aimer « Dieu et à s'aimer entre eux de même. En un mot, « fidèle à la religion qu'elle avait embrassée, elle « en admettait sincèrement toute la profession de « foi..... » — « Quand il n'y aurait point eu de mo-« rale chrétienne, je crois qu'elle l'aurait suivie, tant « elle s'adaptait bien à son caractère. Elle faisait tout « ce qui était ordonné; mais elle l'eût fait de même « quand il n'aurait pas été ordonné. »

La mort de Mme de Warens fut le sujet d'une grande affliction pour Rousseau; voici la manière éloquente

dont il s'exprime en racontant cette circonstance douloureuse de sa vie : « Ma seconde perte, plus sensi-
« ble encore et bien plus irréparable, fut celle de la
« meilleure des femmes et des mères, qui, déjà
« chargée d'ans et surchargée d'infirmités et de
« misères, quitta cette vallée de larmes pour passer
« dans le séjour des bons, où l'aimable souvenir
« du bien qu'on a fait ici-bas en fait l'éternelle
« récompense. Allez, âme douce et bienfaisante,
« auprès des Fénélon, des Bernex, des Catinat,
« et de ceux qui, dans un état plus humble, ont
« ouvert comme eux leurs cœurs à la charité véri-
« table ; allez goûter le fruit de la vôtre, et préparer
« à votre élève la place qu'il espère un jour occu-
« per près de vous! heureuse, dans vos infortunes,
« que le Ciel, en les terminant, vous ait épargné
« le cruel spectacle des siennes ! » On ne comprend guère pourquoi le généreux Rousseau place
si hardiment Catinat en Paradis, à côté des Fénélon et des Bernex. Il faut espérer avec lui qu'il n'en
est pas autrement, car nous ne devons damner personne. Mais quand on songe à l'indifférence religieuse dans laquelle Catinat paraît avoir toujours
vécu, et dans laquelle même il serait mort, dit-on,
à l'exemple de beaucoup d'autres philosophes, il

est permis de croire que si Rousseau lui a supposé une place aussi sûre dans le ciel, c'était pour ne pas prononcer lui-même sa propre condamnation. Ces réflexions, que j'ose me permettre à l'égard de Catinat, n'obscurcissent en rien les qualités qui distinguèrent ce vaillant général : il fut doux par caractère, humain, généreux, bienfaisant, et se montra habile dans plusieurs négociations de haute importance. Louis XIV lui-même, en voyant la liste des maréchaux de France, n'avait pu s'empêcher de dire, en lisant le nom de Catinat : *C'est bien la Vertu couronnée!* Mais Catinat n'ayant jamais donné, à ce que l'on croit, les marques d'un homme attaché au christianisme, il est clair que, si la chose est vraie, sa morale toute payenne le mettait au rang de nos prétendus philosophes (1).

On conserve dans les registres de la paroisse de Montreux l'original même de l'acte de naissance de

_____

(1) Mme de Maintenon disait de Catinat, peut-être avec plus de rigueur que de justice : *Il sait son métier* (celui des armes), *mais il ne connaît pas Dieu!*

Catinat mourut dans sa terre de Saint-Gratien, près de Paris, le 25 février 1712, à l'âge de soixante et quatorze ans. Il n'avait jamais été marié. L'Académie française proposa en 1774, pour son prix d'éloquence, l'*Eloge de Catinat;* ce prix fut remporté l'année suivante par La Harpe.

Mme de Warens (1); des Anglais en ont pris copie, après en avoir demandé la permission à M. le doyen Bridel, qui est le conservateur des archives de cette grande paroisse.

Mon pélerinage de Chailly ne devait point se borner à la visite de la maison de Mme de Warens : je savais que le fameux (2) Claude Anet, dont parle Rousseau dans ses Mémoires, était originaire de ce village. Je m'informai donc s'il y avait encore des gens de sa famille, à la vérité d'une autre bran-che que la sienne, puisqu'il est mort sans posté-rité. On me conduisit auprès d'un vieillard malade, âgé de quatre-vingt-huit ans, et dont l'aïeul était le frère même de Claude Anet. Ce bonhomme, étonné de ma visite, balbutia quelques mots de sa-tisfaction, et ouvrit ensuite de grands yeux lorsque je vins à lui demander s'il avait entendu parler de

(1) Dans tout le pays on prononce *Ouarens* et non *Varens*: en cela on suit le système de prononciation anglaise pour le *dœubliou* ou double W.

(2) Le nom de *fameux* est peut-être ici bien déplacé ; mais il me semble qu'il sera justifié, si l'on daigne faire at-tention à cette sorte de célébrité que les hommes illustres communiquent, pour ainsi dire, à tout ce qui les a touchés de près. L'histoire fourmille d'exemples de ce genre.

J.-J. Rousseau. Jean-Louis Anet (c'est ainsi qu'il se nomme) est devenu le vigneron de Mme de Mont-camp, après l'avoir été long-temps de la famille Hugonin; son père, *Jean-Pierre,* était le fils de *François,* qui était le propre frère de Claude Anet, ainsi que je viens de le dire. Jean-Louis n'a plus que cinq filles : il a perdu tous ses fils dans leur bas-âge; ainsi le nom des *Anet* s'éteindra après sa mort. Ce vieillard, qui reposait sur un lit, et dont l'état souffrant excitait la pitié, est né à Chailly le 7 septembre 1745. Sa femme, âgée de quatre-vingts ans, est venue au monde le même mois et le même jour que lui, en 1753. Quel assemblage respectable d'années!

Dans une chambre supérieure de la maison oc-cupée par J.-L. Anet, on me fit voir des rideaux verts brodés et un ciel-de-lit, que l'on prétend avoir fait partie de la couche même de Mme de Warens; du moins ils ont été donnés pour tels à la famille Anet par une demoiselle Hugonin, parente de l'amie de Rousseau. Mais il est si difficile ordi-nairement de prouver la véritable origine de ces sortes de reliques, que, je l'avoue, j'ai peine à me défendre d'une extrême incrédulité dans de pa-reilles occasions. Ainsi je n'affirmerai rien à cet égard : ce sera le moyen d'éviter toute méprise, et de ne pas induire en erreur ceux qui voudront bien me lire. Des Anglais, plus confians que moi, ont offert deux ou trois guinées des rideaux de Mme de Warens, et ont éprouvé un refus, quand même ils se montraient ensuite beaucoup plus généreux. Je ne cherchai point à les imiter; car je craignais de mal placer mon argent, ou, pour mieux dire, cette acquisition m'aurait semblé au moins ridicule. Cependant, je dois en faire l'aveu, j'acceptai sans façon une petite fleur détachée de ces fameux rideaux, laquelle me fut remise avec empressement et bonté par l'une des filles du vieux père Anet.

Je crois nécessaire, pour justifier l'espèce d'importance que j'ai donnée à la famille Anet, de rapporter ici la manière dont Jean-Jacques trace lui-même le portrait de ce fidèle Claude Anet, qui fut tour-à-tour le domestique, le confident et l'ami de Mme de Warens. « C'était (dit Rousseau) un paysan « de Moutru (1), qui, dans son enfance, herbori-« sait dans le Jura pour faire du thé de Suisse, et

(1) C'est l'un des anciens noms du bourg de Montreux. Ce village s'appelait encore, il y a peu de siècles, *Mustruz* et *Montrouz.*

« qu'elle (Mme de Warens) avait pris à son service
« à cause de ses drogues, trouvant commode d'avoir
« un herboriste dans son laquais. Il se passionna si
« fort pour l'étude des plantes, et elle favorisa si
« bien son goût, qu'il devint un vrai botaniste, et
« que, s'il ne fût mort jeune, *il se serait fait un nom*
« *dans cette science,* comme il en méritait un parmi
« les honnêtes gens. Comme il était sérieux, même
« grave, et que j'étais plus jeune que lui, il devint
« pour moi une espèce de gouverneur qui me sauva
« beaucoup de folies ; car il m'en imposait, et je
« n'osais m'oublier devant lui. Il en imposait même
« à sa maîtresse, qui connaissait son grand sens, sa
« droiture, son inviolable attachement pour elle, et
« qui le lui rendait bien. Claude Anet était sans con-
« tredit un homme rare, et le seul même dans son
« espèce que j'aie jamais vu. Lent, posé, réfléchi,
« circonspect dans sa conduite, froid dans ses ma-
« nières, laconique et sentencieux dans ses propos,
« il était, dans ses passions, d'une impétuosité qu'il
« ne laissait jamais paraître, mais qui le dévorait
« en dedans, et qui ne lui a fait faire en sa vie
« qu'une sottise, mais terrible ; c'est de s'être em-
« poisonné. . . . .
« Sa maîtresse lui dit, dans la colère, un mot ou-

« trageant qu'il ne put digérer. Il ne consulta que
« son désespoir ; et trouvant sous sa main une fiole
« de laudanum, il l'avala, puis fut se coucher tran-
« quillement, comptant ne se réveiller jamais. Heu-
« reusement Mᵐᵉ de Warens, inquiète, agitée elle-
« même, errant dans sa maison, trouva la fiole vide,
« et devina le reste. En volant à son secours, elle
« poussa des cris qui m'attirèrent. Elle m'avoua
« tout, implora mon assistance, et parvint, avec
« beaucoup de peine, à lui faire vomir l'opium. »
Claude Anet mourut d'une pleurésie qu'il avait ga-
gnée en faisant une course pénible au haut des montagnes pour aller chercher des plantes rares qui ne
croissent que sur les Alpes. Rousseau parle ainsi
de la perte de son meilleur ami : « Malgré tout l'art
« de Grossi (1), qui certainement était un très-ha-
« bile homme ; malgré les soins infinis que nous
« prîmes de lui, sa bonne maîtresse et moi, il
« mourut le cinquième jour entre nos mains, après
« la plus cruelle agonie, durant laquelle il n'eut
« d'autres exhortations que les miennes ; et je les
« lui prodiguai avec des élans de douleur et de
« zèle qui, s'il était en état de m'entendre, devaient

(1) Médecin de Mᵐᵉ de Warens et de J.-J. Rousseau.

« être de quelque consolation pour lui. Voilà com-
« ment je perdis le plus solide ami que j'eus en
« toute ma vie : homme estimable et rare, en qui
« la nature tint lieu d'éducation, qui nourrit dans
« la servitude toutes les vertus des grands hommes,
« et à qui peut-être il ne manqua, pour se montrer
« tel à tout le monde, que de vivre et d'être placé. »

Ce Grossi, dont la science ne put sauver du trépas le fidèle ami de Rousseau, était un *proto-mé-
decin* (1) qui s'était retiré à Chambéry après la mort
de Victor-Amédée, roi de Sardaigne. Il voyait souvent Mme de Warens, qui habitait cette ville, où
elle avait créé une espèce de pharmacie avec le secours de son Claude Anet, dont les connaissances
en botanique lui étaient fort utiles pour la préparation de ses drogues. J.-J. Rousseau dit, en parlant de Grossi : *C'était bien le plus caustique et le
plus brutal monsieur que j'aie jamais connu ;* et

---

(1) C'est le titre propre que lui donne Jean-Jacques. Le
mot *proto* (*) ou *premier,* dérivé du grec, veut dire sans
doute que Grossi était le premier médecin du roi de Sardaigne. De là viennent encore plusieurs mots composés de
notre langue, et surtout le nom de *prote* par lequel on désigne celui qui, à la tête d'une imprimerie, est spécialement chargé de la conduite et de la direction des ouvrages.

(*) Πρῶτος (*prótos*).

pour en donner la preuve, il raconte les deux faits suivans, qui méritent d'être rapportés à cause de leur caractère risible :

« Un jour, il (Grossi) était en consultation avec « d'autres médecins, un entre autres qu'on avait « fait venir d'Annecy, et qui était le médecin or- « dinaire du malade. Ce jeune homme, encore mal « appris pour un médecin, osa n'être pas de l'avis « de M. le proto. Celui-ci, pour toute réponse, lui « demanda quand il s'en retournait, par où il pas- « sait, et quelle voiture il prenait. L'autre, après « l'avoir satisfait, lui demande à son tour s'il y a « quelque chose pour son service. *Rien, rien,* dit « Grossi, *sinon que je veux m'aller mettre à une* « *fenêtre sur votre passage, pour avoir le plaisir de* « *voir passer un âne à cheval.* Il était aussi avare « que riche et dur. Un de ses amis lui voulut un « jour emprunter de l'argent, avec de bonnes sûre- « tés. *Mon ami,* lui dit-il en lui serrant le bras et « grinçant les dents, *quand saint Pierre descen-* « *drait du ciel pour m'emprunter dix pistoles, et* « *qu'il me donnerait la Trinité pour caution, je* « *ne les lui prêterais pas.* »

~~~~~~

CHAPITRE XXIV.

Route DE LAUSANNE A GENÈVE : utilité des voyages à pied.—Saint-
Sulpice : église; régent du village.—Morges; inscriptions du temple ; ormeau de six siècles.—Saint-Prex : ce que l'on y trouve en
creusant la terre.—Aubonne; château de Tavernier : cour singulière
par sa forme; extérieur de l'édifice; concierge du château : portrait
de cet homme, et ses divers emplois; salon et chambre de Tavernier.—Eglise d'Aubonne : épitaphe de Duquesne; courageuse réponse de ce marin; sa valeur guerrière; reproches de son fils à la
France : observations à ce sujet; paroles ingénieuses de la femme
de Duquesne.—Suite de l'église d'Aubonne; le chevalier Biondi;
Ferdin. Guex; Emman. Charbonnier.—Discussion religieuse dans
un cabaret, à Aubonne; personnages présens; anecdotes sur cette
scène.—Promenades d'Aubonne.—Signal de Bougy : vue immense
et magnifique que présente ce site enchanteur; description du plateau.—Village de Bougy.—Château de Rosay, où prit naissance la
Confrérie des *Gentilshommes de la cuiller;* histoire de cet ordre, et
mort tragique de l'un des chefs.—Château de Prangins.—Nyon :
antiquités romaines; origine des Helvétiens, etc.—Céligny.—Coppet; château; monument funèbre dont l'entrée est interdite; Bataille
de Coppet; épitaphe curieuse trouvée dans ce bourg.—Versoy.—
Genthod.—Creux-de-Genthod.—Château de Pregny, etc.—Campagne de M. Sellon : confusion de dédicaces sur une pyramide.—
Hôtel d'Angleterre, à Sécheron.—Retour à Genève.

————◦∞◦————

CROYANT avoir exploré, sinon avec beaucoup
de fruit, du moins avec assez de vigilance et de
détail, les divers souvenirs historiques de Chillon,

de Villeneuve, de Chailly, etc., je retournai gaiement à Vevey, d'où je me rendis par la diligence à Lausanne, en jetant un dernier coup-d'œil sur ces vignobles de Lavaux, dont l'exposition admirable m'avait procuré tant de plaisir à mon premier passage.

Je revis quelques personnes à Lausanne, et j'en partis le lendemain matin, après avoir laissé ma malle au bureau des messageries de la place Saint-François. Je voulais faire à pied toute la route de Lausanne à Genève, afin de pouvoir m'arrêter librement et sans gêne dans les lieux que je jugerais propres à fixer mon attention. Rien de plus commode, en effet, que de faire à pied une route superbe, par un temps magnifique, et de ne point avoir à ses côtés des guides ou des postillons qui froncent le sourcil ou grondent d'impatience chaque fois qu'un voyageur, avide de recherches, se permet de ralentir sa marche ou de prolonger son séjour dans les lieux qu'il désire bien connaître. Je parle d'après une longue expérience : veut-on voyager avec fruit? que l'on ne craigne ni la fatigue, ni les chaleurs, ni toutes les petites incommodités qu'entraînent souvent avec elles les courses aventureuses dans la plaine ou sur les montagnes. Mais s'agit-il seulement de pouvoir dire, à son retour dans ses foyers : « J'ai vu telle chose, tel monument ; je suis passé dans telle ville, dans tel endroit ? » Oh! pour lors il serait bien inutile de se donner la peine de voyager modestement sur ses jambes. Je conseillerai donc à ceux-ci de se placer tranquillement au fond d'une berline ou d'une diligence, pour s'y entretenir tout à leur aise de la pluie ou du beau temps, et de jeter néanmoins, comme par distraction, leurs regards indifférens à travers la portière lorsqu'ils arriveront dans les villes ou dans les villages. Leur but sera rempli : ils auront voyagé comme tant d'autres en foulant le sol étranger avec la rapidité de l'éclair, et ils n'emporteront, peut-être, pour tout souvenir de leurs voyages que le nom des hameaux et des relais de poste. On pourra dire alors, dans un sens très-juste, que ces gens-là ont couru le pays. Le lecteur le comprend, cette espèce de reproche ne s'adresse ni aux personnes qui voyagent uniquement pour leurs affaires, ni à celles qui, ayant leur équipage ou des voitures à leur disposition, sont bien libres de s'arrêter partout où elles le veulent.

« Je ne conçois, dit un célèbre écrivain, qu'une manière de voyager plus agréable que d'aller à cheval : c'est d'aller à pied. On part à son moment, on s'arrête à sa volonté, on fait tant et si peu d'exercice qu'on veut. On observe tout le pays ; on se détourne à droite, à gauche ; on examine tout ce qui nous flatte ; on s'arrête à tous les points de vue. Aperçois-je une rivière, je la côtoie ; un bois touffu, je vais sous son ombre ; une grotte, je la visite ; une carrière, j'examine les minéraux. Partout où je me plais, j'y reste. A l'instant que je m'ennuie, je m'en vais. Je ne dépends ni des chevaux ni du postillon. Je n'ai pas besoin de choisir des chemins tout faits, des routes commodes ; je passe partout où un homme peut passer ; je vois tout ce qu'un homme peut voir ; et, ne dépendant que de moi-même, je jouis de toute la liberté dont un homme peut jouir...... »

« Combien de plaisirs différens on rassemble par cette agréable manière de voyager ! sans compter la santé qui s'affermit, l'humeur qui s'égaie. J'ai toujours vu ceux qui voyageaient dans de bonnes voitures bien douces, rêveurs, tristes, grondans ou souffrans ; et les piétons toujours gais, légers et contens de tout. Combien le cœur rit quand on approche du gîte ! Combien un repas grossier paraît savoureux ! Avec quel plaisir on se repose à table ! Quel bon sommeil on fait dans un mauvais lit ! Quand on ne veut qu'arriver, on peut courir en chaise de poste; mais quand on veut voyager, il faut aller à pied. »

Ayant déjà décrit la route de Lausanne à Genève, ou plutôt celle de Genève à Lausanne, j'éviterai avec soin de me répéter : je me bornerai seulement à compléter ma première description, en ajoutant ce que le cadre d'un tableau rapide et anticipé ne me permettait point de mettre alors sous les yeux du lecteur.

Saint-Sulpice (1) est à une lieue de Lausanne et à cinq minutes de la grande route. Je me détournai pour voir l'église de ce village, laquelle appartenait jadis à un ordre célèbre ; mais elle est si nue, si pauvre, si mesquine, que j'eus besoin de toute ma force d'esprit pour me rappeler son ancienne et vénérable destination. Il est vrai que c'est aujourd'hui l'église des *Réformés*, et qu'elle a dû subir avec eux une *utile* réforme. J'étais accompagné, pour la voir, du *régent,* ou professeur du village, dont les réponses sottes et niaises me donnèrent une idée peu avantageuse du choix que l'on avait fait en confiant à cet homme l'éducation d'un grand nombre d'enfans. Tel est cependant, ou à peu de chose près, le genre d'instituteurs que l'on trouve

(1) *Voyez* page 167.

dans certaines paroisses protestantes du canton de Vaud. Après cela, que nos doctes philosophes de France viennent s'élever, suivant leur habitude, contre nos Frères de la doctrine chrétienne, qu'ils décorent par ironie du nom de *frères ignorantins,* tandis que ces humbles religieux se consacrent avec un zèle et une persévérance si admirables à l'éducation pénible des enfans de nos villes et de nos campagnes!

Le couvent des anciens moines de Saint-Sulpice a été détruit : un Français (1), reçu bourgeois de ce village, a fait bâtir une maison sur son emplacement.

En arrivant à Morges (2), je fus singulièrement frappé de la beauté, je dirai même de la gentillesse de cette ville, dont la population industrieuse et active s'élève à près de trois mille âmes. La jolie façade de l'église offre l'inscription suivante :

A LA GLOIRE
DE DIEU.
M DCC LXXII.

A l'entrée de la ville, du côté de Genève, il existe un ormeau qui a, dit-on, plus de cinq cents ans d'antiquité ; il a vingt-quatre pieds de circonfé-

(1) M. Jacquet.
(2) *Voyez* page 167.

rence. On en voyait un autre d'une grosseur encore plus remarquable; mais il est tombé de *vieillesse* il y a quatre ou cinq ans. Les vues et les promenades de Morges font encore de cette ville un séjour délicieux; les regards du voyageur se portent surtout avec plaisir sur ce majestueux Mont-Blanc qui élève jusque dans les cieux son triple sommet couvert de neige.

Je vis à Saint-Prex (1) les restes de ces hautes murailles qui servaient à défendre contre les pirates les habitans paisibles de Basuges ou de *Lisus*. La grosse tour de l'ancienne ville est encore debout. On trouve facilement des ossemens de morts, et même des squelettes entiers, en creusant la terre à huit ou dix pieds de profondeur : preuve frappante du bouleversement terrible que causa, dans le sixième siècle, la chute de la montagne de Tauretune (2)!

A quelque distance de Saint-Prex, je quittai la grande route pour me rendre à Aubonne, où l'on parvient après une heure et demie de marche. Cette ville, peuplée de seize à dix-sept cents habitans, est située près de la rivière qui porte son nom.

(1) *Voyez* pag. 166 et 167.
(2) *Voyez* pag. 362 et suiv.

J'allai droit au château qu'a illustré le voyageur Tavernier (1). Cette grosse masse de bâtimens qui domine la ville est pourtant dans la ville même, c'est-à-dire sur l'un de ses flancs. Je vis, en ouvrant la première porte, cette cour assez curieuse dont la forme est celle d'un vaisseau, et autour de laquelle un portique, soutenu par dix-huit colonnes d'ordre toscan, supporte une galerie couverte et garnie de vitrages, qui sert de vestibule aux appartemens supérieurs; les fenêtres, par leur disposition, annoncent à peu près les chambres d'un gros navire. Cette cour remarquable par sa forme n'a que soixante-deux pas de circonférence; les petites colonnes qui l'entourent sont de pierre et d'un travail fort simple. L'extérieur du château offre aussi quelque ressemblance avec celui d'un bâtiment de mer : un mur contigu qui s'avance sur le chemin représente, si l'on veut, le timon ou le gouvernail, et la tour de l'édifice est le grand mât. Tout cela, dit-on, a été exécuté par l'ordre même de Tavernier, en mémoire de ses voyages. Du haut de cette tour on embrasse le lac dans toute son étendue : c'est dire que le coup d'œil y est d'une

_____

(1) *Voyez* quelques détails sur ce fameux voyageur, pages 164 et 165, avec la note de cette dernière page.

magnificence extraordinaire. On jouit également d'une vue admirable de la galerie qui règne sur le devant du château.

J'eus de la peine à trouver quelqu'un pour me montrer l'intérieur de ce vaste édifice ; car, abandonné de ses anciens maîtres, il n'offre plus aujourd'hui qu'une maison solitaire et menaçant presque de tomber en ruines. Ayant frappé long-temps à deux ou trois portes, qui communiquent à la cour de l'entrée principale, un homme vint enfin se présenter pour me servir de guide. Il me promena successivement du rez-de-chaussée aux corridors supérieurs, et des corridors aux appartemens. Mais le nom seul de Tavernier m'attirait en ces lieux. Je demandai à voir la chambre de cet illustre voyageur : c'était la chambre même de mon guide, lequel cumule, avec ses fonctions de gardien du château, les professions, très-compatibles je pense, de concierge, d'huissier, de mécanicien, d'horloger, de menuisier, etc. Il se glorifie encore d'avoir eu le titre d'*officier baillival* sous l'ancien gouvernement de *messeigneurs* de Berne. Je rapporte tout ceci parce que lui-même me faisait avec complaisance l'énumération des divers emplois qu'il avait exercés durant le cours de sa longue carrière, ou

qu'il exerçait encore à Aubonne ; et ce qui ajoutait
à la singularité de son verbiage, c'est que, s'exprimant avec beaucoup de peine, à cause d'une difficulté dans la langue, on aurait pu croire facilement
qu'il avait alors une provision de petits cailloux
dans la bouche. Ce vieil officier des baillis d'Aubonne, très-brave homme du reste, se nomme
François Wadens. Je crois essentiel de donner
son nom, afin que nul ne puisse me soupçonner de
faire entrer dans mon livre des personnages imaginaires. Quiconque a séjourné ou demeure encore à
Aubonne peut me démentir s'il croit que j'exagère
ou que j'ose inventer la plus petite chose au monde.
Je le dis une fois pour toutes : la vérité me fut toujours bien chère ; elle me sera, je le pense, toujours
bien à cœur ; je ne la trahirai donc pas plus dans
mon ouvrage, que je n'oserais lui être infidèle dans
aucune circonstance de ma vie.

Le salon de Tavernier sert aujourd'hui de cuisine
et d'atelier à l'huissier Wadens ; mais ce prétendu
salon, de même que la chambre du célèbre voyageur, est en fort mauvais état : un cordonnier de
notre pays ne voudrait sans doute pas l'habiter.
En effet ces deux pièces, entre lesquelles existe
le cabinet secret des anciens baillis, sont horri-

bles à voir, non pour leur dégradation, mais pour leur nudité, leur mesquinerie et pour leur malpropreté. Croirait-on que ce château, dont l'ensemble et la disposition coûtèrent des sommes si énormes à Tavernier, est offert maintenant à vil prix par le gouvernement vaudois, auquel il appartient, et que nul acquéreur ne vient se présenter? Ce n'est guère étonnant : sa valeur actuelle est réduite à bien peu de chose en raison du petit nombre de locataires, la plupart ouvriers, qui habitent les chambres de l'édifice. Les baillis d'Aubonne occupèrent ce château environ quinze ou seize ans après le départ de Tavernier, qui, entraîné dans des avances considérables pour son neveu, se vit forcé d'abandonner sa terre à ses créanciers, victime d'une confiance aveugle et de sa trop grande générosité.

L'église d'Aubonne est au-dessous et près du château. Je vis dans le fond du chœur l'épitaphe, en lettres d'or (1), du célèbre Duquesne, dont le

(1) Cette épitaphe, gravée sur du marbre noir, commence ainsi :

Siste gradum viator.
Hic conditur
cor
invicti herois

souvenir est un titre de gloire pour la marine française. Ce héros était d'une bravoure étonnante, et ne savait jamais fléchir sous les menaces des ennemis de sa patrie. Il en donna une preuve remarquable en 1650, mais qui ne surprend point de la part d'un guerrier français. Tandis qu'il marchait contre les Espagnols qui, profitant de nos troubles, avaient envoyé leurs vaisseaux au secours d'une ville (1) révoltée contre son roi, il rencontra sur son passage une flotte anglaise, dont le commandant osa faire dire à Duquesne de baisser pavillon. *Le pavillon français ne sera jamais déshonoré tant que je l'aurai à ma garde,* répondit ce vaillant marin; *le canon en décidera, et la fierté anglaise pourra bien céder aujourd'hui à la valeur française.* Réponse magnanime et digne d'un vrai patriote, laquelle est non moins courageuse que la réponse

nob.mi Acilus (sic) Abrahami DUQUESNE*, marchos (sic), baro.is Dominiq. Duquesne de Walgrand. de Monros, etc., etc.*

Anno 1700.

Cette épitaphe m'a paru tellement fautive, par l'ignorance sans doute du sculpteur, que dégoûté de la copier tout entière, je me suis borné à en saisir le sens. Elle est plaquée contre le mur, à gauche en arrivant au fond du chœur. Des armoiries sont au-dessus de l'inscription.

(1) Bordeaux.

du général Cambronne à la bataille de Waterloo.
Les Anglais confus, et dévorant leur honte, voulurent se venger; mais, quoique supérieurs en nombre, ils furent obligés de prendre la fuite, après
un combat meurtrier. Duquesne ayant réparé son
escadre, qu'il avait fait armer à ses propres frais,
arrive à l'embouchure de la Gironde, et Bordeaux est
forcé de se rendre. Duquesne se signala encore dans
beaucoup d'autres occasions : il remporta, en avril
1676, une victoire complète sur le fameux Ruyter,
l'honneur de la marine hollandaise, et qui mourut
de ses blessures peu de jours après l'action ; il eut
encore la gloire de délivrer nos mers d'une infinité de pirates, et d'enlever à ces corsaires un grand
nombre d'esclaves chrétiens. Cet illustre guerrier,
qui avait si souvent affronté les dangers et la mort,
expira tranquillement au sein de sa famille, à Paris,
le 2 février 1688, à l'âge de soixante et dix-huit
ans. Il était né à Dieppe, en Normandie. Son fils
aîné, Henri Duquesne, transporta son cœur à Aubonne, dont il était baron, et où il s'était réfugié
après la révocation de l'Edit de Nantes. Il y fit élever le monument que l'on y voit encore, et graver
une épitaphe qui rappelle à la postérité les émi-
nentes qualités de son père. Henri reproche à la

France d'avoir refusé un peu de terre pour couvrir les restes de ce grand homme, et finit par ces paroles mémorables : « Interroge la cour, l'armée, « l'Eglise et même l'Europe, l'Asie, l'Afrique et « les deux mers; demande-leur pourquoi on a élevé « un mausolée superbe au vaillant Ruyter, et pas « un seul à son vainqueur! Je vois que par respect « pour un grand roi tu n'oses rompre le silence. »

Je me prosterne devant les trophées du valeureux Duquesne. Mais les reproches amers de son fils sont-ils bien mérités par la France, ou plutôt par le souverain de ce pays? On sait que des raisons de haute politique empêchèrent Louis XIV, contre son gré, bien assurément, de faire de nouvelles concessions à ces religionnaires turbulens, qui auraient profité des honneurs rendus à un grand homme de leur parti pour demander, en faveur de leur culte, des prérogatives dont l'effet aurait été sans doute et de ranimer les discordes et de troubler l'Etat. Gémissons néanmoins que les maux incalculables des chefs de la Réforme aient produit, par leur conséquence, une nécessité si douloureuse pour un grand monarque, dont le génie savait apprécier toutes les illustrations de son règne. O merveilleux Luther! ô admirable Calvin! que la France

et l'Europe vous sont redevables de vos chefs-
d'œuvre, et qu'elles doivent se louer du résultat de
vos *immenses bienfaits!*

Je ne puis m'empêcher de rapporter ici, malgré
leurs droits à la censure catholique, les paroles ingénieuses de la femme de Duquesne. Ce dernier
avait rendu compte au roi de ses opérations militaires. Louis XIV, satisfait, lui en témoigne toute
sa gratitude, et lui exprime avec chagrin ses regrets
de ne pouvoir le récompenser *autant qu'il le méritait,* mais que sa religion seule y apportait obstacle.
Duquesne, de retour chez lui, raconte à son épouse
l'entretien qu'il avait eu à Versailles avec le roi, et
ajoute l'observation de ce monarque. — « Il fallait
lui répondre, s'écria-t-elle vivement : *Oui, sire, je
suis protestant; mais mes services sont catholiques.* » — On ne saurait sans doute avoir plus d'esprit dans le mouvement d'un beau zèle patriotique,
inspiré par la piété conjugale. Mais cette réplique
de la femme de Duquesne trouve naturellement sa
réponse dans les observations que je viens de me
permettre un peu plus haut.

La vie glorieuse de Duquesne, l'honneur de notre
marine, me fait perdre de vue, sans que je m'en
aperçoive, le lieu qui renferme les dépouilles de

ce brave guerrier. Je reviens donc à mon sujet principal. L'église d'Aubonne est jolie, mais petite; les orgues m'ont semblé fort belles. On voit dans le chœur, outre le tombeau de Duquesne, une longue épitaphe en l'honneur du chevalier Biondi, descendant des rois de Dalmatie ou des souverains d'Illyrie. Dans la nef, une inscription en lettres d'or, sur du marbre noir, rappelle un trait de bienfaisance d'un citoyen d'Aubonne, qui légua, avant de mourir, un capital de six mille francs (1), dont l'intérêt annuel est destiné pour prix à la fille ou à la femme encore jeune qui aura montré le plus de zèle et le plus de dévouement envers ses parens pauvres ou infirmes. Cette inscription est ainsi conçue :

En 1803,
un citoyen d'Aubonne
a fondé
une récompense annuelle
à la piété filiale.

Le nom de ce citoyen vertueux est Ferdinand Guex, qui exerça la médecine dans la commune où il a voulu laisser après lui des marques touchantes de sa bonté et de son souvenir.

(1) De Suisse, ou *neuf mille francs* de France.

N'oublions pas de mentionner encore un acte de bienfaisance, dû à M. Emmanuel Charbonnier, qui, privé lui-même de la vue, laissa une succession d'environ vingt-cinq mille francs (1) en faveur des pauvres aveugles du district d'Aubonne. D'après son testament, daté du mois de juin 1802, cette somme ne devait avoir une semblable destination qu'après le décès de sa veuve, qui jouirait par conséquent de tous ses biens pendant sa vie, *en juste reconnaissance,* dit-il, *des soins particuliers et au-dessus de toute expression qu'elle m'a rendus.*

J'étais logé à Aubonne dans une espèce de cabaret, où cependant je me trouvai placé un jour non loin de la table de deux membres du conseil municipal, qui, pour soulager les misères de leur charge, étaient venus se livrer paisiblement à une douce ivresse. Ces bons magistrats, à figure rubiconde, buvaient gaiement leur *pot* à côté de trois maçons ou travailleurs de terre, sans doute leurs administrés. Un instituteur de campagne, habillé de noir, avalait à son tour quelques verres de vin blanc, et, d'un ton grave et pédantesque, disser-

(1) De Suisse. ou *trente-sept mille cinq cents francs* de France.

lait avec le père ou le parent de l'un de ses élèves sur la grammaire, sur la religion, sur les avantages d'une bonne éducation, etc., etc. Je ne sais trop pourquoi il prit fantaisie à ce régent de village de venir m'entreprendre aussi sur la religion, et de me demander si j'étais catholique et Français : il avait probablement remarqué à mon air et à mes manières que j'étais étranger à la Suisse. Je lui répondis avec fermeté et assurance que j'étais non seulement Français, mais encore attaché, sincèrement attaché à la religion catholique, apostolique et romaine. Ma réponse le fit sourire d'un air un peu dédaigneux. Il m'annonça que pour lui il appartenait au culte réformé, ce dont je me doutais bien. Et à l'instant il se mit à me faire l'éloge des premiers chefs du calvinisme, rappelant avec emphase les *services immenses* qu'ils avaient rendus au christianisme et à la civilisation, etc., etc.; et il finit par conclure que lui protestant était dans la vérité, tandis que nous romains nous étions dans l'erreur, accordant toutefois aux catholiques la possibilité de se sauver avec leur *idolâtrie* et leurs *superstitions*. Je laissai parler l'orateur tout à son aise, malgré diverses interruptions dont je ne pouvais guère me défendre en le voyant dénaturer l'histoire, et nous attribuer grossièrement des croyances, des idées dogmatiques que nous n'avons pas, et dont l'invention tout entière est due à la malveillance de nos adversaires. Mais dès qu'il eut fini son beau discours, je lui rappelai, en échange, les *vertus* de ses prétendus héros, la conduite plus ou moins odieuse de Luther, de Calvin, de Bèze et des autres chefs de la Réforme, que le désir seul de s'illustrer parmi les novateurs, et non la conviction, avait portés à déchirer l'Eglise romaine, et à lui enlever une grande partie de son troupeau. Puis je lui retraçai les erreurs infiniment graves du protestantisme ; et m'apercevant enfin que j'avais affaire à un ministre de cette secte, je lui exprimai énergiquement cette responsabilité terrible dans laquelle s'engagent envers le Dieu de la vérité tant de pasteurs instruits, mais égarés (nous devons aimer à le croire), qui font à leur gré vivre et mourir dans l'erreur tous ces peuples dont ils se permettent de fixer la croyance ou de façonner la religion.

J'ai la sage précaution, comme beaucoup d'autres, d'éviter autant que possible les discussions religieuses dans mes voyages ; car elles n'aboutissent à rien, ou du moins à très-peu de chose : elles ne font au contraire que détruire ces liens de la charité chrétienne qui doivent unir tous les hommes ; et comme en général les personnes égarées, ou nourries dans un culte séparé du nôtre, montrent un extrême entêtement pour leur croyance, pour leurs idées, pour tous ces préjugés fâcheux d'éducation ou de naissance, il est rare que l'on puisse, même avec une sorte d'habileté, vaincre ces personnes dans leur obstination. Il est donc à propos de fuir, si l'on peut, ces discussions pénibles ; mais aussi il faut répondre, et répondre sans faiblesse quand la nécessité l'exige, ou qu'un silence mal compris risque de nous faire regarder comme battus, ou de nous faire passer pour des ignorans.

Pendant la belle conversation que je viens de raconter, les deux conseillers municipaux et les manœuvres, le coude appuyé sur la table, nous examinaient bouche béante, quelquefois en riant, et trinquaient avec calme en choquant leurs verres remplis du bon vin de La Côte. J'aurais bien voulu savoir ce qui se passait en eux durant notre vive discussion ; mais ils gardaient le plus morne silence, et se bornaient à savourer la liqueur où viennent se noyer quelquefois, pour certaines gens, les amertumes de la vie. Je pris congé du régent dogmati-

seur, qui m'accabla de civilités, me toucha la main,
et me dit sérieusement de ne pas lui en vouloir.
Cette recommandation était bien inutile : les catholiques, les vrais catholiques n'en veulent à personne ; ils souhaitent à leur prochain tout le bien
qu'ils désirent pour eux-mêmes ; ils ne connaissent
point la malédiction, qu'ils laissent à Dieu seul, et
leurs vœux, leurs prières ont uniquement pour objet
le bonheur de leurs frères unis ou séparés.

Un délassement plus agréable que toutes ces discussions orageuses, d'où l'on ne sort ordinairement qu'avec l'esprit fatigué, m'attendait à une
lieue au-dessus d'Aubonne. Après avoir vu le *Chemin des philosophes,* promenade romantique située
aux portes de cette ville (1), je montai lentement
au *Signal de Bougy,* par l'ancienne voie romaine
que l'on nomme *Rémy.* Cette route, bien tracée,
même pour les voitures, conduit droit au Signal.
Quand j'arrivai sur le plateau, mon enthousiasme
fut des plus vifs et des plus extraordinaires : j'eus

(1) Il y a une autre promenade, délicieuse pour la vue,
à l'orient d'Aubonne, c'est-à-dire du côté qui regarde le
lac. Le panorama des Alpes y fait un effet admirable. Je
ne surais dire quel charme j'y ai éprouvé le soir avant le
coucher du soleil.

tout-à-coup sous les yeux un spectacle des plus beaux, des plus magiques peut-être qui soient au monde..... Un lac de trente-six à quarante lieues de tour; des champs, des vignobles, des vergers d'une richesse étonnante; une multitude de villes et de villages qui servent, pour ainsi dire, de rempart au Léman par leur situation rapprochée sur ses bords; la chaîne imposante des Alpes du Faucigny, du Chablais, qui semblent former le cercle en se liant aux Alpes vaudoises et à celles du Bas-Valais; les coteaux opulens du Mont-Jorat; enfin cet orgueilleux Mont-Blanc qui s'élève comme un astre au-dessus des autres montagnes, et dont les cîmes argentées brillent, par l'effet du soleil, d'un éclat incomparable : ce spectacle unique, éblouissant et, j'oserai le dire, plein de majesté, me frappa d'une telle admiration, malgré tout ce que j'avais vu de beau jusqu'alors en ce genre, que je demeurai ravi et confondu de surprise. J'élevais, par un mouvement involontaire, mes regards vers le ciel, m'indignant que des hommes pervers eussent osé nier l'existence de l'auteur merveilleux de tant de prodiges.

J'ai vanté, avec raison, le Signal de Lausanne; j'ai exprimé quel était sur ce site l'enchantement du spectateur, et je n'ai point exagéré. Mais si le

Signal de Bougy et celui de Lausanne peuvent offrir un coup-d'œil d'une magnificence égale, je dois
dire néanmoins, pour être vrai, rigoureusement
vrai, que le premier (le Signal de Bougy) offre un
spectacle, si non plus varié et plus beau, du moins
plus étendu et plus complet. Sa hauteur au-dessus
du niveau de la mer est de deux mille sept cent
trente pieds, et de quinze cent quatre-vingts au-
dessus du lac de Genève.

Le *Signal de Bougy* est un vaste plateau couvert
de champs ou de prairies ; il faut douze à quinze
minutes pour le parcourir dans toute sa longueur.
Il se trouve précisément sur l'une des sommités du
Mont-Jura. Vers le milieu et sur le bord du plateau, du côté qui regarde le lac, un petit pavillon
a été construit, en 1827, par M. François Delessert,
à qui le domaine appartient ; on y a des bancs pour
s'asseoir et une table pour dresser un couvert si
l'on veut se rafraîchir : une maison voisine est occupée par des paysans qui offrent aux voyageurs de
quoi boire ou manger dans ce lieu en quelque sorte
séparé des mortels. La montée du Signal est très-ra-
pide, surtout en venant de Rolle, dont il est distant
d'une lieue et demie. Mais le chemin est plus facile
et beaucoup moins pénible en partant d'Aubonne.

Bougy est à un quart de lieue au-dessous du Signal qui porte son nom. Je rencontrai dans ce village de jeunes paysannes qui vinrent me présenter des gâteaux, de la crême, du laitage, me pressant beaucoup d'en manger, puis de boire de l'excellent vin du pays, mais tout cela avec tant d'abandon et de grâce, que je craignis un moment d'oublier ma sévère philosophie..... Je ne fis que traverser ce hameau dangereux, et m'enfonçant au milieu des vignobles de la Côte (1), je descendis en moins de trois quarts d'heure à Rolle, où je passai le reste du jour et la nuit, car j'avais besoin de repos. Je n'ai rien à ajouter à ce que j'ai dit ailleurs sur cette charmante ville (2), d'où l'on découvre parfaitement Genève lorsque le temps est favorable pour la perspective.

C'est au château de Rosay, voisin de Rolle, que prit naissance la Confrérie des *gentilshommes de la Cuiller*, qui donna tant d'alarme à la ville de Genève, avant le milieu du seizième siècle. L'origine de cet ordre ou, si l'on veut, de cette conspiration est vraiment bizarre : des seigneurs vaudois et sa-

(1) *Voyez* page 162, ainsi que la note de la même page.
(2) *Voyez* page 163.

voyards se trouvant à table, et mangeant de la bouillie ou du riz au château de Rosay (1), résolurent tout-à-coup de fonder une association pour la défense de leurs droits et pour soutenir l'autorité du duc de Savoie, leur maître. Ils adoptèrent aussitôt, comme marque distinctive de leur chevalerie, une cuiller d'or ou d'argent, ou même de bois, qu'ils devaient porter pendue à leur cou, par le moyen d'un ruban. Ce qui fut exactement suivi par tous les membres de l'ordre. Ils élurent pour chef François de Pontverre, guerrier intrépide, qui, poursuivi plus tard par la populace genevoise, fut massacré sous un lit où il s'était réfugié (2). Ce seigneur voulant un jour aller à Nyon de grand matin, trouva la porte de Saint-Gervais encore fermée ; et parce que l'homme de garde ne se hâtait point de l'ouvrir, il osa lui donner un soufflet, et se permit, dans la colère, quelques bravades contre les citoyens de Genève. Pontverre fut dénoncé au peuple et au Conseil de la ville par celui-même qu'il avait outragé. A son retour, dans la soirée, il fut assailli

(1) Ou *Rosey*. Il en est qui prétendent que la Confrérie de la Cuiller eut son origine à Bursinel, autre château situé à trois quarts de lieue de Rolle sur la route de Nyon.

(2) Le 2 janvier 1529.

de la manière la plus cruelle : on le perça de coups d'épée, et il paya de la mort ses insultes et ses voies de fait.

La Confrérie de la Cuiller était composée de plus de soixante gentilshommes qui avaient juré la perte de Genève; ils cherchaient effectivement à couper les vivres aux habitans de cette ville, et ravageaient le pays, par représailles, à cause des maux qu'ils souffraient de la part de leurs ennemis. Leur hardiesse fut telle, dans plusieurs circonstances, que Genève, alors faiblement défendue par ses remparts, faillit même de tomber en leur pouvoir. Ils devinrent redoutables à cette capitale, et inspiraient l'effroi dans toute la contrée, malgré la dénomination pacifique qu'ils avaient adoptée depuis l'origine de leur institution. Ces gentilshommes de *la Cuiller* s'assemblaient tous les ans à Nyon, vers le mois de janvier : c'est là qu'ils méditaient en commun leurs plans d'attaque, afin de mieux assurer le succès de leurs entreprises.

Je quittai Rolle de grand matin, et je suivis directement la belle route de Nyon. Avant d'approcher de cette dernière ville, je traversai l'immense forêt de Prangins; le château de ce nom appartient à Mme la comtesse de Chavagnac, née Française. Tout ce domaine était autrefois la propriété de Joseph Napoléon (1) ; mais ce prince n'y a résidé que huit mois. Le château peut valoir cinq cent mille francs, d'après ce que m'a dit le gardien de la maison. Voltaire habita Prangins depuis la fin de l'année 1754 jusqu'au mois de mars 1755, comme on le voit par sa correspondance. Il se plaisait beaucoup dans ce hameau (2).

Arrivé à Nyon (3), je demandai à voir les antiquités de cette ville. Mais on me répondit qu'elles avaient été transportées en partie à Genève ou ailleurs : les magistrats du lieu ont permis en effet, soit par insouciance, soit par faiblesse, que des choses infiniment précieuses fussent enlevées de leur ville pour aller enrichir quelques cités voisines ou étrangères. Parmi le grand nombre de médailles découvertes à Nyon, il y en avait une en or de l'infâme Néron, une autre également en or de Théodose le Jeune, une troisième, de même métal, de Libius

(1) *Voyez* pages 162 et 163.

(2) La première lettre de Voltaire, datée de Prangins, est du 19 décembre 1754 ; et la dernière, datée du même lieu, est du 27 février 1755.

(3) *Voyez* pages 161 et 162, avec la note de la première page (161).

Severus, etc., etc. Je cite ces trois médailles, parce qu'on les regarde comme fort rares, surtout la première. On a trouvé aussi à Nyon des clefs, des agraffes, des lampes et divers ornemens de toilette avec des restes de pavés en mosaïque. Tous ces débris rappellent le gouvernement de Rome dans l'ancienne capitale du pays des Eqüestres. On me fit voir la statue d'un Gaulois que l'on prend, mais à tort, pour celle de Jules-César : cette statue est enchâssée dans la partie supérieure d'une vieille tour située sur le bord du lac. Je remarquai une inscription romaine à l'angle septentrional (nord-ouest) de l'église, et au-dessus de cette inscription la figure gothique d'une femme, placée dans une espèce de niche.

Bien que l'on attribue communément à Jules-César la fondation de Nyon, il est cependant prouvé que cette ville existait avant la défaite des Helvétiens par ce grand capitaine, défaite qui eut lieu l'an 696 de Rome, environ cinquante-huit ans avant la venue de Jésus-Christ. Quelque temps après (1), César établit à Nyon une colonie militaire composée de chevaliers émérites ou de cavaliers romains :

(1) L'an 709 de Rome.

c'est alors que la ville reçut le nom de *Colonia Julia equestris*. Mais elle reprit plus tard son ancien nom de *Noiodunum* ou *Nevidunum*, qui signifie ville neuve, bâtie sur une colline. *Dun*, latinisé par *dunum*, veut dire, en langage celtique, colline ou lieu élevé ; et le mot *neve* ou *neu* signifie *neuf*, *neuve*, dans la même langue (1). Il y avait dans les Gaules plusieurs villes du nom de *Noiodunum* : ce qui semble justifier l'assertion de Tacite et de César, qui donnent aux Helvétiens une origine gauloise (2). On prétend même que ce peuple est sorti des *Helvii*, ou anciens habitans du Vivarais dans la Gaule méridionale (3), et que de là le nom d'*Helvetii* (Helvétiens) tire son origine. Ces détails peuvent paraître fastidieux ; mais ils n'en sont pas moins intéressans à recueillir pour l'histoire.

Nyon, chef-lieu d'un district du canton de Vaud,

(1) *Voyez* la note de la page 161, pour les différens noms que reçut la ville de Nyon dans des temps anciens. On pourrait en ajouter d'autres ; mais cela n'est peut-être pas bien nécessaire.

(2) *Tacitus : de moribus Germanorum*, cap. 28 (*opera omnia, cum notis Justi-Lipsii; Antuerp.* Plantin. 1648 in-folio, pag. 445).—*Cæsaris Commentarii, de bello gallico*, lib. 1.

(3) *Vide Cæsar. Comment. de bello gallico*, lib. VII, cap. VII et VIII.

renferme une population de près de trois mille âmes. Une chose assez curieuse, c'est que les promenades font presque tout le tour de la ville : on y jouit de points de vue très-remarquables du côté du lac. Les pastilles de Nyon sont renommées en Suisse, surtout à Genève, où il s'en fait une grande consommation ; je les ai goûtées avec plaisir, et je crois leur réputation bien méritée.

De Nyon à Coppet, la distance est d'une lieue et demie à deux lieues. On laisse successivement à droite les villages de Crans, de Céligny et de Founex, situés sur des hauteurs qui bordent la route. Céligny (ou Séligny) appartient au canton de Genève, et se trouve enclavé dans celui de Vaud ; il est dans une position charmante, surtout très-favorable pour la vue.

Coppet (1) n'est guère peuplé : on y compte à peine neuf cents habitans. Ce bourg ne forme qu'une seule rue, courte et étroite, laquelle est bordée de maisons de peu d'apparence. Le château seul et le nom d'une femme célèbre ont fait la réputation de ce village. Le petit bâtiment qui renferme les restes de Necker, de son épouse et de Mme de Staël est

(1) *Voyez* pages 159 et suivantes, avec les deux notes de la page 160.

construit ou plutôt caché dans un bosquet voisin
du château, et séparé par une cour, ainsi que par
un chemin, de la maison principale ; ce lieu mor-
tuaire, entièrement clos de murs, est impénétrable,
même pour les gens du château, et l'entrée en est
sévèrement interdite à tous les voyageurs, peu importe qu'ils soient d'un rang très-élevé. Des étrangers de distinction sont venus pour le connaître,
et n'ont pu réussir à le voir. Il paraît que la défense
existe depuis l'époque où les corps ont été ensève-
lis, et qu'on l'observe rigoureusement à cause d'une
disposition testamentaire de M. Necker. J'aperçus
toutefois le haut de cette chapelle mystérieuse, lequel se montre un peu au-dessus du mur de clôture.
Il y a sur le caveau principal un bas-relief de Canova. M. Auguste de Staël fils, mort en 1827, repose
dans le même bosquet, à côté de son illustre mère;
mais sa tombe est séparée du monument funèbre.
Ces renseignemens sont exacts; je les tiens du gouverneur du château, qui est attaché depuis long-
temps à la famille de Staël.

Mᵐᵉ la duchesse de Broglie, née Staël (1), est

(1) C'est la femme de M. de Broglie, ministre actuel de
Louis-Philippe.

l'héritière présomptive du beau domaine de Coppet. Le nom de *Staël* sera éteint après la mort de Mme veuve de Staël, belle-fille de l'auteur de *Corinne,* et qui est aujourd'hui propriétaire du château.

Une bataille fut livrée, en 1019, dans la plaine voisine de Coppet par les troupes de l'empereur Henri II, à la tête desquelles trois frères de la Maison de Habsbourg défirent complètement une armée de Bourguignons, commandée par Guillaume, comte de Poitiers.

C'est à Coppet que l'on a trouvé cette fameuse épitaphe romaine, non moins remarquable par son laconisme que par son style philosophique :

Vixi ut vivis
Morieris ut sum
mortuus.
Sic vita truditur.
Vale, viator,
et abi in rem tuam.

« J'ai vécu comme tu vis toi-même ; tu mourras comme « je suis mort : ainsi s'écoule la vie. Adieu ! passant, re-« tourne à tes affaires. »

A une demi-lieue de Coppet, je me retrouvai dans le canton de Genève. Une pierre fixe la séparation de cette république avec le territoire vaudois. Versoix-le-Village a plusieurs jolies fontaines : sans

cet embellissement il serait d'un aspect bien misérable. J'ai parlé ailleurs de Versoix-la-Ville, où
Louis XV entreprit, mais sans succès, de jeter les
fondemens d'une cité opulente (1). La commune
de Versoix professe la religion romaine. Qu'il me
soit permis, à ce sujet, d'exprimer combien il me
fut doux de revoir enfin un clocher catholique. Il
faut être resté long-temps dans des villes protestantes pour comprendre quel plaisir on éprouve à
la vue d'une église consacrée à notre culte !

Je traversai un pont qui est à l'entrée de Versoix-
le-Village, du côté de Genève : il est construit sur la
rivière dite *de Versoy* (ou *La Versoye*), qui prend sa
source dans le pays de Gex, au-dessus de Divonne.

J'eus beaucoup de peine pour me faire indiquer
à Genthod (2) l'ancienne demeure de Bonnet : le
pasteur était absent, et les hommes du village ne savaient point ce que je voulais dire en leur demandant la maison de ce célèbre philosophe. Je descendis au Creux-de-Genthod (3), où l'on me montra la campagne de l'illustre de Saussure : elle appartient à son fils.

(1) *Voyez* pages 157, 158 et 159.
(2) *Voyez* page 157.
(3) *Voyez* page 157.

Je me détournai encore de ma route pour aller à Pregny ou Pregny-la-Tour. J'y vis le château qu'habita l'impératrice Joséphine, en 1815, et où séjourna la même année la reine Hortense, sa fille. M. Molière est le propriétaire actuel de ce château, qui a appartenu pendant quatre ou cinq ans à Joséphine.

Le Bocage, maison de Plaisance de la duchesse de Clermont-Tonnerre, est tout près du château de Pregny. Au-dessus du Bocage est située la campagne de M. Sellon, qui a fait élever une pyramide de marbre où on lit des inscriptions en l'honneur de Henri IV, de Sully, de Casimir Périer (que l'on appelle le *grand citoyen*), de Victor de Tracy, qui a demandé l'abolition de la peine de mort, etc., etc. Ce mélange de célébrités si disparates produit un effet singulier : on admire M. Sellon, qui, dans l'enthousiasme de ses idées généreuses, n'a voulu oublier personne. Toutes ces inscriptions sont gravées en belles lettres d'or sur la même pyramide.

Je m'arrêtai à Sécheron pour connaître l'hôtel d'*Angleterre*, qui est l'une des meilleures auberges de la Suisse (1). La maison peut recevoir un grand

(1) *Voyez* la note de la page 18 (second paragraphe).

nombre de voyageurs. M. Déjan, propriétaire de l'établissement, était le traiteur de Joséphine, lorsque cette princesse habitait le château de Pregny; ainsi l'on ne saurait douter du talent de ce maître-d'hôtel pour l'art de faire la cuisine.

Je revis enfin la ville de Genève, où il me restait à compléter des notes que j'avais déjà recueillies sur cette première cité de la Suisse. Je logeai cette fois à l'*Ecu-de-Genève,* tenu par M. Koehler. Nous étions si nombreux dans l'hôtel que les chambres de la maison voisine, qui dépend de la même auberge, se trouvaient également pleines de voyageurs.

~~~~~~

CHAPITRE XXV.

Manuscrit original des *Confessions* de J.-J. Rousseau; notice et observations sur ce manuscrit, donné par l'auteur à M. Paul Moultou de
Genève.—Wootton et Trye-le-Château, où il composa la première
partie de l'ouvrage (notes).—Recommandation de Jean-Jacques à
M. Moultou; conduite des éditeurs; suppressions qu'ils auraient dû
faire; jugement du public.—Début de Rousseau dans ses Mémoires;
censure d'un critique.—Autre manuscrit des *Confessions*, trouvé
dans les papiers de Rousseau après sa mort; en quoi ce manuscrit
diffère de celui de Genève; sa forme et son genre d'écriture; commission nommée pour le rendre plus authentique, avis de M. de Girardin, etc.—Carnet de poche de J.-J. Rousseau; comparaison de ce
manuscrit avec le brouillon de la *Nouvelle Héloïse;* difficultés de
Rousseau dans la composition de ses ouvrages; corrections nombreuses de ses premiers manuscrits : son talent dans l'artifice du style.
—Son récit sur l'enfantement laborieux des ouvrages sortis de sa
plume.—Lettres où il déclare à M. de Malesherbes qu'il est né pour
une vie paresseuse et solitaire, et où il peint ses plaisirs à la campagne (note).

J'AVAIS appris, dans mon voyage du canton de
Vaud, qu'une famille genevoise possédait le manuscrit original des *Confessions* de J.-J. Rousseau.
Curieux de connaître l'autographe de ces mémoires, qui naguère firent tant de bruit, et, il faut le
dire, tant de scandale, je m'empressai d'aller voir

la personne qui en est maintenant l'unique dépositaire : c'est Mlle Moultou, demeurant place Bourg-
de-Four, à Genève, et dont le père lui a légué ce
dépôt en héritage, vers le milieu de l'année 1832.
Cette dame voulut bien me permettre de jeter les
yeux sur ce manuscrit, et de prolonger en même
temps la séance qu'elle m'avait accordée : un examen attentif de ces Mémoires me paraissait nécessaire en raison de leur célébrité, et surtout à cause
des nombreuses variantes que l'on remarque dans
les différentes éditions de l'ouvrage. L'autographe
qui appartient à Mlle Moultou est écrit tout entier
de la main de l'auteur; il offre une écriture serrée,
nette, bien alignée et très-lisible ; on n'y aperçoit
aucune tache, et pas la moindre rature : cependant
il contient des notes qui n'existent point dans l'exemplaire conservé à la bibliothèque de la Chambre des
députés à Paris (1). Non seulement le style en est
plus soigné et les expressions mieux choisies que
dans ce dernier, mais encore le récit de l'auteur y
est plus complet par les détails plus ou moins intéressans qu'il a cru devoir ajouter, afin de donner

(1) On trouvera un peu plus loin la description détaillée
de ce manuscrit, que nous possédons en France. (*Voyez*
pages 439 et suiv.)

aux faits généraux et aux réflexions qui les accompagnent tout le développement et toute la clarté dont ils étaient susceptibles. Cet exemplaire de Mlle Moultou est le même qui a servi de copie pour l'édition originale publiée à Genève en 1782, c'est-à-dire trois ans et demi après la mort de Rousseau; mais cette édition ne comprenait que les six premiers livres ou la première partie. L'auteur les avait écrits de mémoire à l'âge de cinquante-quatre ans, soit à Wootton en Angleterre (1), soit au château de Trye, où le prince de Conti lui avait offert un asile (2). Cette première partie finit au second voyage

(1) Wootton, dans le comté de Derby, est à cinquante lieues de Londres. Rousseau quitta cette charmante retraite le 1er mai 1767. Il en fait un bel éloge dans sa lettre du 10 mai 1766, adressée, de Wootton, à Mme de Luze. Thérèse Le Vasseur, qu'il avait laissée en Suisse, était venue le joindre dans cette campagne, dont les attentions généreuses du propriétaire (M. Davenport) avaient singulièrement touché Jean-Jacques.

(2) Ce château, dont il ne reste maintenant que des ruines, est situé à une lieue de Gisors, petite ville du département de l'Eure. (Trye-le-Château est du département de l'Oise.) J.-J. Rousseau y resta caché, sous le nom supposé de *Renou*, depuis le mois de juin 1767 jusqu'en juin 1768, époque où il se rendit à Lyon, et de là à Bourgoin, dans le Dauphiné. Il ne reprit son véritable nom que vers la fin de l'année 1769.

de Jean-Jacques à Paris, dans l'automne de 1741.

La seconde partie, qui est à proprement parler l'histoire littéraire de Rousseau, se compose des six derniers livres : l'auteur y raconte ce qui lui est arrivé depuis l'an 1742 jusqu'au mois de novembre 1765, époque où, chassé de l'île Saint-Pierre, il quitta le canton de Berne pour aller à Strasbourg, d'où il se rendit dans la capitale, après avoir obtenu la permission d'y séjourner (1). Cette seconde partie fut publiée, pour la première fois, à Genève en 1789, sur le manuscrit confié par l'auteur à M. Moultou, et qui avait servi à la publication des six premiers livres. Jean-Jacques avait composé cette seconde partie en 1768 et en 1769, soit au château de Trye, soit dans le Dauphiné, mais toujours sous les yeux de sa Thérèse, qui exerça, dit-on, une grande influence sur l'esprit de ses Mémoires. L'observation de David Hume, à l'égard de cette femme, serait ainsi justifiée (2).

Rousseau, en donnant le manuscrit de ses *Confessions* à M. Moultou, son ami, l'avait prié de ne les

(1) Ce séjour de Jean-Jacques à Paris fut de très-courte durée. Il partit pour Londres le 4 janvier 1766, accompagné de Hume et d'un autre ami.

(2) *Voyez* page 343.

rendre publiques que long-temps après sa mort (1); il lui avait même fixé l'année 1800 ou 1801 comme le terme le plus rapproché pour cette publication, car il se figurait que toutes les personnes dont il est fait mention dans ses Mémoires auraient alors cessé de vivre : mais la mort tardive de quelques-unes d'elles déjoua en partie ses calculs problématiques (2). Il est donc certain que c'est contre la volonté propre de Rousseau que ses Mémoires ont paru avant le commencement du dix-neuvième siècle.

Jean-Jacques avait fait promettre à M. Moultou de ne rien retrancher de l'ouvrage en le livrant à l'impression ; mais ce dernier supprima, pour de justes motifs, trois épisodes dégoûtans renfermés

---

(1) Ce qui prouve l'attachement de Rousseau pour M. Paul Moultou de Genève, c'est le commencement d'une lettre qu'il écrivait à ce dernier le 16 février 1762 (de Montmorency) :

« Plus de monsieur, cher Moultou, je vous en supplie ; « je ne puis souffrir ce mot-là entre gens qui s'estiment et « qui s'aiment : je tâcherai de mériter que vous ne vous en « serviez plus avec moi. »

(2) Saint-Lambert est mort en 1803 ; Grimm en 1807 ; Mme la comtesse d'Houdetot en 1813, et le mari de cette dernière dans un âge également fort avancé. Mme d'Holbach (belle-sœur et seconde femme du baron d'Holbach) est morte le 16 juin 1814, à l'âge de quatre-vingt-un ans.

dans les second et quatrième livres, ainsi que plusieurs membres de phrases qui offraient des images obscènes ou des expressions trop libres. Ce sont cependant les mêmes épisodes et les mêmes passages, retranchés par M. Moultou, que les nouveaux éditeurs, à leur honte, se sont fait un *devoir* de présenter, comme un aliment, aux lecteurs corrompus. Les suppressions qu'avait faites M. Moultou ne sont point les seules qu'il aurait dû se permettre, malgré la recommandation de Rousseau : il eût été vivement à désirer que, par respect pour la morale publique, pour l'honneur même de son ami, et sans redouter le blâme des partisans du philosophe, il eût retranché encore beaucoup de détails obscènes et une infinité de paradoxes dangereux pour la jeunesse ; car le prétendu pénitent, dans l'accusation de ses fautes, ne donne pas ou donne bien rarement les marques d'une vraie contrition. Loin de gémir de ses erreurs, il séduit, il entraîne, il dispose même à une sorte d'indulgence dans le narré de ses faiblesses, tant par l'intérêt qu'il sait répandre sur les plus petites choses, que par le charme irrésistible de son style.

M. Moultou crut devoir encore, par un sentiment de délicatesse, ne confier à l'imprimeur que les lettres initiales des noms propres, afin de ménager la réputation des familles outragées par l'auteur, et de ne pas s'attirer la haine des personnes dont Jean-Jacques révélait certains faits odieux, ou du moins qu'il présentait comme tels. Mais l'esprit malin du public ne se laissa point abuser par cette vaine précaution; elle ne servit, au contraire, qu'à piquer davantage la curiosité des lecteurs. Le rideau disparut, et les noms furent bientôt devinés par tout le monde : l'expérience fit voir à quel point peuvent être dangereuses les personnalités contenues dans un livre qui, en circulant dans toute l'Europe, devait allumer la discorde dans les familles, et fournir des armes à la médisance. Il était d'ailleurs impossible de se méprendre sur le nom et sur la qualité des acteurs mis en scène, puisque l'écrivain racontait les évènemens dans leurs plus petits détails, avec toutes les circonstances, et qu'il ne manquait guère de désigner le temps et le lieu où chaque chose était arrivée.

Le début suivant de Rousseau, dans le premier livre de ses *Confessions,* donne une idée parfaite de son caractère, de son esprit original, de la trempe de cette âme fière et orgueilleuse qui lui faisait regarder avec dédain tout le reste des hommes, tout ce qui n'était pas *lui*. Je n'ai pu m'empêcher de sourire en lisant ce passage écrit de sa main, et que l'on trouve au commencement du manuscrit : « Je « forme (dit Jean-Jacques) une entreprise qui n'eut « jamais d'exemple, et dont l'exécution n'aura point « d'imitateur (1). Je veux montrer à mes semblables « un homme dans toute la vérité de la nature ; et cet « homme, ce sera moi.

« Moi seul. Je sens mon cœur, et je connais les « hommes. Je ne suis fait comme aucun de ceux que « j'ai vus ; j'ose croire n'être fait comme aucun de « ceux qui existent. Si je ne vaux pas mieux, au « moins je suis autre (2). Si la nature a bien ou mal

---

(1) . . . . *d'exemple, et qui n'aura point d'imitateur.* Telle est la première variante que l'on remarque dans le manuscrit conservé en France. Je ferai connaître la différence qui existe entre le texte de ce manuscrit et celui de l'autographe donné par l'auteur à M. Moultou de Genève.

(2) Un littérateur célèbre, qui paraît n'avoir ménagé Voltaire que pour traiter Rousseau avec plus de rigueur, critique avec force ce passage des *Confessions :*

« Ceci n'est autre chose, dit-il, qu'une prétention à l'originalité, et une prétention outrée, comme toutes celles de Rousseau. S'il eût été plus philosophe, il aurait senti par combien d'endroits il n'était pas *autre* que la plupart des hommes. Il n'avait de particulier que le degré de talent et l'excès de l'orgueil. »

« fait de briser le moule dans lequel elle m'a jeté,
« c'est ce dont on ne peut juger qu'après m'avoir lu.

« Que la trompette du jugement dernier sonne
« quand elle voudra, je viendrai ce livre à la main
« me présenter devant le souverain Juge. Je dirai
« hautement : Voilà ce que j'ai fait, ce que j'ai pensé,
« ce que je fus. J'ai dit le bien et le mal avec la
« même franchise. Je n'ai rien tû de mauvais, rien
« ajouté de bon; et s'il m'est arrivé d'employer
« quelque ornement indifférent, ce n'a jamais été
« que pour remplir un vide occasionné par mon
« défaut de mémoire. J'ai pu supposer vrai ce que
« je savais avoir pu l'être, jamais ce que je savais
« être faux. Je me suis montré tel que je fus : mé-
« prisable et vil quand je l'ai été; bon, généreux,
« sublime, quand je l'ai été : j'ai dévoilé mon in-
« térieur tel que tu l'as vu toi-même, Etre éter-
« nél. Rassemble autour de moi l'innombrable foule
« de mes semblables : qu'ils écoutent mes confes-
« sions, qu'ils gémissent de mes indignités, qu'ils
« rougissent de mes misères (1). Que chacun d'eux ·

(1) Il y a dans le manuscrit de Paris : *Qu'ils rougissent de mes indignités, qu'ils gémissent de mes misères.* Ces mots : *Qu'ils rougissent de mes indignités* ont été ajoutés, par l'auteur, dans la marge intérieure du volume.

« découvre à son tour son cœur au pied (1) de ton
« trône avec la même sincérité (2); et puis qu'un
« seul te dise, s'il l'ose : *Je fus meilleur que cet
« homme-là.* »

« Cette parole, adressée à l'Eternel, dit un célèbre critique, est certainement le *nec plus ultrà*
de l'orgueil humain : on ne connaît rien de cette
force. Mais Rousseau oublie qu'au jour du jugement dernier, où il se transporte en idée, il n'y
aura plus d'illusion, que la conscience sera un miroir pur, et que chacun s'y verra tel qu'il fut. Ainsi
la vertu s'y trouvera naturellement (et Dieu l'a promis) le juge du vice, et la sagesse le juge de la folie, et les condamnés n'auront rien à répondre.
Combien d'hommes alors, que Rousseau méprisait
peut-être, seront ses juges..... et les miens (3)! »

Je viens d'indiquer, par des notes, les variantes
qui existent, dès la première page des *Confessions,*
entre le manuscrit de Genève et celui de Paris. Ce
dernier, sur lequel j'ai collationné aussi la plupart

---

(1) *Aux pieds.....* (Orthographe des deux manucrits.)

(2) Dans l'exemplaire de Paris, ces mots : *Avec la même
sincérité* ont été ajoutés, par un renvoi, à la fin du dernier
paragraphe.

(3) La Harpe.

de mes citations de Rousseau, est déposé depuis long-temps à la bibliothèque de la Chambre des députés (au Palais-Bourbon). Je dois faire connaître ce qui le distingue particulièrement du manuscrit de Mlle Moultou : l'exemplaire conservé à Paris renferme des notes, des additions, des intercalations dont le plus grand nombre sont refondues dans le texte de l'autre ; j'y remarquai encore des corrections dans le style, des rectifications dans les faits, et un peu plus de développement dans certaines réflexions : en un mot, la narration y paraît moins serrée que dans le manuscrit de Genève ; mais il faut convenir aussi qu'il y a beaucoup de petits détails dont on aurait pu se passer à la rigueur.

De même que celui de Genève, l'autographe de Paris est écrit *tout entier* de la main de l'auteur. C'est aussi le même genre d'écriture ronde ou bâtarde, petite, fort serrée, bien alignée et très-lisible. L'ouvrage est divisé en deux parties ou deux tomes, couverts l'un et l'autre en carton, dos en parchemin, tels que Rousseau les avait fait relier lui-même. Ces deux volumes, assez minces, et d'un format petit in-8°, ont pour enveloppe une belle reliûre en maroquin rouge ; mais, par respect pour l'écrivain, la tranche du manuscrit a été conservée dans son état naturel. La première partie renferme cent quatre-vingt-deux pages, et la seconde cent soixante et douze. Il est facile de juger, par ce petit nombre de pages, combien l'écriture de l'auteur est serrée ; puisque le texte imprimé offre jusqu'à trois et même quatre volumes in-8° et in-12. On y compte de soixante à soixante-quatre lignes à la page, et de cinquante-huit à soixante-deux lettres à la ligne. Ces nombres peuvent varier ; je les ai pris au hasard en ouvrant le livre. Le manuscrit a six pouces et demi de hauteur et quatre de largeur.

Au commencement et à la fin de chaque partie, on remarque les signatures du président et des secrétaires d'une commission qui fut nommée par la Convention nationale pour donner à ce manuscrit toute l'authenticité possible. Les voici telles que je les ai copiées sur l'original : *Barbeau-Dubarrac, ex-président. — L. Souchet, s.ʳᵉ — Pelet, secrétaire. — La Porte, secrétaire. — Cordier, s.ʳᵉ — Lozeau, s.ʳᵉ — Rosier, secrétaire.* Ces signatures paraphées des sept membres d'une commission extraordinaire, chargée de *légaliser* officiellement les papiers de Rousseau, ces signatures, dis-je, avec les mots *ne varietur* qui les précèdent, impriment au manuscrit de l'auteur un caractère d'authenticité que l'on ne saurait, sans dérision, révoquer en doute, et qui donne même, en ce sens, un intérêt plus particulier à l'autographe de Paris (1). On a conservé le papier qui lui servait d'enveloppe mystérieuse, et sur lequel on lit cette suscription de M. de Girardin : *Remis par M. J.-J. Rousseau sous son cachet pour n'être ouvert qu'en* 1801. Les cachets, en cire rouge, existent encore avec l'empreinte, très-visible, de la lyre de Jean-Jacques. Ce manuscrit fut trouvé dans les papiers de Rousseau après sa mort, et offert par sa veuve à la Convention nationale. Il renferme, comme celui de Genève, les trois épisodes et autres morceaux obscènes supprimés, avec raison, par les premiers éditeurs ; les noms des personnages y sont également en toutes lettres. Voici le titre des Mémoires de Rousseau, tel qu'il existe tracé de sa propre main, en tête de la première page du manuscrit :

Les Confessions de J.-J. Rousseau,
première partie.
Livre I.
Intùs et in cute.

---

(1) Il ne faut point oublier cependant que l'autographe de Genève fut remis par l'auteur *lui-même* à M. Paul Moultou, son ami.

Indépendamment de la seconde copie originale des *Confessions,* Mlle Moultou, de Genève, conserve l'un des carnets de poche où Rousseau jetait, à la promenade, ses idées fugitives ; la plupart de ces notes sont écrites au crayon, et très-difficiles à déchiffrer, tant elles sont pleines de ratures, de corrections, de changemens faits par Jean-Jacques lui-même. Cette quantité de surcharges prouve qu'il composait avec une extrême difficulté, c'est-à-dire qu'il avait beaucoup de peine à fixer ses idées et à les mettre en ordre.

Mais ce petit carnet, quoique précieux, est bien loin d'offrir au littérateur le même degré d'intérêt et de curiosité qu'une collection informe de lettres autographes de la *Nouvelle Héloïse,* qui ont été recueillies parmi les papiers de Rousseau après sa mort, et qui sont en dépôt à la bibliothèque de la Chambre des députés à Paris. Toutes ces lettres, premier fruit de l'imagination de l'auteur, sont surchargées d'innombrables ratures, de corrections plus ou moins importantes, d'additions, de rectifications qu'il avait faites à plusieurs reprises en mettant la main à son ouvrage. Tantôt ce sont des épithètes supprimées ou modifiées, des expressions trop fortes ou trop faibles remplacées par d'autres.

plus convenables; tantôt ce sont des membres de phrase ou des phrases presque entières que l'auteur a reproduites sous une forme nouvelle et plus gracieuse. Ici l'écrivain a substitué des mots plus doux, plus flatteurs, plus capables de charmer l'oreille ; là il cède aux transports de son imagination ardente, et s'efforce, en relevant son discours, d'embraser l'âme du lecteur par des peintures animées, par des descriptions chaleureuses et pleines de feu. Ailleurs il s'empresse, au milieu d'images riantes, de donner à sa diction une couleur plus naturelle, plus vive et plus pure. On se plaît à le suivre tour-à-tour dans le désordre de ses idées, dans la marche de sa composition ; mais l'on s'étonne de la peine inconcevable qu'il avait à coudre le fil de sa narration et à perfectionner son style. Enfin, si l'on compare le texte imprimé de l'ouvrage avec ce manuscrit unique, il est vrai de dire que, sous le rapport littéraire, ces feuilles sont grandement utiles, puisqu'elles nous offrent la composition originale de l'un des hommes les plus éloquens de son siècle On voit que Rousseau, tout en suivant le cours de ses idées, cherchait à saisir dans la tournure de ses phrases, dans la cadence de ses périodes, cette simplicité naïve qui n'exclue point l'élégance, cette grâce, cette harmonie de sons, ce style mâle et vigoureux dont l'ensemble est le caractère distinctif de nos meilleurs écrivains (1).

Cette quantité prodigieuse de corrections que l'on voit dans le manuscrit ou plutôt le brouillon de la *Nouvelle Héloïse,* n'a rien qui doive étonner de la part de Rousseau. On sait que le philosophe, d'après son aveu même, ne pouvait composer une seule phrase, une seule ligne sans se mettre pour ainsi dire l'esprit à la torture. On lit en effet dans ses Mémoires un passage, très-curieux, où il raconte quels mouvemens convulsifs l'agitaient dans le feu de son imagination bouillante ; avec quelle difficulté ses idées *s'arrangeaient dans sa tête ,* et combien d'efforts lui coûtait la disposition de ses phrases avant qu'il pût écrire avec calme et avec ordre ce qu'il avait composé dans ses insomnies, à la promenade ou dans les bois. «...Mes idées, dit-il, s'arran-« gent dans ma tête avec la plus incroyable difficulté. « Elles y circulent sourdement ; elles y fermentent « jusqu'à m'émouvoir, m'échauffer, me donner des « palpitations ; et au milieu de toute cette émotion « je ne vois rien nettement, je ne saurais écrire un

(1) On verra plus loin d'autres détails qui complètent la description de ce manuscrit (pages 468 et 469).

« seul mot : il faut que j'attende. Insensiblement ce
« grand mouvement s'apaise, ce chaos (1) se dé-
« brouille, chaque chose vient se mettre à sa place,
« mais lentement et après une longue et confuse
« agitation. . . . .
« Si j'avais su premièrement attendre, et puis rendre
« dans leur beauté les choses qui s'y sont ainsi pein-
« tes, peu d'auteurs m'auraient surpassé.

   « De là vient l'extrême difficulté que je trouve à
« écrire. Mes manuscrits raturés, barbouillés, mê-
« lés, indéchiffrables, attestent la peine qu'ils m'ont
« coûtée. Il n'y en a pas un qu'il ne m'ait fallu trans-
« crire quatre ou cinq fois avant de le donner à la
« presse. Je n'ai jamais pu rien faire (2), la plume à
« la main, vis-à-vis d'une table et de mon papier;
« c'est à la promenade au milieu des rochers et des
« bois, c'est la nuit dans mon lit et durant mes in-
« somnies que j'écris dans mon cerveau : l'on peut
« juger avec quelle lenteur, surtout pour un homme
« absolument dépourvu de mémoire verbale (3), et

(1) Jean-Jacques a fait une faute en écrivant *cahos* dans
ses deux manuscrits.

(2) *Je n'ai jamais* RIEN PU *faire.....* (Variante de l'autographe de Paris.)

(3) ..... *dépourvu de* TOUTE *mémoire verbale.* (Variante de
l'autographe de Paris.)

« qui de la vie n'a pu retenir six vers par cœur. Il
« y a telle de mes périodes que j'ai tournée et re-
« tournée cinq ou six nuits dans ma tête avant
« qu'elle fût en état d'être mise sur le papier (1). »
Ailleurs il annonce que les quatre lettres consécutives qu'il écrivit à M. de Malesherbes, lettres *faites
sans brouillon*, dit-il, *rapidement, à trait de plume,
et sans même avoir été relues ;* que ces quatre lettres
où il expose à ce ministre les vrais motifs de sa
conduite, où il décrit fidèlement ses goûts, ses pen-
chans, son caractère, etc., *sont peut-être la seule
chose qu'il ait écrite avec facilité dans toute sa vie* (2).

(1) Manuscrit original des *Confessions,* 1re partie, livre III,
page 58 du premier cahier (exemplaire de Paris).

(2) Ces quatre lettres sont datées du mois de janvier 1762.
Dans la première, écrite le 4, Rousseau déclare à M. de
Malesherbes qu'il hait souverainement l'injustice ; qu'il est
né paresseux et pour la solitude..... » La vie active n'a rien
« qui me tente, dit-il ; je consentirais cent fois plutôt à ne
« jamais rien faire, qu'à faire quelque chose malgré moi ; et
« j'ai cent fois pensé que je n'aurais pas vécu trop malheu-
« reux à la Bastille, n'y étant tenu à rien du tout qu'à res-
« ter là. »
Dans la troisième lettre, où il raconte ses plaisirs à la
campagne, on lit ce passage, qui annonce la simplicité de
ses goûts : « Quels temps croiriez-vous, monsieur (dit-il à
« M. de Malesherbes), que je me rappelle le plus souvent
« et le plus volontiers dans mes rêves? Ce ne sont point les

Il paraît donc certain, d'après toutes ces confidences de Rousseau, que les deux manuscrits de ses *Confessions* qui se trouvent l'un à Genève, entre les mains de Mlle Moultou, et l'autre à Paris, dans la bibliothèque de la Chambre des députés; que ces deux *autographes,* dont l'écriture est si nette et si propre, surtout dans celui de Genève, ne sont point le premier travail de l'auteur pour les Mémoires de sa vie, mais plutôt la troisième ou la quatrième copie de l'original proprement dit.

« plaisirs de ma jeunesse; ils furent trop rares, trop mêlés « d'amertume, et sont déjà trop loin de moi. Ce sont ceux « de ma retraite, ce sont mes promenades solitaires; ce « sont ces jours rapides, mais délicieux, que j'ai passés tout « entiers avec moi seul, avec ma bonne et simple gouver— « nante, avec mon chien bien aimé, ma vieille chatte, avec « les oiseaux de la campagne et les biches de la forêt, avec « la nature entière et son inconcevable Auteur. »

Les trois premières lettres sont datées de Montmorency, la quatrième ne porte le nom d'aucune ville.

CHAPITRE XXVI.

M. le docteur Coindet, de Genève : collection d'autographes de personnages célèbres. — Goût bizarre de J.-J. Rousseau dans sa manière de dater et de commencer les lettres; il avoue son peu d'aptitude pour le genre épistolaire. — Lettre de Rousseau père à Mme de Warens; fragmens d'une lettre de Jean-Jacques à l'oncle de M. Coindet, écrite de Moitiers-Travers, en 1765. — Ossemens précieux. — Manuscrit original de l'*Emile*, qui appartient à M. Coindet; publication et condamnation de cet ouvrage. — Billet de Rousseau aux oratoriens de Montmorency en leur donnant un exemplaire de son livre. — Critique impartiale de l'*Emile*, par l'auteur des *Trois siècles*. — Réponse de Jean-Jacques à un enthousiaste de l'*Emile*. — Notice sur M. François Coindet, l'ami de Rousseau, et oncle du docteur Coindet de Genève.

DURANT mon séjour à Genève, je fus invité à une petite soirée de famille chez M. le docteur Coindet, qui possède une collection d'autographes de personnages célèbres, l'une des plus complètes et des plus variées que j'aie jamais vues dans les cabinets d'amateur. Ce complaisant Genevois voulut bien étaler sous nos yeux ce curieux trésor, dont il fait avec raison le plus grand cas. Une table fut en

un instant couverte de notes ou de lettres originales de Charles IX, de Catherine de Médicis, de
Louis XIII, de Louis XIV, de Louis XV, de Louis XVI,
de saint Vincent de Paul, de saint François de Sales,
de Bossuet, de Cazotte, de Diderot, de Voltaire, de
J.-J. Rousseau, etc. ; de quelques hommes fameux
de la révolution française ; de plusieurs de ces mons-
tres qui ensanglantèrent notre pays sous le règne
de la terreur (1). Nous vîmes aussi des notes autographes de tous les savans de Genève, ou qui appartiennent à l'histoire de cette ville : de Calvin, de
Bèse, de Viret, de Micheli Ducrest, qui le premier
en Suisse s'occupa de la mesure des montagnes ;
d'Ezéchiel Spanheim, de Necker, d'Isaac Casau-
bon ; de Pécolat, qui, au moment de subir la torture, se coupa la langue avec un rasoir pour éviter
les aveux qu'auraient pu lui arracher les douleurs
du supplice, etc., etc. Une tradition populaire
veut que Pécolat, dans son barbare désespoir, se
soit coupé la langue avec les dents, et l'ait crachée
aux bourreaux qui le pressaient de dénoncer ses
complices ; mais ce fait n'est point consigné comme
tel dans les archives de Genève.

(1) De Robespierre et autres tyrans de la république.

M. Coindet possède un reçu signé de *maître Jehan Calvin,* où l'apôtre de la Réforme donne quittance de la somme de cent vingt-cinq florins qu'on lui a comptée pour un trimestre de ses honoraires, en sa qualité de ministre du Saint-Évangile. Ce réformateur touchait environ dix louis par an pour prêcher sa doctrine aux Genevois ; il recevait de plus douze coupes de blé et deux tonneaux de vin pour l'entretien de son petit ménage.

Je vis une lettre de Napoléon Bonaparte, écrite d'Egypte, avec la copie très-lisible de cette lettre indéchiffrable ; une missive particulière de l'empereur de Russie Alexandre Ier, ainsi que d'autres pièces originales de divers personnages illustres de la France ou de la Suisse. Tous ces autographes, plus ou moins précieux, sont les uns renfermés dans des cartons, les autres encadrés sous verre dans des tableaux qui tapissent le mur d'un cabinet.

M. Coindet possède environ cent vingt lettres de J.-J. Rousseau. La plupart de ces lettres, m'a-t-il dit, n'ont jamais vu le jour. Il en est dont la date est exprimée d'une manière tout-à-fait singulière. Pour mettre, par exemple, le 3 mai 1770, Rousseau écrivait, à l'angle supérieur de la première page. . . . . $17\frac{3}{5}70,$

c'est-à-dire le 3 du cinquième mois de l'année 1770. Les petits chiffres intercalés désignaient, l'un (le chiffre supérieur) le quantième du mois, l'autre (le chiffre inférieur) le mois lui-même, et l'année se trouvait marquée en réunissant les quatre autres chiffres séparés (17 — 70). Avant d'entrer en matière, et quel que fût le sujet de la lettre, Rousseau écrivait ce quatrain en tête, pour rappeler sans doute à ses correspondans et le malheur de sa position et les inquiétudes qui l'agitaient :

Pauvres aveugles que nous sommes !
Ciel, démasque les imposteurs,
Et force leurs barbares cœurs
A s'ouvrir aux regards des hommes !

Cette manière bizarre de dater et de commencer ses lettres, adoptée par Rousseau en 1770, ne dura pas long-temps : il en sentit lui-même tout le ridicule, et y renonça tout-à-fait dans le cours de l'année suivante (1).

Les cachets de ses lettres étaient ordinairement

(1) Les huitième et neuvième lettres qu'il adressa, l'une en 1772, l'autre en 1773, à M. de La Tourette, conseiller en la cour des monnaies à Lyon, sont cependant datées, comme les précédentes, avec des chiffres intercalaires qui partagent ceux de l'année.

très petits ; ils portaient l'empreinte d'une lyre, symbole de son amour pour la musique, et l'on y voyait
en légende sa fameuse devise : *Vitam impendere
vero* (consacrer sa vie à la vérité) (1). Quant au style
de ses lettres, Rousseau a cru devoir se juger lui-
même en avouant son peu d'aptitude pour le genre
épistolaire : « Je réussis mieux, dit-il, aux ouvrages
« qui demandent (2) du travail qu'à ceux qui veu-
« lent être faits avec une certaine légèreté, comme
« les lettres ; genre dont je n'ai jamais pu prendre le
« ton, et dont l'occupation me met au supplice. Je
« n'écris point de lettres sur les moindres sujets
« qui ne me coûtent des heures de fatigue ; ou si je
« veux écrire de suite ce qui me vient, je ne sais ni
« commencer ni finir ; ma lettre est un long et con-
« fus verbiage ; à peine m'entend-on quand on la
« lit (3). »

L'une des pièces les plus curieuses de la collection de M. Coindet est une lettre du père de Rous-

(1) *Voyez* une note sur la devise de Jean-Jacques, p. 351
et 352.

(2) Il avait mis *veulent* au lieu de *demandent ;* mais il a
effacé le premier mot pour y mettre le second.

(3) **Page 58** du manuscrit original de ses **Mémoires,**
livre III (premier cahier).

seau à Mme de Warens : le vieux horloger de Genève s'y montre peu satisfait de voir son fils, le
studieux Jean-Jacques, perdre son temps à s'occuper de littérature ; il y a dans son humeur contre
le jeune fugitif une certaine énergie de langage et
une fierté de sentimens qui annoncent une volonté
ferme et le désir d'être obéi par son fils.

Voici quelques fragmens d'une lettre écrite par
J.-J. Rousseau à M. François Coindet, oncle du
docteur actuel, et qui n'est pas la moins intéressante de la collection de ce dernier; elle est datée
de *Motiers, 27 avril* 1765 :

« Je devrais, mon cher Coindet, vous écrire sou-
« vent, ne fût-ce que pour vous remercier. Mais
« acceptez, je vous prie, la bonne volonté pour l'ef-
« fet; car, en ce moment, eussé-je dix mains et dix
« secrétaires, je ne suffirais pas à tout ce qu'on me
« force d'écrire...... »

. . . .

« Vous aurez su que je portais autrefois l'hono-
« rable surnom du citoyen par excellence, lorsque
« je l'avais beaucoup moins mérité qu'aujourd'hui.
« Vous pouvez voir, par la couronne civique dont
« j'ai entouré ma devise, à la tête de mon dernier
« ouvrage, quelle justice je sens m'être due à cet

« égard. Je souhaite qu'au moins mes amis me l'ac-
« cordent, en me rendant ce nom de citoyen qui
« m'est si cher, et que j'ai payé si cher. Ce n'est
« point pour moi un titre vain, puisque, outre que
« par une élection unanime j'ai ici une patrie qui
« m'a choisi, s'il est sur la terre un Etat où règnent
« la justice et la liberté, je suis citoyen né de cet
« Etat-là. Conclusion : je fus et je suis le citoyen.
« Quiconque m'aime, ne doit plus me donner
« d'autre nom. »

. . . .

« Voici le huitième mois que je ne suis sorti de
« la chambre. Plaignez-moi, mon cher Coindet,
« vous qui savez que je n'ai plus d'autre plaisir que
« la promenade, et que je ne suis qu'une machine
« ambulante. Encore ma prison me serait-elle
« moins rude, si du moins j'y vivais tranquille, et
« qu'on m'y laissât le temps d'écrire à mon aise à
« mes amis. Je vous embrasse de tout mon cœur. »

« Pour trouver, s'il se peut, le repos après le-
« quel je soupire, je prends le parti de vider ma
« tête de toute idée, et de l'empailler avec du foin.
« Je gagnerai à cela de mettre un nouvel intérêt à
« mes promenades, par le plaisir d'herboriser. Je
« voudrais trouver un recueil de plantes gravées,

« bien ressemblantes, quand même il faudrait y
« mettre un certain prix. Ne pourriez-vous point
« m'aider dans cette recherche? Cela me procure-
« rait encore le plaisir de m'occuper l'hiver à les
« enluminer. »

M. le docteur Coindet possède aussi une collection de médailles antiques avec beaucoup d'autres
objets curieux, parmi lesquels on est tout surpris de
voir des ossemens de Charles-le-Téméraire et du
chevalier Bayard. Ces ossemens ont été recueillis
dans les tombeaux de ces deux guerriers : on ne les
touche qu'avec respect.

M. Coindet me fit voir le manuscrit original de
l'*Emile*, qui fut remis à son oncle, M. François
Coindet, par J.-J. Rousseau lui-même. L'écriture
en est la même que celle des *Confessions* : elle
est nette, jolie, correcte, et presque sans aucune
rature. Cette dernière copie, qui a servi de texte
pour la première édition de l'ouvrage, est écrite
tout entière de la main de l'auteur. M. Coindet estime dix mille francs ce manuscrit de Rousseau ;
mais je doute que les plus chauds partisans de l'é-
crivain donnent à son autographe une valeur aussi
considérable.

L'*Emile* fut mis au jour peu de temps après

la *Nouvelle Héloïse* (en 1762). Ainsi que le fameux roman de la *Julie,* ce livre renferme, avec de grandes beautés, une multitude de paradoxes et d'erreurs très-graves. L'auteur fut décrété de prise de corps par le parlement de Paris, et son ouvrage brûlé par la main du bourreau, soit à Paris, soit à Genève (1); car les protestans et les catholiques, d'un accord unanime, s'élevèrent à la fois contre un livre. qui sapait les bases fondamentales du christianisme, et dans lequel l'auteur, après avoir rendu le plus brillant hommage à l'Evangile et au fils de Dieu (2), cherchait, par un esprit de vertige inconcevable, à détruire tout d'un coup le dogme sacré de la Révélation. La Sorbonne fit justice d'une attaque aussi dangereuse contre la religion : elle condamna solennellement l'*Emile*

(1) L'arrêt du parlement de Paris est du 9 juin 1762. Deux jours après (le vendredi 11 du même mois) l'*Emile* fut lacéré et brûlé, par l'exécuteur des hautes-œuvres, au pied du grand escalier du palais de justice, en présence de deux huissiers de la cour. Genève suivit bientôt cet exemple : l'ouvrage de Rousseau y fut livré aux flammes, devant la Maison de Ville, le 18 juin 1762.

(2) On verra plus loin ce morceau admirable avec ses variantes et ses corrections, telles que je les ai recueillies dans le manuscrit original de l'auteur (pag. 473 et suiv.).

dans l'une de ses assemblées de 1762, et censura toutes les propositions erronnées ou impies du philosophe de Genève : cinquante-huit propositions furent frappées d'anathème, non comme les seules condamnàbles, mais comme les plus coupables (1). Rousseau parut singulièrement irrité de la censure des docteurs, et s'en plaignit amèrement : *Tout ce que je me réduisis à croire,* dit-il, *fut qu'il fallait mettre la Sorbonne aux Petites-Maisons.* Opiniâtre dans ses funestes erreurs, il ne méritait que trop lui-même un pareil sort. L'archevêque de Paris, M. Christophe de Beaumont, défendit par un mandement sévère la lecture de l'*Emile* (2), et le clergé de France le condamna, à son tour, dans son assemblée générale de 1765. Jean-Jacques avait envoyé un exemplaire de son ouvrage à M. de Muly, supérieur de la maison des oratoriens de Montmorency, avec lesquels il vivait en assez bonne intelligence. Il l'accompagna du billet suivant, dont l'original était conservé en tête du premier volume :

. (1) *Censure de la faculté de théologie de Paris, contre le livre qui a pour titre :* EMILE OU DE L'EDUCATION. Paris, 1762, in-8°.

(2) Ce Mandement, contresigné *de La Touche,* porte la date du 20 août 1762.

« J.-J. Rousseau prie messieurs de l'Oratoire de
« Montmorency de vouloir bien accorder à ses der-
« niers écrits une place dans leur bibliothèque.
« Comme adopter (1) le livre d'un auteur, n'est
« pas adopter ses principes, il a cru pouvoir, sans
« témérité, leur demander cette faveur. A Montmo-
« rency, 29 mai 1762. »

Un critique judicieux et impartial s'exprime de
la sorte au sujet de l'*Emile* : « Ce traité d'éducation (dit-il), le plus chimérique qu'un homme ait
pu concevoir, est un assemblage continuel de sublime et de subtilités, de raison et d'extravagance,
d'esprit et de puérilité, de religion et d'impiété, de
philantropie et de causticité. Il décèle, encore plus
que les autres ouvrages de Rousseau, un auteur
doué d'un génie fécond, mais versatile ; d'une imagination brillante, mais exaltée ; d'une âme sensible, mais trop sévère ; d'un esprit judicieux, mais
bizarre. Les conseils utiles et les raisonnemens cap-
tieux, les observations intéressantes et les règles im-
praticables, le langage de la raison et les déclamations d'une philosophie abusée y marchent d'un
pas égal, s'y jouent tour-à-tour de l'esprit du lec-

(1) Le mot *adopter* n'est pas juste. Il est probable que
Rousseau a voulu dire *accepter*.

teur, et le forcent à se demander à lui-même ce que l'auteur a prétendu établir. » Les reproches du critique se trouvent pleinement justifiés par la réponse que fit Jean-Jacques à un homme qui, en lui présentant son fils, venait de lui dire : *Vous voyez un père qui a élevé son enfant selon les principes qu'il a eu le bonheur de puiser dans votre* Emile.—*Tant pis, monsieur!* répondit le philosophe ; *tant pis pour vous et pour votre fils!*

M. le docteur Coindet, de Genève, est propriétaire du manuscrit de l'*Emile,* et des lettres autographes de l'auteur, depuis environ vingt-cinq ans. C'est son oncle, M. François Coindet, qui en 1808 lui a légué en héritage les papiers de son illustre ami. François Coindet était à peine âgé de vingt ans lorsqu'il fit la connaissance de J.-J. Rousseau (en 1754). Il se rendit à Paris sur l'invitation de ce dernier, et obtint un emploi dans la maison de banque de M. Necker, son compatriote. Celui-ci, devenu ministre, lui confia un poste important dans les finances, et se l'attacha ensuite comme secrétaire intime. Son instruction, ses manières, son caractère, toujours plein de gaieté, le faisaient accueillir dans les sociétés d'hommes de lettres ou de personnages distingués ; Buffon lui-même ne dédaigna

point de l'honorer de son estime et de son amitié.
François Coindet allait souvent chez J.-J. Rousseau,
à Montmorency : là il rendait compte au philosophe des diverses commissions dont celui-ci le
chargeait souvent pour la capitale ; mais la jalousie
de Thérèse Le Vasseur, l'indigne compagne de
Jean-Jacques, fit rompre cette intimité entre les
deux Genevois ; et cette femme, par son influence,
réussit à les éloigner pour toujours l'un de l'autre.
M. Coindet est mort en 1808, à l'âge de soixante
et quatorze ans. Le docteur, son neveu, qui a mis
tant d'obligeance à me laisser voir les manuscrits
de Rousseau, ainsi que les autres objets précieux
dont j'ai parlé, est un habile médecin dont la science
et la pratique lui ont fait une grande réputation dans
sa patrie.

~~~~~~

CHAPITRE XXVII.

Manuscrits autographes de J.-J. Rousseau, déposés dans la bibliothèque de la Chambre des députés à Paris.—M. Druon, conservateur de
ladite bibliothèque.—1° Les *Confessions.*—2° La *Nouvelle Héloïse,*
6 vol. in-8°, avec les dessins originaux de Gravelot: exemplaire destiné pour Mme de Luxembourg.—3° Autre copie autographe de la
Nouvelle Héloïse, 2 vol. in-4°.—4° Recueil des brouillons de lettres
de la *Nouvelle Héloïse;* intérêt de ce manuscrit pour les hommes de
lettres, à cause de ses nombreuses corrections.—5° *Emile ou de l'é-
ducation :* description de ce manuscrit; passage célèbre de J.-J. Rousseau sur l'Evangile et le Fils de Dieu; observations sur ce morceau
remarquable; variantes, corrections et additions *inédites,* puisées
dans l'autographe de l'auteur; notes explicatives sur les Dialogues
de Platon et sur les Saints Pères dont il est fait mention dans l'é-
loge de l'Evangile.—Fureur de Voltaire à l'occasion de cet éloge
sublime.—Censure amère de J.-J. Rousseau contre les philosophes
modernes, avec les variantes et les corrections du manuscrit original.—Bienfaits du christianisme, célébrés par le même Rousseau.
—Erreurs et sophismes dangereux de l'*Emile.*

<p style="text-align:center">———⦿———</p>

En faisant, dans le cours de l'avant-dernier chapitre, la description de deux manuscrits de J.-J. Rousseau que nous possédons en France, sans me borner
à décrire ceux qui existent à Genève; en transportant pour ainsi dire le lecteur des bords du Léman
sur les rives de la Seine, je me suis sans doute

trop écarté de l'objet principal de mon livre, consacré spécialement à mes souvenirs de la Suisse. Mais on sera, je l'espère, d'autant moins fâché de cette digression que, sans parler de l'intérêt du sujet en lui-même, il était convenable qu'après avoir vu et collationné les divers manuscrits de Jean-Jacques, je fisse connaître le résultat de mon travail en établissant une espèce de comparaison entre les autographes d'un homme aussi célèbre que Rousseau. Et puisque j'ai donné des notes sur ses manuscrits que l'on conserve dans la capitale, manuscrits *originaux* dont l'existence est ignorée du plus grand nombre, il me paraît tout naturel de compléter ce catalogue raisonné des manuscrits de Jean-Jacques qui sont conservés à Paris dans le même dépôt.

Avant de présenter au lecteur la suite de ce travail important, et, je l'avoue, bien au-dessus de mes faibles moyens, je me fais un devoir de donner ici un témoignage public de ma reconnaissance envers M. Druon, conservateur en chef de la bibliothèque de la Chambre des députés, qui a bien voulu me permettre de compulser les manuscrits de J.-J. Rousseau durant plusieurs jours, et aussi long-temps que je lui en témoignai le désir. Ce res-

pectable bibliothécaire a mis tant de complaisance
à autoriser mes recherches, tant de patience à me
laisser faire cet examen minutieux; il s'est montré si obligeant en me laissant transcrire les divers
passages dont j'avais besoin soit pour mes citations, soit pour les variantes dont la connaissance
est quelquefois si utile, que je ne saurais trop
répéter combien je suis redevable, pour mon travail, à cette grande liberté qu'il m'a permise lorsqu'il a vu que mes démarches à la bibliothèqe n'a-
vaient point pour but un simple motif de curiosité.
M. Druon est digne de l'honorable poste qui lui est
confié depuis si long-temps (il le remplissait déjà en
1798, avec le titre de sous-bibliothécaire). Elevé parmi
les Bénédictins de Saint-Maur, où il fut professeur
de théologie pendant dix années consécutives (1), il
a puisé chez eux cet amour des lettres et des livres
qui ne se dément pas quand on joint à un esprit
éclairé de l'instruction, du savoir et du zèle. Que
sa modestie ne s'offense point d'un témoignage
qu'il m'est si doux de lui donner puisqu'il le mérite : c'est un besoin pour moi de le consigner ici.
Il me serait d'ailleurs trop pénible de me taire, et

(1) Il était à l'abbaye de Saint-Germain-des-Prés. La
révolution le força de quitter son monastère.

ce silence que je viendrais à garder, je me le reprocherais au moins comme un acte d'indifférence (1).

Voici la note explicative des manuscrits autographes de J.-J. Rousseau qui sont déposés dans la bibliothèque de la Chambre des députés à Paris.

1° Ses *Confessions,* divisées en deux parties, et renfermant les douze livres complets des Mémoires de l'auteur. J'ai donné ailleurs une description

---

(1) Cette feuille était sous presse lorsque j'ai appris la mort de M. Druon, qui a terminé sa longue et honorable carrière le 3 octobre 1833, à l'âge de quatre-vingt-neuf ans. Ce savant modeste, dont les services littéraires lui avaient mérité la décoration de la Légion-d'Honneur, était né le 11 septembre 1743 (*), à Busigny, petite ville du Cambresis, dans le département du Nord. Tous les journaux de la capitale se sont accordés à faire son éloge ; la *Gazette de France* et le *Journal des Débats* terminent ainsi leur article nécrologique : « ...... Doué d'une instruction aussi profonde que variée, M. Druon apportait dans le commerce de la vie une grande modestie, une rare bonté, une indulgence sans bornes et une parfaite égalité d'humeur ; qualités heureuses qui lui avaient valu l'attachement et la vénération de tous ceux qui l'approchaient, et mérité les plus honorables comme les plus constantes amitiés. »

L'Ami de la religion du 10 octobre 1833 (n° 2165) ajoute quelques détails à ceux des journaux quotidiens, et fait ainsi

---

(*) Quelques journaux ont annoncé qu'il était né en 1745 ; c'est une erreur : je tiens de M. Druon lui-même la date précise de sa naissance.

détaillée de ce manuscrit, que je crois être la première mise au net de l'ouvrage (1). Il se termine par cette phrase, à la dernière page du second volume :

« On verra dans ma troisième partie, si jamais j'ai
« la force de l'écrire, comment, croyant partir pour
« Berlin, je partis en effet pour l'Angleterre (2), et
« comment les deux dames qui voulaient disposer de
« moi et de ma réputation (3), après m'avoir à force

l'éloge de M. Pierre-Paul Druon : « ... Son savoir, sa mo-
« destie, son exactitude et son obligeance l'avaient rendu
« agréable dans cette place à ceux mêmes qui aimaient le
« moins les prêtres. C'est lui qui mit dans la bibliothèque
« de la Chambre l'ordre qui y règne, et il en avait dressé
« le catalogue. Du reste, nous tenons d'une source digne
« de toute confiance que dom Druon vivait en prêtre et en
« religieux. Dans les derniers temps, où un tremblement
« assez fort l'empêchait de dire la messe, il ne manquait
« pas d'aller l'entendre à Sainte-Valère, sa paroisse, et il
« y communiait fréquemment. Il était membre de la fabri-
« que, et il en était devenu président. La douceur de son
« commerce allait jusqu'à ne fronder aucune opinion. Il ne
« heurtait personne, et rendait service à tous dans l'occasion.
« Il a vu approcher la mort avec calme, a reçu les sacremens
« avec foi, et s'est uni jusqu'à la fin aux prières de l'Eglise...»

(1) *Voyez* pag. 439 et suiv.

(2) L'auteur avait mis *Londres* au lieu de *l'Angleterre :* il a effacé le premier mot pour y mettre le second.

(3) ... *et de ma réputation.* Ceci n'est point dans l'auto-graphe de Genève.

« d'intrigues (1) chassé de la Suisse où je n'étais pas
« assez en leur puissance (2), parvinrent enfin à
« me livrer à leur ami (3). » Les trois petits para-
graphes ajoutés par l'auteur dans le manuscrit de
Genève, à la suite des *Confessions,* n'existent point
dans celui de Paris.

2° *Julie ou la Nouvelle Héloïse,* en six volumes
in-8°, ou très-petit in-4°, reliés en maroquin bleu
foncé, dorés sur tranche, et contenant tous les
dessins originaux de Gravelot. La division des volumes représente la division des parties de l'ouvrage,
lesquelles sont au nombre de six (les deux préfaces
n'y sont point). Cette copie fut faite, par l'auteur,
pour Mme la maréchale de Luxembourg ; l'écriture
diffère un peu de celle des autres manuscrits : elle est
plus grosse que petite, et les interlignes sont assez
remarquables. Chaque page est réglée au crayon, et les
lignes sont compassées comme dans un livre imprimé.
Les caractères, toujours bien formés, bien lisibles,
sont agréables à l'œil par leur rondeur et leur netteté.

(1) Les mots *à force d'intrigues* sont placés par un renvoi
au-dessus de la ligne.

(2) ... *en leur* POUVOIR. (Var. de l'autographe de Genève.)

(3) Page 172, ou dernière page du second cahier de l'autographe, avant la signature des membres de la commission,

Bien que cet autographe soit la *mise au net* de l'auteur, il offre presque à chaque page de nombreuses différences avec le texte imprimé. Je signalerai avec soin toutes celles qui existent dans les morceaux que je dois citer sur les mœurs et les goûts des habitans de Genève, sur le duel, sur le suicide et sur d'autres passages du même livre si j'ai l'occasion d'en rapporter d'autres que je ne puis prévoir en ce moment. Ces différences d'un texte à l'autre offrent un objet de comparaison souvent très.curieux; elles servent en outre de leçon pour l'art de narrer et d'écrire, et mettent le lecteur à portée de connaître d'une manière intime le caractère et le goût de l'écrivain. Je l'ai suffisamment prouvé dans le cours de l'avant-dernier chapitre. Ces variantes multipliées ne doivent point surprendre : l'on sait que Rousseau, en corrigeant les épreuves de son livre, fit des changemens considérables dans toutes les parties de l'ouvrage (1).

3° *Julie ou la Nouvelle Héloïse* (autre exemplaire); deux volumes in-4° reliés en maroquin rouge, tranche non rognée. C'est la seconde copie

(1) Avant la publication de la *Nouvelle Héloïse*, Jean-Jacques avait fait une autre copie de son ouvrage pour Mme la comtesse d'Houdetot.

de l'auteur, ou sa première mise au net. Les corrections, les changemens, les additions y abondent de telle manière, à chaque page, que ce manuscrit semble plutôt le premier jet de l'auteur qu'une véritable copie de son ouvrage. Il y manque les trois premiers livres (Ire, IIe et IIIe parties) : on ignore ce qu'ils sont devenus. Le premier volume renferme la quatrième partie, et le second réunit les deux autres, c'est-à-dire la cinquième et la sixième partie.

4° Un recueil, sans suite et plein de lacunes, d'un assez grand nombre de lettres, ou plutôt de brouillon de lettres de la *Nouvelle Héloïse.* Toutes ces lettres, quoique barbouillées, griffonnées, souvent même indéchiffrables, sont infiniment précieuses sous le rapport littéraire ; elles forment près de cinq cents pages (1), et ont été réunies avec soin dans un volume grand in-4° relié en maroquin rouge (la tranche du papier est encore intacte). J'ai fait connaître ailleurs le haut degré d'intérêt qu'offre à l'homme de lettres cet autographe unique dans son espèce (2). C'est sans doute la première conception de l'auteur pour le roman de

(1) Le manuscrit est de 541 pages ; mais les pages blanches se trouvent comprises dans celles qui ont été numérotées.

(2) Pag. 442 et suiv.

Julie : les corrections dont il fourmille à chaque page, et presque à chaque ligne, à chaque mot, en sont la preuve la plus convaincante. L'écriture annonce beaucoup de précipitation de la part de Rousseau, et une grande hardiesse à confier à la plume toutes ses idées premières. Cette écriture est assez lisible, malgré les surcharges nombreuses dont elle est couverte. Mais il s'en faut de beaucoup qu'elle soit aussi jolie, aussi bien formée que celle de la mise au net du même ouvrage.

Cet autographe de la *Julie* a été trouvé dans les papiers de Rousseau après sa mort, et offert par sa veuve à la Convention nationale. En le comparant avec les deux autres, et en se servant pour cet examen du texte imprimé de l'ouvrage, on peut suivre en quelque sorte le travail *gradué* de l'auteur, c'est-à-dire la marche naturelle de sa composition, son attention à faire disparaître les phrases obscures ou des mots impropres qui choquaient à la fois le bon goût et les convenances du style ; on le voit rechercher avec soin des expressions capables de toucher le lecteur et de plaire à son oreille : en un mot, ce serait, je crois, une étude fort curieuse que de méditer attentivement cette espèce de *cacologie* savante, avec son corrigé sous les yeux. Ce que j'ai dit ailleurs touchant ce manuscrit singulier me dispense de m'étendre davantage sur ce point. Qu'on le remarque bien, cependant, je raisonne ici comme littérateur, et non comme moraliste. Je crois, du reste, avoir fait sentir, dans une autre occasion, tout le danger du roman de la *Julie,* et combien il est à regretter qu'un écrivain tel que Rousseau ait exercé sa plume sur des objets aussi frivoles et aussi dangereux (1).

5° *Emile ou de l'Education,* trois volumes grand in-8°, maroquin rouge, avec la tranche conservée dans son état naturel. Le premier volume contient cent soixante-cinq feuillets, le second en a deux cent soixante-six, et le troisième deux cent six. Chaque feuillet est de deux pages; mais le *verso,* où il y a quelquefois beaucoup de blanc, est séparé du texte ordinaire : il paraît destiné aux additions et aux notes de l'auteur, qui en a fait, comme dans la *Nouvelle Héloïse* (seconde copie, 2 vol. in-4°) de très-nombreuses, de très-importantes, et souvent même d'une nature assez grave. L'écriture est assez lisible, assez bien formée; mais les lignes étant peu serrées, il y a lieu de croire que l'auteur, en faisant cette copie, prévoyait des changemens considéra-

(1) Pag. 349 et suiv.

bles. Selon toute apparence, c'est la première copie de l'ouvrage, faite sur le brouillon qui a été
perdu, ou dont l'existence est incertaine. Ce manuscrit, entièrement autographe, fut trouvé dans
les papiers de Rousseau après sa mort, et offert
par sa veuve à la Convention nationale. L'exemplaire de M. Coindet de Genève est une *mise au
net*, ainsi que je l'ai annoncé dans le chapitre précédent (1); mais il est d'un intérêt bien faible en
comparaison de l'autographe de Paris : on le concevra facilement d'après tout ce que j'ai dit sur le
type original de ces manuscrits *raturés, barbouillés,
mêlés, indéchiffrables* (2), dont le désordre instruc-
tif, les corrections, les changemens sont une source
inépuisable de leçons pour l'homme qui veut connaître l'artifice du style. En effet, ces sortes de manuscrits sont l'image naturelle de l'esprit de l'auteur, des mouvemens et des efforts de son génie ;
c'est là qu'on étudie à la fois l'homme et l'écrivain,
qu'on lit en quelque sorte dans son âme, qu'on devine
son but, ses intentions, et si la bonne ou la mauvaise foi a présidé à la conception de son ouvrage.

En parcourant le manuscrit original de l'*Emile,*

(1) Page 455.
(2) Expressions de Rousseau. (*Voyez* page 445.)

je cherchai surtout ce passage célèbre où J.-J. Rous_
seau fait un pompeux éloge de l'Evangile et de son
divin Auteur; éloge sublime devant lequel on se
prosternerait, pour ainsi dire, tant il est beau! tant
il est vrai! tant il respire le génie de l'éloquence et
l'amour de la vérité! Plein d'enthousiasme pour ce
morceau admirable, je ne me lassai point de le relire, d'en étudier toutes les phrases, tous les changemens, toutes les corrections, afin de mieux pénétrer dans le sens de l'auteur, lorsqu'il le composait. Je crois donc faire plaisir en reproduisant ici,
et dans toute son intégrité, ce superbe éloge du
premier de tous les livres. Tout le monde le connaît, à la vérité, puisqu'il est cité dans tous les re-
cueils; mais il sera d'un intérêt nouveau, pour les
hommes de lettres et pour les philosophes chrétiens,
par la manière dont je l'expose aux yeux du lecteur, c'est-à dire en l'offrant avec toutes ses variantes, ses corrections, ses additions, avec ses suppressions mêmes, telles qu'on les voit dans l'original:
je les indique scrupuleusement au bas de chaque
page. Il paraît que ce morceau, le plus étonnant
de l'*Emile,* a coûté, pour sa composition, une
peine infinie à son auteur, puisqu'il n'en est point,
dans tout le corps de l'ouvrage, où il y ait un si

grand nombre de ratures, de surcharges et de corrections : il est même fort difficile de pouvoir se reconnaître au milieu de ce labyrinthe de mots qui sont *enchevêtrés* les uns sur les autres ; et ce n'est qu'avec une attention prolongée que je suis venu à bout de recueillir les notes que je cherchais à y puiser. Ce morceau, présenté de la sorte, fera mieux comprendre tout ce que j'ai dit sur les copies *originales* de Rousseau. Il servira d'exemple pour cet effort d'imagination, pour ces soins inouïs avec lesquels il travaillait ses principaux ouvrages, surtout dans les endroits où il voulait se distinguer le plus. Je me conformerai, pour le texte, à celui de l'édition de Genève, le seul avoué par l'auteur, en ce sens qu'il représente avec fidélité sa *mise au net,* et qu'en publiant son livre, Jean-Jacques a fait de nombreuses corrections que nécessitaient à la fois les idées religieuses et les convenances du style. Voici enfin l'éloquent discours de Rousseau sur l'Evangile et le fils de Dieu :

« Je vous avoue aussi que la majesté des Ecritures « m'étonne ; la sainteté de l'Evangile (1) parle à mon

(1) ..... *la majesté des Ecritures m'étonne.....* Cette portion de phrase n'existe point dans le manuscrit, où le passage que je cite commence ainsi : *D'ailleurs je vous avoue que*

« cœur. Voyez les livres (1) des philosophes avec
« toute leur pompe (2); qu'ils sont petits près de
« celui-là (3)! Se peut-il qu'un livre à la fois si su-
« blime et si simple soit l'ouvrage des hommes (4)?
« Se peut-il que celui dont il fait l'histoire ne soit
« qu'un homme lui-même? Est-ce là le ton d'un
« enthousiaste ou d'un ambitieux sectaire? Quelle
« douceur, quelle pureté dans ses mœurs (5)? quelle
« grâce touchante dans ses instructions (6)! quelle

*la sainteté de l'Evangile est un argument qui parle à mon cœur,
et auquel j'aurais même regret de trouver quelque bonne réponse.
Voyez les livres,* etc.

Rousseau avait mis d'abord..... *et auquel je n'ai rien à
répondre,* ce qui serait plus vrai, et, à mon avis, beaucoup
plus énergique ; mais il a remplacé ce membre de phrase
par celui que l'on voit intact dans le manuscrit (..... *et auquel j'aurais même regret de trouver quelque bonne réponse*).

(1) Il a supprimé le mot *tous* qui précédait *les livres.*

(2) ..... *avec tout leur* ÉTALAGE : il a effacé ce dernier
mot, et l'a remplacé par celui de *pompe.*

(3) ..... *auprès de la simplicité de celui-là;* mais le mot *simplicité* est rayé. Il y a *auprès,* et non *près,* dans le manuscrit.

(4) ..... *à la fois..... et si simple.....* Ces mots ont été
ajoutés au-dessus de la ligne.

(5) Les mots *quelle pureté* n'existent point dans le manuscrit.

(6) ..... DANS SON STYLE. (Variante non corrigée dans le
manuscrit.)

Rousseau avait mis d'abord QUELLE SIMPLICITÉ au lieu de

« élévation dans ses maximes! quelle profonde sa-
« gesse dans ses discours (1)! quelle présence d'es-
« prit, quelle finesse et quelle justesse dans ses ré-
« ponses (2)! quel empire sur ses passions (3)! Où
« est l'homme, où est le sage (4) qui sait agir, souffrir
« et mourir sans faiblesse et sans ostentation? Quand
« Platon peint son juste imaginaire (5) couvert de tout
« l'opprobre du crime, et digne de tous les prix de la
« vertu, il peint trait pour trait Jésus-Christ (6): la res-

---

quelle grâce touchante; mais il a effacé le mot *simplicité* pour
y mettre ceux de *grâce touchante*.

(1) ..... dans TOUS *ses discours.* (Variante non corrigée
dans le manuscrit.)

(2) ..... dans TOUTES *ses réponses.* (Variante non corrigée dans le manuscrit.) Les mots *quelle finesse* et *quelle justesse* n'y sont point.

(3) ..... sur TOUTES *ses passions.* (Variante non corrigée
dans le manuscrit.)

(4) ..... *où est le sage*..... Ceci manque dans l'autographe.

(5) *De Republicâ, sive de Justo*, lib. I et II.

(6) Il y a là, dans le manuscrit, une confusion de mots
sans liaison et sans suite, mais que Rousseau a tous effacés
de sa main. Les voici: *Si..... oui..... si Socrate est mort......
on affecte de lui comparer..... quelle différence de la mort.....
maître..... de son maître..... Socrate à lui.....* On sent
bien qu'il est fort inutile de rapporter toutes les suppressions de ce genre, quand il existe un pareil désordre.

« semblance est si frappante, que tous les Pères l'ont
« sentie, et qu'il n'est pas possible de s'y tromper (1).

(1) Le passage le plus remarquable du philosophe grec à
ce sujet, celui dont Rousseau aura voulu sans doute parler,
est la réponse que Platon met dans la bouche de l'adversaire
de Socrate, qui était Glaucon, fils d'Ariston, et l'un des
frères de Platon. Voici ce curieux passage, qui est frappant à cause de son analogie avec l'histoire des souffrances
de Jésus-Christ; il est conforme au sens de Platon :

« Après les avoir supposés (le juste et l'injuste) tels que je
viens de dire, il n'est point difficile, je pense, de juger du
sort qui les attend l'un et l'autre. Disons-le, néanmoins; et
si mes paroles vous semblent trop fortes, rappelez-vous,
Socrate, que ce langage n'est pas le mien, mais celui des
hommes qui préfèrent l'injustice à la justice. D'après eux,
le juste tel que nous l'avons dépeint, SERA BATTU A COUPS
DE VERGES, LIVRÉ A DES TOURMENS, JETÉ DANS LES FERS, et
on lui arrachera les yeux. Enfin, LORSQU'ON LUI AURA FAIT
SOUFFRIR TOUS LES GENRES D'OUTRAGES, ON LE METTRA EN
CROIX, où il sera déchiré en morceaux......» (*Quùm igitur
uterque sit hujusmodi, non est (opinor) difficile statuere quæ-
nam utrumque vita maneat. Dicendum est itaque, etiamsi id
agrestiùs paulò dicatur ; at ne me, Socrates, ex meâ sententiâ
loqui arbitrere, sed eorum qui injustitiam justitiæ anteponunt.
Aiunt igitur, licet justus (qui quidem ità affectus sit quemadmo-
dum exposuimus) flagris cædatur, tormentis adhibeatur, in vin-
cula conjiciatur, oculi ei eruantur. Deniquè omnia molestiarum
genera passus in crucem tollatur, vel in frusta decidatur*) (*).

· De tous les philosophes de l'antiquité, Platon est celui

(*) *Platonis opera, græcè et latinè, cum notis et interpretatione Joan-
nis Serrani; Henric. Stephan.,* 1578, 3 vol. in-fol. Tom. 2, lib. 11 *de
Republ.,* pag. 361 et 362, litter. E.

« Quels préjugés, quel aveuglement (1) ne faut-
« il point avoir pour oser comparer le fils de So-
« phronisque (2) au fils de Marie! Quelle distance
« de l'un à l'autre! Socrate mourant sans douleur,
« sans ignominie, soutint aisément jusqu'au bout
« son personnage (3); et si cette facile mort n'eût

dont la doctrine approche le plus de la morale de l'Évangile :
il ne reconnaissait qu'un seul Dieu ; il croyait à l'immorta-
lité de l'âme, ainsi qu'aux peines et aux récompenses de
l'autre vie. Voilà pourquoi les Pères s'accordent à faire l'é-
loge de ce sage philosophe, dont les Dialogues sont presque
tous regardés comme des chefs-d'œuvre. Il faut cependant
convenir qu'au milieu d'excellentes leçons il lui est échappé
bien des erreurs et de fausses idées sur Dieu et sur les vertus humaines.

Beaucoup de Pères de l'Eglise ont parlé de Platon et de sa
doctrine. Voyez entre autres saint Justin : *Pro christianis Apo-
logia prima*, n° 5, pag. 46-47 (*S.ti Justini philosophi et martyris,
opera græcè et latinè, curâ et studio Benedictorum, Parisiis*, 1742,
in-fol.); saint Clément d'Alexandrie: *Stromata*, lib. v, cap. xiv,
tom. 2, pag. 699 et seqq. (*Clementis Alexandrini opera græcè
et latinè; cur. et stud. Joann. Potter. Oxonii*, 1715, 2 vol. in-fol.)

(1) ..... OU QUELLE MAUVAISE FOI. (Addition non sup-
primée dans le manuscrit.)

(2) .... *le fils d'*   (pour *le fils de Sophronisque*).
Cette lacune existe dans le manuscrit telle que je la donne.
L'auteur, en composant ce passage, ne se rappelait pas alors
quel était le nom du père de Socrate.

(3) .... SON CARACTÈRE *jusqu'au bout*. (Variante non corrigée dans le manuscrit.)

« honoré sa vie, on douterait si Socrate, avec tout
« son esprit, fut autre chose qu'un sophiste (1). Il
« inventa, dit-on, la morale ; d'autres avant lui l'a-
« vaient mise en pratique : il ne fit que dire ce qu'ils
« avaient fait, il ne fit que mettre en leçons leurs
« exemples. Aristide (2) avait été juste avant que So-
« crate eût dit ce que c'était que justice ; Léonidas
« était mort pour son pays avant que Socrate eût fait
« un devoir d'aimer la patrie ; Sparte était sobre avant

(1) Après le mot *sophiste* viennent les morceaux de phrase
suivans, décousus comme je les donne, mais que l'auteur a
effacés de plusieurs traits de plume : *Sa morale est-elle étonnante... belle... mais elle... a-t-elle... approche-t-elle... la su-
blimité de celle de l'Evangile... Socrate... où Jésus avait-il pris
la sienne ? était-ce dans son siècle et parmi sa nation ?...* Tout
ceci prouve l'extrême difficulté de Rousseau à écrire, ainsi
que je l'ai annoncé, et combien sa composition était pénible ; mais cela n'ôte rien au mérite de son éloge frappant
de l'Evangile. Je ne cherche qu'à donner des exemples,
afin de rendre mes observations plus sensibles au sujet des
manuscrits originaux de ce célèbre écrivain.

(2) A la suite du nom d'*Aristide* paraissent les noms de
Léonidas et de *Thémistocle*, que l'auteur a effacés pour dé-
velopper un peu plus ses réflexions, et donner une autre
tournure à sa période ; mais tout ce que l'on voit dans le
texte, depuis ces mots : *Léonidas était mort,* etc., jusqu'à
ceux-ci : *en hommes vertueux,* tout cela, veux-je dire, n'existe
point dans le manuscrit de Rousseau.

« que Socrate eût loué la sobriété ; avant qu'il eût
« défini la vertu, la Grèce abondait en hommes ver-
« tueux. Mais où Jésus avait-il pris chez les siens (1)
« cette morale élevée et pure (2) dont lui seul a
« donné les leçons et l'exemple (3)? Du sein du
« plus furieux (4) fanatisme la plus haute sagesse (5)
« se fit entendre (6), et la simplicité des plus héroï-
« ques vertus honora (7) le plus vil de tous les peu-

(1) ..... DANS SON SIÈCLE ET DANS SON PAYS, au lieu de
chez les siens. (Variante non corrigée dans le manuscrit.)

(2) ..... *cette morale* SUBLIME *dont*..... (Variante non
corrigée dans le manuscrit.)

(3) Rousseau veut parler ici de l'admirable discours prononcé sur la montagne, et dans lequel Jésus-Christ fait le
parallèle de sa morale et de celle de Moïse. (*Voyez* saint Mathieu, chap. V, vers. 21 et suiv.)

(4) ..... ces mots *plus furieux* ont été ajoutés, par un
renvoi, au-dessus de la ligne.

(5) ..... LA VOIX DE LA SAGESSE. (Variante non corrigée
dans le manuscrit.) L'auteur avait mis d'abord ..... *de la*
SUPRÊME *sagesse;* mais il a effacé l'épithète.

(6) ..... *se fit entendre* AVEC DOUCEUR. L'addition des
mots *avec douceur* n'est point effacée dans le manuscrit.

(7) L'auteur avait mis *illustra, honora le siècle,* puis *brilla*
au-dessus du mot *honora* (sans doute qu'il voulait écrire *brilla
dans le siècle*); enfin il a effacé le tout pour mettre ce que
nous lisons dans le texte imprimé : *honora le plus vil de tous
les peuples.*

« ples. La mort de Socrate, philosophant tranquil-
« lement avec ses amis, est la plus douce qu'on
« puisse désirer ; celle de Jésus expirant dans les
« tourmens, injurié, raillé, maudit de tout un peu-
« ple, est la plus horrible qu'on puisse craindre. So-
« crate, prenant la coupe empoisonnée, bénit celui
« qui la lui présente et qui pleure ; Jésus, au milieu
« d'un supplice affreux, prie pour ses bourreaux
« acharnés. Oui, si la vie et la mort de Socrate sont
« d'un sage (1), la vie et la mort de Jésus sont d'un
« Dieu. Dirons-nous que l'histoire de l'Evangile est
« inventée (2) à plaisir ? Mon ami (3), ce n'est pas
« ainsi qu'on invente ; et les faits de Socrate, dont
« personne ne doute, sont moins attestés que ceux
« de Jésus-Christ. Au fond c'est reculer la diffi-
« culté sans la détruire (4) ; il serait plus inconce-

(1) ..... *d'un* PHILOSOPHE. (Variante non corrigée dans le
manuscrit.)

(2) Il avait mis PUISSE ÊTRE *inventée* ..... au lieu de *est
inventée.* .... Il a rectifié, dans son manuscrit, la première
version.

(3) Il avait écrit *non* au lieu de *mon ami* : il a effacé le
premier mot pour y mettre les deux autres (*mon ami*).

(4) ..... ET NON *la détruire,* au lieu de *sans la détruire.*
(Variante non corrigée dans le manuscrit.) Il avait d'abord
rédigé ainsi le membre de phrase : *Au fond c'est plutôt reculer la difficulté que la détruire.*

« vahle que plusieurs hommes d'accord (1) eussent
« fabriqué ce livre (2), qu'il ne l'est qu'un seul en
« ait fourni le sujet. Jamais des auteurs juifs n'eus-
« sent trouvé ni ce ton ni cette morale ; et l'Evangile
« a des caractères de vérité si grands, si frappans,
« si parfaitement inimitables, que l'inventeur en se-
« rait plus étonnant que le héros (3). »

C'est à l'occasion de ce beau passage de l'*Emile*,
et pour se venger de celui qu'on va lire un peu plus
loin, que Voltaire, furieux contre l'auteur, lui pro-

---

(1) ..... QUATRE *hommes d'accord*, au lieu de *plusieurs*, etc.
(Variante non corrigée dans le manuscrit.) De plus, il y a
un renvoi à la page précédente, où l'on trouve une note
ainsi conçue :

« Je veux bien n'en pas compter davantage, parce que
« leurs 4 (*) livres (**) sont les seules vies de J.-C. qui
« nous sont restées du grand nombre qui en avaient été
« écrites. »

(2) Il avait écrit, même jusqu'à deux fois, les mots *ces
fictions* au lieu de *ce livre*; mais comprenant toute la gravité
de ses torts, s'il avait la folie de supposer que l'Evangile fût
un livre de fictions, il a deux fois corrigé sa première erreur.

(3) *Emile ou de l'éducation*, livre IV; *Profession de foi du
vicaire savoyard* (second volume de l'autographe de J.-J.
Rousseau, fol. 190 et suiv.).

(*) Le nombre quatre est en chiffres.
(**) Rousseau avait d'abord mis *Evangiles* au lieu de *livres*; mais
il a effacé le premier mot pour y mettre le second.

digua les épithètes les plus grossières et les plus
outrageantes. « Il est affreux, disait-il en parlant
« de Jean-Jacques, il est affreux qu'il ait été donné
« à un pareil COQUIN de faire le *Vicaire savoyard*.
« Ce malheureux fait trop de tort à la philosophie ;
« mais il ne ressemble aux philosophes que comme
« les singes ressemblent aux hommes. » L'honnête
patriarche de Ferney aurait sans doute admiré son
antagoniste, si ce dernier eût toujours professé le
déisme dans son ouvrage.

Rousseau porta un coup terrible aux philosophes
de son siècle, en dévoilant leur hypocrisie et leurs
fausses maximes, dont lui-même ne sut pas assez
se défier. Voici l'apostrophe vigoureuse et énergique qu'il leur a ménagée tout près de son éloge de
l'Evangile, et qui lui valut de leur part une haine
irréconciliable :

« Fuyez, dit l'auteur d'*Emile*, fuyez (1) ceux qui,
« sous prétexte (2) d'expliquer la nature, sèment (3)
« dans les cœurs des hommes de désolantes doc-

(1) Il avait mis..... *fuyez* SURTOUT..... Mais il a effacé
ce dernier mot.

(2) Il avait mis..... SE VANTENT *d'expliquer*..... Mais il a
corrigé pour écrire : *sous prétexte d'expliquer*.....

(3) ..... SE PLAISENT A SEMER..... (Variante non corrigée
dans le manuscrit.)

« trißes (1), et dont le scepticisme apparent est cent
« fois plus affirmatif et plus dogmatique que le ton
« décidé de leurs adversaires. Sous le hautain pré-
« texte qu'eux seuls sont éclairés, vrais, de bonne
« foi, ils nous soumettent impérieusement à leurs
« décisions tranchantes (2), et prétendent nous don-
« ner pour les vrais principes des choses (3) les
« inintelligibles systèmes qu'ils ont bâtis (4) dans
« leur imagination. Du reste, renversant, détruisant,
« foulant aux pieds (5) tout ce que les hommes res-
« pectent, ils ôtent aux affligés la dernière conso-
« lation de leur misère, aux puissans et aux riches
« le seul frein de leurs passions; ils arrachent du
« fond des cœurs le remords du crime (6), l'espoir

(1) ..... MILLE DOCTRINES PERNICIEUSES, au lieu de.....
de désolantes doctrines..... (Variante non corrigée dans le
manuscrit.)

(2) ..... A L'AUTORITÉ DE LEURS SENTENCES, au lieu de.....
à leurs décisions tranchantes... (Variante non corrigée dans
le manuscrit.) Au lieu de *sentences,* il avait mis *rêveries;*
mais il a remplacé ce dernier mot par le premier.

(3) ..... *pour les* SEULS *principes des choses*..... (Variante
non corrigée dans le manuscrit.)

(4) ..... *qu'ils ont* CASÉS..... (Variante non corrigée dans
le manuscrit.)

(5) ..... *aux pieds* SANS AUCUN SCRUPULE..... (Addition
non effacée dans le manuscrit.)

(6) Au lieu de ces mots *le remords du crime,* Jean-Jac-

« de la vertu, et se vantent encore d'être les bien-
« faiteurs du genre humain. Jamais, disent-ils, la
« vérité n'est nuisible aux hommes. Je le crois comme.
« eux (1) ; et c'est à mon avis une grande preuve
« que ce qu'ils enseignent n'est pas la vérité (2). »

Ainsi que l'éloge de l'Evangile, ce passage contre
les philosophes modernes est connu de tout le
monde ; mais j'ai cru devoir le citer à cause de ses
variantes, *inédites,* que j'ai puisées dans l'autographe de l'auteur.

Dans une note fort longue du même endroit de
l'*Emile,* Rousseau rend un témoignage éclatant au
christianisme, en vantant ses immenses bienfaits
sur les peuples ét sur la civilisation. Il se plaint avec
force des maux affreux qu'engendrent l'athéisme et
toutes les sectes philosophiques ; il s'indigne de la
conduite avilissante de ces prétendus sages dont

ques avait écrit : LE SEUL FREIN QUI RESTAIT A LA TYRANNIE
ET AUX FORFAITS. Mais il a rayé ce membre de phrase pour
y mettre : *le remords du crime,* etc.

(1) Il avait mis d'abord : *ils ont raison en cela, sans doute.*
Mais il a changé cette tournure contre celle que nous voyons
dans le texte (*je le crois comme eux*).

(2) Manuscrit original de l'*Emile,* livre IV : *Profession de
foi du vicaire savoyard* (tome 2, *verso* de la page 199, et
fol. 200.)

l'indifférence pour le bien avec le *secret égoïsme*, dont les principes destructeurs de la morale et de la religion *sont aussi funestes à la population qu'à la vertu*. Il fait ensuite le parallèle d'un gouvernement sous lequel la philosophie commanderait aux hommes, et d'un autre dont la religion serait, au contraire, l'unique base. Voici de quelle manière il envisage le pouvoir de l'Evangile sur le cœur des hommes et sur celui des princes qui se laissent guider par son heureuse influence

« Nos gouvernemens modernes, dit Rousseau,
« doivent incontestablement au christianisme leur
« plus solide autorité et leurs révolutions moins fré-
« quentes; il les a rendus eux-mêmes moins sangui-
« naires : cela se prouve par le fait, en les compa-
« rant aux gouvernemens anciens. La religion mieux
« connue, écartant le fanatisme, a donné plus de
« douceur aux mœurs chrétiennes. Ce changement
« n'est point l'ouvrage des lettres ; car partout où
« elles ont brillé l'humanité n'en a pas été plus res-
« pectée : les cruautés des Athéniens, des Egyptiens,
« des empereurs de Rome, des Chinois, en font foi.
« Que d'œuvres de miséricorde sont l'ouvrage de
« l'Evangile! Que de restitutions, de réparations, la
« confession ne fait-elle point faire chez les catho-

« liques (1)! Chez nous, combien les approches des
« temps de communion n'opèrent-elles point ·de
« réconciliations et d'aumônes! Combien le jubilé
« des Hébreux (2) ne rendait-il pas les usurpateurs
« moins avides! Que de misères ne prévenait-il pas!
« La fraternité légale unissait toute la nation ; on ne
« voyait pas un mendiant chez eux..... (3). »

Pourquoi faut-il qu'après de si éloquentes paroles d'un écrivain défendant la plus belle des causes, nous ayons à déplorer en lui d'immenses écarts
et des erreurs d'autant plus dangereuses qu'elles
sont environnées de tableaux où les vérités religieuses sont peintes sous des couleurs enchanteresses! Malheur aux faibles et aux ignorans! Ces cor-
rectifs, ces ménagemens de l'auteur ne sont qu'il-
lusoires à côté de ses horribles blasphêmes et de
ses odieux efforts à tout ramener à la religion naturelle, dont il entreprend même de justifier les lois

(1) Qui est-ce qui oserait nier la multitude de restitutions et de réparations.....? (Variante non corrigée dans le manuscrit.)

(2) Sortons du christianisme, *combien le jubilé*, etc. (Addition non effacée dans le manuscrit.)

(3) Manuscrit original de l'*Emile*, livre IV : *Profession de
foi du vicaire savoyard* (tome 2, *verso* de la page 197, et
fol. 201.)

arbitraires. Il essaie, mais en vain, de détruire l'authenticité de l'Ecriture sainte et de la tradition, la
vérité des prophéties et des miracles consignés dans
l'Ancien et dans le Nouveau-Testament; il cherche
à inspirer de l'indifférence pour la religion chrétienne, pour ses mystères et pour ses dogmes; il
ose même, dans son délire, la taxer de ridicule et
de contradictoire! Tel est, il faut le dire, le rôle
étrange de Rousseau à la suite de son magnifique
éloge de l'Evangile. Que sert de vanter ce livre admirable si, par des doutes sur sa céleste origine et
sur la divinité de son Auteur, l'on vient à ébranler
la foi et à renverser l'édifice sacré de notre croyance?
Alors la religion ne devient plus qu'une secte, ceux
qui la professent ne sont plus que des hommes à
préjugés, et le héros du christianisme, le fils de
Dieu, ne sera plus qu'un mortel parfait, ou bien
un sage au-dessus des autres mortels!

Ces conséquences sont inévitables aux yeux des
philosophes sensés qui connaissent l'ouvrage de
Rousseau; car elles découlent naturellement des
propositions scandaleuses qui en ternissent les plus
belles pages, et elles justifient hautement cet accord
des protestans et des catholiques à le proscrire,
dès sa naissance, comme un livre funeste aux so-

ciétés chrétiennes. Et cependant que de pères de
famille, que d'instituteurs peu éclairés se sont laissé
vaincre par les sophismes dangereux de l'*Emile* (1)!

(1) Un ancien magistrat, avec qui je m'entretenais un
jour des opinions contradictoires de l'auteur d'*Emile*, me
disait fort sensément : « Rousseau ressemble à un architecte qui, après avoir prodigué son admiration au Parthé-
non d'Athènes, minerait ce magnifique monument et ten-
terait de le réduire en poussière. »

Dans le plan d'une bibliothèque portative de mille volumes que Napoléon avait commandée à M. Barbier, son
bibliothécaire, l'*Emile* de J.-J. Rousseau est formellement
exclu, à l'exemple d'autres livres pernicieux ou inutiles.

〜〜〜〜〜〜〜〜〜〜〜〜〜〜〜〜〜〜〜〜〜〜〜〜〜〜

CHAPITRE XXVIII.

Suite des manuscrits autographes de J.-J. Rousseau. — 6° Collection de ses lettres à Mme la maréchale de Luxembourg. — Passe-port délivré à Genève en faveur de Rousseau. — Lettre de son tailleur pour les prix d'un costume arménien ; récit de Jean-Jacques sur son goût pour ce singulier costume, et sur la manière dont il exécuta ses projets à l'égard de ce *nouvel équipage.* — Note sur mylord Keith, gouverneur de Neuchâtel. — 7° Correspondance de Rousseau avec Mme La Tour de Franqueville. — 8° *Devin du village;* musique copiée par Jean-Jacques *pour gagner du pain.* — 9° *Dialogues;* avis en tête de ce manuscrit. — Ouvrage de botanique, avec notes et corrections autographes de Rousseau; lettre de ce dernier à M. de Pramont, vicaire-général.

———•≫⊙≪•———

J'ACHÈVERAI dans ce chapitre la description des manuscrits autographes de J.-J. Rousseau que l'on conserve à la bibliothèque du Palais-Bourbon à Paris, et je continuerai à suivre l'ordre de numéros que j'ai adopté pour chacun d'eux afin de les indiquer plus clairement :

6° Une collection de quarante lettres de J.-J. Rousseau à Mme la maréchale de Luxembourg (un volume in-4°, maroquin rouge). La première, datée de Montmorency, est très-singulière par son laconisme, et semble dire beaucoup de choses en peu de mots ; la voici telle que je l'ai copiée sur l'autographe de l'auteur :

« Au petit château de Montmorency, le 6 mai 1759.

« MADAME,

« Ma lettre entière est dans sa date (1). Que « cette date m'honore ! que je l'écris de bon cœur ! « Je ne vous loue point, madame, je ne vous re- « mercie point ; mais j'habite votre maison. Cha- « cun a son langage, et (2) j'ai tout dit dans le « mien.

« Daignez, madame la maréchale, agréer mon « profond respect.

« J. J. ROUSSEAU. »

Cette lettre a déjà été publiée ; mais les éditeurs ont fait une erreur de date en mettant le 15 *mai* au lieu du 6 *mai :* ce qui est d'autant plus grave, que le sens de cette lettre paraît reposer entièrement sur la date où elle fut écrite.

(1) Cette première phrase n'est pas la même dans le texte imprimé, où elle offre une autre tournure, que voici : *Toute ma lettre est déjà dans sa date.*

(2) La conjonction *et* n'existe point dans le texte imprimé.

Une pièce non moins curieuse de ce recueil, c'est un passe-port délivré à Genève en faveur de J.-J. Rousseau, qui allait retourner en France pour se rendre à Paris. Les syndics et le Conseil de la République y « CERTIFIENT A TOUS QU'IL APARTIENDRA (*sic*) QUE *s.ʳ Jean-Jaques* (*sic*) *Rousseau, âgé d'environ quarente* (*sic*) *trois ans est du nombre de leurs citoyens, lequel désirant aller à Paris par la Bourgogne avec D.ᶦˡᵉ Thérèse Le Vasseu* (*sic*), *native d'Orléans,* AFIN QU'EN LEUR VOYAGE IL NE LEUR SOIT FAIT AUCUN DÉPLAISIR NI MOLESTE, etc. etc. (1). » *Signé* PICTET. Ce passe-port, marqué du sceau de la république de Genève, est daté du 30 septembre 1754. Rousseau venait d'abjurer lâchement le catholicisme, afin d'être réintégré dans ses droits de *citoyen de Genève,* qu'il avait perdus en embrassant la religion catholique, qui fut celle de son quatrième aïeul.

Ce recueil contient encore, parmi les pièces étrangères à la correspondance de Jean-Jacques, une lettre grossièrement écrite de son tailleur, dans laquelle ce dernier lui offre plusieurs qualités de draps d'Elbeuf, de Louviers, de Varobert, pour

---

(1) Tout ce qui est en *italiques* est écrit à la plume sur le passe-port; ce qui est en CAPITALES s'y trouve imprimé.

son costume d'Arménien, c'est-à-dire pour le bonnet fourré, le cafetan, la veste et la ceinture qui
devaient former ce costume asiatique et vêtir le
corps du philosophe genevois. Le tailleur lui annonce l'envoi de divers échantillons, et lui fixe le
prix de chaque article : le Varobert à 22 fr. l'aune,
le Louviers à 19 fr., et l'Elbeuf à 15 fr. 10 sous.
« Ils sont tous de la même largeur, écrit le tailleur
« arménien ; il en faut pour la robe de dessus deux
« aunes, etc., etc. » Puis il termine en disant que
*tous les draps pour l'usage sont aussi bons les uns
que les autres.* C'était le moyen de gagner la *pratique.* Cette lettre, sans date et sans signature, ne
désigne que le jour de la semaine où elle fut écrite
(le *mercredi*). Elle porte la suscription suivante : *A
monsieur Rousseaux (sic), cythoien (sic) de Genève,
à Montmorency.*

Jean-Jacques, en expliquant les motifs qui l'en-
gagèrent à adopter le costume d'Arménien, raconte
ainsi la manière dont il exécuta le projet qu'il avait
formé depuis long-temps de prendre ce *nouvel équipage* pour sa mise ordinaire :

« Peu de temps après mon établissement à Mo-
« tiers-Travers (1), ayant toutes les assurances pos-

(1) Motiers-Travers, petite ville du canton de Neuchâ-

« sibles qu'on m'y laisserait tranquille, je pris l'ha-
« bit arménien. Ce n'était pas une idée nouvelle ;
« elle m'était venue diverses fois dans le cours de
« ma vie, et elle me revint souvent à Montmorency,
« où le fréquent usage des sondes (1), me condam-
« nant (2) à rester souvent dans ma chambre, me
« fit mieux sentir tous les avantages de l'habit long.
« La commodité (3) d'un tailleur Arménien, qui
« venait souvent voir un parent qu'il avait à Mont-
« morency, me tenta d'en profiter pour prendre ce
« nouvel équipage, au risque du qu'en dira-t-on,
« dont je me souciais très-peu. Cependant, avant
« d'adopter cette nouvelle parure, je voulus avoir
« l'avis de Mme de Luxembourg, qui me conseilla
« fort de la prendre. Je me fis donc une petite

tel, en Suisse, est célèbre par le séjour de J.-J. Rousseau, qui y écrivit ses fameuses *Lettres de la Montagne*,
dont j'aurai l'occasion de citer quelques passages en donnant l'histoire de la religion de Genève.

(1) Il avait une rétention d'urine presque continuelle,
causée par un vice de conformation dans la vessie. En racontant l'histoire de sa naissance, Jean-Jacques se plaint
de cette *incommodité, que les ans avaient renforcée*, etc.;
mais il n'en désigne point la nature. (*Voyez* page 139, à
la fin de la note.)

(2) ..... *me condannant.....* (Orthographe du manuscrit.)

(3) *La comodité.....* (Orthographe du manuscrit.)

« garde-robe (1) arménienne ; mais l'orage excité
« contre moi m'en fit remettre l'usage à des temps
« plus tranquilles, et ce ne fut que quelques mois
« après, que, forcé par de nouvelles attaques de
« recourir aux sondes (2), je crus pouvoir, sans au-
« cun risque, prendre ce nouvel habillement à Mo-
« tiers, surtout après avoir consulté le pasteur du
« lieu, qui me dit que je pouvais le porter au tem-
« ple même sans scandale (3). Je pris donc la veste,
« le cafetan, le bonnet fourré, la ceinture ; et après
« avoir assisté dans cet équipage au service divin,
« je ne vis point d'inconvénient à le porter chez
« mylord Maréchal (4). Son Excellence me voyant

(1) ..... *garderobbe.....* (Orthographe du manuscrit.)

(2) ..... *forcé par de nouvelles attaques de recourir aux sondes.....* Ce membre de phrase a été ajouté par Jean-Jacques dans la marge intérieure du manuscrit.

(3) ..... *le porter même au temple sans* AUCUN *scandale.*
(Variante du manuscrit.)

(4) Mylord Keith, dit *mylord Maréchal*, était gouverneur
de Neuchâtel, principauté du roi de Prusse, lorsque Rousseau vint s'établir à Motiers-Travers, en 1762. Il aima et
protégea beaucoup le philosophe de Genève, auquel il légua par son testament la montre qu'il avait toujours portée. Mylord Keith (Georges) mourut le 25 mai 1778, c'est-
à-dire cinq semaines avant Rousseau. Il était d'une ancienne
famille d'Ecosse, et frère aîné du célèbre général Keith, qui

« ainsi vêtu (1), me dit pour tout compliment *sa-*
« *lamaleki ;* après quoi tout fut fini, et je ne portai
« plus d'autre habit (2). »

7° Recueil (in-4° de 584 pages) contenant la
correspondance entière de J.-J. Rousseau avec
Mme La Tour de Franqueville, depuis 1761 jusqu'en 1772. Les lettres de cette dame ont été copiées par elle-même, et Jean-Jacques en a fait autant des siennes. Cette correspondance a été publiée à Paris en 1803, et forme 2 vol. in-8°. On y
a joint celle de Jean-Jacques avec M. du Peyrou.

Mme La Tour de Franqueville, femme aimable
et de beaucoup d'esprit, s'était passionnée pour
Rousseau à la lecture de la Nouvelle Héloïse ; elle
imagina de prendre le nom de *Julie* pour lui écrire,
et ne se laissa point décourager par le silence ou
par les reproches de Jean-Jacques, qui voulut cesser plus d'une fois ce commerce épistolaire. La
passion de Mme de La Tour (car c'en était une véritable) ne s'est jamais démentie : dans la querelle
combattit glorieusement pour la Russie dans ses guerres
contre les Turcs et contre les Suédois.

(1) S. E. pour *son excellence.* (Lettres initiales seules dans
le manuscrit.)

(2) Manuscrit original des *Confessions,* liv. XII, part. II
(page 144 du second cahier).

de Jean-Jacques avec David Hume, elle défendit son ami avec un zèle et une chaleur remarquables.

8° La partition, les paroles et la musique du *Devin du village* (1), toutes de la main de Rousseau. Ce manuscrit fut acheté dans une vente à l'enchère, il y a cinq ou six ans, par M. Druon, bibliothécaire, aussi juste appréciateur que véritable connaisseur en autographes de nos grands écrivains. Un jeune lord anglais fut instruit, mais un peu tard, de la vente de ce manuscrit original de Jean-Jacques. Affligé de n'avoir pu en faire l'acquisition, et se flattant d'un vain espoir, il se hâte de découvrir le nom et le domicile de l'acquéreur. Il va trouver M. Druon à la bibliothèque de la Chambre des députés, et le prie de vouloir bien lui montrer le manuscrit du *Devin du village.* On le lui présente ; il l'examine avec une certaine agitation ; puis tout-à-coup, avec un air chagrin et un accent plaintif, il s'écrie en s'adressant au bibliothécaire : *Vous êtes fort heureux que je ne me sois point trouvé à la vente de l'ouvrage ; vous ne l'auriez pas obtenu, même à deux mille écus!* — *Vous vous trompez, monsieur!* lui répondit M. Druon ; *vous ne l'auriez pas eu!...*

(1) *Voyez* page 258.

On a joint au *Devin du village* un manuscrit du même auteur et du même genre : c'est de la musique copiée, vers l'an 1752, par J.-J. Rousseau, qui avait imaginé ce moyen de subsistance pour n'être à charge à personne, et afin de conserver toute la liberté de ses goûts et de ses habitudes dans sa manière de vivre, comme il le rapporte lui-même. « Dans l'indépendance où je voulais vivre, « dit-il, il fallait cependant subsister. J'en imaginai « un moyen très-simple, ce fut de copier de la mu- « sique à tant la page. Si quelque occupation plus « solide eût rempli le même but, je l'aurais prise ; « mais ce talent étant de mon goût, et le seul qui, « sans assujettissement personnel, pût me donner « du pain au jour le jour, je m'y tins. Croyant n'a- « voir plus besoin de prévoyance, et faisant taire la « vanité, de caissier d'un financier je me fis copiste « de musique. Je crus avoir gagné beaucoup à ce « choix, et je m'en suis si peu repenti, que je n'ai « quitté ce métier que par force, pour le reprendre « aussitôt que je pourrai (1). »

9° Les *Dialogues de J.-J. Rousseau;* un volume in-4° de 225 pages. L'écriture en est très-jolie,

(1) On sait que Jean-Jacques reprit son *métier de copiste* environ six ou huit ans avant sa mort.

très-nette et très-propre. Une suppression considérable a été faite, sans doute par l'auteur, à la page 211 de ce manuscrit : trente et une lignes ont été effacées et avec une telle précaution qu'il est presque impossible d'y déchiffrer un seul mot, si ce n'est à la première ligne ; les quatorze autres de la même page sont intactes. On remarque une addition de l'auteur concernant d'Alembert, et qui a été faite sur un petit papier intercalé dans le volume.

En tête des *Dialogues,* et à la première page du manuscrit, Jean-Jacques fait la recommandation suivante : « Si j'osais faire quelque prière à ceux « entre les mains de qui tombera cet écrit, ce se- « rait de vouloir bien le lire tout entier avant que « d'en disposer et même avant que d'en parler à « personne ; mais très-sûr d'avance que cette grâce « ne me sera pas accordée, je me tais et remets « tout à la Providence. »

Tous les manuscrits dont j'ai parlé soit dans ce chapitre, soit dans celui qui précède sont entièrement autographes, et rien ne donne lieu à suspecter leur authenticité. Il suffit, pour s'en convaincre, de les examiner avec attention : l'écriture de J.-J. Rousseau a en effet un tel caractère d'uniformité qu'il est presque impossible de ne pas la reconnaître au premier coup-d'œil si l'on a déjà vu quelque autographe du même écrivain.

On montre encore à la bibliothèque de la Chambre des députés, à Paris, un bel ouvrage de botanique en deux volumes in-folio, dont le texte est enrichi d'un grand nombre de notes, d'additions et de corrections de la propre main de Rousseau. Ces notes sont quelquefois philosophiques. Quant à celles qui ont un rapport direct au sens de l'ouvrage, il est facile de croire, vu les progrès de la science, qu'elles ne sont plus aujourd'hui d'un grand intérêt pour les amateurs. L'ouvrage porte ce titre : *La Botanique mise à la portée de tout le monde, ou Collection des plantes d'usage dans la médecine, dans les alimens et dans les arts, par les sieur et dame Regnault* (Paris, 1774) (1). Le texte est accompagné de planches gravées et coloriées avec le plus grand soin : on en compte près de quatre cents dans tout le cours de l'ouvrage. Une table, entièrement écrite de la main de Rousseau, offre la nomenclature presque complète de ces plantes qu'il a rangées avec méthode suivant le système de

(1) L'ouvrage *complet* forme trois volumes in-folio.

Linnée. L'ouvrage appartenait à M. l'abbé de Pramont, chanoine de l'église de Vannes, qui devint
plus tard grand-vicaire de Viviers. Cet ecclésiastique
l'avait confié à J.-J. Rousseau qui, pour l'obliger,
et *par amour pour la botanique,* y rectifia des erreurs en ajoutant un grand nombre de notes. La
lettre qu'on va lire donne à ce sujet toute l'explication désirable ; elle est adressée par Rousseau à
M. l'abbé de Pramont. La voici telle que je l'ai
copiée sur l'original.

A Paris, le 13 avril 1778.

« Vos plantes gravées, monsieur, sont revues et
« arrangées comme vous l'avez désiré. Vous êtes
« prié de vouloir bien les faire retirer. Elles pour-
« raient se gâter dans ma chambre, et n'y feraient
« plus qu'un embarras, parce que la peine que j'ai
« eue à les arranger me fait craindre d'y toucher de
« rechef. Je dois vous prévenir, monsieur, qu'il y
« a quelques feuilles du discours extrêmement bar-
« bouillées et presque inlisibles (*sic*) ; difficiles
« même à relier sans rogner de l'écriture (1), que
« j'ai quelquefois prolongée étourdiment sur la

(1) Il avait mis *du discours* au lieu de *l'écriture ;* il a rayé
le premier mot pour y mettre le second.

« marge. Quoique j'aie assez rarement succombé à
« la tentation de faire des remarques, l'amour de
« la botanique et le désir de vous complaire m'ont
« quelquefois emporté. Je ne puis écrire lisiblement
« que quand je copie, et j'avoue que je n'ai pas eu
« le courage de doubler mon travail en faisant des
« brouillons. Si ce griffonnage vous dégoûtait de
« votre exemplaire après l'avoir parcouru, je vous
« en offre, monsieur, le remboursement, avec as-
« surance qu'il ne restera pas à ma charge. Agréez,
« monsieur, mes très-humbles salutations. »

J.-J. ROUSSEAU.

Cette lettre avait été adressée *à Vannes;* mais elle
fut renvoyée de cette ville *à Paris* (ainsi que le
prouve la suscription corrigée) *chez M. Boudet,
libraire, rue Saint-Jacques.*

A la suite de la table méthodique des plantes,
rangées par Rousseau suivant le système de Linnée,
on lit cette note, également autographe, qui semble être le *post-scriptum* de la lettre à M. de Pramont :

« J'ai pris le parti de couper tout-à-fait les bar-
« bouillages presque inlisibles (*sic*) dont j'avais
« parlé dans ma lettre à monsieur l'abbé, attendu

« que les corrections très-difficiles à déchiffrer au-

« raient été presque introuvables, qu'il vaut mieux

« qu'on n'y trouve rien que d'y trouver des fautes ;

« et que le relieur peut aisément coller sur ces vuides

« (*sic*) des papiers blancs qu'il est facile ensuite de

« mieux remplir. Que si monsieur l'abbé trouve ces

« rappiécemens (*sic*) trop désagréables, tout ce que

« j'y puis faire est de lui réitérer l'offre que j'ai

« déjà eu l'honneur de lui faire. A l'égard des ta-

« ches et de la malpropreté des titres et de plu-

« sieurs feuilles, il voudra bien se rappeller (*sic*)

« que je lui rends l'exemplaire dans le même état

« où il me l'a remis. »

~~~~~~

CHAPITRE XXIX.

Ville de Genève : caractère, mœurs et goûts des habitans des deux
sexes. — Même sujet, par J.-J. Rousseau, avec les variantes de son
manuscrit original, et accompagné de notes critiques. — Ancienne
division, sous le rapport civil et politique, des membres de la république de Genève.

PEU de temps après mon arrivée à Genève, une
conversation fort vive s'engagea entre les voyageurs
de mon hôtel, au milieu du dîner, sur le caractère
et les mœurs des habitans de cette ville. On discourait
avec feu, on s'échauffait beaucoup, mais l'on ne pouvait tomber d'accord sur les qualités ou sur les défauts
de ce peuple de la Suisse. Les uns soutenaient que
les Genevois étaient fins, froids et intéressés, et
leurs femmes des précieuses ridicules; qu'il n'était
pas jusqu'aux marchandes de modes et aux petites-
maîtresses qui ne voulussent se donner des airs de
sagesse et de lecture; les autres ne cessaient de répéter combien les sociétés de Genève étaient tristes,

monotones, ennuyeuses, et se plaignaient avec ai-
greur que l'on se bornât à y causer de politique ou
de religion, si ce n'était de choses insignifiantes. Il
y en avait enfin qui, tout en faisant l'éloge des Genevois et de leur instruction, témoignaient vivement
leurs regrets que le pédantisme (1) se fît remarquer
dans leur caractère et dans leurs manières, et qu'une
sorte de pruderie fût la marque distinctive du beau
sexe.

Ces opinions diverses d'étrangers, dont quelques-
uns avaient long-temps habité Genève, n'ont ni
changé ni détruit l'idée que je me suis formée moi-
même des sages républicains de cette ville. Je les
ai trouvés polis, complaisans, aimables et officieux,
mais quand il ne s'agit point de leur bourse. S'ils
sont avides de richesses, ils ne le sont pas moins
d'instruction : ils cultivent avec succès les sciences,
la littérature et les beaux-arts. Plusieurs d'entre eux
se livrent avec ardeur aux études abstraites, et ne
négligent point pour cela leurs devoirs de citoyen
et les charges de leur état. L'éducation, chez eux,

(1) Ce mot me rappelle une méchante tirade de Voltaire, qui, dans sa correspondance familière, parle avec
ironie de *Genève la pédante, où il n'y a que des prédicans,
des marchands et des truites.*

est perfectionnée au dernier point, poussée jusqu'à son dernier période ; elle est de tous les rangs,. de toutes les professions, de toutes les classes. L'ouvrier comme le négociant, le pauvre (1) comme le riche, le noble comme le roturier, tout le monde , en un mot, connaît sa langue, l'arithmétique, l'histoire, la géographie, etc., et nul n'a le sujet de rougir de son ignorance. J'ai vu avec surprise des hommes de peine, de simples artisans, des portiers même, raisonner avec esprit sur des questions d'un ordre élevé, faire preuve d'un jugement remarquable dans certaines circonstances, écrire avec facilité, et dresser habilement des comptes où ne réussiraient pas mieux, avec tout leur savoir, des chefs. de commerce et les teneurs de livres les plus expérimentés. Il est vrai que le Genevois, naturellement enclin à l'avarice, ne néglige rien de ce qui peut tendre à son but, afin d'amasser beaucoup d'argent : mais doit-on lui en faire un crime, s'il use de moyens légitimes et honnêtes pour grossir ses trésors ou pour parvenir à la fortune ?

Les Genevoises, dont la coupe de figure est un peu anglaise, ont la physionomie douce, agréable,

_____

(1) On a vu au commencement de cet ouvrage que l'instruction publique, à Genève, est *gratuite* (page 1o3).

intéressante; elles m'ont paru sages, régulières dans leur conduite, et bonnes ménagères. Quelques méchans, ou des coureurs d'aventures, ont osé dire (par esprit de vengeance peut-être) qu'il ne fallait point se fier à cette apparence de vertu dont elles se montrent si jalouses, et qu'elles avaient leurs faiblesses tout comme les femmes des autres pays (1); mais ce reproche, ou, si l'on veut, cette calomnie me semble bien hasardée. Il est d'autant plus téméraire d'avancer pareilles choses sur les citoyennes genevoises, que pour juger de leur conduite il faut vivre longtemps à Genève, fréquenter souvent leurs réunions, être admis dans leurs *sociétés* (2), sans l'espoir néanmoins d'y rencontrer ces sentimens affectueux qui lient les hommes; car pour être intime avec elles, un étranger, quel qu'il soit, ne saurait point y parvenir. Les Genevoises, malgré leurs occupations de ménage, trouvent encore le moyen de s'adonner aux talens qui font les délices de leur sexe. Je dirai plus, ce

(1) En bons chevaliers, exceptons nos Françaises de ce désordre général, s'il existe.

(2) A Genève, l'on désigne ordinairement sous le nom de *sociétés du dimanche* les réunions particulières de dames ou de demoiselles, comme aussi l'on appelle *volées de garçons* certaines sociétés des jeunes gens de la ville.

délassement est presque général parmi elles : on les voit cultiver tour-à-tour la musique, le dessin, la peinture, et tous ces arts d'agrément où les femmes se montrent souvent si habiles. Beaucoup de Genevoises, à force de travail et de patience, ont produit des ouvrages charmans, quelquefois même de petits chefs-d'œuvre, en paysages, en fleurs, en portraits d'après nature, qui sont admirés des connaisseurs et des artistes. Mais dois-je dire ce qui dissipe à leur égard les charmes de l'illusion, et quelles choses m'ont souverainement déplu en elles ? C'est cet abord froid, peu accueillant, glacial même, lorsqu'un étranger leur va rendre visite ; c'est cette méfiance, cette réserve excessive qu'elles apportent toujours dans leurs conversations et dans leurs manières, et qui les font accuser avec raison de pruderie, de pédantisme, de fausse bienséance ; c'est surtout leur fol attachement pour les idées religieuses adoptées dans leur ville, attachement qui les dispose à voir en mal tout ce qui n'est pas conforme à la *sainte* religion de Genève ; à mépriser tout ce qui porte l'ombre du catholicisme, à traiter de ridicules les dogmes les plus sacrés de notre croyance, de superstitieux les usages pratiqués chez nous depuis nombre de siècles : en un mot, il est plaisant de voir ces ferventes calvinistes, ayant le pinceau à la main ou l'aiguille à l'ouvrage, discourir gravement sur des questions de théologie, sur le sens qu'elles donnent elles-mêmes à l'Evangile, dont elles citent par cœur et les numéros des versets et les passages de bon nombre de chapitres, qu'elles semblent n'avoir logés dans leur tête que pour en assommer au besoin les catholiques. Souvent je n'ai pu m'empêcher de rire de ce ton dogmatique ou inspiré qu'elles affectent dans leurs paroles et dans leurs gestes, quand elles se mêlent de polémique religieuse, ce qui leur arrive presque tous les jours. Disons-le enfin, au risque d'encourager le zèle des *pieuses* Genevoises, ou de trouver en elles de redoutables adversaires, disons-le : Si la religion romaine a eu ses Pères et ses docteurs de l'Eglise, maintenant l'on saura que la religion de Calvin possède à son tour des *mères* et des *doctoresses* de l'Eglise de Genève.

J.-J. Rousseau fait la description suivante du caractère, des mœurs et des goûts des habitans de Genève, sa patrie ; son tableau plaira sans doute mieux que la faible esquisse que je viens de présenter au lecteur. J'oserai néanmoins critiquer, par des notes, certaines choses un peu surannées, ou des passages que j'ai crus dignes de censure. Je signalerai en même temps toutes les variantes du manuscrit original de l'auteur, sur lequel j'ai copié le morceau remarquable que l'on va lire :

« Le Genevois (dit Rousseau) est de tous les peuples du monde celui qui cache le moins son caractère (1), et qu'on connaît le plus promptement. Ses mœurs, ses vices mêmes sont mêlés de franchise. Il se sent naturellement bon, et cela lui suffit pour ne pas craindre de se montrer tel qu'il est. Il a de la générosité, du sens, de la pénétration, mais il aime trop l'argent; défaut que j'attribue à sa situation, qui le lui rend nécessaire; car le territoire ne suffirait pas pour nourrir les habitans (2).

« Il arrive de là que les Genevois, épars dans l'Europe pour s'enrichir, imitent les grands airs des étrangers, et, après avoir pris les vices des pays où ils ont vécu (3), les rapportent chez eux en triom-

(1) ..... SES DÉFAUTS, au lieu de *son caractère*. (Première variante de l'autographe de J.-J. Rousseau, conservé à la bibliothèque du Palais-Bourbon, à Paris.)

(2) ..... SES *habitans*. (Var. de l'autographe.)

(3) « Maintenant on ne leur donne plus la peine de les « aller chercher: on les leur porte. » (Cette note de Rousseau n'existe point dans son manuscrit.)

phe avec leurs trésors. Ainsi le luxe des autres peuples leur fait mépriser leur antique simplicité : la
fière liberté leur paraît ignoble ; ils se forgent des
fers d'argent, non comme une chaîne, mais comme
un ornement.

« . . . . Des longueurs toujours excédantes,
des argumens, des exordes, un peu d'apprêt, quelquefois des phrases, rarement de la légèreté, jamais
de cette simplicité naïve qui dit le sentiment avant
la pensée (1), et fait si bien valoir ce qu'elle dit (2). Au
lieu que le Français écrit comme il parle (3), ceux-ci
(les Genevois) parlent comme ils écrivent ; ils dis-
sertent au lieu de causer ; on les croirait toujours
prêts à soutenir thèse. Ils distinguent, ils divisent,
ils traitent la conversation (4) par points ; ils mettent
dans leurs propos la même méthode que dans leurs
livres ; ils sont auteurs, et toujours auteurs. Ils semblent lire en parlant ; tant ils observent bien les éty-
mologies, tant ils font sonner toutes les lettres avec

(1) . . . . . QUI SURPREND AVEC TANT DE CHARME, au lieu
de : *qui dit le sentiment avant la pensée.* (Var. de l'autographe.)

(2) . . . . . TOUT *ce qu'elle dit.* (Var. de l'autographe.)

(3) ET PORTE DANS LE CABINET LA FRIVOLITÉ DES CERCLES,
ceux-ci, etc. (Addition de l'autographe.)

(4) . . . . . LES CONVERSATIONS. . . . . (Var. de l'autographe.)

soin! Ils articulent le *marc* du raisin comme (1) *Marc* nom d'homme; ils disent (2) exactement du *taba-k* et non pas du *taba*, un *pare-sol* et non pas un *para-sol*, *avan-t-hier* et non pas *avan-hier* (3), *secrétaire* et non pas *segrétaire*, un *lac-d'amour* où l'on se noie, et non pas où l'on s'étrangle (4); partout les *s* finales, partout les *r* des infinitifs; enfin leur parler est toujours soutenu (5), leurs discours sont des harangues (6), et ils jasent comme s'ils prêchaient (7).

(1) ..... DE MÊME QUE, au lieu de *comme*..... (Var. de l'autographe.)

(2) ILS DIRONT. (Var. de l'autographe.)

(3) Ceci (*avan-t-hier et non pas avan-hier*) n'existe point dans le manuscrit de Rousseau.

(4) *Un lac-d'amour* OÙ L'ON NE S'ÉTRANGLE PAS, MAIS OÙ L'ON SE NOIE. (Var. de l'autographe.)

(5) Ce membre de phrase (*leur parler est toujours soutenu*) n'existe point dans le manuscrit de Rousseau.

(6) *Enfin* LEURS ENTRETIENS SONT TISSUS DE COURTES HARANGUES. (Var. de l'autographe.)

(7) Ce son ridicule des consonnes finales, que Jean-Jacques reproche aux Genevois, existe encore de nos jours dans certains pays de la France méridionale. J'ai entendu des Languedociens, en bien petit nombre il est vrai, prononcer les mots de *moins, partout, instant, divers, argumens*, etc., de cette manière: *moinsse, partoutte, instante, diverse, argumensse*, sans que les mêmes mots fussent suivis d'aucune voyelle.

« Ce qu'il y a de singulier, c'est qu'avec ce ton dogmatique et froid ils sont vifs (1), impétueux, et ont les passions très-ardentes (2). Ils diraient même assez bien les choses de sentiment s'ils ne disaient pas tout, ou s'ils ne parlaient qu'à des oreilles ; mais leurs points, leurs virgules sont tellement insupportables, ils peignent si posément des émotions si vives, que quand ils ont achevé leur dire on chercherait volontiers autour d'eux (3) où est l'homme qui sent ce qu'ils ont décrit.

« Je reviens à ce goût de lecture qui porte les Genevois à penser. Il s'étend à tous les états, et se fait sentir dans tous avec avantage. Le Français lit beaucoup ; mais il ne lit que les livres nouveaux, ou plutôt il les parcourt, moins pour les lire que pour dire qu'il les a lus. Le Genevois ne lit que les bons livres (4) ; il les lit, il les digère : il ne les juge pas,

---

(1) ..... *vifs*, ARDENS..... (Addition de l'autographe.)

(2) TRÈS-EMPORTÉES. (Var. de l'autographe.)

(3) DERRIÈRE *eux*. (Var. de l'autographe.)

(4) Jean-Jacques généralise trop, infiniment trop ce qu'il vient de dire à l'égard des Français, ou plutôt il suppose à la masse entière des individus ce qui ne devrait s'appliquer qu'à une certaine classe de gens, à ces esprits superficiels qui, pour étaler dans un cercle leur prétendu savoir, se hâtent de dévorer des yeux, et non d'étudier

mais (1) il les sait. Le jugement et le choix se font à Paris; les livres choisis sont presque les seuls qui vont à Genève (2) : cela fait que la lecture y est moins mêlée et s'y fait (3) avec plus de profit. Les femmes dans leur retraite (4) lisent de leur côté; et leur ton s'en ressent aussi, mais d'une autre manière. Les belles madames (5) y sont petites-maîtresses et

avec fruit, la plupart des ouvrages nouveaux, afin de pouvoir dire qu'ils les connaissent, et qu'ils les ont lus.

On ne saurait ensuite partager l'opinion de Rousseau sur cet empressement des Genevois *à ne lire que les bons livres.* J'ignore ce qui se passait à Genève du temps du philosophe ; mais s'il faut rapporter ce qui existe maintenant dans cette ville, je puis avancer, comme témoin, que les bons livres ne sont pas les seuls dont les Genevois se plaisent à charmer leurs loisirs.

(1) Cette conjonction (*mais*) n'est pas dans l'autographe.

(2) La note qui précède me dispense de réfuter cette assertion de Rousseau.

(3) *Et* se *fait.....* (Var. de l'autographe.)

(4) « On se souviendra que cette lettre est de vieille « date, et je crains bien que cela ne soit trop facile à voir. » (Cette note de Rousseau n'existe point dans son manuscrit.)

(5) Il faudrait *les belles dames;* car, aux yeux des grammairiens rigides, le nom de *madame* ne peut être employé substantivement, du moins dans le sens que lui donne Rousseau. Jean-Jacques, malgré l'éloquence de son style, se permettait souvent des incorrections de ce genre, et passait avec trop de facilité sur les fautes de langue.

beaux-esprits tout comme chez nous. Les petites citadines elles-mêmes prennent dans les livres un babil plus arrangé, et certain choix d'expressions qu'on est étonné d'entendre sortir de leur bouche, comme quelquefois de celle des enfans. Il faut tout le bon sens des hommes, toute la gaieté des femmes, et tout l'esprit qui leur est commun, pour qu'on ne trouve pas les premiers un peu pédans, et les autres un peu précieuses.

« Avec ce style (1) un peu guindé, les Genevoises ne laissent pas d'être vives et piquantes, et l'on voit autant de grandes passions ici qu'en (2) ville du monde. Dans la simplicité de leur parure elles ont de la grâce et du goût; elles en ont dans leur entretien, dans leurs manières. Comme les hommes sont moins galans que tendres, les femmes sont moins coquettes que sensibles; et cette sensibilité donne même aux plus honnêtes un tour d'esprit agréable et fin qui va au cœur, et qui en tire toute

(1) *Avec ce* LANGAGE. (Var. de l'autographe.)

(2) L'adjectif *aucune* est sans doute oublié. J'ai consulté, pour les citations de mon ouvrage, les meilleures éditions des Œuvres de Rousseau, publiées soit à Paris, soit à Genève, et cette lacune que je signale y existe tout aussi bien que dans le manuscrit de l'auteur.

sa finesse. Tant que les Genevoises seront Genevoises (1), elles seront les plus aimables femmes de
l'Europe ; mais bientôt elles voudront être Françaises (2), et alors les Françaises vaudront mieux
qu'elles (3).

« Je ne crois pas qu'il y ait nulle part au monde
des époux plus unis et de meilleurs ménages que
dans cette ville (à Genève). La vie domestique y
est agréable et douce; on y voit des maris complaisans, et presque d'autres Julies (4). . . . . . .

(1) . . . . . RESTERONT CE QU'ELLES SONT, au lieu de : *seront
Genevoises.* (Var. de l'autographe.)

(2) *Mais* QUELQUE JOUR ELLES SE FRANCISERONT. (Var. de
l'autographe.)

(3) CAR IL FAUT S'EXERCER LONG-TEMPS AU MÉPRIS DES
BONNES MŒURS POUR SAVOIR LES TOURNER AVEC GRACE ET
RIDICULE. (Cette addition de l'autographe n'existe point dans
le texte imprimé.)

Nos Françaises n'ont pas besoin d'être défendues : leur
politesse, leur douceur, leur amabilité ont toujours fait
le charme et l'admiration des étrangers. Mais puisque Rousseau, en les opposant aux femmes de Genève, semble dire
à ces dernières que leurs mœurs tomberont en décadence
si elles cherchent à imiter les Françaises, il est bien permis,
je pense, de relever un peu cette sorte d'injure adressée
à nos belles compatriotes.

(4) Si, d'après Rousseau, on voit à Genève quelques
Julies formées sur le modèle de la Nouvelle Héloïse, il

« . . . . Ici, comme chez nous, tout est mêlé de bien et de mal, mais à différentes mesures. Le Genevois tire ses vertus de lui-même; ses vices lui viennent d'ailleurs. Non seulement il voyage beaucoup, mais il adopte aisément les mœurs et les manières des autres peuples (1); il parle avec facilité toutes les langues; il prend sans peine leurs divers accens, quoiqu'il ait lui-même un accent traînant très-sensible, surtout (2) dans les femmes, qui voyagent moins. Plus humble de sa petitesse que fier de sa liberté, il se fait chez les nations étrangères (3) une honte de sa patrie; il se hâte pour ainsi dire de se naturaliser dans le pays où il vit, comme pour faire oublier le sien : peut-être la réputation qu'il a d'être âpre au gain contribue-t-elle à cette coupable honte. Il vaudrait mieux sans doute effacer par son désintéressement l'opprobre du nom genevois, que de l'a-

faut convenir que cela ne nous donne pas une bien haute idée de la vertu des femmes de cette ville. Mais nous devons croire que le philosophe en impose, et que la conduite des Genevoises est plus édifiante que celle de l'héroïne de son fameux roman.

(1) . . . . . DES PAYS OÙ IL VIT, et non *des autres peuples.* (Var. de l'autographe.)

(2) QU'ON REMARQUE *surtout.* . . . . (Var. de l'autographe.)

(3) . . . . . *chez les* AUTRES NATIONS . . . . . (Var. de l'autographe.)

vilir encore en craignant de le porter ; mais le Genevois le méprise même en le rendant estimable ; et il a plus de tort encore de ne pas honorer son pays de son propre mérite.

« Quelque avide qu'il puisse être, on ne le voit guère aller (1) à la fortune par des moyens serviles et bas ; il n'aime point s'attacher (2) aux grands et ramper dans les cours. L'esclavage personnel ne lui est pas moins odieux que l'esclavage civil. Flexible et liant comme Alcibiade, il supporte aussi peu la servitude ; et quand il se plie aux usages des autres, il les imite sans s'y assujettir. Le commerce étant de tous les moyens de s'enrichir le plus compatible avec la liberté, est aussi celui que les Genevois préfèrent. Ils sont presque tous marchands ou banquiers ; et ce grand objet de leurs désirs leur fait souvent (3) enfouir de rares talens que leur prodigua la nature..... Ils ont du génie et du courage ; ils sont vifs et pénétrans ; il n'y a rien d'honnête et de grand au-dessus de leur portée : mais plus passionnés d'argent (4) que

(1) *On ne le voit* POINT *aller*..... (Var. de l'autographe.)

(2) ON LE VOIT RAREMENT *s'attacher*..... (Var. de l'autographe.)

(3) Le mot *souvent* n'est point dans l'autographe.

(4) *Mais plus* AVIDES *d'argent*..... (Var. de l'autographe.)

de gloire, pour vivre dans l'abondance ils meurent dans l'obscurité, et laissent à leurs enfans pour tout exemple l'amour des trésors qu'ils leur ont acquis (1). »

On divisait autrefois en quatre classes, bien distinctes, les membres de la république de Genève ; ils étaient connus sous le nom d'*habitant,* de *bourgeois,* de *citoyen* ou de *natif.*

On nommait *habitans* les étrangers qui ayant obtenu des magistrats ou acheté du gouvernement la permission de demeurer à Genève, n'y jouissaient d'aucun privilége. Les cartes dites d'*habitation* étant à perpétuité, on ne les délivrait à un catholique qu'autant qu'il se faisait protestant. Bien plus! un catholique ne pouvait se marier dans Genève, ni même acheter une maison ou une propriété quelconque dans cette ville sans renoncer à la foi de ses ancêtres. On exigeait de lui le même sacrifice, s'il voulait obtenir le droit de maîtrise pour exercer une profession à Genève.

(1) *Julie, ou la Nouvelle Héloïse;* sixième partie, *lettre V* (Mme d'Orbe à Mme de Wolmar), page 62 à 75 du manuscrit de l'auteur, sixième et dernier volume. Cette lettre est probablement du petit nombre de celles que les hommes de goût ont su distinguer dans *la Nouvelle Héloïse.*

Les *bourgeois* étaient ceux qui avaient acquis le droit de bourgeoisie avec les prérogatives qui s'y trouvaient attachées. Ils avaient la faculté de se livrer à tous les genres de commerce, et ne pouvaient être expulsés que par un jugement. Ils prenaient part au gouvernement et à la législation; mais les premières fonctions de l'Etat étaient réservées aux citoyens. Le fils d'un bourgeois devenait bourgeois comme son père s'il naissait hors du territoire. Toutes les lettres de bourgeoisie qui furent accordées depuis la Réforme (depuis l'an 1535) imposaient l'obligation de *promettre et de jurer sur les saintes Ecritures de Dieu de vivre selon la sainte réformation évangélique.* Tout bourgeois qui aurait embrassé la religion catholique aurait perdu ses droits de cité.

Les *citoyens*, fils d'un citoyen ou d'un bourgeois, et nés dans la ville, pouvaient seuls parvenir aux premières charges de la magistrature. L'avantage d'être *citoyen* et né dans la ville était si important que les Genevoises absentes ne manquaient jamais de rentrer à Genève pour y faire leurs couches, afin de ne pas priver leurs enfans de divers priviléges.

Les *natifs* étaient ceux qui, issus d'un père *habitant* et nés à Genève, avaient quelques droits de

Plus que l'auteur de leurs jours ; mais ils n'étaient admis à aucune fonction de l'Etat. Beaucoup de professions leur étaient interdites, et ils n'avaient le droit de faire aucun commerce ; cependant c'était sur eux principalement que pesait le fardeau des impôts. En toute espèce de charge publique la personne et les propriétés du natif étaient taxées plus que celles du citoyen et du bourgeois.

On pourrait ajouter à cette classification étrange d'un peuple de républicains une cinquième classe composée d'habitans du territoire, qu'ils y fussent nés ou non : on les appelait *sujets* ou *étrangers*. Ces dénominations seules prouvent leur nullité sous tous les rapports, et semblent indiquer qu'on les regardait comme des voyageurs ou de simples étrangers, soumis néanmoins aux lois de l'Etat.

Mais depuis nombre d'années (1) toutes ces distinctions absurdes de citoyens, de bourgeois, de natifs, d'habitans et de sujets ont disparu devant les nouvelles lois, qui les ont anéanties. Le gouvernement ne reconnaît aujourd'hui que des citoyens de la république, tous enfans de la même famille,

(1) D'abord en 1792, et ensuite à l'époque de la restauration de la république, en 1814.

et ayant tous les mêmes priviléges ; il n'en sépare que les étrangers dont la résidence temporaire ou l'amour de la patrie ne leur permet point de demander des lettres de naturalisation (1).

(1) *La Constitution ne reconnaît ni patriciat, ni classes privilégiées : tous les Genevois sont égaux devant la loi.* (Constitution de la république de Genève, titre 1er, article 3.)

~~~~~~

CHAPITRE XXX.

Revue abrégée de l'histoire ancienne et moderne de Genève, d'après
les documens les plus authentiques, et accompagnée de notes justi-
ficatives. — Constitution actuelle de la république de Genève, avec
ses modifications et changemens depuis 1814 jusqu'à nos jours (1834):
Chambres de l'Etat, tribunaux, codes législatifs, etc.; honoraires des
magistrats et leur costume.

L'ORIGINE de Genève se perd dans la nuit des
temps. C'est en vain que plusieurs auteurs du moyen
âge ont essayé de la connaître ou de l'expliquer :
leurs recherches sont devenues infructueuses, ou
ne les ont conduits qu'à des fables ridicules et à
des conjectures absurdes. Comment ajouter foi, par
exemple, à ces vieilles chroniques qui parlent sérieusement d'un voyage d'Hercule dans le Pays-
de-Vaud, d'une colonie qu'il y laissa, d'établissemens considérables que Lemanus, fils de Pâris et
petit-fils de Priam, forma, après la ruine de Troie,
sur les bords du lac Léman, auquel il donna son

nom? Comment croire encore que ce même Lemanus, dont l'existence est un problême, est le véritable fondateur de la ville de Genève? Tous ces récits fabuleux, dont les vieilles chroniques sont ordinairement remplies, méritent à peine d'être cités.

Cependant si l'on consulte l'étymologie celtique du nom de Genève, l'origine de cette ville remonterait à la plus haute antiquité, et daterait, peut-être, de plus de six siècles avant la venue de Jésus-Christ (1). Mais rien n'est positif sur sa fondation ni sur son histoire jusqu'au temps où elle fut envahie par les Romains. Jules-César est le plus ancien historien qui ait parlé de cette ville; il en fait mention dans ses Commentaires, où on lit ce passage, entre autres, au premier livre de la Guerre des Gaules : « Genève est la dernière place des Allo-

(1) Voici comment on explique l'étymologie du nom de Genève, d'après le langage celtique :

GEN, GENE ou GENEV veut dire *bouche*, *porte*, *entrée* ou *sortie;* et AV, EV ou A (syncope du mot AV) désigne de l'*eau;* une *rivière :* par conséquent *sortie des eaux.* C'est en effet dans les bas quartiers de Genève que le Rhône s'est frayé un passage au sortir du lac.

Les Allemands donnent à cette ville le nom de *Genf,* et les Italiens celui de *Ginevra.*

« broges, et voisine des confins de l'Helvétie ; au-
« dessous de cette place il existe un pont, d'où
« l'on entre dans le pays des Helvétiens, etc. (1). ».

Ayant appris que ce peuple tentait une invasion
dans les Gaules, César accourut de l'Italie à Genève,
où il rassembla un grand nombre de troupes et fit
couper le pont sur lequel on traversait le Rhône
au sortir de la ville (2). Les Helvétiens, qui ne pré-
voyaient aucune résistance de la part des Romains,
envoyèrent des députés à César pour lui demander
le passage du fleuve. Le général répondit qu'il déli-
bérerait sur leur demande ; mais c'était pour gagner
du temps. Pendant qu'il les amusait de pourparlers,
il activa ses moyens de défense, et fit construire
une longue muraille qui, selon toute probabilité,
s'étendait depuis le lac Léman, en suivant le cours

---

(1) Tel est le sens de l'interprétation latine de MM. Achain-
tre et Lemaire (*paulò infra hoc oppidum pons est, qui tendit
ad Helvetiam : quo itur in Helvetiam*). Voici le texte de César :
*Extremum oppidum Allobrogum est, proximumque Helve-
tiorum finibus, Geneva ; ex eo oppido pons ad Helvetios pertinet.*
(*De Bello gallico*, lib. i, cap. vi.)

(2) ... (*Cæsar*) *ad Genevam pervenit. Provinciæ toti quàm
maximum* (*potest*) *militum numerum imperat ; erat omninò in
Gallià ulteriore legio una : pontem, qui erat ad Genevam, jubet
rescindi.* (*De Bello gallico*, lib. i, cap. vii.)

du Rhône, jusqu'à un défilé très-étroit que l'on nomme aujourd'hui le *Pas de l'Ecluse*. César annonce que ce retranchement se prolongeait depuis le lac jusqu'au Mont-Jura, c'est-à-dire dans une longueur de quatre à cinq lieues ; mais on a lieu de croire qu'il avait pris pour une continuation du Jura le mont Wache qui est situé sur la rive gauche du Rhône, à l'endroit où le fleuve s'est frayé un passage entre les rochers qui unissent ces deux montagnes. La muraille de seize pieds de haut et de dix-neuf mille pas que César dit avoir construite en peu de jours était, à ce que l'on pense, un rempart formé de la terre d'un fossé large et profond qu'il avait fait creuser sur cette ligne ; et la matière de cette terre aurait été liée avec des fascines, suivant la coutume du temps. Ces sortes de fortifications dont les anciens faisaient grand usage étaient désignées par eux sous les noms de *vallum* et de *maceria* (rempart ou muraille) (1).

(1) César parle ainsi de la longue muraille qu'il avait fait construire pour empêcher l'émigration des Helvétiens, qui voulaient entrer dans les Gaules en traversant le pays des Allobroges :

Intereà eâ legione quam secum (Cæsar) habebat, militibusque qui ex provinciâ convenerant, à lacu Lemano, quem (qui in) flumen Rhodanum influit, ad montem Juram, qui fines Sequanorum

Avant d'être soumise aux Romains, Genève ne faisait point partie de l'Helvétie, dont elle était séparée par le Rhône : elle appartenait aux Allobroges, qui avaient la ville de Vienne pour capitale, et dont le territoire comprenait tout le Dauphiné, Genève et une partie de la Savoie. Les Allobroges étaient une nation puissante et belliqueuse, qui fut subjuguée par les maîtres du monde, l'an 121 avant Jésus-Christ (1). Ils firent partie de la Gaule *ultérieure*, et furent gouvernés par des magistrats avides et intéressés. Les députés des Allobroges contribuèrent à la découverte de la conspiration de Catilina ; ils étaient venus à Rome pour se plaindre, dit-on, de leurs gouverneurs, et pour solliciter quelque soulagement dans les impôts qui écrasaient

---

ab Helvetiis dividit, millia passuum decem novem, murum in altitudinem pedum sexdecim, fossamque perducit. (De Bello gallico, lib. i, cap. VIII.)

« En même temps avec la légion qu'il avait, et les troupes de la province, il (César) fit tirer depuis le lac de « Genève, au travers duquel passe le Rhône, jusqu'au « Mont-Jura qui sépare la Franche-Comté de la Suisse, « un retranchement de dix-neuf mille pas avec un mur de « seize pieds de haut. » (Traduction de Wailly.)

(1) Les Allobroges se révoltèrent plus tard contre les Romains, et furent obligés de se soumettre de nouveau, l'an 54 avant Jésus-Christ.

leur pays : les chefs du complot, profitant de leur séjour dans la capitale de l'empire, voulurent les engager à secouer avec eux le joug des Romains. Mais les députés, après être restés long-temps irré-solus, prévinrent secrètement le patron de leur cité (1); ayant feint, d'après le conseil de Cicéron, d'entrer dans le complot de Catilina, ils furent instruits de tous les projets de ce traître, et dévoilèrent aux magistrats tout ce qui se tramait contre la république. Ainsi fut déjouée cette fameuse conspiration qui, sans les Allobroges, aidés du concours de Cicéron, aurait peut-être jeté la ville de Rome dans les plus grands malheurs (2).

On rapporte qu'un incendie affreux ayant détruit Genève de fond en comble sous le règne d'Héliogabale, l'empereur Aurélien la fit rebâtir, et voulut lui donner son nom en l'appelant *Aurelia* ou *Aureliana* (3). Mais l'opinion de ceux qui attribuent à ce prince la gloire d'avoir restauré Genève n'a été

(1) Q. Fabius Sanga.
(2) *Voyez* Salluste pour la conduite des Allobroges, à Rome, pendant le complot de Catilina. (*Conjuration de Catilina*, chap. 40 et suiv.)
(3) Genève reprit son ancien nom après la mort d'Aurélien, c'est-à-dire en 275.

accueillie que d'un petit nombre d'historiens. Il n'existe donc à ce sujet, comme à l'égard de la fondation de cette ville, que des doutes et de l'incertitude.

Genève demeura soumise aux Romains pendant plus de cinq siècles, et fut le centre d'une province considérable. On y adorait à la fois Jupiter, Apollon, Sylvain, Mars et Neptune, ainsi que le prouvent des inscriptions conservées sur les lieux (1). Apollon y était honoré non seulement comme le dieu du jour, mais encore comme le protecteur des sciences et des arts, et surtout comme le dieu de la médecine ; il avait un temple à l'endroit même où existe aujourd'hui la cathédrale de Saint-Pierre (2).

L'établissement du christianisme à Genève n'a pas une date plus certaine que l'origine de cette ville. Si l'on admet une ancienne tradition, saint Nazaire, disciple de l'apôtre saint Pierre, y serait venu annoncer la Foi et aurait converti plusieurs païens, entre autres un jeune homme appelé Celse (*Celsus*), le même qui reçut avec lui la couronne du martyre à Milan. Mais l'authenticité du fait n'est garan-

(1) *Voyez* ce que j'ai dit sur la *pierre de Niton* ou le rocher consacré à Neptune, page 87.

(2) Ceci néanmoins est un peu douteux. *Voyez* page 39.

tie par aucune preuve ; on croit plutôt que la religion chrétienne ne fut introduite à Genève que vers le milieu du quatrième siècle, par le zèle de deux évêques de Vienne, Denys et Paracodus, qui trouvèrent Genève entièrement livrée au culte du paganisme. La religion du Christ ayant été goûtée dans cette ville, elle y fit de rapides progrès ; et dès le cinquième siècle, ou à la fin du quatrième, il s'y établit un siége épiscopal, occupé par des suffragans de Vienne en Dauphiné.

Victime des invasions des peuples du Nord, qui se disputaient Genève après la retraite des Romains, l'antique cité des Allobroges fut souvent livrée aux ravages et aux désordres qu'entraîne la guerre. Les empereurs d'Allemagne en restèrent les maîtres. Honorius l'ayant cédée aux rois de Bourgogne, ceux-ci en firent une des capitales de leur royaume. Quelques - uns de ces princes fixèrent leur résidence ordinaire à Genève. « De là, dit un auteur protestant, ils étendaient leur empire bienveillant sur les provinces qui leur obéissaient, depuis la Reuss jusqu'aux bords du Rhône et de la Saône ; ils exigeaient peu d'impôts de leurs sujets, et les laissaient jouir d'une heureuse liberté. » Mais ces princes ne gardèrent pas long-temps Genève : les Francs, sous la conduite de leurs chefs guerriers, marchaient de victoire en victoire; ils s'emparèrent bientôt de tout le royaume de Bourgogne; et maîtres de Genève, en 536, ils y exercèrent le pouvoir souverain pendant trois siècles et demi, jusqu'au temps de la décadence des successeurs de Charlemagne. Ce monarque avait entrepris (1) le voyage d'Italie pour aller combattre Didier, roi des Lombards, qui, depuis le commencement de son règne, ne cessait de susciter des divisions dans la famille de l'empereur. En passant à Genève, Charlemagne y établit le quartier-général de son armée. Ce prince, né pour le bonheur de ses sujets et pour celui des peuples qu'il conquit, devint le législateur de cette ville : il y confirma tous les priviléges des habitans, et témoigna, par une conduite généreuse à leur égard, combien il désirait qu'ils fussent libres et heureux.

Genève fut dans la suite annexée, par héritage, à l'Empire germanique. Conrad II y vint prendre la couronne en 1033 (2); Héribert, archevêque de Milan, officia dans la cérémonie du sacre, en présence d'un grand nombre de seigneurs qui étaient venus pour offrir leurs hommages au nouveau souverain.

(1) En 773.
(2) Ou en 1034, comme roi des Bourguignons.

Les successeurs de Conrad, occupés d'affaires importantes dans leurs démêlés avec d'autres peuples, négligèrent d'avoir les yeux sur Genève, qui secoua insensiblement le joug, et devint une ville impériale ayant son prélat pour maître ou seigneur.

Les évêques eurent bientôt la plus grande partie de l'autorité; au commencement du onzième siècle, ils étaient souverains temporels de la république: ce qui subsista jusqu'à l'époque de la Réformation. Leur pouvoir était si étendu, qu'ils avaient le droit de faire battre monnaie et celui de faire grâce aux criminels; mais le régime de ces prélats était un gouvernement paternel, et leurs droits se trouvaient limités par ceux des citoyens, dont ils avaient juré de maintenir les priviléges. Un conseil-général, convoqué par quatre syndics ou procureurs, défendait les intérêts du peuple; c'est là que se réunissaient les chefs de famille pour délibérer sur les affaires de l'Etat (1). Ainsi le pouvoir était partagé entre l'évêque et les habitans de la ville. « Ne crai-

(1) Vers le milieu du quinzième siècle, les membres de ce conseil recevaient à chaque séance, pour traitement, *un sou et un verre de vin de Malvoisie.* La valeur intrinsèque du sou de cette époque était de soixante et quinze centimes, ou de un franc au plus, comparé à notre monnaie actuelle.

gnons pas de le dire, s'écrie à ce sujet un écrivain protestant, la prudence, la sagesse, le savoir, la fermeté, le courage de la plupart des évêques de Genève ont assuré aux Genevois cette précieuse liberté qui a fait envier leur sort de toutes les nations du monde. » — « .... Genève, ajoute le même écrivain, eut le bonheur d'avoir souvent des évêques qui se distinguèrent autant par leurs lumières que par leur patriotisme ; et quoiqu'ils lui aient tous été étrangers par leur naissance, on peut dire avec justice que le plus grand nombre y prit un cœur citoyen. Je ne parlerai point ici de quelques-uns de ces respectables prélats, qui mériteront toujours notre vénération et notre reconnaissance, etc..... » Enfin le même protestant dit encore, au sujet des évêques de Genève : « Il y a bien peu de villes qui doivent autant au zèle, au patriotisme et au savoir de leurs prélats. Cet éloge ne sera pas suspect ; l'amour que j'ai pour la vérité me le fait donner avec plaisir, et l'amour que j'ai pour ma patrie m'engage à témoigner ma reconnaissance à tous ceux qui lui firent du bien (1). » Honneur à l'écrivain conscien-

(1) *Histoire littéraire de Genève*, par J. Senebier, 3 vol. in-8° (tom. 1er, pag. 26, 27 et 100).

M. Senebier a droit sans doute aux éloges des catholi-

cieux qui, malgré les préjugés de sa secte, rend un hommage aussi impartial aux lumières et à la conduite de ces prélats dont le zèle contribua si fort au bonheur et à la civilisation de Genève, et que des catholiques renégats, par lâcheté ou par ignorance, ont osé flétrir dans leurs ouvrages en haine de la religion et de ses ministres!

M. J. Picot donne l'esquisse suivante de l'histoire de Genève, depuis la décadence des successeurs de Charlemagne :

« Genève, dit cet écrivain, fit successivement par-
« tie du royaume d'Arles et du second royaume de
« Bourgogne ; plus tard elle fut ensanglantée par
« les longues querelles de ses comtes et de ses évê-
« ques, qui se disputèrent la suprématie dans ses
« murs. Dans le treizième siècle, les comtes de Sa-
« voie acquirent de grandes possessions aux envi-
« rons de Genève, et devinrent redoutables pour
« les deux antagonistes dont nous venons de parler:

ques pour l'esprit de vérité qui lui a dicté les passages que je viens de citer; mais pourquoi faut-il que nous ayons à lui reprocher de s'être livré ailleurs à d'injustes déclamations contre les prêtres de l'Eglise romaine? A-t-il voulu par-là se ménager l'estime des hommes de sa secte? S'il en est ainsi, c'est un tort et un tort bien grave, puisque l'historien véridique ne doit se rendre l'esclave d'aucun préjugé.

« delà naquirent de nouvelles luttes dont les Gene-

« cours, et pour acquérir des priviléges qui furent
« ensuite le fondement de leur indépendance. L'é-
« vêque Adhémar Fabri confirma en 1387 ces pri-
« viléges, et en forma un recueil qui devint une es-
« pèce de code que les Genevois étudièrent avec
« soin (1).

(1) Le code de ces *Libertés et franchises*, dont parle M. Picot, fut publié le 23 mai 1387; il est rédigé en termes latins extrêmement barbares. Voici quelques échantillons de
la manière dont on écrivait cette langue à Genève durant le
cours du quinzième siècle (ces exemples sont tirés des registres du Conseil de la ville):

Neque deguisatus, nec gerat visagerias nec falsos nasos (qu'on
n'aille pas déguisé, et qu'on ne porte pas des visagères (des
masques) ni de faux nez).

Barras ferri portis cum loqueto in qualibet una (des barres
de fer aux portes avec un loquet à chacune).

Unum bonum personagium, pour dire un honnête homme.
— *Guerra* : la guerre. — *Boutiquæ* : les boutiques. — *Confi-
turæ* : les confitures. — *Bastardus Burgundiæ* : le Bâtard de
Bourgogne. — *Barreriæ* : des barrières. — *In hostagium* : en
ôtage. — *Guichetum* : le guichet. — *Vacha* : une vache. —
Fuetum : le fouet. — *Menagium* : le ménage, etc., etc.

En vérité, on serait tenté de croire que Molière était venu
consulter les anciens registres de Genève pour y emprunter le latin *de cuisine* qu'il fait parler à ses acteurs dans plusieurs de ses comédies.

« Le comté du Genevois fut réuni en 1401 à celui
« de Savoie, et dès-lors les comtes de Savoie acqui-
« rent dans Genève, une autorité qui fut plus d'une
« fois sur le point de l'emporter sur les droits de
« l'évêque et des citoyens. Pendant le quinzième
« siècle, et pendant la première partie du seizième,
« ils disposèrent presque toujours du siége épisco-
« pal de Genève, où ils ne cessèrent de placer des
« princes de leur famille. Le duc de Savoie, Char-
« les III, fit surtout de grands efforts pour soumettre
« Genève à sa domination ; mais les Genevois trou-
« vèrent des secours dans les cantons de Fribourg
« et de Berne, qui contractèrent avec eux des al-
« liances, et dans l'amour ardent de la liberté qui
« les animait. Enfin la réformation acheva ce que
« le patriotisme avait commencé ; elle fut admise
« en 1535 par tous les ordres de citoyens, et la ré-
« publique fut proclamée. »

Guillaume Farel, Antoine Saunier et Froment,
les précurseurs de Calvin à Genève, eurent la triste
gloire de préparer les esprits à la réforme dans
cette ville. Froment, né, comme les deux autres,
dans le Dauphiné, était à peine âgé de vingt-trois
ans. Ces hommes aussi hardis que fougueux, ani-
més surtout d'une violente haine contre le catholi-

cisme, prêchaient sur la voie publique en tonnant contre le pape, les indulgences, contre les cérémonies romaines, en comparant aux faux prophètes et à l'antechrist les ministres de la vraie religion, en déplorant des abus imaginaires introduits, suivant eux, par les prêtres, en se plaignant encore du déréglement de leurs mœurs, etc., etc. Cette habile tactique ne fut pas vaine : ils réussirent en peu de mois à se faire un grand nombre de prosélytes dans Genève. Chassés d'abord par les magistrats, ils n'en devinrent que plus ardens à propager leurs erreurs, et, à force d'intrigues et de ruses, ils se firent rappeler dans cette ville, où ils achevèrent dignement l'œuvre qu'ils avaient si bien commencée (1).

(1) Froment, pour mieux cacher ses projets de doctrine, s'était annoncé à Genève comme maître d'école. Il s'établit dans une grande salle près du Molard, et fit exposer en plusieurs lieux de la ville des écriteaux où il promettait d'enseigner à lire et à écrire dans l'espace d'un seul mois. Voici l'annonce de Froment :

« Il est venu un homme en cette ville qui veut enseigner
« à lire et écrire en françois dans un mois à tous ceux et
« celles qui voudront venir, petits et grands, hommes et
« femmes, même à ceux qui ne furent jamais en eschole ; et,
« si dans ledit mois ne savent lire et écrire, ne demande
« rien de sa peine. Lequel trouveront en la grande salle de
« Boitet, près du Molard, à l'enseigne de la *Croix d'or*, et
« s'y guérit beaucoup de maladies pour néant. »

L'introduction de la réforme occasionna de violentes secousses dans l'Etat. Tous les citoyens furent divisés les uns contre les autres. Dans ce moment terrible où la confusion devenait générale, le père menaçait d'égorger son fils, le fils s'armait contre son père, le frère voulait tremper ses mains dans le sang de son frère, en un mot, toutes les lois de la nature étaient violées, et la ville entière présentait le tableau d'une complète anarchie. Telle fut la déplorable situation des Genevois quand la réforme, ayant fait chez eux de rapides progrès, eut enfanté au sein même de leur ville deux partis bien prononcés, et qui offraient de s'en remettre aux chances d'une bataille. Sans compter de nombreux exils, des emprisonnemens arbitraires, il y eut bien du sang répandu (1). Enfin les novateurs gagnèrent, et la réforme l'emporta. Les Fribourgeois firent de vains efforts pour maintenir le catholicisme : on se joua de leur fidélité au Saint-Siége, et le crédit de Berne influença tous les esprits. Dès-lors fut rompue la grande et salutaire

(1) Le chanoine Verly fut tué dans un attroupement sur la place du Molard ; mais son meurtrier, à la sollicitation des Fribourgeois, fut traduit en jugement et subit la peine capitale.

alliance qui, depuis nombre d'années, cimentait les rapports de Fribourg et de Genève, et qui avait été si favorable à cette dernière ville. En rompant eux-mêmes ce sceau, les Genevois perdirent leurs plus anciens et plus solides appuis.

Le Conseil des Deux-Cents, dont la plupart des membres avaient embrassé la réforme, abolit solennellement la messe comme une *superstition du papisme,* et comme *contraire à la parole de Dieu* (1). On défendit, sous des peines rigoureuses, de faire ni chez soi, ni ailleurs, *aucun acte d'idolâtrie papistique.* Ainsi s'exprimait une assemblée de magistrats qui, foulant aux pieds leurs devoirs de chrétien et le sentiment des convenances, s'arrogéaient avec orgueil une suprématie à laquelle le souverain pontife et les conciles généraux ne prétendirent jamais.

Le peuple rivalisa de zèle avec ses magistrats. Les temples furent profanés, les images détruites, les statues mutilées ou renversées. On mit en poussière les reliques des saints, et l'on s'empara des vases sacrés ainsi que des trésors de toutes les églises. Un historien raconte que, parmi les tableaux

_____

(1) Du 10 au 13 août 1535.

brisés, il s'en trouvait un magnifique qui avait coûté plus de cent ducats d'or. La statue de Charlemagne, ou de Conrad le Salique, qui décorait le frontispice du grand temple, ne fut même pas à l'abri de la hache des *réformés*. En un mot la fureur de ces nouveaux iconoclastes se porta aux derniers excès, et le culte catholique fut totalement aboli dans Genève.

L'évêque, Pierre de la Baume, avait été forcé de quitter la ville. Son palais fut converti en prison. Ce prélat craintif et irrésolu aurait pu, avec de l'énergie, s'opposer aux progrès du mal, ou du moins empêcher qu'il ne jetât de profondes racines. Le pape lui fit, dit-on, la plus sévère réprimande sur sa conduite dans les troubles de Genève, et lui reprocha d'avoir lâchement abandonné son troupeau (1).

Le clergé presque en masse resta fidèle à l'ancienne religion, et son exemple fut suivi par le plus grand nombre de prêtres ou de moines qui habi-

(1) Clément VII se trouvait alors à Marseille pour célébrer le mariage de sa nièce, Catherine de Médicis, avec Henri, fils de François Ier, roi de France. L'évêque de Genève s'y était rendu, et avait été admis à l'audience du pape.

Pierre de la Baume fut mieux traité par le successeur de Clément VII, Paul III, qui le nomma cardinal et ensuite archevêque de Besançon. Il mourut en 1544.

taient les couvens (1). Les chanoines de la cathédrale se retirèrent à Annecy, où l'on transféra le
siége de l'évêché. Tous abandonnèrent une ville
devenue la proie des réformateurs, et où des prêtres
dévoués avaient inutilement tenté d'y célébrer en
secret les divins mystères. On prononça contre eux
une sentence de bannissement perpétuel. Beaucoup
de familles catholiques, atteintes par le même décret, et privées du libre exercice de leur culte, se
réfugièrent dans l'étranger : la plupart de ces familles étaient originaires de la Savoie et de la Bourgogne. La ville fut dépeuplée par les émigrations ;
en sorte, dit Bonnivard, que l'on trouvait à peine
des gens qui voulussent occuper les maisons vides
sans autres frais que d'y apporter des meubles (2).

Au milieu du désordre général, les religieuses de
Sainte-Claire signalèrent leur constance dans la
vraie foi par un dévouement héroïque et une fermeté inébranlable. Vainement on chercha à les faire

(1) Quelques religieux du couvent de Rive, entre autres
Jacques Bernard, frère d'un prêtre apostat, se laissèrent
gagner par les réformateurs.

(2) Bonnivard, le même dont j'ai parlé ailleurs (pag. 49,
356 et 357), est l'auteur d'une Histoire de Genève, ma-
nuscrite, conservée dans la bibliothèque de cette ville.

entrer dans le monde par de séduisantes propositions, par de brillantes perspectives; vainement le
ministre Farel, qui avait eu l'audace de forcer les
portes du couvent, essaya de rabaisser à leurs yeux
le mérite de la vie religieuse en leur débitant de
fausses maximes contre la sainteté de leurs vœux, et
en osant dire qu'en se séparant de la société des
hommes elles encouraient l'inimitié de Dieu, toutes, à l'exception d'une seule, toutes repoussèrent
les avis perfides de l'apostat chargé de leur faire
abandonner le voile. Vaincu par tant de fermeté,
le gouvernement leur accorda pour unique grâce la
permission de quitter la ville. Elles partirent pour
Annecy (1). Il y en avait qui depuis trente ans
n'étaient point sorties du monastère. Aussi leur fal-
lut-il près d'une journée entière pour se rendre à
Saint-Julien, qui n'est qu'à une lieue de Genève.
Ces bonnes filles étaient tout étonnées de se voir
en pleine campagne. Quelques-unes d'elles apercevant des vaches et des moutons, les prirent pour
des lions ou des ours, ce qui leur causait une
frayeur extrême (2). Enfin elles arrivèrent saines et

(1) Le 29 ou le 30 août 1535.
(2) *Voyez* Spon, tome 1er, page 260 (édition in-4°).

sauves dans un pays protecteur, où elles se remirent en communauté (1).

Chose bizarre! Tandis que l'on chassait de Genève les familles les plus respectables, tandis que l'on vouait à l'exil toute personne qui refusait d'abjurer la foi de ses pères, les ministres travaillaient avec zèle à la réformation des mœurs dans toutes les classes de citoyens. Une coiffeuse fut mise en prison pour avoir paré une nouvelle épouse avec trop de recherche ; un joueur de profession fut mis au carcan avec des cartes à jouer pendues à son cou ; un adultère fut condamné au bannissement, et promené par le bourreau dans toute la ville avec la femme qui entretenait avec lui un commerce illégitime ; un magistrat, convaincu du même crime, fut destitué de ses fonctions et mis au cachot pendant trois jours, après avoir fait amende honorable devant le Grand-Conseil et réparé publiquement sa faute (2).

(1) Un manuscrit du dix-septième siècle nous apprend que l'une des religieuses de Sainte-Claire mourut, en 1646, à l'âge de *cent quarante ans,* après avoir vécu au monastère pendant plus d'un siècle.

(2) Jean Ami Curtet : tel est le nom de cet ancien magistrat, qui, malgré ses turpitudes, fut appelé sept fois,

Tout blasphémateur du saint nom de Dieu, ou de la personne du Christ, était condamné à baiser la terre et à une heure d'exposition au poteau sur une place publique. L'ivresse était punie par une amende, et l'on agissait ainsi contre tout homme qui en invitait un autre à aller au cabaret. Un secrétaire de la justice, nommé Roux ou Raoul Monnet, qui s'était vanté d'avoir entretenu des liaisons secrètes avec les premières dames de la ville, et chez qui l'on trouva une suite de tableaux obscènes dans le genre de ceux de l'Arétin, fut condamné à mort et eut la tête tranchée. Son infâme recueil, qu'il nommait par impiété son *Nouveau-Testament,* fut brûlé publiquement par la main du bourreau.

M. Picot termine de la sorte son esquisse de l'histoire de Genève :

« Pendant près de quatre-vingts ans encore (dit-il), « Genève lutta péniblement pour sa liberté; mais « elle ne calcula aucun sacrifice pour la conserva- « tion de ce bien précieux, qu'elle avait acquis au « prix du sang de ses citoyens : elle contracta en « 1584 une alliance avec les cantons de Zurich et

dans la suite, à remplir le poste de premier syndic, le plus élevé de la république de Genève.

« de Berne, et plus tard elle fit des traités avec Hen-
« ri III et Henri IV, rois de France. Elle termina
« en 1603 ses longues guerres avec le duc de Sa-
« voie ; et ensuite, pendant près de deux siècles,
« elle jouit d'une paix extérieure qui facilita dans
« ses murs les progrès de la civilisation, des arts,
« des sciences et du commerce. Elle parvint à un
« haut degré de prospérité, mais elle troubla son
« bonheur par des dissensions intestines : en 1792,
« son gouvernement légitime fut renversé par une
« faction populaire, qui était enhardie par la pro-
« tection des jacobins français »

L'explosion politique qui avait eu lieu en France
devait naturellement se faire sentir à Genève ; aussi
la terreur s'y montra en 1794, et vint dresser ses
échafauds dans cette capitale d'une petite république. « La cérémonie de la première fédération de
« Paris, dit un autre historien de nos jours, fit du
« bruit à Genève ; la basse classe des habitans s'eni-
« vra dans les communes françaises du voisinage,
« et revint le soir, avec la cocarde tricolore, chan-
« tant des chansons nationales et proférant des me-
« naces. Les citoyens réprimèrent cette disposition
« de la populace ; mais l'anniversaire suivant amena
« une autre explosion d'égalité, et chaque mouve-

« ment révolutionnaire en France ne manqua pas
« de se propager à Genève, jusqu'à ce qu'enfin le
« *résident de France,* nommé Soulavie, envoyé par
« le *comité de salut public*, établit la terreur en 1794.
« Il y eut sept cents condamnations à mort, empor-
« tant confiscation de biens ; mais la plus grande
« partie des condamnés *rachetèrent* leur vie, et une
« contribution de quarante pour cent fut levée arbi-
« trairement sur les propriétés de ceux-mêmes qui
« n'étaient point accusés. Là, comme en France,
« on permit à une poignée d'assassins de décimer,
« à leur gré, les têtes et les fortunes de tout un peuple
« de victimes, entre lesquelles le plus petit accord
« aurait suffi pour anéantir les coupables. »

Le même historien fait ensuite le récit d'une de
ces scènes d'horreur et de carnage qui ont ensan-
glanté Genève à l'époque de notre première révolution : il annonce qu'il en tient les détails de témoins
oculaires ; mais je me dispense de mettre sous les
yeux du lecteur ce tableau de l'un des actes les plus
odieux du terrorisme.

Enfin, après bien des secousses politiques, Genève fut incorporée à la France en 1798, et devint
le chef-lieu du département du Léman. Quinze ans
plus tard, elle recouvra son ancienne indépen-

dance, et forma, en 1815, le vingt-deuxième canton de la république helvétique. Le congrès de
Vienne et les derniers traités lui ont assuré un agrandissement de territoire, ainsi qu'une libre communication avec le reste de la Suisse. Vingt paroisses
catholiques, détachées de la France et de la Savoie,
ont été réunies au canton de Genève; mais il fut
stipulé dans le protocole de Vienne, et dans le
traité de Turin, que la religion catholique serait
maintenue et protégée dans ces paroisses « de la
« même manière qu'elle l'était par S. M. le roi de
« Sardaigne, et que les lois et usages en vigueur au 29
« mars 1815 y seraient respectés, sauf qu'il en fût
« réglé autrement par l'autorité du Saint-Siége (1). »

D'après la nouvelle Constitution de Genève, le
pouvoir suprême de cette république réside dans
deux sortes de magistrature, le Conseil représentatif et le Conseil d'Etat (2).

(1) Protocole du congrès de Vienne du 29 mars 1815, et
traité de Turin du 16 mars 1816. (*Voyez* la note (M) à la
fin du volume.)

(2) La Constitution de la république de Genève, promul-
guée en 1814, et acceptée par la nation le 24 août de la
même année, a subi depuis lors des modifications importantes; mais tous les changemens survenus jusqu'à ce jour
(mai 1834) sont compris dans l'aperçu qu'on va lire.

Le Conseil représentatif ou Grand-Conseil se compose, outre les vingt-cinq membres du Conseil d'Etat, de deux cent cinquante députés élus par les citoyens, et présidés par le premier syndic de la république. Chaque année on le renouvelle de trente membres. (Les députés sortans ne peuvent être réélus qu'une année après.) Pour devenir éligible, il faut être âgé de trente ans si l'on est célibataire, ou de vingt-sept si l'on est marié ; mais il faut avoir trente-cinq ans accomplis pour être conseiller d'Etat.

Le collége électoral est formé de tous les citoyens âgés de vingt-cinq ans au moins, et payant quinze florins ou sept francs de France de contributions directes (1), mais qui ne doivent être *ni faillis, ni domestiques, ni interdits, ni assistés, ni flétris par un jugement infamant ou emportant privation du droit d'être électeur* (2).

Les éligibles qui ont réuni la majorité absolue des votans, pourvu qu'elle soit égale ou supérieure au quart des électeurs inscrits au tableau, sont procla-

(1) Le cens électoral était plus élevé il y a quelques années : il fallait payer 25 florins (11 fr. 50 c.) de contributions directes pour être électeur. C'est la loi du 18 avril 1832 qui a réduit le cens à 15 florins.

(2) Loi constitutionnelle du 28 juillet 1819.

més députés. Ceux qui viennent immédiatement
après, dans l'ordre des suffrages, sont présentés
comme candidats, en nombre double des places
restantes, au même collége, qui est chargé de compléter l'élection. Si, dans les diverses opérations du
collége électoral, il y a égalité de suffrages, la pré-
férence est accordée au plus âgé. Chaque électeur,
avant de déposer son vote, prête serment de fidélité à la république de Genève, et jure d'élire ceux
qu'il croit les plus dignes de la représentation nationale. Tous les électeurs sont obligés de voter
trente fois , c'est-à-dire de nommer chacun trente
personnes éligibles. Cette singulière disposition de
la loi est de rigueur (1).

C'est au Grand-Conseil qu'appartient la puissance
législative, avec le droit de la guerre et de la paix, les
alliances, la levée des impôts, l'élection des princi-

(1) Avant une loi de 1831 (du 21 janvier), l'élection des
députés appartenait encore à un collége électoral formé des
membres des deux Conseils de la république, des députés
sortis de la Chambre représentative par l'effet du renou-
vellement annuel, des pasteurs des deux cultes, réformé et
catholique, payant la contribution électorale, et des électeurs laïques âgés de soixante ans révolus. Ce second collége procédait définitivement à l'élection des derniers candidats.

paux magistrats et tous les autres pouvoirs souverains. Les séances ont été publiques, pour la première fois, le lundi 18 novembre 1833; mais, par
une clause dont il est difficile de se rendre compte,
l'entrée de la salle a été et demeure expressément
interdite aux femmes. Voici la prière que l'on fait à
l'ouverture de chaque séance :

« Dieu tout-puissant, protecteur de cette république, nous
implorons sur elle et sur nous ta bienveillance paternelle.
Bénis nos délibérations, écartes-en les passions dangereuses, fais servir nos travaux à l'avancement de ton règne comme au bien de cette patrie qui nous a confié ses
destinées. Seigneur, que sa félicité soit toujours notre but
et notre récompense! »

Il est honorable pour les magistrats de Genève
d'implorer l'assistance du Très-Haut avant de délibérer sur les graves affaires de leur patrie. Combien
de législateurs, dans telle monarchie, rougiraient
d'imiter cet acte religieux, ou se croiraient menacés de superstition s'il fallait publiquement demander à Dieu le secours de ses lumières chaque fois
qu'ils vont commencer leurs délibérations!

On termine la séance par cette courte prière :

« Au Roi des siècles, invisible, immortel, au Dieu seul
sage et tout-puissant, soient honneur, louange et gloire.
Amen. »

Le serment prêté par les membres du Conseil représentatif est également noble, grave, solennel. Il est lu à haute voix par le président de l'assemblée, tandis que tous les députés ensemble se tiennent debout, en levant la main, et prononcent à la fin de chaque article ces mots sacramentels : JE LE JURE! Ce serment, exigé par la nouvelle Constitution, est conçu en ces termes:

« Nous jurons devant Dieu,

« D'user en dépositaires fidèles des pouvoirs constitutionnels que nous tenons de nos concitoyens ; de consulter en tout, et avant tout, dans l'exercice de nos fonctions, leurs vrais intérêts selon les lumières de notre conscience.

« Nous jurons,

« De garder religieusement le secret dans tous les cas où il nous sera enjoint par une délibération du Corps représentatif (1).

« Nous jurons,

« De faire tous nos efforts pour procurer de plus en plus l'honneur et la prospérité de la république, pour maintenir son indépendance de même que la sûreté et la liberté de tous les individus qui la composent.

« Nous jurons,

« De maintenir la religion chrétienne et les bonnes mœurs, de donner l'exemple de l'obéissance aux lois, et

(1) Comme les séances sont devenues publiques, il est probable que cet article aura subi quelques modifications.

de remplir tous les devoirs que nous impose notre union au Corps helvétique.

« Que Dieu, témoin de ces promesses, nous punisse si nous y contrevenons ! »

Le Conseil d'Etat a le pouvoir exécutif et l'initiative des lois ; il est formé de vingt et un membres pris dans le Grand-Conseil, et présidé par l'un des quatre syndics, qui siégent tous dans les deux Chambres. L'élection des syndics, choisis parmi les membres du Conseil d'Etat, se fait chaque année dans le Conseil représentatif.

L'administration de la justice est confiée à divers tribunaux, dont je ferai connaître en particulier les attributions.

Les membres du tribunal de Commerce sont élus par une assemblée de négocians ; ils connaissent de toutes les affaires qui ont rapport au commerce.

Le tribunal civil et correctionnel, divisé en deux chambres, est chargé des affaires civiles et correctionnelles, ainsi que de celles de simple police. Il est composé d'un président, d'un vice-président, de six juges et de deux juges *assesseurs,* tous élus par le Conseil représentatif pour huit ans, excepté les assesseurs qui sont nommés pour quatre ans et rééligibles.

La police administrative et judiciaire est du res-

sort d'un lieutenant de police, tiré du Conseil d'E-
tat, et qui exerce cette charge durant le cours de
deux années. Il est assisté de quatre auditeurs, élus
pour trois ans, et qui remplissent les fonctions de
commissaires de police avec le pouvoir de conci-
liateurs en matière non contentieuse.

La Cour de justice civile et criminelle est un tribunal d'appel et criminel. Ses huit juges et les cinq
suppléans sont tous élus, pour huit ans, par le Conseil représentatif. Le président et le vice-président
se trouvent compris dans le nombre des huit juges.

¹ Le tribunal de Recours a les mêmes attributions
que celles de notre Cour de cassation ; il a de plus le
droit de commutation de peine et celui de faire grâce
aux condamnés à mort : priviléges réservés aux souverains dans les monarchies. Ce tribunal, présidé
par l'un des syndics, est composé de six conseillers
d'Etat, de huit membres des divers tribunaux, et
de vingt-quatre députés au Conseil représentatif.

Un procureur-général et deux substituts forment
ce que nous appelons en France le ministère public.

Le Code civil et le Code de commerce en usage à
Genève sont les Codes français tels qu'ils existaient
avant 1814, sauf plusieurs articles auxquels on a
dérogé, dans cette république, par des lois subsé-

quentes. Notre Code de procédure civile a été remplacé par un nouveau Code rédigé par des magistrats de Genève, et sanctionné par le Grand-Conseil
de cette ville. Le Code pénal est encore le même
que l'on suit en France, à l'exception de quelques
changemens introduits par la législature genevoise;
mais les juges sont investis d'un pouvoir discrétion-
naire fort étendu pour mitiger les peines que la loi
ordonne. Le jury a été supprimé en 1814. L'appareil
du supplice pour la peine capitale est le même que
celui de France.

L'administration militaire est confiée à un Conseil
militaire, présidé par le syndic de la garde. Ce conseil a la direction de la milice, de la garnison, des
fortifications et des arsenaux. Il n'agit que sous les
ordres du Conseil d'Etat. L'effectif actuel (juin
1834) de la garnison proprement dite, est de cent
vingt-six hommes d'artillerie et de quatre-vingt-huit
autres de gendarmerie, non compris les citoyens
qui font partie du contingent fédéral ou de la milice
sédentaire, et qui sont disponibles en cas d'événement. L'engagement des militaires soldés n'est que
de trois ans. Ainsi que chez nous, les officiers sont
libres de donner leur démission quand ils le veulent.

Les honoraires des magistrats de Genève sont

très-modiques. Croirait-on, par exemple, que les syndics, dont les fonctions sont les premières de la république, n'ont guère plus de 1900 fr. par année? que les présidens du tribunal civil et correctionnel et de la Cour de Justice n'ont que 1800 fr., un vice-président 1600 fr., les simples juges 1200 fr., les conseillers d'Etat 960 fr., le procureur-général 1800 fr., les substituts de ce magistrat 1200 fr., et enfin les *auditeurs,* ou commissaires de police, 600 fr.? C'est cependant l'exacte vérité; mais la plupart de ceux qui remplissent ces diverses fonctions ont de quoi vivre honorablement. Les membres des tribunaux de Commerce et de Recours, ainsi que les députés au Grand-Conseil, n'ont droit à aucune indemnité.

Les conseillers d'Etat, les présidens des tribunaux, le procureur-général et les auditeurs portent l'épée avec le chapeau à la française; leur costume est l'habit noir, couvert d'un manteau de soie également noir; mais les conseillers *non syndics* et les auditeurs ne revêtent point le manteau. Les autres fonctionnaires publics n'ont que l'habit noir pour toute distinction.

Les huissiers sont vêtus de manteaux aux couleurs nationales, c'est-à-dire moitié rouge, moitié jaune.

NOTES.

●

L'écrit le plus remarquable de J.-J. Rousseau contre les spectacles est sa *Lettre à d'Alembert sur le projet d'établir un théâtre public à Genève,* Amsterdam, Marc-Michel Rey, 1758, un volume petit in-8º de 264 pages.

Cette Lettre, si intéressante pour les mœurs en général et pour la patrie de Rousseau en particulier, est la peinture éloquente des effets dangereux de la scène sur l'esprit et le cœur des assistans, dans tous les genres de représentations, tragédies, opéra, ballets, ou pièces comiques. On y trouve, au milieu de quelques paradoxes (comme il en est de tous les écrits de l'auteur), les vérités les plus importantes et les plus utiles, les maximes les plus sages et les plus habilement développées : le courageux écrivain, sous l'influence d'une vive indignation contre les partisans du théâtre, y employa toute la vigueur de son style mâle et nerveux pour combattre, par une logique entraînante, tous les faux raisonnemens des apologistes de la scène. Comme l'article *Genève,* publié dans l'Encyclopédie, avait été écrit en grande partie sous la dictée de Voltaire, qui voulait favoriser l'établissement d'un théâtre dans le chef-lieu de la république, on pouvait prévoir la violente colère de ce philosophe contre celui qui avait *osé* le réfuter. Aussi l'auteur de la fameuse Lettre à d'Alembert fut-il indignement outragé, depuis lors, soit dans la prose, soit dans les vers de son redoutable émule; car c'est le même ouvrage qui fut la principale cause de cette haine que Voltaire avait vouée à Jean-Jacques, et des injures grossières dont il ne cessa de l'accabler toute la vie.

L'effet produit par la Lettre de Rousseau ne fut pas de longue durée, malgré la vive sensation qu'elle excita dans le monde philosophique. Huit ans n'étaient pas encore écoulés qu'on vit s'élever, à grands frais, dans la ville même de Genève un théâtre construit par l'ordre ou avec la permission du gouvernement. Mais la salle fut brûlée en février 1768, et, si l'on en croit une lettre de Jean-Jacques, écrite à d'Yvernois le 26 avril suivant, Voltaire profita de l'événement pour insinuer au public que cet incendie était l'ouvrage de la malveillance et le fruit des instigations de Rousseau; tandis que ce dernier, malgré son antipathie pour la scène, n'avait jamais cherché, dans ses écrits, à favoriser de coupables excès.

La *Lettre à d'Alembert*, écrite en trois semaines, au donjon de Mont-Louis à Montmorency, fut pour ainsi dire un tour de force de la part de Rousseau, à cause de son extrême difficulté dans l'art de la composition. Aussi l'appelait-il son livre favori, son Benjamin, son meilleur ouvrage. *Je l'ai produite sans effort, du premier jet, et dans les momens les plus lucides de ma vie*, disait-il un jour chez Dussaulx qui l'avait invité à sa table; *on a beau faire, on ne me ravira jamais à cet égard la gloire d'avoir fait une œuvre d'homme.*

NOTE (B), page 98.

Quùm *anno Domini* MDXXXV, *profligatá romani Antichristi tyrannide, abrogatisque ejus superstitionibus, sacrosancta Christi religio hìc in suam puritatem, Ecclesiá in meliorem ordinem singulari Dei beneficio repositâ , et repulsis fugatisque hostibus, urbs ipsa in suam libertatem, non sine insigni miraculo, restituta fuerit, senatus populusque genevensis monumentum hoc perpetuæ memoriæ causâ, fieri atque hoc loco erigi curavit, quò suam ergà Deum gratitudinem ad posteros testatam faceret.*

« En l'année 1535, la tyrannie de l'Antechrist romain ayant été abolie avec ses superstitions et la sainte religion du Christ ramenée à sa pureté primitive ; lorsque l'Eglise, par un bienfait particulier de Dieu, eut été réformée convenablement, et que, après avoir repoussé et mis en fuite les ennemis, la ville eut recouvré elle-même, non sans un grand miracle, sa liberté et son indépendance : le Conseil et le peuple de Genève, pour en perpétuer la mémoire, firent élever ce monument en ce lieu, voulant laisser à la postérité un témoignage de leur reconnaissance envers Dieu. »

NOTE (C), page 102.

CLOTILDE, quoique élevée au milieu d'une cour où l'on faisait profession de l'arianisme, demeura toujours fidèle à la religion catholique, qu'elle avait connue dès le berceau. Son esprit, ses vertus et sa rare beauté lui gagnaient tous les cœurs, et ce fut par l'empire de ces qualités réunies que, devenue l'épouse du roi des Francs, elle acquit un heureux ascendant sur ce prince qui, par ses conseils, abjura le culte des idoles pour embrasser le christianisme.

Clovis eut beaucoup de peine à obtenir la main de Clotilde, qui résidait alors chez son oncle Gondebaud, roi des Bourguignons, à Genève. Avant d'en faire la demande à ce dernier, il voulut connaître les intentions de la jeune princesse elle-même, et pour y parvenir il employa des moyens aussi sûrs que singuliers. Un illustre Gaulois, son confident, fut chargé de cette négociation difficile. Après avoir reçu des instructions particulières, le ministre Auré-lien, déguisé en mendiant, se rendit secrètement à Genève, où il se mêla parmi les pauvres qui attendaient l'aumône de Clotilde à la porte de l'église lorsque la messe venait de finir. Aurélien, s'approchant comme les autres, dit tout bas à la princesse : *J'ai une chose importante à vous communiquer.* Clotilde, un peu surprise, l'engage à venir au palais, où elle apprend, non sans une vive satisfaction, que le roi des Francs, sur le bruit de ses charmes et de ses vertus, s'estimerait heureux de l'avoir pour épouse. Elle n'hésite point à donner son consentement, et remet à Aurélien le gage de son union future avec un prince dont la renommée célébrait partout la valeur. Au reste elle brûlait d'envie de s'éloigner au plus tôt d'un oncle barbare dont la dépendance lui semblait un joug insupportable. Mais Gondebaud devint furieux à la nouvelle du consentement de sa nièce et protesta d'abord par un refus énergique ; car ayant fait mourir le père, la mère et les frères de cette jeune princesse, il tremblait avec raison de la marier à un bouillant capitaine qui pourrait, à la voix de son épouse, tirer vengeance de tous ces crimes et lui réclamer les droits que celle-ci avait sur la Bourgogne. Le meurtrier de Chilpéric ne céda donc qu'aux instances et aux menaces d'Aurélien, dont les paroles lui firent comprendre que son maître n'était pas homme à supporter un affront, et que s'il voulait vivre en paix dans son royaume il devait consentir promptement au mariage de sa nièce. Enfin, après beaucoup d'efforts, Aurélien eut l'autorisation d'emmener la princesse et reçut, pour sa dot, une somme d'argent considérable avec un magnifique trousseau.

A peine étaient-ils loin de Genève que Gondebaud se

repentit d'avoir donné sa nièce au roi des Francs. Aridius, qu'il avait envoyé en ambassade à Constantinople, arrivait de Marseille, où il était débarqué depuis peu de jours. Ce Romain, l'ennemi juré du peuple gaulois, le pressa aussitôt d'envoyer une troupe de cavaliers à leur poursuite. Mais il n'était plus temps : Clotilde, connaissant le caractère ombrageux et versatile de son oncle, et ne doutant point qu'il n'eût des regrets de l'avoir laissée partir, avait eu la précaution de monter à cheval, ainsi que son compagnon de route, afin de voyager moins lentement. Ils avaient donc abandonné leur char attelé de bœufs, et atteint la frontière, quand les hommes de Gondebaud le trouvèrent seul sur le chemin, avec les effets et une somme d'argent que les deux voyageurs n'avaient pu transporter sur leurs montures.

La négociation secrète du mariage de Clovis, confiée par ce prince à l'adroit Aurélien, est diversement racontée par plusieurs historiens, dont les plus graves ont admis le fait sans beaucoup de défiance. Bossuet dit pourtant que *cette ambassade, consignée dans un écrit du moine Roricon, a bien l'air d'une historiette.*

NOTE (D), page 110.

JÉRÔME BOLSEC raconte ainsi, dans son vieux langage, le miracle essayé par Calvin; les détails en sont curieux:

« Mais sur le point de son ambition, je ne puis (ni) ne dois laisser passer en silence la ruse et piperie de laquelle il usa, voulant ressusciter l'homme d'Ostun (d'Autun), appelé Le Brullé, pour se faire estimer saint homme et glorieux prophète de Dieu, opérateur de miracles. Le fait fut tel : cet homme duquel est mention était venu d'Ostun (d'Autun) à Genève pour la religion, et avait indigence

des biens temporels tant que lui et sa femme s'étaient re-
commandés à monsieur Calvin pour être participans de la
bourse des pauvres et de leurs aumônes : auxquels le dit
Calvin promit secours de biens temporels, et autres faveurs,
s'ils voulaient lui servir fidèlement et secrètement en ce
qu'il leur dirait. Ce qu'ils promirent ; et selon que icelui
Calvin les avait instruits, le pauvre Brullé contrefit le malade et se mit au lit.

« Il fut recommandé aux prêches qu'on priât pour lui et
qu'il fût secouru d'aumônes : tôt (aussitôt) après il contrefit le mort, de quoi Calvin secrètement averti, et comme
celui qui en était ignorant, s'en alla promener accompagné,
c'est à savoir selon sa coutume, d'une grande troupe de ses
dévots et amis plus intimes, sans lesquels il ne s'acheminait
guère hors de son logis. Entendant donc les cris et lamentations que faisait la femme contrefaisant la bien désolée,
il demanda (ce) que c'était et entra en la maison, où il
se mit à genoux avec sa troupe et fit oraison à haute voix,
priant Dieu de montrer sa puissance et faire ressusciter ce
mort, pour donner entendre à tout son peuple sa gloire et
que ledit Calvin était son vrai serviteur à lui agréable et
vraiment de lui-même élu, et appelé au ministère de son
Evangile pour la réformation de son Eglise. Ayant fini son
oraison il vint prendre ledit pauvre homme par la main,
lui commandant de la part de Dieu et de son Fils Notre-
Seigneur Jésus-Christ, qu'il se levât et qu'il fît manifes-
tation de la grâce de Dieu. Mais, pour quelque répétition
et haut crier sesdites paroles par Calvin, le mort ne parla,
ne remua : car par le juste jugement de Dieu, qui ne veut
(ni) ne peut approuver les mensonges, ledit contrefaisant
le mort MOURUT POUR VRAI. Ne pour poussement que sa
femme lui sut faire il se remua, ne répondit, ains (mais)

était tout froid et roide , de quoi étant certaine sa dite femme commença à braire et hurler, à bon escient criant contre Calvin , et l'appelant pipeur et meurtrier. de son mari , déclarant à haute voix le fait comme il était passé ; cette femme, pour exhortations ne (ni) menaces qu'on lui fit , ne se voulant taire.

« Calvin la laissa avec son mari trépassé, disant qu'elle était transportée de son entendement pour le trépas de son mari , et qu'il la fallait excuser. Si est ce qu'il lui convint sortir (de) la ville et vuider le pays, et s'en retourna à Ostun (à Autun) et puis fut femme d'un ministre appelé La Couldrée. Et quoique les dévots de Calvin nient ceci , il a été toutefois bien su et vérifié , ains (mais) confirmé par la femme même, qui n'était rien transportée d'esprit , mais parlant bien à propos avec bonnes raisons. »

Voyez le chapitre XIII de l'ouvrage intitulé : *Histoire de la vie , mœurs, actes, doctrine, constance et mort de Jean Calvin, jadis grand ministre de Genève ; recueillie par M. Hierosme (Jérôme) Hermes Bolsec , docteur-médecin à Lyon :* dédiée au *révérendissime archevêque, comte de l'Eglise de Lyon et primat de France ;* Paris, 1577 ou 1578, 1 vol. in-8°. Dans l'édition de 1578 le mot *constance* a été supprimé du titre.

NOTE (E), page 120.

CALVIN, dans son zèle pour la morale, dirigea surtout ses efforts contre la faction des *Libertins,* nommée ainsi parce qu'elle se composait de tous les débauchés de la ville de Genève. Jacques Gruet était l'un des principaux chefs de ce parti dangereux, où se trouvaient beaucoup d'individus qui avaient embrassé, même avec joie, la réformation de Calvin. Irrité de voir ses compagnons traduits au consis-

toire pour y faire, en termes humilians, une amende hono-
ráble à genoux, et Calvin l'ayant traité, dans un sermon,
de *goinfre* et de *chien*, Gruet résolut d'en tirer une vengeance éclatante. On trouva, bientôt après, un libelle
dont il se reconnut l'auteur, et qui avait été exposé, en
forme de placard, sur la chaire du prédicateur, dans le
temple de Saint-Pierre. Il fut mis en prison, et tous ses papiers furent saisis. On lut sa correspondance, où l'apôtre
de Genève n'était pas ménagé, car on le traitait de *grand
hypocrite, qui cherche à se faire adorer; d'homme ambitieux,
fier, orgueilleux et opiniâtre, dont l'audace est telle qu'il veut
faire trembler les rois et les empereurs,* etc., etc... Il n'en fallut pas davantage pour perdre le malheureux Gruet. Condamné à la peine capitale, sur les instances de Calvin, il
eut la tête tranchée en 1547.

Trois ans après sa mort, en avril 1550, on trouva à son
ancien domicile un autre libelle, écrit de sa propre main, et
qui fût brûlé par le bourreau, d'après l'ordre du Conseil de
Genève. Cet écrit, de vingt-six pages environ, contenait
des propositions impies, scandaleuses et d'une nature ré-
voltante, si l'on doit s'en rapporter à Calvin, qui l'avait
examiné. Selon lui, en effet, ce libelle était un tissu de blasphêmes, *si exécrables qu'il n'y a aucun homme qui ne doive
trembler à les entendre...* L'auteur s'y déchaînait non-seule-
ment contre la religion chrétienne, mais il y attaquait même
toute espèce de religion et de culte, «disant (rapporte Calvin) que « Dieu n'est rien, faisant les hommes semblables
« aux bêtes brutes; niant la vie éternelle et débitant de sem-
« blables exécrations, capables de faire dresser les cheveux de
« là tête à tous, et qui sont des infections si puantes qu'elles
« pourraient rendre tout un pays maudit, de sorte que tous
« ceux qui ont quelque sentiment de piété et quelque cons-

« cience, doivent demander pardon à Dieu de ce que son
« nom a été blasphémé d'une manière si indigne parmi eux.»

Un homme aussi infâme que Gruet, d'après cette horrible peinture, méritait sans doute un châtiment sévère,
analogue toutefois à la nature de son crime ; mais comme
son odieux libelle ne fut trouvé que long-temps après sa
mort, il est permis de croire que le supplice de ce liber-
tin fut plutôt la vengeance de Calvin outragé, que la peine
infligée à un impie et à un blasphémateur du saint nom de
Dieu.

NOTE (F), page 230.

« DURANT le séjour d'Altuna à Paris, au lieu d'aller manger chez un traiteur, nous mangions ordinairement lui et moi
à notre voisinage, presque vis-à-vis le cul-de-sac de l'O-
péra, chez une madame La Selle, femme d'un tailleur,
qui donnait assez mal à manger... Le commandeur de Gra-
ville, vieux débauché, plein de politesse et d'esprit, mais
ordurier, y logeait, et y attirait une folle et brillante jeunesse en officiers aux gardes et mousquetaires. Le commandeur de Nonant, chevalier de toutes les filles de l'O-
péra, y apportait journellement toutes les nouvelles de ce
tripot...... Il y venait aussi des commerçans, des financiers,
des vivriers.... Enfin l'on y voyait des gens de mise de tous
les états, excepté des abbés et des gens de robe, que je n'y
ai jamais vus...... Cette table, assez nombreuse, était très-
gaie sans être bruyante, et l'on y polissonnait beaucoup
sans grossièreté........ Tous ces jeunes gens contaient leurs
aventures galantes avec autant de licence que de grâce :
et les contes de filles manquaient d'autant moins que le
magasin était à la porte.....

« Je continuai d'y aller manger assez souvent (chez

Mme La Selle) après le départ d'Altuna. J'y apprenais des
foules d'anecdotes très-amusantes, et j'y pris aussi. peu-
à-peu, non, grâces au Ciel, jamais les mœurs, mais les
maximes que j'y vis établies. D'honnêtes personnes mises
à mal, des maris trompés, des femmes séduites, des ac-
couchemens clandestins, étaient là les textes les plus ordinaires; et celui qui peuplait le mieux les Enfans-Trouvés
était toujours le plus applaudi. Cela me gagna; je formai
ma façon de penser sur celle que je voyais en règne..., et je
me dis : Puisque c'est l'usage du pays, quand on y vit on
peut le suivre. » (J.-J. Rousseau, *Confessions*, partie II,
livre VII.)

Rousseau a mis plus de gravité et de convenance dans la
peinture qu'il a faite de la société du baron d'Holbach,
société où il fut admis après son triomphe à l'Académie
de Dijon, et qui était le rendez-vous des chefs du parti
philosophique.

« Je vivais alors, dit-il, avec des philosophes modernes
qui ne ressemblaient guère aux anciens. Au lieu de lever
mes doutes et de fixer mes irrésolutions, ils avaient ébranlé
toutes les certitudes que je croyais avoir sur les points
qu'il m'importait le plus de connaître : car, ardens missionnaires d'athéisme, et très-impérieux dogmatiques, ils
n'enduraient point sans colère que, sur quelque point que
ce pût être, on osât penser autrement qu'eux. Je m'étais
défendu souvent assez faiblement par haine pour la dispute, et par peu de talent pour la soutenir; mais jamais
je n'adoptai leurs désolantes doctrines ; et cette résistance
à des hommes aussi intolérans, qui d'ailleurs avaient leurs
vues, ne fut pas une des moindres causes qui attisèrent
leur animosité.

« Ils ne m'avaient pas persuadé, mais ils m'avaient inquiété. Leurs argumens m'avaient ébranlé, sans m'avoir jamais convaincu ; je n'y trouvais point de bonne réponse, mais je sentais qu'il y en devait avoir. Je m'accusais moins d'erreur que d'ineptie, et mon cœur leur répondait mieux que ma raison. » (*Rêveries du promeneur solitaire, troisième promenade.*)

NOTE (G), page 241.

« L'EUROPE savante a fait une perte irréparable dans les jésuites. L'éducation ne s'est jamais bien relevée depuis leur chute. Ils étaient singulièrement agréables à la jeunesse ; leurs manières polies ôtaient à leurs leçons ce ton pédantesque qui rebute l'enfance. Comme la plupart de leurs professeurs étaient des hommes de lettres recherchés dans le monde, les jeunes gens ne se croyaient avec eux que dans une illustre académie. Ils avaient su établir entre leurs écoliers de différentes fortunes une sorte de patronage qui tournait au profit des sciences. Ces liens, formés dans l'âge où le cœur s'ouvre aux sentimens généreux, ne se brisaient plus dans la suite, et établissaient entre le prince et l'homme de lettres ces antiques et nobles amitiés qui vivaient entre les Scipion et les Lélius.

« Ils ménageaient encore ces vénérables relations de disciples et de maître, si chères aux écoles de Platon et de Pythagore. Ils s'énorgueillissaient du grand homme dont ils avaient préparé le génie, et réclamaient une partie de sa gloire. Voltaire dédiant sa Mérope au père Porée, et l'appelant son cher maître, est une de ces choses aimables que l'éducation moderne ne présente plus. Naturalistes, chimistes, botanistes, mathématiciens, mécaniciens, astronomes, poètes, historiens, traducteurs, antiquaires, journalistes, il n'y a pas une branche des sciences que les jésuités n'aient cultivée avec éclat. Bourdaloue rappelait l'éloquence romaine, Brumoy introduisait la France au théâtre des Grecs, Gresset marchait sur les traces de Molière; Lecomté, Parennin, Charlevoix, Ducerceau, Sanadon, Du Halde, Noël, Bouhours, Daniel, Tournemine, Maimbourg, La Rue, Jouvency, Rapin, Vanière, Commire, Sirmond, Bougeand, Petau, ont laissé des noms qui ne sont pas sans honneur. Que peut-on reprocher aux jésuites? un peu d'ambition si naturelle au génie. *Il sera toujours beau,* dit Montesquieu, en parlant de ces pères, *de gouverner les hommes en les rendant heureux.* Pesez la masse du bien que les jésuites ont fait; souvenez-vous des écrivains célèbres que leur corps a donnés à la France, ou de ceux qui se sont formés dans leurs écoles; rappelez-vous les royaumes entiers qu'ils ont conquis à notre commerce par leur habileté, leurs sueurs et leur sang; repassez dans votre mémoire les miracles de leurs missions au Canada, au Paraguay, à la Chine, et vous verrez que le peu de mal dont on les accuse ne balance pas un moment les services qu'ils ont rendus à la société. » (*Génie du Christianisme,* par M. de Châteaubriand; tome 4 de l'édition in-8°, Paris, 1827. Livre sixième, chapitre V.)

NOTE (H), page 251.

JE revis Contrafatto en 1834, dans un voyage que je fis à Brest au commencement du printemps. Cette fois je voulus savoir ce qu'il pensait lui-même de la rigueur ou de la justice de sa condamnation. Tout en lui parlant de la nature de son crime (ainsi proclamé à la face de l'Europe) j'évitai les détails qui auraient pu renouveler son désespoir, car, d'après ce qu'il affirme, son âme est continuel-

lement en proie à d'horribles chagrins. A peine eus-je
avancé quelques mots, que ce malheureux prêtre, sans me
laisser finir, se mit à verser d'abondantes larmes et à me
protester énergiquement de son innocence.

— « Je sais, lui dis-je, que votre conduite au bagne est
régulière, que vous remplissez tous vos devoirs religieux
autant que votre position vous le permet ; je sais que vous
ne manquez pas de dire votre office tous les jours, et que
vous fréquentez les sacremens le plus souvent possible :
tout cela est d'un bon augure pour la véracité de vos paroles.
Hé bien ! je me permettrai de vous faire une question, vous
conjurant d'y répondre en homme vrai et sincère, en chrétien humilié et repentant, si vous n'aimez mieux garder le
silence ou me parler d'autre chose : Au nom de Dieu, qui
nous entend et qui doit nous juger un jour, veuillez me dire
en votre âme et conscience si vous êtes réellement coupable de tous les crimes honteux dont le châtiment vous a
amené dans cette affreuse demeure. Parlez, Contrafatto !
mais parlez-moi avec une entière franchise ; sinon, je vous
le répète, ne me dites rien : le silence est préférable à un
mensonge. Ceux qui sont là ne nous comprennent point.
Ainsi, dans le cas où vous seriez votre propre accusateur,
je garderai là-dessus un éternel secret. Je vous le promets
sur mon honneur. »

« — *Signore, mio caro signore,* me répondit-il, je vous
jure sur le salut de mon âme que je suis innocent des in-
famies pour lesquelles les tribunaux, par une erreur fatale,
m'ont condamné. *Lo giuro ! lo giuro ! io sono innocente, io sono
un'infelicissimo sacerdote* (je vous le jure ! je suis un homme
innocent et un bien malheureux prêtre). On en voulait à
la religion, il fallait une victime, et l'on m'a calomnié.
Tout ce que l'on m'a imputé sur des vices que je n'ai ja-

mais eus, est faux, entièrement faux. Si Dieu m'interpellait lui-même à ce sujet, je ne tiendrais pas un autre langage, puisque c'est la vérité. Ah! combien j'ai été malheureux!... Combien je souffre encore!... Peut-être suis-je ici pour long-temps.... Regardez-moi comme une victime des méchans, qui ont voulu déshonorer un prêtre en haine de la religion et de ses ministres, et non comme un coupable aux yeux de la société; car, je vous le proteste, je suis innocent. »

Si ces paroles ne sont point le langage propre de Contrafatto, puisque notre conversation avait lieu en italien, elles sont du moins le vrai sens de ses paroles. On les dédaignera sans doute, puisque les tribunaux ont prononcé. Mais sans y attacher une grave importance on peut fort bien, ce me semble, ne pas les mépriser totalement.

NOTE (I), page 334.

Je croyais pouvoir assister à la nouvelle fête des Vignerons, qui a eu lieu à Vevey au mois d'août 1833, c'est-à-dire peu de temps après mon dernier voyage en Suisse; mais retenu en France pour affaires, je fus privé, à mon grand regret, d'un spectacle dont je n'ai connu les singuliers détails que par les feuilles publiques. Les journaux de Paris et de l'étranger ont fait le plus bel éloge de cette fête extraordinaire. J'emprunterai le récit d'un témoin oculaire, dont la lettre a été insérée dans le *National* du 22 août 1833, ainsi que dans d'autres journaux de la capitale:

FÊTE DES VIGNERONS EN SUISSE.

« La fête des Vignerons a été célébrée à Vevey les 8 et 9 août (1833). Un témoin oculaire nous transmet sur cette singulière solennité des détails curieux.

« Tous ceux qui ont visité la Suisse connaissent cette
vaste place de Vevey, à laquelle d'un côté les riches et fertiles coteaux du Jura, et de l'autre le beau lac du Léman
et les âpres et sévères rochers de la Meilleraie donnent un
si théâtral, un si magnifique aspect, avec de si majestueuses proportions que Bonaparte y passa vingt-cinq mille
hommes en revue, de cette glorieuse armée qui allait vaincre la nature au Saint-Bernard, et l'Autriche à Marengo.
C'est sur cette place que le 8 août dernier vingt-cinq
mille spectateurs au moins, accourus de tous les cantons
de la Suisse et de tous les pays de l'Europe, se trouvaient
également rassemblés, mais non plus sous l'invocation du
dieu de la guerre. C'était le dieu du vin, c'était Bacchus
que l'on allait célébrer; c'était la fête des Vignerons, si fameuse par l'originalité de ses détails, la bizarrerie de son
ensemble, et les longs intervalles de ses anniversaires.

« Des religieux de Haut-Crest, qui défrichèrent les rocs
alors sauvages du Jura, pour encourager les efforts des
vignerons, célébraient chaque année à Vevey, à l'époque
des vendanges, une procession mêlée de chants sacrés et
profanes, où l'agriculteur figurait avec ses instrumens aratoires. De là l'origine de la Société et de la fête des Vignerons, qui depuis s'est beaucoup écartée de sa simplicité
primitive par l'introduction de Bacchus, Palès et Cérès,
comme divinités symboliques. Cette fête, qui depuis 1797
ne s'était célébrée qu'en 1819, a dépassé cette année le
luxe et l'appareil des précédens anniversaires.

« Sur la place s'élevaient en amphithéâtre deux vastes
estrades destinées à plus de quatre mille places dont les
billets avaient été distribués à l'avance à 4 fr. 5o c. En face
des estrades se trouvait l'enceinte reservée aux acteurs, et
cette enceinte était unie aux estrades par un plancher sur

lequel s'élevaient des arcs ornés et décorés, en l'honneur des vignerons couronnés , et représentant les quatre Saisons. C'est là que devaient s'exécuter les danses des divers corps de figurans.

« Dès six heures et demie du matin ces estrades étaient couvertes de spectateurs , dont la mise élégante semblait déjà annoncer un grand jour d'opéra. A sept heures, le cortége, au bruit d'une salve d'artillerie , est arrivé : un corps portant l'ancien uniforme des Suisses ouvrait la marche avec sa musique en tête ; puis le corps des bergers bleus et des bergers roses , précédés de leur musique , les jardiniers avec leur musique ;

« La troupe de Palès, les vachers avec leur bétail et les ustensiles de chalets, les jeunes vignerons et les vignerons du printemps, accompagnés d'effeuilleuses et de leur musique ;

« La troupe de Cérès conduisant tous les instrumens servant aux semailles et à la moisson , précédée de trente et un musiciens ;

« La troupe de Bacchus avec sa musique, les vignerons d'automne, accompagnés de leurs vendangeuses, et de tous les attirails de la vendange et de leur musique ; enfin le char de Noé, la noce villageoise et un détachement d'anciens Suisses qui fermaient la marche.

« Les différens corps de ce cortége ont pris dans l'enceinte les places respectives qui leur avaient été désignées, de manière à produire le coup-d'œil le plus théâtral qui se puisse concevoir. Alors le président des Conseils, qui occupaient sur l'estrade des siéges réservés, a adressé un discours aux vignerons couronnés qu'il a décorés de la médaille et de la serpette d'honneur.

« L'œuvre du couronnement terminée, les diverses troupes ont exécuté successivement leurs danses et leurs chants, et ensuite tous les corps se sont mis en marche pour la procession en ville, après laquelle ces huit cents acteurs (car c'est leur nombre) se sont réunis sur la grande promenade en un banquet général. Qu'on se figure ce cortége, tel que nous l'avons décrit, assis à une table de huit cents couverts, sous ce magnifique ombrage de la promenade de l'Aile, au bord de ce lac calme et majestueux du Léman , sillonné par des barques élégamment pavoisées et couvertes de femmes brillantes de jeunesse et de beauté, et l'on concevra ce magique et poétique spectacle.

« Tel est l'exposé de l'ensemble de la fête du 8 ; nous ne pouvons nous arrêter aux détails. Cependant, parmi les danses, nous ne saurions résister au plaisir de citer le charmant ballet des bergers et bergères roses, et la danse à caractère des faucheurs et faucheuses.

« Parmi les chants, il est plusieurs morceaux qui ne manquent ni de grâce, ni de couleur; mais il n'en est pas de même de la versification en général trop négligée. Cependant nous en excepterons quelques strophes des chœurs et des chants des bergers bleus. Les couplets du *ranz-des-vaches,* chantés par les vachers , ont produit un effet merveilleux.....

« Le 9, les diverses troupes, après avoir exécuté devant les estrades la représentation de la veille, ont ensuite défilé en ville, où elles ont répété leurs danses et leurs chants devant les personnes les plus notables de la ville. M. Perdonnet, agent de change honoraire de la bourse de Paris, qui se distingue dans toutes les occasions par ses libéralités envers Vevey, son pays natal, avait fait préparer une collation à ces huit cents acteurs, qui se sont ensuite réunis le soir en un nouveau banquet général.

« Dire qu'une ville telle que Vevey, de quatre mille habitans, ait pu loger vingt-cinq mille étrangers, c'est faire
l'éloge le plus mérité de l'empressement et du discerne-
ment avec lequel les principaux habitans ont déployé toutes les ressources de l'hospitalité. Dans les hôtels et les
maisons garnies, le prix des logemens était très-élevé. Sur
la place, le taux moyen était de deux louis par lit.

«Tel est l'exposé succinct de cette fête, à nulle autre pareille, qui a vraiment émerveillé cette immense affluence
d'étrangers, parmi lesquels il est à désirer que quelques
artistes français en aient saisi l'esquisse et puissent en reproduire la fidèle représentation. Ce serait assurément l'un
des tableaux les plus originaux de notre musée français,
que cette mythologie en drame, que ce grand opéra en
place publique joué par huit cents villageois.....»

NOTE (K), page 354.

LETTRE SUR LE DUEL, PAR J.-J. ROUSSEAU.

*Le philosophe y prouve par des argumens sans réplique : 1º que le
duel est le comble de l'extravagance; 2º que c'est une odieuse et
barbare coutume, diamétralement opposée au véritable honneur et au
véritable courage; 3º que les citoyens n'ont point le droit de se faire
justice entre eux; 4º et enfin que dans un duel quelconque les com-
battans se rendent coupables d'homicide volontaire.*

« ....Qu'y a-t-il de commun entre la gloire d'égorger un
homme et le témoignage d'une âme droite? et quelle prise
peut avoir la vaine opinion d'autrui sur l'honneur véritable
dont toutes les racines sont au fond du cœur? Quoi! les vertus qu'on a réellement périssent-elles sous les mensonges d'un
calomniateur? les injures d'un homme ivre prouvent-elles
qu'on les mérite? et l'honneur du sage serait-il à la merci

du premier brutal qu'il peut rencontrer? Me direz-vous qu'un duel témoigne qu'on a du cœur, et que cela suffit pour effacer la honte ou le reproche de tous les autres vices? Je vous demanderai quel honneur peut dicter une pareille décision, et quelle raison peut la justifier. A ce compte un fripon n'a qu'à se battre pour cesser d'être un fripon; les discours d'un menteur deviennent des vérités sitôt qu'ils sont soutenus à la pointe de l'épée; et si l'on vous accusait d'avoir tué un homme, vous en iriez tuer un second pour prouver que cela n'est pas vrai. Ainsi vertu, vice, honneur, infamie, vérité, mensonge, tout peut tirer son être de l'événement d'un combat; une salle d'armes est le siége de toute justice; il n'y a d'autre droit que la force, d'autre raison que le meurtre; toute la réparation due à ceux qu'on outrage est de les tuer, et toute offense est également bien lavée dans le sang de l'offenseur ou de l'offensé. Dites, si les loups savaient raisonner, auraient-ils d'autres maximes?...

« ...Cherchez si l'on vit un seul appel sur la terre quand elle était couverte de héros. Les plus vaillans hommes de l'antiquité songèrent-ils jamais à venger leurs injures personnelles par des combats particuliers? César envoya-t-il un cartel à Caton, ou Pompée à César, pour tant d'affronts réciproques? et le plus grand capitaine de la Grèce fut-il déshonoré pour s'être laissé menacer du bâton? D'autres temps, d'autres mœurs, je le sais; mais n'y en a-t-il que de bonnes? et n'oserait-on s'enquérir si les mœurs d'un temps sont celles qu'exige le solide honneur? Non, cet honneur n'est point variable; il ne dépend ni des temps, ni des lieux, ni des préjugés; il ne peut ni passer, ni renaître; il a sa source éternelle dans le cœur de l'homme juste et dans la règle inaltérable de ses devoirs. Si les peuples les plus éclairés, les plus braves, les plus vertueux de la terre, n'ont point connu le duel, je dis qu'il n'est pas une institution de l'honneur, mais une mode affreuse et barbare, digne de sa féroce origine.....

« Gardez-vous donc de confondre le nom sacré de l'honneur avec ce préjugé féroce qui met toutes les vertus à la pointe d'une épée, et n'est propre qu'à faire de braves scélérats.....

« Rentrez donc en vous-même, et considérez s'il vous est permis d'attaquer de propos délibéré la vie d'un homme, et d'exposer la vôtre pour satisfaire une barbare et dangereuse fantaisie qui n'a nul fondement raisonnable, et si le triste souvenir du sang versé dans une pareille occasion peut cesser de crier vengeance au fond du cœur de celui qui l'a fait couler. Connaissez-vous aucun crime égal à l'homicide volontaire? et si la base de toutes les vertus est l'humanité, que penserons-nous de l'homme sanguinaire et dépravé qui l'ose attaquer dans la vie de son semblable?... Avez-vous oublié que le citoyen doit sa vie à la patrie, et n'a pas le droit d'en disposer sans le congé des lois, à plus forte raison contre leur défense? O mon ami! si vous aimez sincèrement la vertu, apprenez à la servir à sa mode, et non à la mode des hommes. Je veux qu'il en puisse résulter quelque inconvénient : ce mot de vertu n'est-il donc pour vous qu'un vain nom? et ne serez-vous vertueux que quand il n'en coûtera rien de l'être?

.   .   .   .

« ...Quiconque est plus attaché à sa vie qu'à son devoir ne saurait être solidement vertueux, j'en conviens. Mais expliquez-moi, vous qui vous piquez de raison, quelle espèce de mérite on peut trouver à braver la mort pour commettre un crime.

« Quand il serait vrai qu'on se fait mépriser en refusant de se battre, quel mépris est le plus à craindre, celui des autres en faisant bien, ou le sien propre en faisant mal? Croyez-moi, celui qui s'estime véritablement lui-même est peu sensible à l'injuste mépris d'autrui, et ne craint que d'en être digne ; car le bon et l'honnête ne dépendent point du jugement des hommes, mais de la nature des choses ; et quand toute la terre approuverait l'action que vous allez faire, elle n'en serait pas moins honteuse. Mais il est faux qu'à s'en abstenir par vertu l'on se fasse mépriser. L'homme droit, dont toute la vie est sans tache et qui ne donna jamais aucun signe de lâcheté, refusera de souiller sa main d'un homicide, et n'en sera que plus honoré. Toujours prêt à servir la patrie, à protéger le faible, à remplir les devoirs les plus dangereux, et à défendre, en toute rencontre juste et honnête, ce qui lui est cher, au prix de son sang, il met dans ses démarches cette inébranlable fermeté qu'on n'a point sans le vrai courage. Dans la sécurité de sa conscience, il marche la tête levée, il ne fuit ni ne cherche son ennemi : on voit aisément qu'il craint moins de mourir que de mal faire, et qu'il redoute le crime et non le péril. Si les vils préjugés s'élèvent un instant contre lui, tous les jours de son honorable vie sont autant de témoins qui les récusent, et, dans une conduite si bien liée, on juge d'une action sur toutes les autres.

« ...N'avez-vous point remarqué que les hommes si ombrageux et si prompts à provoquer les autres sont, pour la plupart, de très-malhonnêtes gens qui, de peur qu'on n'ose leur montrer ouvertement le mépris qu'on a pour eux, s'efforcent de couvrir de quelques affaires d'honneur l'infamie de leur vie entière ?...

« ...Tel fait un effort et se présente une fois pour avoir droit de se cacher le reste de sa vie. Le vrai courage a plus de constance et moins d'empressement ; il est toujours ce qu'il doit être ; il ne faut ni l'exciter ni le retenir ; l'homme de bien le porte partout avec lui, au combat contre l'ennemi, dans un cercle en faveur des absens et de la vérité, dans son lit contre les attaques de la douleur et de la mort. La force de l'âme qui l'inspire est d'usage dans tous les temps ; elle met toujours la vertu au-dessus des événemens, et ne consiste pas à se battre, mais à ne rien craindre...

. . . .

« Je vous l'avoue, tout cela, joint à mon aversion naturelle pour la cruauté, m'inspire une telle horreur des duels, que je les regarde comme le dernier degré de brutalité où les hommes puissent parvenir. Celui qui va se battre de gaîté de cœur n'est à mes yeux qu'une bête féroce qui s'efforce d'en déchirer une autre ; et, s'il reste le moindre sentiment naturel dans leur âme, je trouve celui qui périt moins à plaindre que le vainqueur. Voyez ces hommes accoutumés au sang, ils ne bravent les remords qu'en étouffant la voix de la nature ; ils deviennent par degrés cruels, insensibles ; ils se jouent de la vie des autres ; et la punition d'avoir pu manquer d'humanité est de la perdre enfin tout-à-fait. » (*Julie ou la Nouvelle Héloïse,* partie I, lettre LVII, Julie à Saint-Preux.)

Voici un autre passage, également très-énergique, de Jean-Jacques Rousseau contre le duel ; il est tiré de sa *Lettre à d'Alembert sur les spectacles :*

« En quoi consiste ce préjugé (le point d'honneur)?... Dans l'opinion la plus extravagante et la plus barbare qui jamais entra dans l'esprit humain : savoir, que tous les devoirs de la société sont suppléés par la bravoure ; qu'un homme n'est plus fourbe, fripon, calomniateur ; qu'il est civil, humain, poli quand il sait se battre ; que le mensonge se change en vérité, que le vol devient légitime, la perfidie honnête, l'infidélité louable, sitôt qu'on soutient tout cela le fer à la main ; qu'un affront est toujours bien réparé par un coup d'épée, et qu'on n'a jamais tort avec un homme pourvu qu'on le tue. Il y a, je l'avoue, une autre sorte d'affaire où la gentillesse se mêle à la cruauté, et où l'on ne tue les gens que par hasard : c'est celle où l'on se bat au premier sang. Au premier sang, grand Dieu ! Et qu'en veux-tu faire de ce sang, bête féroce ? le veux-tu boire ? Le moyen de songer à ces horreurs sans émotion !... »

(Ce morceau se trouve vers le milieu de la *Lettre à d'Alembert.*)

LETTRE SUR LE SUICIDE, par le même.

L'auteur y démontre que le suicide est un acte de folie et de lâcheté, un moyen absurde de se délivrer soi-même des maux de la vie ; que Dieu seul est le maître de notre existence, et que l'on commet un véritable crime en lui ravissant ce droit.

« Il t'est donc permis de cesser de vivre ? Je voudrais bien savoir si tu as commencé. Quoi ! fus-tu placé sur la terre pour n'y rien faire ? Le Ciel ne t'imposa-t-il point avec la vie une tâche pour la remplir ? Si tu as fait ta journée avant le soir, repose-toi le reste du jour, tu le peux ; mais voyons ton ouvrage. Quelle réponse tiens-tu prête au Juge suprême qui te demandera compte de ton temps ? Parle, que lui diras-tu ?... Malheureux ! trouve-moi ce juste qui se vante d'avoir assez vécu, que j'apprenne de lui comment il faut avoir porté la vie pour être en droit de la quitter.

« Tu comptes les maux de l'humanité ; tu ne rougis pas d'épuiser des lieux communs cent fois rebattus, et tu dis, la vie est un mal. Mais regarde, cherche dans l'ordre des choses si tu y trouves quelques biens qui ne soient point mêlés de maux. Est-ce donc à dire qu'il n'y ait aucun bien dans l'univers? et peux-tu confondre ce qui est mal par sa nature avec ce qui ne souffre le mal que par accident? Tu l'as dit toi-même, la vie passive de l'homme n'est rien, et ne regarde qu'un corps dont il sera bientôt délivré; mais sa vie active et morale, qui doit influer sur tout son être, consiste dans l'exercice de sa volonté. La vie est un mal pour le méchant qui prospère, et un bien pour l'honnête homme infortuné; car ce n'est pas une modification passagère, mais son rapport avec son objet, qui la rend bonne ou mauvaise....

« Tu t'ennuies de vivre, et tu dis, la vie est un mal. Tôt ou tard tu seras consolé, et tu diras, la vie est un bien. Tu diras plus vrai sans mieux raisonner; car rien n'aura changé que toi. Change donc dès aujourd'hui; et puisque c'est dans la mauvaise disposition de ton âme qu'est tout le mal, corrige tes affections déréglées, et ne brûle pas ta maison pour n'avoir pas la peine de la ranger.

« ...Quel absurde motif de désespoir que l'espoir de terminer sa misère! Même en supposant ce bizarre sentiment, qui n'aimerait mieux aigrir un moment la douleur présente par l'assurance de la voir finir, comme on scarifie une plaie pour la faire cicatriser? et quand la douleur aurait un charme qui nous ferait aimer à souffrir, s'en priver en s'ôtant la vie n'est-ce pas faire à l'instant même tout ce qu'on craint de l'avenir?

« Penses-y bien, jeune homme; que sont dix, vingt, trente ans pour un être immortel? La peine et le plaisir passent comme une ombre; la vie s'écoule en un instant; elle n'est rien par elle-même, son prix dépend de son emploi. Le bien seul qu'on a fait demeure, et c'est par lui qu'elle est quelque chose.

« Ne dis donc plus que c'est un mal pour toi de vivre, puisqu'il dépend de toi seul que ce soit un bien, et que si c'est un mal d'avoir vécu, c'est une raison de plus pour vivre encore. Ne dis pas non plus qu'il t'est permis de mourir, car autant vaudrait dire qu'il t'est permis de n'être pas homme, qu'il t'est permis de te révolter contre l'auteur de ton être, et de tromper ta destination...

. . . .

« Tu parles des devoirs du magistrat et du père de famille, et parce qu'ils ne te sont pas imposés tu te crois affranchi de tout : et la société à qui tu dois ta conservation, tes talens, tes lumières ; la patrie à qui tu appartiens, les malheureux qui ont besoin de toi, ne leur dois-tu rien ? O l'exact dénombrement que tu fais ! parmi les devoirs que tu comptes, tu n'oublies que ceux d'homme et de citoyen.....

« ...Que tu juges bassement des Romains, si tu penses qu'ils se crussent en droit de s'ôter la vie aussitôt qu'elle leur était à charge ! Regarde les beaux temps de la république, et cherche si tu y verras un seul citoyen vertueux se délivrer ainsi du poids de ses devoirs, même après les plus cruelles infortunes. Regulus retournant à Carthage prévint-il par sa mort les tourmens qui l'attendaient ? Que n'eût point donné Posthumius pour que cette ressource lui fût permise aux Fourches Caudines ! Quel effort de courage le sénat même n'admira-t-il pas dans le consul Varron pour avoir pu survivre à sa défaite ! Par quelle raison tant de généraux se laissèrent-ils volontairement livrer aux ennemis, eux à qui l'ignominie était si cruelle, et à qui il en coûtait si peu de mourir ? C'est qu'ils devaient à la patrie leur sang, leur vie et leurs derniers soupirs, et que la honte ni les revers ne les pouvaient détourner de ce devoir sacré....

« ...Il te sied bien d'oser parler de mourir, tandis que tu dois l'usage de ta vie à tes semblables! Apprends qu'une mort telle que tu la médites est honteuse et furtive; c'est un vol fait au genre humain. Avant de le quitter, rends-lui ce qu'il a fait pour toi. Mais je ne tiens à rien... Je suis inutile au monde.... Philosophe d'un jour ! ignores-tu que tu ne saurais faire un pas sur la terre sans y trouver quelque devoir à remplir, et que tout homme est utile à l'humanité par cela seul qu'il existe?

« Ecoute-moi, jeune insensé : tu m'es cher, j'ai pitié de tes erreurs. S'il te reste au fond du cœur le moindre sentiment de vertu, viens, que je t'apprenne à aimer la vie. Chaque fois que tu seras tenté d'en sortir, dis en toi-même : « Que je fasse encore une bonne action avant que de mourir. » Puis va chercher quelque indigent à secourir, quelque infortuné à consoler, quelque opprimé à défendre... Si cette considération te retient aujourd'hui, elle te retiendra encore demain, après-demain, toute ta vie. Si elle ne te retient pas, meurs : tu n'es qu'un méchant. » (*Julie ou la Nouvelle Héloïse*, partie III, lettre XXII, mylord Edouard à Saint-Preux.)

NOTE (L), page 383.

BOUDET, chanoine régulier de Saint-Antoine, profita beaucoup des notes de J.-J. Rousseau pour sa *Vie de M. de Rossillion de Bernex, évêque et prince de Genève*, Paris, 1751, 2 parties en un volume in-12 (avec le portrait de l'évêque et une figure).

Cet ouvrage est curieux et bien écrit. On y trouve des détails fort intéressans sur le mariage et la conversion de Mme de Warens, sur sa naissance, sa famille, sur ses rapports honorables avec l'évêque de Genève, M. de Bernex, etc. L'auteur y fait un grand éloge de cette dame, de sa piété , de sa douceur, de son admirable bienfaisance, et raconte qu'il eut le plaisir de la voir à sa maison de campagne , près de Chambéry, en avril 1742 , et d'apprendre d'elle-même quelques circonstances de sa conversion. Tous ces détails sont consignés dans le livre VII , pag. 119 à 128 (tome 2 ou seconde partie).

Dans le huitième et dernier livre (pag. 163-164), Boudet rapporte textuellement un Mémoire de J.-J. Rousseau sur un incendie *éteint à Annecy par les prières de M. de Bernex,* en 1729; et il dit, avant de citer cette pièce curieuse : « De « crainte d'altérer les circonstances du fait , je le rappor- « terai dans les termes du Mémoire qui m'a été communiqué « par un témoin oculaire. » Ce témoin oculaire n'est autre que *M. Rousseau de Genève, connu par divers ouvrages de littérature, et qui a remporté en 1750 le prix proposé par l'Académie de Dijon.* Ainsi est conçue une note dont le chanoine Boudet accompagne le petit Mémoire de Jean–Jacques, qui était élève du grand séminaire d'Annecy, où l'évêque lui-même payait sa pension, quand l'incendie se manifesta chez Mme de Warens. Sans vouloir porter un jugement quelconque sur l'événement raconté et certifié par Rousseau, le chanoine Boudet prend occasion de faire remarquer avec quel empressement M. de Bernex volait au secours de ses ouailles, et combien il s'intéressait au malheur d'autrui.

NOTE (M), page 546.

Protocole de Vienne, du 20 mars 1815, sur les cessions faites par le roi de Sardaigne au canton de Genève, et dans lequel on garantit le libre exercice de la religion romaine aux catholiques des communes détachées de la Savoie et réunies à ce nouveau canton de la Suisse.

« LES puissances alliées ayant témoigné le vif désir qu'il

fût accordé quelques facultés au canton de Genève, soit pour le désenclavement d'une partie de ses possessions, soit pour ses communications avec la Suisse; S. M. le roi de Sardaigne étant empressée, d'autre part, de témoigner à ses hauts et puissans alliés toute la satisfaction qu'elle éprouve à faire quelque chose qui puisse leur être agréable, les plénipotentiaires soussignés sont convenus de ce qui suit :

ARTICLE Ier.

« S. M. le roi de Sardaigne met à la disposition des hautes puissances alliées la partie de la Savoie qui se trouve entre la rivière d'Arve, le Rhône, les limites de la partie de la Savoie occupée par la France, et la montagne de Salève jusqu'à Veiry inclusivement ; plus celle qui se trouve comprise entre la grande route dite du Simplon, le lac de Genève et le territoire actuel du canton de Genève, depuis Vezenas jusqu'au point où la rivière d'Hermance traverse la susdite route, et de là continuant le cours de cette rivière jusqu'à son embouchure dans le lac de Genève, au levant du village d'Hermance (la totalité de la route dite du Simplon continuant à être possédée par S. M. le roi de Sardaigne), pour que ces pays soient réunis au canton de Genève, sauf à déterminer plus précisément la limite par des commissaires respectifs, surtout pour ce qui concerne la délimitation en-dessus de Veiry, et sur la montagne de Salève. Dans tous les lieux et territoires compris dans cette démarcation, S. M. renonce, pour elle et ses successeurs à perpétuité, à tous droits de souveraineté et autres qui peuvent lui appartenir, sans exceptions ni réserves.

ARTICLE 2.

« S. M. accorde la communication entre le canton de

Genève et le Valais par la route dite du Simplon, de la
même manière que la France l'a accordée entre Genève
et le canton de Vaud par la route qui passe par Versoix.
S. M. accorde de même en tout temps une communication
libre, pour les milices genevoises, entre le territoire de
Genève et le mandement de Jussy, et les facilités qui
pourraient être nécessaires à l'occasion pour revenir par le
lac à la susdite route dite du Simplon.

ARTICLE 3.

« D'autre part, S. M. ne pouvant se résoudre à consentir qu'une partie de son territoire soit réunie à un Etat où
la religion dominante est différente, sans procurer aux habitans du pays qu'elle cède la certitude qu'ils jouiront du libre exercice de leur religion, qu'ils continueront à avoir les
moyens de fournir aux frais de leur culte, et à jouir eux-
mêmes de la plénitude des droits de citoyens,

« Il est convenu que :

« 1° *La religion catholique sera maintenue et protégée de la
même manière qu'elle l'est maintenant dans toutes les communes
cédées par S. M. le roi de Sardaigne, et qui seront réunies au
canton de Genève.*

« 2° Les provinces actuelles qui ne se trouveront ni démembrées, ni séparées par la délimitation des nouvelles
frontières, conserveront leurs circonscriptions actuelles, et
seront desservies par le même nombre d'ecclésiastiques ; et
quant aux portions démembrées qui seraient trop faibles
pour constituer une paroisse, on s'adressera à l'évêque dio-
césain pour obtenir qu'elles soient annexées à quelque autre paroisse du canton de Genève.

« 3° Dans les mêmes communes cédées par S. M., si les
habitans protestans n'égalent point en nombre les habitans

catholiques, les maîtres d'école seront toujours catholiques. Il ne sera établi aucun temple protestant, à l'exception de la ville de Carouge, qui pourra en avoir un.

« Les officiers municipaux seront toujours au moins pour les deux tiers catholiques ; et spécialement sur les trois individus qui occuperont les places de maire et de deux adjoints, il y en aura toujours deux catholiques.

« En cas que le nombre des protestans vînt, dans quelques communes, à égaler celui des catholiques, l'égalité et l'alternative seront établies, tant pour la formation du conseil municipal que pour celle de la mairie. En ce cas, cependant, il y aura toujours un maître d'école catholique, quand même on en établirait un protestant.

« On n'entend pas, par cet article, empêcher que des individus protestans, habitant une commune catholique, ne puissent, s'ils le jugent à propos, y avoir une chapelle particulière pour l'exercice de leur culte, établie à leurs frais, et y avoir, également à leurs frais, un maître d'école protestant pour l'instruction particulière de leurs enfans.

« 4° Il ne sera point touché, soit pour les fonds et revenus, soit pour l'administration, aux donations et fondations pieuses existantes, et on n'empêchera pas les particuliers d'en faire de nouvelles.

« 5° Le gouvernement fournira aux mêmes frais que fournit le gouvernement actuel, pour l'entretien des ecclésiastiques et du culte.

« 6° L'église catholique actuellement existante à Genève y sera maintenue, telle qu'elle existe, à la charge de l'Etat, ainsi que les lois éventuelles de la Constitution de Genève l'avaient déjà décrété ; le curé sera logé et doté convenablement.

« 7° Les communes catholiques et la paroisse de Genève continueront à faire partie du diocèse qui régira les provinces du Chablais et du Faucigny, sauf qu'il en soit réglé autrement par l'autorité du Saint-Siége (*).

« 8° Dans tous les cas l'évêque ne sera jamais troublé dans les visites pastorales.

« 9° Les habitans des territoires cédés sont pleinement assimilés, pour les droits civils et politiques, aux Genevois de la ville ; ils les exerceront communément avec eux, sauf la réserve des droits de propriété, de cité, ou de commerce.

« 10° Les enfans catholiques seront admis dans les maisons d'éducation publique : l'enseignement de la religion n'y aura pas lieu en commun, mais séparément, et on emploiera à cet effet, pour les catholiques, des ecclésiastiques de leur communion.

« 11° Les biens communaux ou propriétés, appartenant aux nouvelles communes, leur seront conservés ; et elles continueront à les administrer comme par le passé, et à employer les revenus à leur profit.

« 12° Ces mêmes communes ne seront point sujettes à des charges plus considérables que les anciennes communes.

« 13° S. M. le roi de Sardaigne se réserve de porter à la connaissance de la Diète helvétique, et d'appuyer par le canal de ses agens diplomatiques auprès d'elle, toute réclamation à laquelle l'inexécution des articles ci-dessus pourrait donner lieu.

ARTICLE 4.

« Tous les titres terriers et documens concernant les cho-

_____

(*) La paroisse de Genève et toutes les autres du même canton font aujourd'hui partie du diocèse de Fribourg.

ses cédécs seront remis par S. M. le roi de Sardaigne au canton de Genève, le plus tôt que faire se pourra.

ARTICLE 5.

« Le traité conclu à Turin le 3 du mois de juin 1754, entre S. M. le roi de Sardaigne et la république de Genève, est maintenu pour tous les articles auxquels il n'est point dérogé par la présente transaction ; mais S. M. voulant donner au canton de Genève une preuve particulière de sa bienveillance, consent néanmoins à annuler la partie de l'article 13 du susdit traité, qui interdisait aux citoyens de Genève, qui se trouvaient dès-lors avoir des maisons et biens situés en Savoie, la faculté d'y faire leur habitation principale.

ARTICLE 6.

« S. M. consent par les mêmes motifs à prendre des arrangemens avec le canton de Genève, pour faciliter la sortie de ses Etats, des denrées destinées à la consommation de la ville et du canton.

« Vienne, le 29 mars 1815.

« DE SAINT-MARSAN. »

(*Suivent les signatures des ministres plénipotentiaires, dans l'ordre alphabétique du nom de chaque puissance*) :

Autriche : Le prince de Metternich ; le baron de Wessenberg.

Espagne : Gomez Labrador.

France : Talleyrand ; le duc de Dalberg ; le comte Alexis de Noailles.

Grande-Bretagne : Clancarty ; Cathcart ; Stewart, L. G.

Portugal : le comte de Palmella; Antonio de Saldhana da Gama; Lobo da Silveira.

Prusse : le prince de Hardenberg; le baron de Humboldt.

Russie : le comte de Rasoumoffski; le comte de Stackelberg; le comte de Nesselrode.

Suède : le comte de Lœwenhielm.

———————

Extrait de l'article 1er du *Traité entre l'Autriche, la Grande-Bretagne, la Prusse et la Russie d'une part, et la France de l'autre,* signé à Paris le 20 novembre 1815.

« Pour établir une communication directe entre le canton de Genève et la Suisse, la partie du pays de Gex, bornée à l'est par le lac Léman, au midi par le territoire du canton de Genève, au nord par celui du canton de Vaud, à l'ouest par le cours de la Versoye et par une ligne qui renferme les communes de Collex-Bussy et Meyrin, en laissant la commune de Ferney à la France, sera cédée à la Confédération helvétique pour être réunie au canton de Genève. La ligne des douanes françaises sera placée à l'ouest du Jura, de manière que tout le pays de Gex se trouve hors de cette ligne.

« Des frontières du canton de Genève jusqu'à la Méditerranée, la ligne de démarcation sera celle qui, en 1790, séparait la France de la Savoie et du comté de Nice. Les rapports que le traité de Paris de 1814 avait rétablis entre la France et la principauté de Monaco cesseront à perpétuité, et les mêmes rapports existeront entre cette principauté et S. M. le roi de Sardaigne.

« Tous les territoires et districts enclavés dans les limites du territoire français, telles qu'elles ont été déterminées
par le présent article, resteront réunis à la France. »

Les articles 1 et 2 du Protocole de Vienne sont garantis
dans toute leur intégrité par l'Acte du Congrès de la même
ville, du 9 juin 1815 (article 80), où ils sont insérés textuellement, sauf de légers changemens de rédaction.

On sait qu'à cette époque notre langue française avait
droit de bourgeoisie en Europe, auprès des hautes puissances, dans la rédaction de leurs traités, qui fixaient à la
fois le partage et le sort des nations. Voici leurs singulières
réserves à ce sujet :

« La langue française ayant été exclusivement employée
dans toutes les copies du présent traité, il est reconnu par
les puissances qui ont concouru à cet acte, que l'emploi
de cette langue ne tirera point à conséquence pour l'avenir ;
de sorte que chaque puissance se réserve d'adopter, dans
les négociations et conventions futures, la langue dont elle
s'est servie jusqu'ici dans ses relations diplomatiques, sans
que le traité actuel puisse être cité comme exemple contraire aux usages établis. » (Article 120 de l'Acte du congrès
de Vienne, du 9 juin 1815.)

FIN DES NOTES DU PREMIER VOLUME.

TABLE

DES CHAPITRES

contenus dans ce volume.

———

le peintre Ducros ; le général La Harpe.—Académie de Lausanne ;
savans qui l'ont illustrée : Conrad Gessner, Théodore de Bèze ; Fr.
Hottomann.—Henri Etienne : son érudition dans les langues grecque et latine ; sa famille dévouée, comme lui, au parti calviniste.—
Note sur Robert Etienne, fameux imprimeur, qui employait des
moyens extraordinaires pour la perfection de son art.—J. Barbeyrac.
—Crousaz.—L. de Bochat.—Bibliothèque ; don Bernal de Quiros ;
collection curieuse.—Collége.—Le célèbre Gibbon, auteur de l'*Histoire de la décadence et de la chute de l'empire romain*, a constaté
le moment où furent tracées les dernières lignes de ce grand ouvrage, qu'il termina à Lausanne : son récit à ce sujet, etc.—Il change
deux fois de religion.—Il conçoit à Rome la première idée d'écrire
l'histoire de la décadence de cette ville.—Son ouvrage excite, à juste
titre, le zèle du clergé anglican.—Critique de l'*Histoire de la décadence
et de la chute de l'empire romain.*—Jugement de cette Histoire par
M. Guizot (note). — Portrait singulier de Gibbon. — Maison qu'il
habitait à Lausanne. — Sa déclaration à Mme de Montolieu, qu'il
aimait avec passion ; des romans de cette dame.—Hôpital.—Maison

les *natifs*, etc. . . . . p. 5o3 à 5ai.

NOTES.

CORRECTIONS ET ADDITIONS.

Page 22, ligne 17ᵉ : au lieu de *quinze minutes,* lisez *dix minutes.*

Pages 24-25. — La campagne des *Délices,* illustrée par Voltaire, n'est située qu'à huit minutes de distance de la porte Cornavin; elle longe, à gauche, la route de Genève à Lyon. Suivant les journaux de 1836 (septembre et octobre), ce superbe domaine venait alors d'être vendu, pour le prix de quatre cent vingt mille francs, à une société d'acquéreurs qui se proposaient malheureusement (à ce que l'on craignait) de le dénaturer et de le morceler en grande partie.

Page 25. — L'ancienne campagne de M. Constant n'est qu'à trois minutes de celle des Délices. Elle a été revendue, en 1831, par M. Rilliet.

Page 47, ligne 21ᵉ : au lieu de *sommeillers,* lisez *sommeliers.*

Page 50, lignes 12ᵉ et suivantes. — Les Sermons manuscrits de Calvin étaient au nombre de deux mille vingt-trois dans la collection *entière* des quarante-quatre volumes; mais le chiffre en est bien diminué, puisqu'il ne reste à présent que neuf ou dix volumes de l'ancienne collection.

Page 61, lignes 8ᵉ et 9ᵉ : au lieu de *soixante et dix-sept,* lisez *quatre-vingts.*

Page 64, ligne 4ᵉ :
— 65, 2ᵉ : } au lieu de *Sennebier,* lisez *Senebier.*
— 73, — 5ᵉ :

Page 75, dernières lignes. — Les *Annales de la Chine,* sur papier de soie, sont imprimées et non manuscrites, comme l'avait cru Senebier.

Page 82, ligne 20ᵉ : au lieu de *d'un historien fidèle,* lisez *d'historien fidèle.*

Page 94, avant-dernière ligne : au lieu de *laissés,* lisez *laissé.*

Page 140, avant-dernière ligne des notes : au lieu de *Gambry*, lisez *Gambey*. — M. Gambey, aujourd'hui membre de l'Académie des Sciences (section de mécanique), s'est acquis une juste célébrité par la perfection de ses instrumens, dont tous les savans reconnaissent le précieux avantage, et sans lesquels, disent-ils, plus d'une découverte astronomique n'eût point été faite.

Page 155, avant-dernière ligne du texte : au lieu de *au monde*, lisez *dans le monde*.

Page 269 (addition faisant suite à la 15e ligne). — Le général de La Harpe, qui pour ses services patriotiques fut si cher aux Vaudois, est mort, à Lausanne, le 30 mars 1838, à l'âge de quatre-vingt-quatre ans. Il laisse des Mémoires qui ne sont pas achevés. Le nom de ce citoyen distingué est inséparable des événemens politiques qui, en 1798, eurent tant d'influence sur la Suisse, où ils firent disparaître la domination des castes patriciennes et de quelques villes privilégiées.

Page 362, ligne 7e : ⎫ au lieu de *à la mosaïque*, lisez *en*
— 377, — 4e : ⎭ *mosaïque*.

Page 547, première note. — Suivant le rapport de quelques journaux, le cens électoral a été de nouveau abaissé à Genève par le Conseil représentatif, dans sa séance du 23 février 1835 : il a été réduit à *sept florins*, à la majorité de cent vingt-cinq voix contre trente-trois.

Le florin de Genève est de douze petits sous, divisés chacun en douze deniers. Cinquante-deux florins valent environ vingt-quatre francs de notre monnaie : ainsi, vingt-six sous de Genève équivalent à vingt sous ou un franc de France. Mais le système monétaire de cette république devait bientôt imiter le nôtre ; j'ignore si ce changement projeté a eu lieu.

Lightning Source UK Ltd.
Milton Keynes UK
UKHW010437231118
332756UK00008B/566/P